SV

George Steiner

# Nach Babel

Aspekte der Sprache
und der Übersetzung
Deutsch von
Monika Plessner
unter Mitwirkung von
Henriette Beese

Suhrkamp Verlag

Titel der Originalausgabe:
*After Babel. Aspects of Language and Translation*
© George Steiner 1975
Die vorliegende Ausgabe wurde
im Einvernehmen mit dem Autor
an einigen Stellen, die durch eckige Klammern
gekennzeichnet sind, gekürzt.

Erste Auflage 1981
© der deutschen Ausgabe
Suhrkamp Verlag Frankfurt am Main 1981
Alle Rechte vorbehalten
Druck: Mühlberger, Augsburg
Printed in Germany

# Inhalt

# 1. Verstehen als Übersetzen

1

[. . .] Wenn man einen Text aus der Vergangenheit der eigenen Muttersprache und ihrer Literatur gründlich liest, läßt man sich auf einen Akt mannigfaltiger Interpretation ein. Dieser Akt wird in weitaus den meisten Fällen gar nicht als solcher wahrgenommen, geschweige denn bewußt vollzogen. Der normale Leser greift bestenfalls zu Krücken wie Anmerkungen oder Glossen. Bei einem beliebigen Stück englischer Prosa vor oder um 1800 – und dasselbe gilt für die meisten Gedichte – nimmt er an, daß die Wörter auf der Seite mit ein paar »schwierigen« oder absonderlichen Ausnahmen das besagen, was sie in seinem eigenen Sprachgebrauch bedeuten. Diese Annahme kann bei Klassikern wie Defoe oder Swift bis ins frühe 18. Jahrhundert ausgeweitet werden, ja, fast bis zu Dryden. Aber natürlich handelt es sich dabei um eine Fiktion.
Sprache ist unaufhörlich im Wandel begriffen. Henry Sidgwick schrieb 1869 über Clough: »Seine Anschauungen und sein Seelenzustand sind 1869 nicht mehr ganz so ungewöhnlich wie 1859 und längst nicht so außergewöhnlich wie 1849. Wir wenden uns von Jahr zu Jahr tiefer nach innen und werden unserer selbst bewußter: Die heutige Philosophie verweist uns auf eine gründliche, geduldige und unparteiische Betrachtung und Untersuchung unserer seelischen Prozesse: Wir sagen und schreiben mehr und mehr, was wir tatsächlich denken und fühlen, statt was wir denken oder fühlen sollen.« Verallgemeinert gilt Sidgwicks Bemerkung für jedes Jahrzehnt der Geschichte englischer Sprache und englischen Bewußtseins, für das wir genug Belege haben. Eine graphische Darstellung des Sprachwandels müßte sich an Punkte halten, deren Abstände weit unter einer Dekade liegen. Sprache – und das ist eine der entscheidenden Thesen

der modernen Semantik – ist das eindrucksvollste Beispiel für das herakliteische »Fließen«. Sie verändert sich in jedem Augenblick erlebter Zeit. Die Gesamtheit sprachlicher Ereignisse wird durch jedes neue Sprachereignis nicht nur vergrößert, sondern auch differenziert. Zwei Aussagen, die zeitlich aufeinander folgen, sind niemals vollkommen identisch. Obwohl sie homolog sind, beeinflussen sie einander. Während wir über Sprache nachdenken, verändert sich uns der Gegenstand unseres Nachdenkens (weshalb Fachsprachen oder Meta-Sprachen die Umgangssprache ganz erheblich beeinflussen können). Kurzum: Zeit und Sprache sind, sofern wir sie in linearem Verlauf erleben und wahrnehmen, innigst miteinander verknüpft. Sie sind in Bewegung, und der Richtungspfeil weist niemals auf dieselbe Stelle.

Wir werden sehen, daß es so etwas wie aufgehaltene oder stark verringerte Bewegung gibt: Sakrale und magische »Sprachen« können künstlich statisch erhalten werden. Die Umgangssprache aber wandelt sich buchstäblich jeden Augenblick. Das geschieht auf vielerlei Weise. Neue Wörter tauchen auf, alte Wörter vergehen. Grammatische Konventionen werden unter dem Druck idiomatischer Wendungen oder durch kulturellen Brauch abgeändert. Das Spektrum der erlaubten Ausdrücke im Verhältnis zu den tabuierten ist ständig in Bewegung. In einer tieferen Schicht wandeln sich Dichte und Reichweite des Ausgesprochenen im Verhältnis zum Unausgesprochenen. Das ist ein ganz entscheidender, aber höchst ungenügend beachteter Umstand. Verschiedene Zivilisationen, verschiedene Epochen produzieren nicht notwendig dieselbe »Redemasse«. Manche Kulturen sprechen weniger als andere. Der Zeitgeschmack schätzt heute Knappheit und Wortkargheit, morgen Weitschweifigkeit und semantische Schnörkel. Das Selbstgespräch hat seine komplizierte, kaum rekapitulierbare Geschichte: der Menge wie dem Bedeutungsinhalt nach waren die Grenzen zwischen dem, was wir uns selbst, und dem, was wir anderen sagen, keineswegs in allen Kulturen oder Stadien sprachlicher Entwicklung gleichgelagert. Im Laufe der verstärkten Bestimmung des Unbewußten, die seit der Renaissance das abendländische Denken kennzeichnet, hat gewiß eine drastische »Umverteilung« der Sprachmasse stattgefunden, in welcher die öffentliche Rede nur mehr die Spitze des Eisbergs ist. Die sprachliche Geladenheit und Polarität von Träumen ist eine historische Variable. Sofern Sprache Welt-Spiegel oder Gegen-Welt ist, oder, um es so genau wie möglich zu formulieren, sofern sich Reflexion und Kreation in ihr durchdringen, an einem wechselseitigen »Widerschein« entlang, wofür wir kein angemessenes formales Modell besitzen, wandelt sie sich so schnell und auf so vielerlei Weise wie die menschliche Erfahrung selbst.

Worin liegt der Maßstab für den statistischen Wandel? Anhand dieser Frage ist ein ganzer Forschungszweig, die »Lexiko-Statistik« oder »Glottochronologie« entstanden. Aber es gibt keine allgemeingültige Antwort, und wir haben nicht einmal Grund zu der Annahme, daß sich überhaupt allgemeine Regeln auf den sprachlichen Wandel anwenden lassen. In »Language« behauptet Bloomfield, »sprachlicher Wandel (gehe) viel schneller vor sich als biologischer, dagegen wahrscheinlich langsamer als Wandel in anderen menschlichen Institutionen«. Ich bin skeptisch. Ist es denn überhaupt möglich, Sprache von eben den Institutionen abzulösen, die weitgehend von ihr erfüllt sind und deren Wandel sie so oft beschreibend feststellt? Unser Beweismaterial ist örtlich begrenzt und von so unterschiedlicher Art, daß es nur ganz vorläufige Vermutungen zuläßt. Im Lauf der Geschichte jeder Sprache und Sprachgruppe waren völlig verschiedene Transformationsraten am Werk.[1] Um ein Schulbeispiel anzuführen: Das indoeuropäische Singular-Dual-Plural-Schema, das wohl bis in die Anfänge der indoeuropäischen Sprachgeschichte zurückreicht, überlebt bis auf den heutigen Tag in der englischen (und deutschen) Unterscheidung zwischen »besser von zwei« und »dem besten von drei oder mehr« (Dingen, Menschen usw.). Das Englisch der Zeit König Alfreds jedoch, dessen Eigenarten im wesentlichen viel jüngeren Datums sind, ist heute praktisch unverständlich. Zu gewissen Zeiten wandelt die Sprache sich rapide. Sie ist dann gleichsam gierig nach lexikalischer und grammatischer Erneuerung und entledigt sich bewußt und in schnellem Tempo abgenutzter Elemente. Sofern Literatur ein verläßlicher Zeuge ist, gilt das für das Englisch von 1560 bis zur Wende des 16. Jahrhunderts. Eine vergleichbare Veränderungsrate – wenngleich in restriktiver und normativer Richtung – kennzeichnet das gebildete Französisch von den siebziger Jahren des 16. Jahrhunderts bis zu Malherbe und Guez de Balzac. Weniger als eine Generation liegt zwischen Kleist und Herder. Das Deutsch um 1820 ist jedoch in vieler Hinsicht eine andere Sprache, ein anderes Vehikel des Bewußtseins, als das der siebziger und achtziger Jahre des 18. Jahrhunderts. Wenn man nach Filmen, den Formen des Humors, dem journalistischen Stil und der Belletristik urteilen kann, befindet sich das amerikanische Englisch heute im Zustand eindrucksvoller Anreicherung aber auch Instabilität, während »englisches Englisch« an Elastizität einzubüßen scheint. Worte und Werte ändern sich in verwirrendem Tempo.

Unter anderen Umständen können Sprachen äußerst konservativ sein. Ein Beispiel dafür ist die vorschriftsmäßige Bürde der postcartesianischen Syntax, deretwegen die französischen Romantiker, obgleich sie als Rebellen und Pioniere auftraten, ihre Stücke in Alexandrinern schrieben und das Rüstzeug der französischen Prosa kaum veränderten. In den sechziger Jahren des 18. Jahrhunderts scheint die englische Prosa eine haltbare urbane Plattform erreicht zu haben, so daß sie, allen Neuerungen abhold, ihre Autorität über weite Gebiete der gesamten Dichtung ausüben konnte; so zeigt auch der spät-Augustäische Vers eine entsprechende sprachliche Gefälligkeit. Den Konservativismus, ja, das Beharren auf Archaismen, das für manche Epochen des Chinesischen so bezeichnend ist, hat man oft betont. Das Nachkriegs-

Italienisch ist, allem »Verismo« und dem ausgesprochenen Modernismus anderer Medien, beispielsweise des Films, zum Trotz, merkwürdig unbeweglich geblieben. Gaddas barocke Unersättlichkeit nach Archaismen und Vulgarismen fällt als herausfordernde Ausnahme aus dem Rahmen. Auch das oft vermutete Hand-in-Hand von politischem und sprachlichem Wandel ist eine Täuschung. Sowohl die französische als auch die russische Revolution waren sprachlich konservativ und fast akademisch in ihrer Rhetorik. Das zweite Kaiserreich dagegen brachte entscheidende Akzentverschiebungen in der Poetik und den Gefühlskonventionen der französischen Sprache mit sich. Überdies laufen in den meisten Stadien der Geschichte einer Sprache innovative und konservative Tendenzen nebeneinander her. Milton, Andrew Marvell und Dryden waren Zeitgenossen. In seiner »Altmodischkeit« hat Robert Frost umgangssprachliche Wendungen in die Lyrik eingeführt, die an Vitalität vielem gleichkommen, das erst Allen Ginsberg aufgegriffen oder wiederbelebt hat. In der Faktizität der Sprache herrscht ein Getümmel widerstreitender Antriebe wie auf Leonardos Darstellungen der Flechten und Spiralen von fließenden Gewässern.

Noch schwierigere Probleme stellen sich, wenn wir uns fragen, ob der Begriff der Entropie auf die Sprache bezogen werden kann. Schwinden Sprachen dahin, verkümmern ihre Gestaltungskräfte? Gibt es sprachliche Reflexhandlungen, die sich verlangsamt und ihre lebenswichtige Genauigkeit verloren haben? Die Gefahr, die in einer solchen Formulierung der Frage liegt, läßt sich nicht übersehen. Leben und Tod von Sprache im organischen, temporalen Sinne aufzufassen, dürfte eine animistische Fiktion sein. Sprachen sind rein arbiträre Systeme aus Signalen und konventionalisierten Schaltungen. Obwohl der große Schachmeister Tartakower anderer Meinung war, glauben wir nicht, daß Schachfiguren Gefühle oder irgendein Geheimnis autonomen Wesens besitzen. Und doch fällt es nicht leicht, von der Vorstellung zu

lassen, daß schwindende Lebenskraft und Sprachverfall Hand in Hand gehen. Einige Denker, die sich besonders intensiv in das Wesen der Sprache und die Zusammenhänge von Sprache und Gesellschaft vertieft haben – de Maistre, Karl Kraus, Walter Benjamin, George Orwell – verwenden bewußt oder unbewußt vitalistische Metaphern. In bestimmten Zivilisationen gibt es Epochen, in denen die Syntax erstarrt und die Quellen lebendigen Wahrnehmungs- und Darstellungsvermögens versiegen. Von der Last geheiligter Verwendung gebeugt, scheinen Wörter abzusterben; die sklerotische Verhärtung und Anhäufung von Klischees, von ungeprüften Vergleichen und Bildern, nimmt dann ständig zu. Statt als lebendige Membran zu wirken, werden Grammatik und Vokabular zu Barrieren für neues Empfinden. Eine Zivilisation ist dann in einem sprachlichen Umriß gefangen, welcher der sich wandelnden Tatsachenlandschaft nicht mehr oder nur noch an ritualisierten, willkürlichen Punkten entspricht. In der griechisch-orthodoxen Liturgie gibt es Anzeichen von Paralyse, von Lähmung durch eine Sprache, welche die menschlichen Reaktionen zu Formeln werden läßt, statt sie zu beleben. Hat bei dem rätselhaften Zerfall der Maya-Kultur etwa ein sprachlicher Faktor mitgespielt? Hat die Sprache mit ihrem vermutlich hohen Maß an unbeweglicher, hieratischer Phraseologie kein brauchbares und generatives Wirklichkeitsmodell mehr hergegeben? »Wörter, diese Wächter des Sinns, sind nicht unsterblich, nicht unverwundbar« schrieb Adamow 1938 in sein Notizbuch. Als der Krieg ausbrach, fügte er hinzu: »Verbrauchte, fadenscheinige, abgelegte Wörter wurden zu Kadavern von Wörtern, Phantom-Wörtern. Jedermann kaut und wiederkäut ihren Klang zwischen den Kinnbacken.«
Auch das Gegenteil kann zutreffen. Historischer Relativismus beinhaltet, daß es keine Ursprünge gibt, daß jede menschliche Handlung sich an vorhergegangene Handlungen anschließt. Natürlich könnte das auch ein nachträglicher Trugschluß sein. Die Genialität der griechischen und hebräi-

schen Zeugnisse menschlichen Leistungsvermögens, die Tatsache, daß erfahrenes Leben in der abendländischen Geschichte nie wieder so vollkommen und formschöpferisch artikuliert worden ist, läßt sich nicht bestreiten. Die universale Kraft Homers, mit der er in der »Ilias« und der »Odyssee« fast jeglichen abendländischen Bewußtseinszustand vorwegnimmt – wir sind reizbar wie Achill, alt wie Nestor und kehren immer heim wie Odysseus –, läßt auf einen historischen Augenblick von einzigartiger Sprachgestaltungskraft schließen. (Meiner Ansicht nach fällt die Zusammenstellung der »Ilias« und die Komposition der »Odyssee« mit jener »neuen Unsterblichkeit« durch die Schrift zusammen, mit dem Augenblick des Übergangs von der mündlich zur schriftlich tradierten Literatur.)

Aischylos dürfte nicht nur der größte Tragiker, sondern der eigentliche Schöpfer der Gattung gewesen sein, der erste, der die ganze Gewalt menschlicher Konflikte in den Dialog gebannt hat. Die prophetische Grammatik bei Jesaias bringt ein metaphysisches Skandalon in Gang – die Durchsetzung des Futurums, die Ausweitung der Sprache über die Zeit. Thukydides war von der entgegengesetzten Entdeckung gefesselt. Er war es, der sich zuerst klar machte, daß die Vergangenheit ein sprachliches Konstrukt ist, daß die Vergangenheitsform des Verbums der einzige Garant der Geschichte ist. Die unbändige Heiterkeit der Platonischen Dialoge, ihr methodischer Umgang mit Dialektik als intellektueller Verfolgungsjagd, beruht auf der Entdeckung, daß Wörter, auf die Zerreißprobe gestellt und auf einander angesetzt wie beim Zweikampf oder stilvoll manövriert wie beim Tanz, neue Formen des Verstehens wecken können. Wer war der erste Mensch, der einen Witz machte, der Gelächter aus der Rede wie Wasser aus dem Felsen schlug? (Die Witzlosigkeit der alttestamentarischen Schriften läßt vermuten, daß der reine Wortwitz das Produkt einer ziemlich späten, subversiven Entwicklung ist.)

In all diesen Beispielen war Sprache »neu«. Oder, genauer

gesagt: Der Dichter, der Philosoph, der Chronist haben menschlichem Verhalten und dem Strom der seelischen Erfahrung ein bislang nie dagewesenes »zweites Leben« eingehaucht – ein Leben, das sich bald als dauerhafter und bedeutungsvoller herausstellen sollte als das biologische oder gesellschaftliche. Diese Einsicht, die Triumph und Tragik in einem ist (der Dichter weiß, daß die Geschöpfe seiner Phantasie ihn überleben werden), findet sich immer wieder bei Homer und Pindar ausgesprochen. Es ist anzunehmen, daß die »Orestie« recht bald, nachdem der Dichter zum ersten Mal die paradoxen Zusammenhänge zwischen der eigenen Person, seinen Figuren und der Unabänderlichkeit des Todes gewahrte, entstand. Der Klassiker ist der einzige totale Revolutionär: Er ist der erste, der aufbricht, nicht etwa in jenen stillen Ozean, in dem Mensch und Sprache eines und alles sind, sondern in die terra incognita des symbolischen Ausdrucks, der Analogie, der Anspielung, des Gleichnisses und ironischen Kontrapunkts. Wir besitzen eine Historiographie des Blutvergießens und der Täuschungen, aber keine der Metapher. Wir machen uns keine Vorstellung davon, was es bedeutet haben muß, als erster die Farbe des Meeres mit dem Traubendunkel des Weins verglichen oder den Herbst in einem Menschenantlitz erkannt zu haben. Solche Figuren sind neue Landkarten der Welt, sie verändern unser Wohnen in der Wirklichkeit. Wenn das Poplied beklagt, daß es keine neue Weise gibt, um zu sagen, daß ich verliebt bin und ihre Augen wie Sterne sind, so berührt es einen Lebensnerv der abendländischen Literatur. So umfassend waren die hellenischen und hebräischen Spracheroberungen, daß genuine Neuschöpfungen, neue Funde seither selten vorkommen. Keine Verzweiflung war tiefer als die Hiobs, keine Absage an die Welt endgültiger als die der Antigone. Die Glut des Feuers im heimischen Herd hat Horaz schon gesehen, und Catulls Katalog geschlechtlicher Begierden ist fast lückenlos. Abendländische Kunst, abendländische Literatur sind auf weiten Strecken Variationen über vorgegebene Themen. Daher die anarchische Bitterkeit der Spätgeborenen und die unschlagbare Logik des Dada, der erklärt hat, daß neue Gefühls- und Erkenntnisimpulse nicht aufkommen können, solange nicht die Sprache zertrümmert ist. »Mach alle Dinge neu«, fleht der Revolutionär in Worten, so alt wie das Deboralied oder Heraklits Fragmente.

Warum aber haben ganz bestimmte Sprachen eine bleibende Spur in der Wirklichkeit hinterlassen? Konnten Hebräisch, Aramäisch, Griechisch und Chinesisch auf außergewöhnliche Hilfsquellen zählen (und zwar in einer Weise, die auch für die Geschichte des Schreibens gilt)? Oder fragen wir damit doch wieder nur nach der Geschichte einzelner Zivilisationen, einer Geschichte, durch Sprache so verschieden gespiegelt und befeuert, daß wir keine glaubwürdige Antwort finden können? Ich vermute, daß die Eignung einer Sprache zur Metaphernbildung ein entscheidender Faktor ist. Diese Empfänglichkeit ist höchst unterschiedlich. Aus der Ethnolinguistik wissen wir, daß Tarasco, eine vorkolumbianische Sprache, die noch in Mexiko gesprochen wird, sich gegenüber neuen Metaphern ablehnend verhält, während Cuna, eine Indianersprache in Panama, sie begierig aufnimmt. Im Mittelmeerraum ist eine attische Freude am Wort, am rhetorischen Spiel oft bemerkt und oft bespöttelt worden. Wenn Zefad (Safed) in Galiläa »die Stadt der Buchstaben« und das syrische Biblos »die Stadt des Buches« heißen, so sind das Namen ohne Parallele in der antiken Welt. Andere Zivilisationen scheinen dagegen »sprachlos« zu sein, oder haben zumindest, wie das alte Ägypten, kein volles Bewußtsein von der umwälzenden und schöpferischen Kraft der Sprache. In zahlreichen Kulturen gilt Blindheit als das schlimmste Gebrechen und als Absage an die Welt. In der griechischen Mythologie sind Dichter und Seher blind, auf daß sie, dank der Fühler der Rede, ferner und weiter zu sehen vermögen.

Eins steht fest: Jede sprachliche Handlung hat eine temporale Determinante. Keine semantische Form ist zeitlos. Wenn wir ein Wort sagen, bringen wir seine gesamte Geschichte mit zum Erklingen. Ein Text ist in eine spezifische Zeit eingebettet. Er hat das, was die Linguistik als »diachrone Struktur« bezeichnet. Lesen in der ganzen Fülle der Möglichkeiten bedeutet, soweit als möglich, die Unmittelbarkeit von Gehalt und Wert zurückzuholen, darin die Rede ursprünglich stattfindet.

Dafür gibt es Hilfswerkzeuge. Ein echter Leser ist Lexikonsüchtig. Er weiß, daß Englisch lexikalisch besonders gut ausgestattet ist: von Bosworths »Anglo-Saxon Dictionary« über Kurath und Kuhns »Middle English Dictionary« bis zum beispiellosen Reichtum des »Oxford English Dictionary«. (Gewiß sind auch Grimm und Littré unschätzbar. Aber Geist und Geschichte der deutschen wie der französischen Sprache erscheinen nicht derart in einem einzigen Lexikon kristallisiert.) Rossettis »Geomaunt« etwa führt zu Shipleys »Dictionary of Early English« und der tröstlichen Feststellung, daß »der Gegenstand mit ›Moromancy‹ – närrische Wahrsagerei, ein Begriff des 17. Jahrhunderts, der sie alle umfaßt – abgehandelt« sei. Skeats »Etymological Dictionary« und »Principles of English Etymology« sind unentbehrlich für die ersten Schritte zum Verständnis des Lebens von Wörtern. Aber jede Periode hat ihre eigene Topographie. Skeats und Mayhews »Glossary of Tudor and Stuart Words« sollte die Lektüre von Skelton bis Marvell begleiten. Ins Innerste von Kiplings Welt gelangt man nicht, und Gilbert und Sullivans Pointen versteht man schwerlich ohne »Hobson-Jobson« und Sir H. Yule und A. C. Burnell. Ortsnamen- und Sprichwörter-Lexika sind wesentliche Hilfsmittel. Hinter der Fassade der offiziellen Sprache liegt unabsehbar und veränderlich das Reich des Slang und der Tabusprachen. Ohne solche Fundgruben wie »L'Argot Ancien« von Champion und »A Dictionary of Slang and Unconventional English« von Partridge bliebe ein großer Teil der europäischen Literatur von Villon über Ronald Firbank bis zu Genet unenträtselt.

Darüber hinaus gibt es die zahlreichen Spezial-Lexika. Ein eifriger Leser der Lyrik aus der Mitte des 18. Jahrhunderts greift immer wieder nach dem »Dictionary of Gardening« der »Royal Horticultural Society«. Das altbekannte »Draper's Dictionary« von S. William Beck erhellt so manchen erotischen Gag in den Komödien der Restaurationszeit. »Armorial Families« von Fox-Davies und andere Heraldik-Handbücher erleichtern das Verständnis der ersten Verse der »Fröhlichen Weiber von Windsor«, aber auch viele Passagen in der Dichtung von Sir Walter Scott. Eine gediegene Shakespeare-Bibliothek wächst sich ganz von selbst zum Compendium menschlicher Aktivitäten aus. Sie enthält Handbücher der Falknerei, der Navigation, der Juristerei, der Medizin, der Erotik und des Okkulten. Ein ganz entscheidendes Bild im »Hamlet« stammt aus der Fachsprache der Wollweber: Wolle, eingefettet oder »enseamed« »over the nasty sty«. Von »Der Widerspenstigen Zähmung« bis zum »Sturm« gibt es kaum ein Stück von Shakespeare, in dem er nicht ausgiebig Gebrauch von den Begriffen der Elisabethanischen Musik macht, um Wesentliches über menschliche Antriebe und Verhaltensweisen auszusagen. Manche Episoden bei Jane Austen genießt man erst recht, wenn man weiß, wie ein Régence-Schreibtisch aussieht und wie damals Briefe befördert wurden. Auch Dickens, dessen Welt so körperlich in der Wirkung, so szenisch in der Struktur ist, macht reichlich Gebrauch von Fachsprachen. »Bleak House« und »Dombey and Son« enthalten ganze Schätze an Informationen über viktorianisches Rechtswesen und Finanzgebaren. Nur dank des »Dictionary of Naval Equivalents« und eines Handbuchs des Dampfturbinenbaus aus viktorianischer Zeit hat man eines der einprägsamsten und rätselhaftesten Gleichnisse in »The Wreck of the Deutschland« entschlüsseln können. Das alles aber sind Äußerlichkeiten. Das vollständige Eindringen in einen Text, das vollständige Erkennen und die nachschöpferische Aneignung seiner lebendigen Form (prise de conscience) ist ein Akt, den man zwar präzise empfinden, aber kaum beschreiben oder systematisieren kann. Man braucht dazu das, was Coleridge mit seinem außerordentlichen Einfühlungsvermögen »spekulative Instrumente« genannt hat. Unerläßlich ist, daß man sich die Geschichte der betreffenden Sprache und die verwandelnden Gefühlsenergien vergegenwärtigt, welche den Satzbau zur Chronik eines gesellschaftlichen Zustandes machen. Man muß die örtlichen und zeitlichen Gegebenheiten eines Textes kennen, jene unsichtbaren Vertäuungen, die noch eine höchst idiosynkratische lyrische Ausdrucksweise mit dem Idiom der Umwelt verknüpfen. Die Vertrautheit mit einem Autor, jener nervöse enge Umgang mit ihm, der die Kenntnis seines gesamten Schaffens von der Jugendsünde bis zum opus postumum erfordert, erleichtern das Verständnis jeder Einzelheit. Shakespeare und Hölderlin lesen heißt buchstäblich, sich auf ihre Lektüre vorzubereiten. Aber weder Gelehrsamkeit noch Fleiß summieren sich zu Einsicht, zum intuitiven Vorstoß in die Mitte. »Aufmerksam lesen, klar denken zu können, nichts Wesentliches zu übersehen und die eigene Phantasie im Zaum halten zu können, sind keine gewöhnlichen Gaben«, sagt A. E. Housman in seiner Londoner Inauguralrede. Aber es ist noch mehr von Nöten, nämlich: »literarisches Fingerspitzengefühl, Kongenialität im Umgang mit dem Werk des Autors, Erfahrung, die man durch Textstudium erwirbt, und Mutterwitz, den man mit auf die Welt gebracht haben muß.« Dr. Johnson ging bei seiner Shakespeare-Edition noch weiter: »Kritische Konjekturen« – damit meint er jene vollständige Interaktion mit einem Text, die einen Leser befähigt, seinen Autor zu emendieren, – »verlangt mehr, als menschenmöglich ist«.

Die optimale Interpretation, wenn unsere Empfindungsfähigkeit sich ihren Gegenstand aneignet und dabei sein autonomes Leben bewahrt und beschleunigt, ist der Prozeß einer »ursprünglichen Wiederholung«. In unserem gewiß nacherlebenden, aber augenblicklich gesteigerten und gebildeten Bewußtsein reaktualisieren wir den schöpferischen Akt des

Autors. Wir folgen der Formwerdung eines Gedichtes, wie der Zeichner Konturen nachzieht oder der Wanderer einem Pfad ins Unbekannte folgt. Wirkliche Kennerschaft ist ein Stück »Mimesis«: Sie erschafft ein Gemälde oder einen Text aufs Neue – allerdings nur in jenem Sinne einer abhängigen Spiegelung, den Platon der »Imitation« gab. Der Grad nachschöpferischer Unmittelbarkeit ist durchaus verschieden. Im Falle der musikalischen Aufführung ist sie lebensnotwendig. Jede Wiedergabe eines musikalischen Werkes ist eine neue Poiesis. Sie unterscheidet sich von jeder anderen Aufführung derselben Komposition. Ihr ontologisches Verhältnis zur Originalpartitur und zu allen vorausgegangenen Aufführungen ist zwiefach: nämlich nachschöpferisch und erfinderisch in einem. Wie existiert Musik denn überhaupt, wenn sie nicht aufgeführt wird? Und wie läßt sich die Intention des Komponisten nach mehreren Aufführungen verifizieren? Am Gegenpol zum Musiker befindet sich der Restaurator. Bei allem nötigen Feingefühl ist seine Arbeit ihrem Wesen nach konservativ. Sie zielt darauf ab, den natürlichen Wandel im Leben des Kunstwerks in der Fiktion einzigartiger, statischer Authentizität stillzustellen. Doch in beiden Fällen liegt eine Metapher der Liebe nicht fern. Zu jedem großen Interpreten gehört eine Anspannung weiblicher Art: Unterwerfung unter die schöpferische Gegenwart, allerdings nicht im passiven Sinne, sondern als intensive, aktive Antwort. Wie der Dichter kann der Meisterinterpret oder Literaturkritiker von sich sagen: »Je est un autre«. Dabei wirken zwei Grundfähigkeiten der menschlichen Seele zusammen: »Einfühlung« (inscape) ist sowohl eine sprachliche als auch eine emotionale Leistung.

Hinsichtlich der Verwendung »spekulativer Instrumente« befinden sich Kritiker, Herausgeber, Schauspieler und Leser auf gemeinsamem Boden. Dank ihrer aller Vorhandensein bei sinnverwandter Aufgabenverteilung gewinnt geschriebene Sprache fortgesetzt Leben. Sie sind es, die, um Ezra Pound zu zitieren, dafür sorgen, daß Literatur Neuigkeit

(News) ist, die Neuigkeit bleibt. Insbesondere die Funktion des Schauspielers ist auch graphisch. Jedes Mal, wenn beispielsweise Shakespeares »Cymbeline« aufgeführt wird, muß der Monolog des Posthumus neu und anders »herausgegeben« werden. Der eine Schauspieler spricht den seit dem Folio von 1623 schriftlich vorliegenden Text so wie das Elisabethanische Englisch nach heutigen Vorstellungen geklungen haben mag. Ein anderer wählt ein zwar neutrales, aber doch feierliches Vibrato, typisch für das 19. Jahrhundert, das sich anhört, als würde aus einem kostbaren viktorianischen Kalbslederband vorgelesen. Durch scharfe Zäsuren und helle Vokale läßt sich aber auch ein moderner Eindruck erwecken. Die Wahl des Kostüms ist ein praktisch-literaturkritischer Akt. Ein Posthumus im Gewand des Römers wäre eine Korrektur der Elisabethanischen Gepflogenheit des Anachronismus oder der symbolischen Zeitgenossenschaft – welche selbst Gefühlskonventionen darstellen, die uns nicht mehr recht zugänglich sind. Ein Kostüm aus der Zeit Jakobs I. würde die spezifische Historizität und Shakespeares Autorschaft als das Wesentliche herausstellen. Ein moderner Anzug dagegen brächte so etwas wie »bleibende Gültigkeit« zum Ausdruck. Posthumus' leidenschaftlicher Ausbruch muß, einerlei wie Englisch zur Zeit Jakobs I. geklungen haben mag, hier und jetzt seinen »Sinn« bewahrheiten. Aber man kann »Cymbeline« – und das ist tatsächlich vorgekommen – auch in Augustäischer, Byronscher, Edwardischer Kostümierung aufführen. Jede dieser Möglichkeiten ist ein spezifischer Kommentar zum Text und belebt ihn auf ihre je eigene Weise. Andererseits läßt sich ein dichterisches Werk auch tatsächlich umgestalten. Man stelle eine Collage her aus Motiven von Hieronymus Bosch, Viktorianischen Putten und Dali-Obszönitäten und placiere ein Liebessonett von Dante Gabriel Rossetti in die Mitte. Seine Leidenschaftlichkeit wird auf einmal verdächtig, seine Glut künstlich und schal. Nur große Kunst fordert eigenwillige und erschöpfende Interpretation und widersteht ihr zugleich.

»Interpretation«, das was Sprache jenseits von Zeit und Ort ihrer unmittelbaren Äußerung oder Niederschrift hinaus Leben sichert, ist das, worum es mir hier geht. Das französische Wort »interprète« umfaßt alles, was dazugehört. Ein Schauspieler ist ein »interprète« von Racine. Ein Pianist gibt die »interprétation« einer Beethoven-Sonate. Durch sein persönliches Engagement, durch die Identifikation mit dem Autor, wird ein Kritiker »un interprète«, ein lebendiger Darsteller von Montaigne oder Mallarmé. Das englische Wort »interpreter« ist nicht ganz so stark, weil es für den Schauspieler gar nicht und den Musiker nur auf dem Umweg über Analogien zutrifft. Aber auf einem anderen, ganz wesentlichen Gebiet deckt es sich mit dem französischen: »interprète« und »interpreter« bedeuten beide »Übersetzer«. Ich glaube, hier liegt der zentrale Ansatzpunkt.

*Wenn wir irgendeine Aussage der Vergangenheit lesen oder hören, sei es den Leviticus oder den Bestseller vom vorigen Jahr, übersetzen wir.* Leser, Schauspieler, Literaturkritiker sind Übersetzer von Sprache aus der Zeit. Die gewohnte Definition für die Tätigkeit des Übersetzens ist, daß eine Mitteilung aus einer Sender-Sprache in eine Empfänger-Sprache transformiert wird. Die Schranke zwischen den beiden Sprachen ist ihre unleugbare Verschiedenheit, so daß, damit die Mitteilung »ankommt«, eine interpretierende Umgestaltung vorgenommen werden muß, die irreführend oft als Verschlüsseln und Entschlüsseln bezeichnet wird. Genau dasselbe geschieht, ohne daß das oft in Betracht gezogen würde, im Rahmen ein und derselben Sprache. Nur daß die Schranke oder der Abstand zwischen Sender und Empfänger hier die Zeit ist. Die Werkzeuge, das haben wir gesehen, sind die nämlichen: Der »externe« wie der »interne« Übersetzer/ Interpret verwenden allgemeine und Slang-Lexika, historische Grammatiken, Handbücher und Glossarien spezieller Berufs-, Milieu- und Zeit-Terminologien. Beide Male erfordert das Eindringen in den Text das komplizierte Zusammenwirken von Kenntnis, Vertrautheit mit Form und Inhalt der Aussage und neuschöpferischer Intuition. Und in beiden Fällen gibt es, wie wir sehen werden, spezielle Bereiche des Halbschattens, Randgebiete des Mißlingens. Manche Elemente widersetzen sich vollkommener Erfassung oder Wiederbelebung. Die Zeitschranke ist oft hinderlicher als die Sprachschranke. Jeder zweisprachige Übersetzer kennt die sogenannten »falschen Freunde« – Homonyme wie das französische und das englische Wort »habit«, die nur in den allerseltensten Fällen das gleiche besagen, oder stammverwandte Wörter wie das englische »home« und das deutsche »Heim«, die gar nicht so ohne weiteres austauschbar sind. Der »Binnen«-Übersetzer bewegt sich auf noch trügerischerem Gelände. Wörter zeigen nur selten äußere Merkmale ihres Bedeutungswandels; sie verraten ihre Geschichtlichkeit nur im vollständig hergestellten Kontext. Bei einem Text aus ferner Vergangenheit, bei Chaucer etwa, nähert sich das »interne« Übersetzen einem zweisprachigen Vorgang: Auge und Ohr müssen sich auf die Notwendigkeit von Entschlüsselung einstellen. Je »normaler« die Sprache zu sein scheint – nach Dryden hat sich die moderne Gestalt in der äußeren Sprachform rasch durchgesetzt –, desto verdeckter sind die Zeichen semantischer Zeitgebundenheit. Wir lesen, als sei die Zeit stehengeblieben. Viele Schauspiele, die wir aufführen und anhören, ein Großteil der Literatur, die wir lesen, sind mangelhaft »übersetzt«. Die Botschaft, die wir empfangen, ist verzerrt und verwässert. Und eben dies gilt auch, öfter als das Gegenteil, für die Übertragung von Sprache zu Sprache.

Das diachrone Übersetzen innerhalb unserer Muttersprache ist ein so kontinuierlicher Prozeß, wir vollziehen ihn so unbewußt, daß wir nur ganz selten innehalten und die wichtige und heikle Rolle, die es für den Bestand jeder Zivilisation spielt, überhaupt zur Kenntnis nehmen. Vergangenheit, wie wir sie erfahren, ist zum weitaus größten Teil ein Konstrukt aus Worten. Geschichte ist ein Sprech-Akt, ist selektiver Gebrauch der Vergangenheitsform des Verbums. Selbst sichtbare Überbleibsel wie Bauten und Stadtsilhouetten müssen »gelesen«, das heißt, in einen Kontext sprachlicher Erkenntnis und Situierung gestellt werden, um wirkliche Gegenwart zu gewinnen. Welche materielle Realität hat Geschichte außerhalb der Sprache, außerhalb unseres interpretatorischen Glaubens an letztlich sprachliche Zeugnisse? Schweigen hat keine Geschichte. Wo Würmer, Brände oder totalitäre Regime solche Zeugnisse getilgt haben, kommt unser Bewußtsein von der Vergangenheit an einen toten Punkt. Es gibt keine totale Geschichte, keine Geschichte, die sich, weil sie die Summe allen vergangenen Lebens enthielte, als objektiv wirklich definieren ließe. Sich an alles zu erinnern, wäre Wahnsinn. Wir erinnern uns kulturell wie individuell mittels Konventionen der Betonung, Verkürzung und Weglassung. Verschiedene Kulturen haben die von der Vergangenheitsform des Verbums komponierte, semantisch organisierte Szenerie der Erinnerung auf verschiedene Weise verschlüsselt. Figuren in einem Garten sehen auf einer chinesischen Tuschzeichnung anders aus als in einer Landschaft von Poussin. Die einander ablösenden Konstrukte der Vergangenheit bilden eine vielsträngige Schraubenlinie, wo sich imaginäre Chronologien in Spiralen um den neutralen Stamm der »konkreten« biologischen Zeit winden. Das Mittelalter, so wie Walter Scott es gesehen hat, ist nicht dasselbe, das die Präraffaeliten nachgeahmt haben. Schon das augusteische Rom war, nicht anders als das Ben Johnsons und der Elisabethanischen Seneca-Verehrer, eine aktive Fiktion, ein »Hineinlesen ins Leben«, aber die beiden Nachschöpfungen waren sehr verschieden. Von Marsilio Ficino bis zu Freud hat das Bild des antiken Griechenland, dieses Wort-Ikon, entstanden aus einer Folge von Übersetzungen griechischer Literatur, Geschichtsschreibung und Philosophie, richtungweisend auf fundamentale Tendenzen des europäischen Lebensgefühls gewirkt. Aber jede dieser Übersetzungen, jedes Nach- und Neulesen der Antike, war anders, ist unter immer anderen Perspektiven zustande gekommen. Der Platonismus der Renaissance ist nicht der Shelleys. Hölderlins Ödipus ist nicht Freuds Jedermann oder Lévi-Strauss' hinkender Schamane.

Wie jede Generation aus einem vitalen Drang nach Nähe und Echo die Klassiker neu übersetzt, so benutzt sie auch die Sprache, um sich eine eigene, widerhallende Vergangenheit aufzubauen. In Zeiten historischer Anspannung folgt ein Mythos der »wahren« Vergangenheit so schnell auf den anderen, daß ganz verschiedene Perspektiven nebeneinander bestehen und an den Rändern verschmelzen. Heutzutage haben Siebzigjährige noch eine gestaltete Vorstellung vom Krieg 1914-19. Für den Vierziger dagegen ist 1914 der dunkle Vorbote von Ereignissen, die erst durch die großen Krisen der späten dreißiger Jahre Bedeutung gewannen. Für die »Bomben-Generation« hat Geschichte erst 1945 angefangen. Was davor liegt, sind Trugbilder, gleichsam allegorische Täuschungen. In den jüngsten Revolten der ganz Jungen ist eine surrealistische Syntax am Werk, die Artaud und Jarry vorweggenommen hatten: Die Vergangenheitsform des Verbums wird aus der Grammatik von Politik und Privatheit verbannt. »Programmiert« und Wert-selektiv, wie Geschichte unweigerlich ist, wird sie als Instrument der herrschenden Klasse gemieden. Das Präsens dagegen ist erlaubt, weil es gleichzeitig in die bestärkende Zukunft springt. Sich-Erinnern heißt, Verzweiflung in Kauf nehmen. Das Perfekt des Verbums »Sein« trägt in sich die Wirklichkeit des Todes.

Diese Metaphysik des Augenblicks, dieses Tür-Zuschlagen vor den endlosen Korridoren des historischen Bewußtseins, ist begreiflich. In seiner fanatischen Unschuld verkörpert es jedoch nur einen neuen Sturmangriff auf das ewige Eden, auf jenes Idyll vor aller Zeitrechnung (kein Herbst, bevor der Apfel vom Zweig gebrochen wurde, kein Fall vor dem Sündenfall), das das 18. Jahrhundert in den vermeintlich statischen Kulturen der Südsee zu finden gehofft hatte. Aber der Fanatismus dieser Unschuld ist für die Zivilisation so zerstörerisch wie für die gebildete Rede, denn das eine ist vom anderen nicht zu trennen. Ohne die wahre Fiktion der Geschichte, ohne unaufhörliche Beseelung einer selbst-erwählten Vergangenheit werden wir zu flachen Schatten. Literatur, deren Geist aus der harten Begierde nach Dauer stammt (»le dur désir de durer« sagt Eluard), hat ohne ständige Übersetzung innerhalb ihrer eigenen Sprache keinerlei Lebenschance. Kunst stirbt, wenn wir die Konventionen verlieren oder mißdeuten, dank derer sie gelesen werden kann, mittels derer ihre inhaltliche Aussage in unser eigenes Idiom übertragen werden kann. So haben etwa diejenigen, die uns lehrten, wieder Barockliteratur zu lesen, das Wahrnehmungsvermögen unserer Sinne nach rückwärts erweitert. Wo keine Interpretation – im vielfältigen, aber doch grundsätzlich eines meinenden Sinne des Begriffs – vorhanden ist, kann es Kultur nicht geben, nur das Schweigen des Anbeginns hinter unserem Rücken. Kurzum: Die Existenz von Literatur und Kunst, die Wirklichkeit erlebter Geschichte in einem Gemeinwesen, sind auf einen nie endenden, wenngleich sehr häufig ganz unbewußten Akt des Übersetzens angewiesen. Es ist gewiß keine Übertreibung, zu sagen, daß wir eine Zivilisation nur deshalb haben, weil wir gelernt haben, aus der Zeit zu übersetzen.

II

Die Linguistik unterscheidet seit de Saussure zwischen einer diachronen (vertikalen) und einer synchronen (horizontalen) Struktur der Sprache. Diese Unterscheidung gilt auch für das interne Übersetzen. Wenn schon Kultur davon abhängt, daß Bedeutungen über die Zeiten hinaus vermittelt werden – das deutsche Wort »Übertragung« hat genau die Konnotationen von »Übersetzung« und von »Weitergabe durch Erzählung« –, so hängt sie auch davon ab, daß Bedeutungen über Räume hinweg übermittelt werden.
Die Sprache hat eine gewisse Zentrifugalkraft. Sprachen, die

sich über große geographische Einheiten erstrecken, entwikkeln regionale Spielarten und Dialekte. Bevor noch Radio und Fernsehen durch ihre Standardisierung zerstörerisch in die Vielfalt der Dialekte eingriffen, hatte mancher Phonetiker Spaß daran, in geselliger Runde etwa den Heimatort eines Amerikaners aus einem der Grenzstaaten zum »Wilden Westen« oder eines Engländers aus dem Norden auf ein paar Dutzend Meilen genau bestimmen zu können. Das Französisch der Normandie ist weder das der Touraine noch der Camargue. Hochdeutsch und Plattdeutsch sind grundverschieden. In einigen weit verbreiteten Sprachen haben sich die Dialekte so weit auseinanderentwickelt, daß man es nahezu mit verschiedenen Sprachen zu tun hat. Ein bekanntes Beispiel ist die gegenseitige Unverständlichkeit verschiedener Zweige des Chinesischen, etwa zwischen Mandarin und der Sprache von Kanton. Ein Milanese hat Schwierigkeiten, das Italienisch im benachbarten Bergamo zu verstehen. In solchen Fällen ist zur Verständigung ein gewisses Übersetzen unerläßlich. Mehr oder weniger entspricht es dem »externen« Übersetzen von Sprache zu Sprache. Bezeichnenderweise gibt es Wörterbücher des Venezianischen, Neapolitanischen, Bergamaskischen.

Dialekte und Subdialekte sind jedoch noch am ehesten zu erkennen. Eine Sprache, die im gleichen Zeitraum von einer großen und vielgliedrigen Gemeinschaft gesprochen wird, ist jedoch in noch weit diffizilerer Weise aufgespalten. Da gibt es Verschiedenheiten nach gesellschaftlichem Status, Ideologie, Beruf, Alter und Geschlecht.

Verschiedene Kasten, verschiedene Schichten der Gesellschaft sprechen verschiedene Idiome. Aus dem 18. Jahrhundert gibt es ein berühmtes Beispiel. In der Mongolei war die Sakralsprache tibetanisch, die von Regierung und Verwaltung war Mantschu; die Kaufleute sprachen chinesisch, die Literatursprache war klassisches Mongolisch, und das Volk sprach einen Dialekt: das sogenannte Khalka-Mongolisch. Solche Unterschiede werden häufig – beispielsweise in der

Sakralsprache der Zuni-Indianer – rigoros formalisiert. Priester und Eingeweihte gebrauchen einen Wortschatz und ein Repertoire von Formulierungen, die von der Alltagssprache abweichen.[2] Aber solche Spezialsprachen – Priestersprachen, die Formelsprache der Freimaurer oder Mandarine, Kunstsprachen à la Père Ubu oder die Pseudo-Geheimsprachen der Offizierskasinos und Studentenverbindungen – stellen keine grundsätzlichen Probleme. Daß sie »übersetzt« werden müssen, ist selbstverständlich. Viel wichtiger und undeutlicher sind dagegen Unterschiede in Modulation, Satzbau und Wortwahl verschiedener Gesellschaftsklassen und ethnischer Gruppen, durch die sie ihre jeweilige Eigenart betonen und gegeneinander absetzen. Es kann vorkommen, daß im Rahmen einer sozial und ökonomisch gespaltenen Gesellschaft die Kommunikationsfunktion der Sprache durch ihre agonale Funktion völlig aufgewogen wird. Wie wir im Lauf dieser Untersuchungen sehen werden, verbergen Sprachen wahrscheinlich viel mehr, wenden es nach innen, als sie nach außen vermitteln. Gesellschaftliche Klassen und Rassenghettos sprechen offenbar mehr für und unter sich als miteinander.

Die Diktion der englischen Oberklasse mit ihren verschlissenen oder verschluckten Vokalen und anderen modischen Undeutlichkeiten ist sowohl ein gegenseitiger Erkennungscode – man trägt den Akzent wie einen Waffenrock – als auch ein Instrument der ironischen Ausschließung. Diese Sprache kommuniziert gleichsam von oben herab und verbirgt die eigentliche Information, oft ein Befehl oder konventionelles Wohlwollen, hinter einem Netz aus überflüssigem sprachlichem Stoff. Diese Redundanz hat jedoch selbst eine ganz bestimmte Funktion: Man spricht mit Untergeordneten besonders nachdrücklich und spielt mit dem ironisch unterkühlten Sprechakt den eigenen Status, die eigene Überlegenheit aus, sobald ein Standesgenosse in Hörweite ist. Ornamentale Belanglosigkeiten und ausgeparte Winke sind nicht so sehr an den Verkäufer oder Bittsteller gerichtet als an den

Regimentskameraden oder das Clubmitglied im Hintergrund, die am Signal den Komplizen erkennen sollen. Thackeray und Wodehouse sind wahre Meister in der Wiedergabe der doppelten Bestimmung dieser aristokratischen Semantik. Die Rede von Charlus, wie Proust sie analysiert, gleicht einem stecknadeldünnen Lichtstrahl, der, prismatisch gestreut und in zeremoniösem Gleichmaß, vor dem Gesicht des Gegenübers auf und ab huscht und dabei in immer denselben Abständen von einem japanischen Fächer verdunkelt wird. Für die Unterschichten ist Sprache nicht weniger Waffe und Rache. Wörter werden usurpiert und zur Denunziation verwendet, indem man ihnen eine geheime Bedeutung unterschiebt oder sie durch einen veränderten Tonfall ins Lächerliche zieht (im Krieg zwischen Stämmen wird ein eroberter Fetisch gegen seine ehemaligen Besitzer gekehrt). Die Pedanterie und Förmlichkeit der Bedientensprache bei Molière oder des »unnachahmlichen« Jeeves von Wodehouse sind ein parodistischer Kunstgriff. Wo keine Interessengemeinschaft besteht, sondern Machtverhältnisse die Bedingungen der Begegnung bestimmen, wird der Wortwechsel zum Duell. Die vermeintliche Unbeholfenheit der Arbeitersprache, das fette Zwielicht des Cockney, der gedehnt-unterwürfige Tonfall amerikanischer Schwarzer im Verkehr mit Weißen sind häufig nichts anderes als wohlgezielte Finten. Die Ungehobeltheit des Landsknechts, des Muschkoten, des Streckenarbeiters waren und sind Stachelpanzer, die einigen Zusammenhang inneren Lebens schützen und nach außen verletzen. Unter Schirmherrschaft und Unterdrückung konnten sie nur hinter ihrem Schweigen, hinter der Zweideutigkeit ihrer Obszönitäten und den großmäuligen Einsilbern überleben.[3]

Ich vermute, daß wir damit einen grundsätzlichen Unterschied der Sprechgewohnheiten von Ober- und Unterschicht berührt haben. Die Privilegierten reden mit aller Welt wie mit ihresgleichen: Mit einem Aufwand an Silben, Nebensätzen und Präpositionen, die Entsprechungen ihres

Reichtums und der Geräumigkeit ihrer Wohnquartiere sind. Männer und Frauen der Unterschicht dagegen sprechen mit ihren Arbeitgebern und Feinden nicht so wie untereinander. Sie sparen sich den Reichtum an Ausdrucksmitteln, über die sie verfügen, für den internen Gebrauch auf. Für einen Zuhörer aus der Ober- oder Mittelschicht ist der Plausch der Dienstboten auf der Hintertreppe oder das Familiengespräch in der Proletenwohnung schwerer zugänglich als ein exklusiver Club. Wenn Weiße und Schwarze in Amerika sich überhaupt unterhalten, gehen sie mit der Sprache so behutsam um wie Frontsoldaten mit einem Blindgänger.

Es ist ungemein aufschlußreich, das simulierte Einvernehmen, unterschwellige Drohen und die wohlberechnete Zugeknöpftheit im Dialog eines Hausbesitzers mit seinem Mieter oder bei den allmorgendlichen Anweisungen eines Lagerverwalters für seine Lastwagenfahrer zu beobachten. Das scheinbar umgängliche, gleichberechtigte Gespräch der Gnädigen mit ihren Jungfern in Genets »Zofen« hat geradezu mörderische Untertöne. So wenig gesagt wird, so viel wird gemeint – was den Übersetzer vor fast unüberwindliche Schwierigkeiten stellt.

Polysemie, die Fähigkeit eines Wortes, Verschiedenes zu bedeuten, wobei die Unterschiede von der Nuance bis zum Gegensatz reichen können, ist charakteristisch für die Sprache der Ideologie. Macchiavelli hat schon bemerkt, daß Bedeutungen in der Umgangssprache so verschoben werden können, daß sie politische Wirren stiften. Konkurrierende Ideologien legen sich selten eigene Terminologien zu. Kenneth Burke und Orwell haben nachgewiesen, wie das Vokabular von Nazismus und Stalinismus hingegen die Umgangssprache angefressen und zersetzt hat. Wörter wie »Friede«, »Freiheit«, »Fortschritt«, »Volkswille« sind gleich beliebt im Idiom des Faschismus wie des Kommunismus. Aber die Bedeutung ist radikal verschieden. Man bemächtigt sich der Wörter der gegnerischen Sprache und schleudert sie dem Feind ins Gesicht. Wenn ein und demselben Wort antithetische Bedeutungen aufgezwungen werden (Orwells Newspeak), wenn die inhaltliche Reichweite und Bewertung eines Wortes durch politisches Dekret verändert werden können, dann verliert Sprache ihre Glaubwürdigkeit. Dann wird Übersetzung im herkömmlichen Sinne unmöglich. Übersetzt man beispielsweise eine stalinistische Rede über Frieden und Freiheit unter der Diktatur des Proletariats in ein nicht-stalinistisches Idiom, unter Verwendung der gleichen, von der Zeit geadelten Worte, so entsteht eine polemische Glosse, die Verkehrung der »Werte« in ihr Gegenteil. Heutzutage wimmelt die Sprache der Politik, des gesellschaftlichen Protestes und des Journalismus von Wort-Gespenstern, die hin und her geschrieen werden und ihr Gegenteil oder gar nichts besagen. Nur im Untergrund des politischen Witzes gewinnen gewisse Kennwörter wieder Bedeutung. Wenn fremde Panzer eine freie Stadt überrollen und dann von einem »spontanen, vom freien Willen eines Volkes glühend willkommen geheißenen Akt« die Rede ist (Isvestja 27. 8. 1968), so bleibt dem Wort »Freiheit« sein wahrer Sinn nur noch im klandestinen Wörterbuch des Gelächters.

Dieses Wörterbuch spielt wahrscheinlich auch eine große Rolle in der Kindersprache, in der diachrone und synchrone Strukturen sich überlagern. Zu jedem Zeitpunkt in der Sprachgemeinschaft und in der Geschichte einer Sprache gibt diese den verschiedenen Generationen einen gewissen Modulationsspielraum. Ein Psycholinguist würde sagen: Es gibt in allen Sprachen Altersstufen-Phänomene. Besonders tiefreichend und faszinierend ist das Thema der Kindersprache. Wiederum gibt es zahlreiche Sprachen, in denen die Kindersprache durch formale Eigenschaften isoliert ist. Japanische Kinder haben beispielsweise bis zu einem gewissen Alter ein ganz eigenes Vokabular für alles, was ihnen gehört und womit sie zu tun haben. Vertrauter für uns und übrigens fast allgemein gültig ist, daß Kinder sich aus dem lexikalischen und syntaktischen Bestand der Erwachsenensprache ihre eigene Sprache zurechtbasteln. Da auch die Kinder eine unterdrückte und insgeheim rebellische Klasse sind, benagen sie – nicht anders als das Proletariat oder ethnische Minderheiten – Rhetorik, Tabuwörter und die normativen Idiome ihrer Unterdrücker, um sie ins Lächerliche zu ziehen. Die Afterwörter in den Versen der Kinderstube und der Gosse dürften eher soziologisch als psychoanalytisch begründet sein. Das Sexual-Kauderwelsch der Kindheit, dem eher eine mythische Lektüre der realen Sexualität als physiologisches Verstehen zugrunde liegt, ist eine nächtliche Attacke gegen das feindliche Territorium der Erwachsenen. Die Verstümmelung von Wörtern, die Mißhandlung grammatischer Gesetze, die, wie die Opies gezeigt haben, vitale Bestandteile kindlicher Legendenbildung, Gedächtnisübung und Geheimsprachen sind, haben eine rebellische Funktion: Durch die zeitweilige Ablehnung der Regeln der Erwachsenen-Sprache hält das Kind sich die Welt für seine eigenen, vermeintlich noch nie dagewesenen Bedürfnisse offen. Beim Sonderfall des Autismus kommt es zu einer mit Ingrimm geführten Sprachschlacht zwischen Kind und Lehrmeister, die aussichtslos ist. Umgeben von unbegreiflichen, feindlichen Wirklichkeiten, bricht das autistische Kind den verbalen Kontakt einfach ab. Um seine Identität abzuschirmen, den eingebildeten Feind zu vernichten, versinkt es in Schweigen. Wie die Todbringerin Cordelia wissen Kinder, daß man Menschen durch Schweigen vernichten kann. Vielleicht lebt aber auch in ihnen wie bei Kafka die Erinnerung fort, daß es einmal Seefahrer gab, die den Gesang der Sirenen, nicht aber ihr Verstummen überlebten.

Die Anthropologie – heute würde man sagen, die Ethnolinguistik – der Kindersprache steht noch in ihren Anfängen. Viel besser wissen wir Bescheid über die verschiedenen Sprachen, die am Amazonas gesprochen werden. Erwachsene sehen in der Kindersprache oft eine embryonale oder minderwertige Vorform ihrer eigenen. Zu den ersten Entdeckern in diesem Neuland gehören Schriftsteller der zweiten Hälfte des 19. Jahrhunderts. Das 18. Jahrhundert hatte bestimmte Vorstellungen vom Kind, die sie weit hinter sich ließen. Diderot hatte vom Kind als »ce petit sauvage« (dem kleinen Wilden) gesprochen und das Kinderzimmer mit einer Südseeinsel und ihren Bewohnern verglichen. Noch heute paart sich unsere Vorstellung vom Kind mit dem nebligen Bilde eines unwiederbringlichen Eden und mit einer verlorenen sprachlichen Unschuld oder Unmittelbarkeit, die, so meinen wir, dazu gehören. Wir sprechen immer noch vom »Kinder-Garten«, vom »jardin d'enfants«. Eine Übergangsstufe von solcher Flüchtigkeit zum Entdeckertum findet sich bei Lewis Carroll. »Alice im Wunderland« verhält sich zur Sprachwelt und Logik des Kindes wie Gulliver zur Reiseliteratur der Aufklärung. Beides sind subversive Unternehmen, Entdeckungen der eigenen Begrenztheit. Beide Male erlebt der Reisende, daß er unweigerlich nur vorfindet, was er bei sich hat, und daß es Leerstellen auf dem Globus gibt, die jenseits seines Blickfeldes liegen.

Ein echter Pionier war dagegen Henry James. Er hat eben jene Grenzen erkundet, an denen die Kindersprache der Erwachsenensprache begegnet. In »The Pupil« dramatisiert er die kontrastierende Wahrheitsfunktion der Erwachsenensprache mit der Syntax eines Kindes. Auch Kinder verfügen über Konventionen für Falschheit in der Sprache, aber es sind andere als die unseren. In »Die Drehung der Schraube« – schon der Schauplatz beschwört ein kränkelndes Eden – zerstören unvereinbare semantische Systeme die menschlichen Kontakte und machen es unmöglich, die Wirklichkeit zu lokalisieren. Die grausame Fabel bewegt sich auf mindestens vier Sprach-Ebenen: Da ist der provisorische Paßschlüssel des Berichterstatters, dessen Sprache alle Möglichkeiten öffnet, aber keine verfestigt. Da spricht die Gouvernante, unheimlich flüssig und in immer wiederkehrenden Ausbrüchen bravouröser Theatralik. Da ist die karge Sprache der Bediensteten, die gar nichts begreifen. Diese drei Sprech-Weisen umstellen, beleuchten und verwischen zugleich die der Kinder. Aus unvollständigen Sätzen, gestohlenen Briefen, aus Bruchstücken belauschter, aber mißverstandener Gespräche entsteht ein Alptraum des Nicht-Übersetzen-Könnens. »Ich hab Sachen gesagt«, bekennt schließlich der kleine Miles, bis an die Grenze des Ertragbaren getrieben. Diese Tautologie ist das einzige, was seine erleuchtete, aber unverständliche Sprache noch hergibt. Die Gouvernante verheddert sich in ein »exquisites Pathos der Widersprüche«. Miles' Tod ist am Ende das einzige, was sich noch schlicht behaupten läßt. Auch »The Awkward Age« und »What Maisie knews« handeln von Kindern an der Grenze, von den grausamen Enthüllungen und Zusammenbrüchen alles Gefügten, die bezeichnend sind für die Kommunikation zwischen Jugendlichen und jenen Erwachsenen, in deren Sprach-Hoheitsgebiet sie eintreten müssen.

Dostojewski war nicht weniger fasziniert von der Rede der Kinder und Jugendlichen. In »Die Brüder Karamasow« finden sich die wilde Unschuld, all die taktischen Ausflüchte, zu denen Kinder kurz vor der Reife ihre Zuflucht nehmen. Aljoscha versteht Kolja und die anderen Buben wie der heilige Franziskus die Vögel. Aber in all ihrer Lebenswahrheit sind Kinder bei James und Dostojewski doch weithin noch Miniatur-Erwachsene. Sie haben etwas von der geheimnisvollen Klarsicht des »ältlichen« Jesuskindes auf flämischen Madonnenbildern. Erst Mark Twain dringt nachahmend ein in ihr offenes und geheimes Sprechen – und damit in ihre ganz eigene Welt. Huck Finn und Tom Sawyer sind die Geschöpfe eines Genies des rezeptiven Erkennens. Die Künstlichkeit ihrer Redeweise, ihre zeremoniellen Freundschaftsbekundungen und Injurien, die Taktik des Herunterspielens und Aufbauschens sind genauso komplex wie in der Rhetorik von Erwachsenen. Und doch ist das Ganze eine makellose Nachschöpfung des Redens von Kindern. Auf der dunklen Folie von Nigger Jims scheinbar ähnlicher, aber völlig anderer »Kindlichkeit« wird das besonders deutlich. Das sprachliche Reich der Kindheit ist hier zum ersten Mal in der abendländischen Literatur abgesteckt und aufgenommen, statt wüst und leer zu bleiben. Wo Mark Twain begonnen hatte, konnte die Kinderpsychologie, konnte Piaget fortfahren.

Wenn man mit einem Buben oder Mädchen spricht, wählt man möglichst einfache Wörter und eine vereinfachte Syntax. Oft antwortet man mit Vokabeln, die das Kind vorher gebraucht hat. Man beugt sich gleichsam zu ihm hinab. Die Kinder umgekehrt benutzen andere Redewendungen, Tonhöhen, Gesten im Gespräch mit Erwachsenen als unter sich, oder wenn sie Selbstgespräche führen (das ist ja die Hauptmasse des Eisbergs unter Wasser). All das sind Kunstgriffe der Übersetzung.

J. D. Salinger führt es uns vor:

Sybil ließ ihren Fuß los. »Hast du ›Little Black Sambo‹ gelesen?« sagte sie.

»Komisch, daß du gerade danach fragst«, antwortete er.

»Zufällig hab ich es gestern abend ausgelesen.«

Er langte hinunter und nahm Sybil wieder bei der Hand.

»Was hältst du davon?« fragte er sie.

»Sind die Tiger alle um den Baum rumgelaufen?«

»Ich dachte, das hört überhaupt nicht auf. Ich hab noch nie so viele Tiger auf einmal gesehen.«

»Es sind nur sechs«, sagte Sybil.

»*Nur* sechs«, sagte der junge Mann. »Das nennst du *nur*?«

»Magst du Bienenwachs?« fragte Sybil.

»Ob ich was mag?« fragte der junge Mann.

»Bienenwachs.«

»Sehr gern. Du auch?«

Sybil nickte. »Magst du auch Oliven?« fragte sie.

»Oliven? – ja. Oliven und Bienenwachs. Ohne die gehe ich nie wohin.«

Sybil war sehr still.

»Ich kaue gern Kerzen«, sagte sie schließlich.

»Wer wohl nicht!« sagte der junge Mann und bekam allmählich kalte Füße.

Das ist »The *perfect* Day for Bananafish«: Das Pfingstwunder schlägt um in Schweigen. Dem Tode ganz nahe, »übersetzt« Seymour, der Held der Geschichte, ohne jede Mühe. Normalerweise ist das schwieriger. Wir wissen so vieles nicht. Wir haben die Kinder an den Rand der Geschichte verwiesen, nachdrücklicher noch als Analphabeten und Unterdrückte. Auch wenn es zu allen Zeiten so viele von ihnen gab, haben sie nur wenige Archive hinterlassen. Wie beispielsweise verhalten sich Klassenschranken und Altersgefälle zueinander? Stimmt es, daß die derzeitige Revolution der Sex-Sprache nur ein Phänomen der Mittelklasse ist, daß Kinder der Arbeiterklasse von jeher völlig desillusioniert anatomisch richtige Sex-Ausdrücke benutzt haben?

Eins ist sicher: Das ernstliche Interesse am Kinde, der Sinn für seine Einzigartigkeit, Verwundbarkeit und schöpferischen Fähigkeiten gehören zu den Haupterrungenschaften der jüngsten Zeit. Die erstickten Kinderstimmen, die durch die Lyrik von Blake geistern, gehören bis zu einem gewissen Grade der Vergangenheit an. Keine Gesellschaft vor uns hat sich so bemüht, die Sprache des Kindes wirklich zu hören, ihre Signale aufzufangen und zu deuten, ohne sie zu verunstalten.

In den meisten Gesellschaften war (und ist) der Status der Frauen mit dem der Kinder vergleichbar. Beide Gruppen werden in einem Zustand privilegierter Minderwertigkeit gehalten. Beide werden auf ihre Art ausgebeutet, sexuell, gesetzlich, wirtschaftlich, während sie sich eines gönnerhaften Mythos des besonderen Ansehens erfreuen. Die viktorianischen Sentimentalitäten über die makellose weibliche und frühkindliche Moral schlossen erotische Brutalitäten und wirtschaftliche Tyrannei nicht aus. Beide Minoritäten haben unter dem gesellschaftlichen und wirtschaftlichen Druck interne Verständigungs- und Verteidigungsformen entwickelt. (Frauen und Kinder sind auch dann eine symbolische, auf Selbsthilfe angewiesene Minorität, wenn sie, etwa in Kriegszeiten oder unter anderen besonderen Umständen, zahlenmäßig in der Mehrheit gegenüber den erwachsenen Männern sind.) Frauen haben wie Kinder ihre eigene Sprachwelt.

Wir berühren damit eines der wichtigsten und am wenigsten erforschten Gebiete unseres gesellschaftlichen und biologischen Lebens. Eros und Sprache verschmelzen überall miteinander. Copula und Copulation, Sprachverkehr und Geschlechtsverkehr sind Teilbereiche der übergeordneten Gegebenheit menschlicher Kommunikation. Beider Ursprung ist die Lebensnotwendigkeit für das Ich, über sich selbst hinauszugreifen und zu begreifen – nämlich ein anderes Ich. Der sexuelle Akt ist ein zutiefst semantischer. Wie die Sprache ist er der formenden Kraft von gesellschaftlichen Konventionen, Verfahrensregeln und angesammelter Vergangenheit unterworfen. Sprechen und lieben bedeutet, eine bestimmte zweiseitige Allgemeinheit in die Tat umzusetzen: Beide Kommunikationsformen sind Universalien der menschlichen Physiologie wie auch der sozialen Evolution. Es ist sehr wahrscheinlich, daß Sexualität und Sprache sich in eng verknüpfter gegenseitiger Beeinflussung entwickelt haben. Beide gemeinsam bringen die Geschichte des Selbstbewußtseins hervor, das heißt, den gewiß jahrtausendealten und von ungezählten Rückschritten markierten Prozeß, durch den wir auf die Idee des Selbst und des Anderen gekommen sind. Deshalb behauptet die moderne Kulturanthropologie, daß das Inzesttabu, das ausschlaggebend für die Organisation gemeinschaftlichen Lebens ist, von der Entwicklung der Sprache nicht zu trennen sei. Wir können nur das verbieten, was wir benennen können. Die Verwandtschaftssysteme, denen die Regulation und Klassifikation des Geschlechtslebens zwecks Erhaltung der Art und ihrer jeweiligen Gesellschaftsform obliegt, sind Analoga zur Syntax. Die genetische und die gesellschaftliche Struktur menschlicher Erfahrung wird von zwei Funktionen beherrscht: Befruchtung und Sinngebung. (Besteht etwa ein etymologischer Zusammenhang zwischen den englischen

Wörtern seminal und semantic?) Diese beiden Funktionen machen zusammen die Grammatik des Seins aus.

Das Ineinandergreifen von Sexualität und Sprache begleitet unser ganzes Leben. Aber auch in diesem zentralen Bereich ist vieles unerforscht. Wenn man den Coitus analog zum Zwiegespräch auffaßt, liegt es nahe, daß Masturbation dem Monolog oder dem Selbstgespräch gleich zu setzen ist. Es hat den Anschein, daß die sexuelle Entladung in der männlichen Onanie heftiger ist als im Geschlechtsverkehr. Ich vermute, das liegt an ihrer Klarheit, an der Ungestörtheit des lebendigen Vorstellungsvermögens. Beim hoch-artikulierten Individuum fließt die verbal-psychische Energie nach innen. Die vielfältigen, höchst diffizilen Wechselbeziehungen zwischen Sprachfehlern und Schwächen des Nerven- und Drüsenapparates, der sexuelle und andere Ausscheidungen kontrolliert, sind längst bekannt, zumindest auf der Ebene des volkstümlichen Afterwitzes. Ejakulation ist nicht nur ein physiologischer, sondern auch ein linguistischer Begriff. Impotenz und Sprachhemmungen, vorzeitiger Erguß und Stottern, unfreiwilliger Erguß und der Wort-Strom der Träume sind Phänomene, deren Verknüpfungen auf einen zentralen Knotenpunkt unseres Menschseins zurückweisen. Ausscheidungen, Samen und Wörter sind kommunikative Produkte. Sie bezeichnen Wege vom Selbst, im Inneren seiner Haut, zur Wirklichkeit draußen. Ihre symbolische Bedeutung, die Riten, Tabus und Phantasien, die sie beschwören, sind mit einigen von den sozialen Kontrollen, durch die sie in Schach gehalten werden, untrennbar an der Wurzel verwachsen. Das alles wissen wir. Aber wir denken nicht daran, welche Konsequenzen es hat.

In welchem Maße sind beispielsweise sexuelle Perversionen Analoga zu Sprachfehlern? Besteht eine Affinität zwischen pathologischen erotischen Neigungen und jener Sucht mancher Lyriker und Logiker nach einer »Privatsprache«, einem sprachlichen System, das ausschließlich den Wünschen und Wahrnehmungen des Benutzers zur Verfügung steht? Enthält die moderne Sprachtheorie (so beim frühen Wittgenstein) vielleicht homosexuelle Elemente, beispielsweise in der Auffassung von Kommunikation als arbiträre Spiegelung? Warum sollte der nervus rerum bei Sade nicht seine schaurige Beredtheit gewesen sein, das zwanghafte Ejakulieren von Millionen Wörtern? Der Sadismus könnte mindestens teilweise sprachliche Ursachen haben. Der Sadist macht den Menschen, den er quält, zum Abstraktum. Er verbalisiert Leben in extremer Form, indem er die Gesamtheit seiner artikulierten Phantasien am lebenden Wesen ausläßt. War Sades unbezähmbarer Sprachfluß – ähnlich der Geschwätzigkeit, die man dem Alter oft nachsagt – vielleicht nur ein Surrogat für herabgesetzte Sexualität (wie Pornographie, die den Sexus durch Sprache ersetzt)?

Fragen über Fragen. Kein Gebiet der »science de l'homme« ist so herausfordernd, so dicht an den Quellen. Aber was haben wir zur Befestigung unseres Wissens getan seit Platons Mythos von einer verlorenen androgynen Einheit?

Der Sprachunterschied zwischen Männern und Frauen ist nur ein, allerdings ganz wesentlicher, Aspekt des Ineinanderwirkens von Sprache und Eros. Die Ethno-Linguistik kennt eine Anzahl von Sprachen, in denen Männer und Frauen verschiedene grammatische Formen und ein zum Teil unterschiedenes Vokabular verwenden. Es gibt eine Untersuchung über Männer- und Frauensprache in Koasati, einem Indianerdorf im Südwesten von Louisiana.[4] Die Unterschiede, die man entdeckt hat, sind hauptsächlich grammatikalisch. Da die Frauen aber die männlichen Kinder aufziehen, kennen sie sich in der Männersprache aus. Andererseits hat man gehört, wie Männer beim Geschichten-Erzählen Frauen in der Frauensprache zitierten. In einigen Fällen, und das ist ein äußerst vielsagender Aspekt, zeigt sich die Rede der Frauen ein wenig archaischer als die der Männer. Das gilt auch für das Hitchiti, eine andere Creek-Indianer-Sprache. Eigene männliche und weibliche Formen kennen wir auch bei Eskimo-Sprachen, im Karibischen, einer südamerikanischen

Indianersprache, und im Tai (Siamesisch). Ich vermute, daß fast alle Sprachen in bestimmten Stadien ihrer Evolution derartig aufgespalten waren. Nur hat man die Überbleibsel sexuell bedingter lexikalischer und syntaktischer Unterschiede bisher nicht beachtet. Bei Japanern und Chirokesen lassen sich leicht formale Unterschiede in der »Kindersprache« feststellen. Bei weitem wichtiger, ja, ein universales Phänomen ist jedoch, daß Männer und Frauen sich derselben Wörter und grammatischen Formen auf verschiedene Weise bedienen.

Kein Mann, keine Frau hat nicht irgendwann im Leben die feine und doch so ausgeprägten Grenzen bemerkt, die die sexuelle Identität der Kommunikation der Geschlechter setzt. Gerade in der innigsten Vertrautheit, da wohl am stärksten, melden sich die Unterschiede zwischen den sprachlichen Reflexen. Die semantische Silhouette, die Gesamtheit der von Männern und Frauen gebrauchten Ausdrucksmittel ist nicht deckungsgleich. Die Auffassung, die beide vom Absondern und Aufnehmen der Wörter haben, ist nicht identisch. Bei der Konjugation des Verbums beugen Männer und Frauen die Zeit in unterschiedliche Gestalten und Fiktionen. Auf Anhieb wirkt die Frauensprache reicher an Nuancen des Begehrens, an jener unerfüllten Zukünftigkeit, die im Griechischen und im Sanskrit durch den Optativ ausgedrückt wird. Frauen äußern offenbar mehr bedingten Vorsatz, getarntes Versprechen. Der weibliche Umgang mit dem Konjunktiv gibt in europäischen Sprachen konkreten Tatbeständen und Verhältnissen ein bezeichnendes »Vibrato«. Ich will nicht geradezu sagen, daß Frauen sich über den stumpfsinnigen, widerspenstigen Lauf der Welt hinwegschwindeln: Sie bereichern nur die Facetten der Wirklichkeit, sie bekräftigen das Adjektiv so, daß es einen alternativen nominalen Status ahnen läßt. Und all das geschieht in einer Weise, die oft enervierend auf Männer wirkt. Die maskuline Betonung der ersten Person Singular enthält ein ultimatives Element des Sich-Absetzens. Das weibliche »Ich« klingt dagegen geduldiger. Die Frauen »ertragen« es gleichsam (oder ertrugen es bis zur »Women's Liberation«). Die beiden verschiedenen Sprech-Weisen bestätigen den Ausspruch von Robert Graves, daß Männer *tun* und Frauen *sind*.

So alt wie die verschiedenen Sprech-Gewohnheiten sind die dazugehörigen gegenseitigen Beschuldigungen. In allen uns bekannten Kulturen behaupten Männer, Frauen seien geschwätzig und verschwendeten Wörter wie die Wahnsinnigen. Figuren wie das schwatzhafte, klatschende, geifernde Weibsbild, wie die jugendliche Plappertasche, die zahnlose Greisin mit den Backentaschen voll Gewäsch, sind älter als unsere Märchen. Juvenals 6. Satire schildert einen wahren Alptraum solch weiblicher Beredtheit:

> Cedunt grammatici, vincuntur rhetores, omnis
> turba tacet, nec causidicus nec praeco loquetur,
> altera nec mulier. Verborum tanta cadit vis,
> tot pariter pelves ac tintinnabula dicas
> pulsari, jam nemo tubas, nemo aera fatiget:
> una laboranti poterit succurrere Lunae.

(Die Grammatiker geben auf. Die Rhetoriker strecken die Waffen. Die ganze Menge verharrt in Schweigen. Kein Advokat, kein Marktschreier, kein anderes Weib kommt zu Wort. *Ihre* Rede allein ergießt sich in solchem Sturzbach, daß man meint, zerbrochenes Geschirr und Schellen klirrten zusammen. Keiner blase mehr die Trompete, keiner schlage mehr die Zimbel. Ein einziges Weib allein lärmt genug, den untergehenden Mond aufzuhalten.)

Gehen Frauen tatsächlich verschwenderischer mit Wörtern um als Männer? Deren Überzeugungen jedenfalls schlagen, was das betrifft, jede Statistik. Es scheint sich um uralte Vorstellungen von Geschlechtsgegensätzen zu handeln. Vielleicht verbirgt sich hinter dem Vorwurf zu großer Beredsamkeit ein gewisser Unmut der Männer über die Rolle, die

der Frau bei der »Ausgabe« von Nahrungsmitteln und Rohstoffen, die Männer »einbringen«, zugefallen ist. Aber Juvenals eigenartige Erwähnung des Mondes deutet auch auf jene Peinlichkeit hin, die den Mann von wesentlichen Bereichen des weiblichen Geschlechtslebens ausschließt. Der angebliche »Erguß« der weiblichen Rede, der üppige »Fluß« der Wörter könnten symbolische Umschreibungen der Männer für ihre aufmerksame, aber oft unwissende Wahrnehmung des Zyklus der Menstruation sein. Die dunklen Ströme und Sekrete des weiblichen Körpers sind ein obsessives Thema männlicher Satire. Ben Jonson bringt die beiden Motive in der Komödie »Epicoene or the Silent Woman« zusammen. »Sie ist wie ein Leitungsrohr«, sagt Morose von seiner unechten Braut. »Wenn der Hahn aufgedreht wird, ist kein Halten mehr.« Das Wort »Leitungsrohr« mit seinen Konnotationen von Kot und Entleerung ist auffallend brutal – wie die ganze Komödie. Auf ihrem Höhepunkt wird ebenfalls weibliche Redseligkeit mit Unzucht gleichgesetzt: »Oh, mein Herz! Brichst du nicht? Brichst du nicht? Das ist die schlechteste aller Schlechtigkeiten, die die Hölle ersonnen hat. Eine Hure heiraten – und all das Gelärm.«
Auf der anderen Seite steht die männliche Freude an süß und mild tönenden Frauenstimmen. Eine »süße Stimme« ist, wie es im Hohen Lied heißt, ein Schmuck der Frau. Größer noch und harmonischer aber ist die Schönheit des Schweigens. Das Motiv der Frau oder der Jungfrau, die kaum einen Laut sagt, deren Schweigen eine symbolische Entsprechung ihrer Keuschheit und aufopfernden Güte ist, vermittelt der Antigone im »Ödipus auf Kolonos« und der Alkestis des Euripides ein so einzigartiges Pathos. Es war ein grausamer, männlicher Gott, der von Kassandra Besitz ergriffen hatte, und die Rede, die aus ihrem Munde strömt, ist die seine. Sie selbst wirkt fast unbeteiligt, wie zerbrochen. Keats' »unberührte Braut der Stille« ist zwar an eine leblose Form, eine griechische Urne, gerichtet, trifft aber genau die antike Gedankenverbindung von Weiblichkeit und Schweigsamkeit.

Kristallklar drückt diese sich in Coriolans Begrüßung seiner Gattin Virgilia aus: »Mein lieblich Schweigen, Heil!« In ihrer suggestiven Musikalität hat die Zeile etwas Magisches und bezeugt zugleich die höchste dramatische Könnerschaft. Das ist die Sprache eines Mannes, einer Person voll aufgestauter Maskulinität. Keine Frau würde den Geliebten so begrüßen.

Frauen sind jedoch nicht immer um Antwort verlegen. Donna Elviras

Non lo lasciar più dir;
il labbro è mentitor...

tönt durch die Geschichte. Männer sind stets Betrüger. Sie gebrauchen die Rede, um die im Grunde sexuell aggressive Funktion ihrer Zunge und Lippen zu verbergen. Frauen kennen den Wechsel in der Männerstimme, das drangvoll anschwellende Flüssigwerden, das von der sexuellen Erregung ausgelöst wird. Seit Ewigkeiten haben sie auch gehört, wie Männerstimmen nach dem Orgasmus flach und tonlos werden. In der Sprach-Mythologie der Frauen ist der Mann nicht nur Lügner im Zeichen des Eros, sondern auch unverbesserlicher Aufschneider. Weiblicher Spott, weibliche Legende überliefern ihn als den unbeirrbaren »miles gloriosus«, der seine Vorzüge anpreist und die Sprache benutzt, um seine beruflichen und erotischen Niederlagen, seine infantilen Wünsche, seine Unfähigkeit, körperliche Schmerzen zu ertragen, zu übertönen und zu überspielen.

Vor dem Sündenfall mögen Mann und Frau dieselbe Sprache gesprochen und verstanden haben, was der andere meinte. Gleich nach dem Sündenfall hat die Sprache sie geschieden. Diesen Augenblick mit seinen unübersehbaren Folgen schildert Milton:

Thus they in mutual accusation spent
The fruitless Hours, but neither self-condemning:
And of their vain contest appear'd no end.

(So verbrachten sie die fruchtlosen Stunden mit gegenseitigen Beschuldigungen, aber keiner verurteilte sich selbst:
Und ihr vergeblicher Zweikampf ließ kein Ende in Sicht
kommen.)

Die Gründe für die Abweichungen zwischen Männern und
Frauen sind natürlich vorwiegend wirtschaftlicher und sozialer Natur. Die Varianten mußten entstehen, weil im Gemeinwesen Arbeitsteilung und die Einteilung von Pflicht
und Erholung für Männer und Frauen unterschiedlich sind.
Oft, beispielsweise bei der ausschließlich männlichen Pfiff-
Sprache der Mazateco-Indianer im mexikanischen Oaxaca,
behaupten die Männer ihre körperliche und gesellschaftliche
Überlegenheit dadurch, daß sie bestimmte Informationsfor-
men für sich mit Beschlag belegen. »Taceat mulier in eccle-
sia« fordern die Religionen der Juden und Christen. Dennoch verweisen ganz bestimmte sprachliche Unterschiede
auf eine physiologische Grundlage oder eher auf jene Zwi-
schenzone, in der Biologisches und Soziales verschmelzen.
Dort wird das Problem der Beziehungen zwischen sprachlichen Konventionen und kognitiven Prozessen besonders
schwierig. Gibt es eine Form von sprachlich programmierter
Begriffsbildung, der ein biologisch determiniertes Erfassen
von Bedeutungen zugrunde liegt? Wir kommen auf diese
Frage noch zurück. E. H. Lenneberg sagt: »Ich habe Daten
zu den Geschlechtsunterschieden. Manche Farben werden
von Mädchen und Buben nicht übereinstimmend benannt.«
Auf kulturanthropologisches Material gestützt, ergänzt F.
G. Launsbury: »Ich bin sicher, daß das Farb-Vokabular der
Frauen etwas reicher ist als das der Männer.«[5] Beide Beob-
achtungen müssen sowohl gesellschaftliche wie physiologi-
sche Grundlagen haben. Die Gesamtheit der Unterschiede in
den Sprachgewohnheiten von Männern und Frauen läßt den
Schluß zu, daß es zwei verschiedene Möglichkeiten gibt,
Wort und Welt in Einklang zu bringen. Um die finstere
Realität der Vision ihres Mannes von Banquos Geist zu leug-

nen, sagt Lady Macbeth: »Am Ende schaust du nur auf einen
Stuhl.«

Was aber auch die Ursachen sein mögen: Die Aufgabe, die
sich stets und immer noch ungetan ergibt, ist Übersetzen.
Männer und Frauen kommunizieren durch ständiges Modu-
lieren, dessen Technik so unbewußt ist wie das Atmen. Wie
dieses ist auch das Sprechen von Hemmnissen und tödlichen
Zusammenbrüchen bedroht. In den Grenzsituationen des
Hasses, der extremen Langeweile, der Panik öffnen sich
plötzlich die verdeckten Gräben. Dann ist es, als hörten
Mann und Frau einander zum ersten Male, als käme ihnen
auf einmal beklemmend zum Bewußtsein, daß sie keine gemeinsame Sprache haben, daß ihr bisheriges Einverständnis
nichts als ein klägliches Pidgin war, welches den Kern der
Bedeutungen nie berührt hat. Die Verbindungsdrähte sind
gerissen und liegen verheddert am Boden. Die nervösen Impulse, die sie übertragen haben, liegen bloß, im gegenseitigen
Nicht-Verstehen. Strindberg ist ein Meister solcher Augenblicke der Zersplitterung, und in Harold Pinters Dramen
riecht man geradezu die Tümpel des Schweigens, die ihnen
folgen.

Weitaus der größte Teil der Kunst und Geschichtsschreibung war Männersache. Das »sexuelle Übersetzen« mit dem
dazugehörigen Zusammenbruch des sprachlichen Austauschs haben fast ausschließlich Männer aus ihrer Sicht dargestellt. Die Kulturanthropologie – ein Gebiet, das selbst mit
männlicher Anmaßung aufgeladen ist – hat in ihrem Zustän-
digkeitsbereich alles Erdenkliche dazu getan, Zeugnisse zu
vernichten, darin jenem Forschungsreisenden ähnlich, der
den Eingeborenen zunächst einmal seine Macht spüren läßt,
um sich dann informieren zu lassen. Nur ganz wenige
Künstler – allerdings die größten – haben vermocht, den
Geist der weiblichen Rede einzufangen und die unaufhörlichen Krisen des unvollständigen oder abgebrochenen Übersetzens zwischen den Geschlechtern von beiden Seiten zu
sehen. Die dramatische Größe Racines hat sehr viel mit sei-

nem »Ohr« für die gegensätzlichen Bedrängnisse durch die sexuelle Identität zu tun, die im Dialog zum Vorschein kommen. In seinen wichtigsten Dramen kommt es immer wieder zu Übersetzungs-Krisen: Männer und Frauen machen sich gegenseitig mit äußerstem Kraftaufwand klar, daß sie einander gänzlich gehören, nur um entdecken zu müssen, daß die verschiedene Weise, in der sie Eros und Sprache erleben, beide Seiten in ausweglose Isolation getrieben hat. Wie kein anderer Dramatiker trifft Racine nicht nur den Rhythmus der weiblichen Rede, sondern läßt uns auch die Elemente des männlichen Idioms spüren, die Andromache, Phädra oder Iphigenie als Drohung oder Falschheit entgegentreten. Daher der für sein ganzes Werk entscheidende Doppelsinn des Wortes »entendre«. All diese Virtuosen der Formulierung hören einander ausgezeichnet, aber sie verstehen sich gegenseitig nicht, sie können einander nicht verstehen. Ich glaube, es gibt kein umfassenderes Drama als »Bérénice«, kein erschöpfenderes Werk über menschliche Konfliktmöglichkeiten. In diesem Stück über das schicksalhafte Nebeneinander von Mann und Frau spielen Wörter, die Sprache und Sprechen betreffen, notwendig eine beherrschende Rolle (parole, dire, mot, entendre). Auch Mozart hatte diesen seltenen Sinn für die Dualität der Geschlechter – ganz anders als Shakespeare mit seinem Hang zum Charakterisieren und Polarisieren. Elvira, Donna Anna und Zerline sind in erster Linie ganz und gar Frauen. Erst die Musik bestimmt die »Tonlage« ihrer Einzigartigkeit. Dasselbe Feingefühl kommt in der klanglichen Unterscheidung zwischen der Gräfin und Susanne in »Die Hochzeit des Figaro« zum Ausdruck. Hier wird die Differenz zu der Charakterisierung der männlichen Stimmen präzisiert und dramatisiert durch die Zwischenschaltung der »bisexuellen« Rolle des Cherubino. Der Page des Grafen ist eine Probe aufs Exempel für die These von Lévi-Strauss, daß Frauen und Wörter gleichermaßen Tauschmittel in der Grammatik der Gesellschaft seien. Stendhal hat sich intensiv mit Mozarts Opern beschäftigt.

Das hat seinen Niederschlag in der Tiefe und Gerechtigkeit gefunden, mit der er in der »Kartause von Parma« die männliche Sprachwelt des Fabrice und die weibliche der Sanseverina voneinander absetzt. Heutzutage, da eine Freiheit der Geschlechter wie nie zuvor herrscht, ist paradoxerweise gerade diese Gerechtigkeit seltener. Frauen, die heute Romane und Gedichte schreiben, überzeugen nicht etwa als »Übersetzer«, sondern deklamieren mit ihrer eigenen, lange erstickt gewesenen Stimme.

Ich habe mit alledem nichts als eine Binsenwahrheit vorgetragen, allerdings eine, die in ihrer großen Bedeutung und ihren Folgen selten beachtet wird.

*Jedes Kommunikationsmodell ist gleichzeitig ein Modell der Übersetzung, also der vertikalen oder horizontalen Übertragung von Bedeutung.* Zwei verschiedene historische Epochen, gesellschaftliche Klassen, geographische Regionen bedienen sich niemals derselben Wörter und grammatischen Formen, um genau dieselben Dinge zu bezeichnen und identische Signale zur Bewertung und Befolgung auszusenden. Das gilt auch für zwei verschiedene Menschen. Jede lebende Person speist sich, willentlich oder aus unbefragter Gewohnheit, aus zwei sprachlichen Vorratsquellen: aus der Umgangssprache, die ihrem Bildungsgrad entspricht, und aus einem eigenen, privaten Wort- und Formenschatz. Dieser letztere ist ein unentwirrbares Knäuel aus Unterbewußtem und Erinnertem, so weit beides sich verbalisieren läßt, und aus dem einmaligen, irreduzibel besonderen Ensemble dieser einen leib-seelischen Identität. Die bekannte Rätselfrage der Logik, ob es eine Privatsprache überhaupt geben könne, ist zum Teil damit beantwortet, daß jeder Sprach-Akt individuelle und damit einzigartige Aspekte hat. Diese bilden das, was die Linguistik einen »Idiolekt« nennt. Jede kommunikative Geste enthält einen Rückstand des Privaten. Das »persönliche Wörterbuch« in uns wandelt unvermeidlich die Definitionen, Konnotationen und semantischen Schritte ab, die in der öffentlichen Rede gängig sind. Die

Vorstellung einer Normal- oder Standardsprache ist eine Fiktion der Statistik (die allerdings, wie wir noch sehen werden, durch maschinelle Übersetzung real werden kann). Die Sprache eines Gemeinwesens, wie gleichförmig dessen gesellschaftliche Schichtung auch sein mag, ist ein Aggregat aus Sprachatomen von unerschöpflicher Vielfalt und letzten Endes irreduzibler persönlicher Bedeutungen.

Das Element der Privatheit in der Sprache verleiht ihr eine ganz entscheidende und kaum je beachtete linguistische Funktion: Es bildet die Brücke zwischen einer Theorie der Übersetzung und einer Theorie der Sprache überhaupt. Gewiß sprechen wir, um zu kommunizieren, – aber auch, um zu verbergen, um vieles ungesagt zu lassen. Die menschliche Fähigkeit, Fehlinformationen zu geben, schwingt mit auf allen Wellenlängen – von der eklatanten Lüge bis zum Schweigen. Diese unsere Fähigkeit gründet in der dualen Struktur der Sprache. »Im Rücken« dessen, was wir aussprechen, fließt der »Strom des Bewußtseins«. »Al conversar vivimos en sociedad«, sagt Ortega y Gasset, »Al pensar nos quedamos solo«. Diese beiden Sprach-Ströme fließen beim normalen gesellschaftlichen Gespräch nur streckenweise im selben Bett. Sie trennen und verzweigen sich. Doppelzüngigkeit kommt auf. Das »Beiseite« des Schauspielers ist eine naive Darstellung solcher Aufspaltung: Der Redende teilt sich selbst (und damit dem Publikum) all das mit, was er seinem Gesprächspartner gegenüber ungesagt sein läßt. Wenn man mit jemandem sehr vertraut ist, »hört« man schon am leicht veränderten Rhythmus, Tempo oder Tonfall seines Sprechens, was er wirklich, aber unausgesprochen im Sinn hat. Shakespeare war ein ganz unfehlbarer Meister dieser zwiefachen Bewegung. Im allerersten, noch kaum wahrgenommenen Augenblick erschütterten Vertrauens fragt Desdemona Othello: »Was redest du so matt?«

So vollzieht also jeder Mensch immer dann einen Akt des Übersetzens – und zwar im vollen Wortsinn –, wenn er eine Sprachbotschaft von einem anderen entgegennimmt. Zeit,

Abstand, äußere oder vermeintlich innere Ungereimtheiten machen diesen Akt mehr oder weniger schwierig. Sind die Schwierigkeiten entsprechend groß, so wird der Übersetzungsakt vom unbewußten Reflex zur bewußten Technik. Jegliche Intimität, sei es Haß oder Liebe, bringt dagegen ein vertrautes, quasi-unmittelbares Übersetzen mit sich. Becketts Vagabunden und Kumpane beiderlei Geschlechts, die einander Jahr für Jahr und wo auch immer wie Jongleure ihre Bälle dieselben Wortsignale hinüber und herüber geworfen haben, verstehen einander nahezu osmotisch. Mit dem Grade der Vertrautheit wächst die Übereinstimmung von Alltagssprache und privater Sprachmasse. Die private Dimension durchdringt und überwältigt die gängigen, allgemeinen Sprechgewohnheiten. Die Stoff-Tierchen- und Baby-Sprache erwachsener Liebespaare ist ein Beweis für diesen Sieg der »Privatsprache«. Im Alter verliert sich der Antrieb zum Übersetzen, und die Bedeutungs-Zeiger weisen ganz nach innen. Alte Menschen hören weniger zu oder im Grunde nur sich selber. Ihr Wortschatz reduziert sich mit der Zeit auf den ihrer privaten Erinnerungen.

Ich habe versucht, eine gewiß noch unvollständige, aber ganz entscheidende Behauptung aufzustellen: Das Hauptinteresse dieses Buches gilt zwar dem zwischensprachlichen Übersetzen, ist aber damit zugleich ein Ansatz zur Untersuchung der Sprache als solcher. »Übersetzen«, richtig verstanden, ist nur ein Sonderfall jenes Brückenschlages der Kommunikation, den jeder gelungene Sprech-Akt im Rahmen einer einzigen Sprache vollzieht. Auf zwischensprachlicher Ebene wird das Übersetzen konzentrierte und offensichtlich kaum zu lösende Probleme stellen. Aber eben diese Probleme bestehen auch, verdeckter zwar und allgemein vernachlässigt, auf innersprachlicher Ebene. Das Modell »Sender – Empfänger«, das jedem semiologischen und semantischen Prozeß zugrunde liegt, ist ontologisch gleichbedeutend mit dem Modell »Ausgangssprache – Zielsprache« in der Übersetzungstheorie. »In der Mitte« liegt bei beiden

Schemata ein interpretativer Entzifferungs-Vorgang, die Funktion von Kodierung und Dekodierung, eine sprachliche Synapse. Wo zwei oder mehr Sprachen ausdrücklich zueinander in Beziehung stehen, fallen die Schranken in der Mitte deutlicher ins Auge, und der Prozeß, der zum Verstehen führt, wird bewußter. Das, was Dante »die Bewegungen des Geistes« nennt, ist jedoch strikt analog. Und so sind denn auch die häufigsten Gründe für Mißverständnisse oder, was dasselbe ist, für Übersetzungsfehler, hier wie dort die gleichen. Kurzum: *Innersprachlich wie zwischensprachlich ist menschliche Kommunikation Übersetzung.* Wer sich auf das Problem des Übersetzens einläßt, betreibt damit Sprachforschung.

Die Tatsache, daß auf unserem kleinen Planeten zehntausend gegenseitig unverständliche Sprachen gesprochen worden sind und werden, wirft ein grelles Licht auf das viel tiefere Geheimnis der Individualität, das biogenetische und soziogenetische Faktum, daß es zwei völlig identische Menschen nicht gibt. Das Skandalon von Babel hat die niemals endende Tätigkeit des Übersetzers zwar bestätigt und ans Licht gebracht, aber in Gang gesetzt hat es sie nicht. Logisch gesehen hat es niemals eine Garantie dafür gegeben, daß die Menschen einander verstehen würden, daß die ungezählten Idiolekte sich in partiellen Übereinkünften zu gemeinsamen Sprach-Formen zusammenschließen würden. Diese Fusionen haben sich gewiß schon früh als zweckmäßige Anpassungsvorgänge im Interesse des Überlebens und des sozialen Zusammenhalts erwiesen. Aber, wie William James bemerkt, die »natürliche Auslese zur wirksamen Kommunikation« hat wahrscheinlich einen hohen Preis gefordert. Dieser dürfte sich nicht nur auf die Unerreichbarkeit des Ideals der einzigartigen persönlichen Stimme, der völligen Übereinstimmung der Ausdrucksmittel eines Einzelnen mit seinem Bild von der Welt, nach der die Dichter streben, beschränken. Auch das »feine Summen« nicht-verbaler Codes, Artikulationen der Sinnes-Modalitäten des Geruchs, der Gebärde und des reinen Klangs, mit denen sich die Tiere verständigen, ja, vielleicht auch außersensorische Kommunikationsformen (denen William James auf die Spur gekommen ist) mußten aus dem Repertoire des Menschen ein für allemal verschwinden. Der Erwerb der Sprache war zwar ungeheuer nützlich, aber doch eine reduktive und teilweise einschränkende evolutionäre Auslese aus einem viel größeren Spektrum semiotischer Möglichkeiten. Als die Sprache einmal »gewählt« war, wurde auch das Übersetzen unumgänglich.

Wenn es mir im Folgenden gelingen sollte, Wesen und Poetik zwischensprachlicher Übersetzung etwas zu erhellen, so ergeben sich daraus auch Folgerungen für die Sprache als Ganzes. Die Aufgabe, die ich mir gestellt habe, ist schwer und unübersichtlich. In bezug auf Übersetzungsmöglichkeiten von Begriffen der chinesischen Philosophie ins Englische hat I. A. Richards gesagt: »Wir haben es hier in der Tat wohl mit etwas zu tun, was zu den komplexesten Ereignissen gehört, welche die Evolution des Kosmos bisher hervorgebracht hat.«[6] Vielleicht hat er recht. Aber diese Schwierigkeit in ihrer ganzen Folgenschwere war schon da, als Menschen zum ersten Male miteinander sprachen.

# 2. Sprache und Gnosis

I

Übersetzung existiert, weil die Menschen verschiedene Sprachen sprechen. Diese Selbstverständlichkeit ist freilich in einer Situation begründet, die man als ziemlich rätselhaft betrachten kann und die einige äußerst schwierige psychologische und soziohistorische Probleme stellt. Warum gibt es eigentlich diese tausend und aber tausend Zungen, die aneinander vorbeireden? Wir leben in dieser pluralistischen Welt, haben seit Anbeginn der auf uns gekommenen Geschichte in ihr gelebt und empfinden den entstandenen Wirrwarr schlicht als gegeben. Erst wenn wir anfangen, darüber nachzudenken, wenn wir die greifbaren Tatsachen aus ihrem irreführenden Kontext des Selbstverständlichen lösen, überrascht uns die Sonderbarkeit, ja, vielleicht Unnatürlichkeit der Sprach-Verfassung des Menschen. Stoßen wir damit etwa auf eine der entscheidenden Fragen der zerebralen und sozialen Entwicklungsgeschichte der Menschheit? Aber der heilsame Zweifel, das Staunen, das diese Fakten erst ins rechte Licht rückt, ist bisher selten zum Ausdruck gekommen. Die Antagonismen zwischen der »scharfkantigen« Formallinguistik auf der einen und kontrastiven Untersuchungen von lebenden Sprachen aus der Anthropologie auf der anderen Seite haben vielmehr die Frage nur noch tiefer in die Grauzone fruchtloser, metaphysischer Spekulationen getrieben.

Vielleicht sollten wir kein Sprachverhaltensmodell, keine Theorie über die Generierung und den Erwerb von Sprache als formal oder substantiell kohärent, als geeignet zur Verifizierung oder Falsifizierung anerkennen, wenn die verwirrende Vielfalt und Verschiedenheit der Sprachen auf unserem übervölkerten Planeten nicht als entscheidender Faktor darin zur Geltung kommt. Dell Hymes sagt in seinem Vorwort zu dem postum erschienenen Buch von Morris Swadesh: »The Origin and Diversification of Language«: »Die Vielzahl der Sprachen, wie sie sich entwickelt und angepaßt haben, ist eine Lebenstatsache, die klar auf der Hand liegt und nach theoretischer Erforschung geradezu schreit. Die Sprachtheoretiker haben es immer schwerer, auf ihrer Verwechslung von potentieller Gleichwertigkeit mit tatsächlicher Verschiedenheit zu beharren.« Das hätte nicht erst 1972 zur selbstverständlichen und höchst ehrenvollen Forderung an die Linguistik werden sollen. Semantische Theorien, Konstruktionen von Universal- oder Transformationsgrammatiken könnten sich als trügerisch herausstellen, wenn sie der verschwenderischen Sprachenfülle auf dem Atlas nicht gerecht werden. Schließlich werden allein in Neu-Guinea über tausend Sprachen gesprochen. Das, was Lévi-Strauss »le mystère suprème« der Anthropologie nennt, scheint mir eher hier als im Erfinden und Verstehen von Melodie zu liegen (obwohl es sich dabei um kongruente Tatbestände handeln mag).

Warum nur hat der homo sapiens mit seinem auf der ganzen Welt auf genau die gleiche komplizierte Weise durch Evolution entstandenen und funktionierenden Verdauungstrakt, mit seinem, wie die Naturwissenschaft bestätigt, im wesentlichen einheitlichen biochemischen System und genetischen Potential, warum hat dieses Wesen, dessen delikate Gehirnwindungen bei allen Völkern und in jedem gesellschaftlichen Entwicklungsstadium völlig übereinstimmen, warum hat diese in sich geschlossene und zugleich höchst individualisierte Säugetier-Spezies nicht auch *eine* gemeinsame Sprache? Um leben zu können, atmet sie ein chemisches Element ein und stirbt, wenn es ihr vorenthalten wird. Sie kommt mit immer der gleichen Zahl von Zähnen und Rückenwirbeln aus. Wenn wir uns die ganze Ungereimtheit dieser Situation vor Augen führen wollen, müssen wir einmal einen Sprung ins Reich der Phantasie wagen und sie sozusagen von außen her betrachten. In Anbetracht der anatomischen und neurophysiologischen Konstanten des Menschen wäre die Lösung durch eine einheitliche Sprache völlig verständlich. Wenn wir in einer einheitlichen Sprach-Haut steckten, würde uns jede andere Möglichkeit sogar absurd vorkommen. Sie würde als eine Phantasmagorie wie die luft- und schwerelosen Geschöpfe der Science-fiction erscheinen. Aber es läßt sich auch noch ein anderes »natürliches« Modell denken. Gesetzt, ein tauber, schriftloser Besucher näherte sich von außen unserem Planeten, um über unser Aussehen und Verhalten »höheren Ortes« zu berichten. Er würde mit Sicherheit den Eindruck gewinnen, daß die Menschen nur ein paar verschiedene, vielleicht sogar miteinander verwandte Sprachen sprechen. Schätzungsweise fände er eine Zahl in der Größenordnung eines halben Dutzend, zu dem noch ein paar abhängige, aber leicht kenntliche Dialekte kämen. Eine solche Zahl würde überzeugend mit den Haupt-Parametern menschlicher Verschiedenheit übereinstimmen. Die Ethnographen teilen die Spezies je nach Klassifizierungsmodus in vier oder sieben Rassen ein (ein Begriff, der übrigens eine simplification terrible ist). Die vergleichende Anatomie der Knochen nach Bau und Größe führt zu drei Haupt-Typen. Die Analyse der Blutgruppen, schon an sich eine komplizierte und historisch folgenschwere Angelegenheit, läßt etwa ein halbes Dutzend Varianten erkennen. Damit hätten wir schon die hervorstechenden Unterschiede der Spezies auf Zahlen gebracht, wobei das Individuum natürlich genetisch einmalig ist. Fünf oder sechs Hauptsprachen und ein Spektrum zwischen ihnen vermittelnder, abgeleiteter Dialekte müßte unserem außerterrestrischen Betrachter analog zur Skala der Hautfarben mit ihren Zwischentönungen ganz natürlich und anders gar nicht möglich erscheinen. Auch wir selbst würden, wenn unsere Sprachverfassung so beschaffen wäre, ihre Logik erkennen und uns ganz selbstverständlich auf die analogen Tatbestände aus der vergleichenden Anatomie, Physiologie und Rassen-Einteilung berufen. Dabei dürfte das halbe Dutzend Hauptsprachen sich unter dem

Druck der Zeit und der historischen Umstände durchaus weit auseinanderentwickelt haben. Dennoch wären sich die jeweils Sprechenden der zugrunde liegenden Gemeinsamkeiten bewußt und erwarteten zu Recht ein gegenseitiges Verständnis, wie es etwa in der romanischen Sprachfamilie besteht.

Die Wirklichkeit sieht natürlich völlig anders aus.

Wir sprechen weder eine, noch ein halbes Dutzend oder zwanzig bis dreißig Sprachen. Gegenwärtig, vermutet man, werden etwa vier- bis fünftausend Sprachen gesprochen, eine Zahl, die mit an Sicherheit grenzender Wahrscheinlichkeit zu niedrig gegriffen ist. Es gibt immer noch keinen annähernd erschöpfenden Sprach-Atlas. Weiter sind die vier- bis fünftausend heute lebenden Sprachen nur die Reste einer viel größeren Zahl aus der Vergangenheit. Jedes Jahr erlöschen sogenannte seltene Sprachen, die von isoliert lebenden oder aussterbenden ethnischen Gruppen gesprochen werden. Ganze Sprachfamilien von einst liegen heute nur noch in der Leichenhalle der Tonbänder oder leben noch gerade in der brüchigen Erinnerung hochbetagter Menschen, mit denen sie sterben werden. Deren Mitteilungen sind, da wir keine Vergleiche anstellen können, noch dazu kaum überprüfbar. Fast in jedem Augenblick versinkt irgendwo eine alte und reiche Ausdrucksform sprachbegabter Wesen in unwiderruflichem Schweigen (ganz besonders im Bereich der Indianersprachen). Über die Zahl der vergessenen und verlorenen Sprachen läßt sich nur rätseln. Es gibt jedoch gute Gründe dafür, daß die Menschheit mindestens doppelt so viele Sprachen hervorgebracht hat, als wir heute aufgenommen haben. Eine wahre Sprachphilosophie und die Soziopsychologie der sprachlichen Akte müssen sich mit dem Phänomen und Prinzip vertraut machen, daß die Menschheit zwischen fünf- und zehntausend Sprachen »erfinden« und bewahren konnte bzw. kann. Der Umweg über die Erforschung des Phänomens Übersetzung ist zwar schwierig und verleitet zu Verallgemeinerungen. Dennoch eröffnet gerade er einen Ausblick auf jene entwicklungsgeschichtlichen psychischen Bedürfnisse oder Chancen, die überhaupt zur Notwendigkeit des Übersetzens geführt haben. Wenn man das Phänomen des Übersetzens ergründen will, müssen als erstes die Bedeutungsmöglichkeiten des biblischen Babel erwogen werden, deren Spuren in der Geistes- und Sprachgeschichte.

Schon ein flüchtiger Blick in das Standardwerk von Meillet[1] oder in die späteren, noch nicht abgeschlossenen Arbeiten unter Leitung von Professor Thomas Sebeok von der Universität Indiana verrät eine Situation der äußersten Fülle und Zersplitterung. In vielen Teilen der Erde wirkt die Sprachen-Karte wie ein Mosaik, bei dem jeder Stein, ja jeder Splitter, in Farbe und Textur ganz oder teilweise verschieden von jedem anderen ist. Kein Linguist ist sich beispielsweise trotz jahrzehntelanger Untersuchungen der vergleichenden Sprachwissenschaft und Taxinomie völlig klar über den Sprach-Atlas des Kaukasus, der sich von Bžedux im Nordwesten nach Rut'ul und Küri im tartarischen Teil von Aserbeidschan erstreckt. Dido, Xwarši und Qapuči, Sprachen, die zwischen den Anden und dem Koissou-Flußgebiet gesprochen werden, hat man zwar vorläufig identifizieren und isolieren können, aber bekannt sind sie fast niemandem außer den eingeborenen Sprechern. Arči, eine Sprache mit eigener phonetischer und morphologischer Struktur, sprechen etwa 850 Einwohner eines einzigen Dorfes. Oubykh, einst eine blühende Sprache an der Schwarzmeerküste, ist heute nur noch in einer Handvoll türkischer Weiler bei Ada Pazar zu Hause. Vergleichbar mannigfaltig und unterschiedlich ist die sogenannte paläosibirische Sprachfamilie. Im 19. Jahrhundert überrannt vom Russischen, überlebt das Kamtchadal, eine reiche und alte Sprache, nur noch in acht kleinen Dörfern der maritimen Provinz von Koriak. 1909 sprach noch ein alter Mann die östliche Version dieser Sprache. 1845 entdeckte ein Reisender fünf Personen, die Kot (oder Kotu) sprachen. Heute ist kein lebendiges Zeichen mehr davon zu finden. Die Geschichte der paläosibirischen Kulturen und

Wanderungen vor der Eroberung durch die Russen liegt weitgehend im Dunkel. Dennoch besitzen wir genügend Beweise für die Variabilität und Differenziertheit dieser Sprachen. Ihre Nuancierung der Modi des Handelns – Möglichkeit, Wahrscheinlichkeit, Gewißheit, Notwendigkeit – läßt auf äußerste grammatische Präzision schließen. Aber wir wissen wenig von ihrer Herkunft und – sofern es sie überhaupt gibt – Verwandtschaft mit anderen Haupt-Sprachgruppen.

Das Schwarzmeergebiet und selbst Russisch-Sibirien sind uns längst keine dunklen Flecken mehr auf der Landkarte, sie sind in die aufgezeichnete Geschichte und die Verbreitung der Technik einbezogen. Die Sprachen-Karte des amerikanischen Kontinents vom Südwesten der Vereinigten Staaten bis zur Tierra del Fuego ist dagegen voller Leerstellen und höchst mutmaßlicher und vorläufiger Fixpunkte. Unsicher ist schon die Grundaufteilung. Wie beispielsweise verhält sich der weitverzweigte Baum der Aztekensprachen zu dem gewaltigen Gestrüpp der Maya-Sprachen? Allein für Mexiko und Mittelamerika rechnet man heute mit 190 verschiedenen Sprachen. Aber die Aufzeichnung ist lückenhaft, und ganze Sprachgruppen sind noch nicht klassifiziert. Sie gelten entweder als erloschen oder identifizierbar nur nach dem Hörensagen und durch gewisse Einschüsse, die sie in Gestalt von Zitaten und wörtlichen Anleihen in anderen Idiomen hinterlassen haben. Wir müssen uns einfach mit dieser verworrenen Situation abfinden, ohne doch die Waffen zu strecken.

Noch in den siebziger Jahren des 18. Jahrhunderts wurde Tubatulabal von ungefähr tausend Indianern in den südlichen Ausläufern der Sierra Nevada gesprochen. Heute wissen wir davon einzig und allein noch, daß diese Sprache ganz anders beschaffen war als alle Nachbarsprachen. Kupeño hat bis ins späte 18. Jahrhundert überdauern können, zog sich aber schon damals auf ein kleines Stück Land an den Quellen des San Luis Rey zurück. Wie verbreitet mag es in noch fernerer Vergangenheit gewesen sein? Welche kulturellen Festlegungen, welche menschlichen Vorstellungen mögen bewirkt haben, daß Huiti (oder Yecarome), das noch im 16. Jahrhundert am Rio Fuerte gesprochen wurde, völlig anders gewesen zu sein scheint als die Cahita-Sprachen, ein Zweig der Hopi-Familie, von denen jenes buchstäblich umgeben war. Um die Mitte des 16. Jahrhunderts haben Reisende von der Häufigkeit des Matagalpa in Nicaragua und Teilen des jetzigen Honduras berichtet. Heute glaubt man, nur noch ein paar Familien aus der näheren Umgebung der modernen Städte Matagalpa und Esteli kennten diese Sprache. Im Norden von Mexiko und entlang der pazifischen Küste haben Nava und dann Spanisch eine ganze Reihe alter, eigenständiger Sprachen zum Tode verurteilt. Tomateka, Kakome, Kučarete sind uns nur noch Geisternamen, die ein Hauch rätselvoller Mächte und Nöte umgibt.

Leere Stellen und Fragezeichen bedecken riesige Gebiete der Sprachgeographie des Amazonas-Beckens und der Savanne. Nach letzten Berechnungen unterscheidet die Ethnolinguistik 109 Familien, viele von ihnen mit Unterklassen. Ungezählte Indianersprachen sind jedoch noch nicht identifiziert oder widersetzen sich der Einbeziehung in eine der bekannten Kategorien. So ist offenbar eine kürzlich erst entdeckte Sprache brasilianischer Indianer im Flußgebiet des Itapucuru keiner bisher definierten Gruppe verwandt. Puelče, Guenos, Atakama und ein Dutzend andere Namen bezeichnen lebende Sprachen, die vielleicht noch heute über Millionen Quadratmeilen von wandernden und aussterbenden Völkern gesprochen werden. Ihre Geschichte und morphologische Struktur hat man noch kaum skizzieren können. Viele werden in Vergessenheit geraten, ehe auch nur Bruchstücke von Vokabular und Grammatik gerettet sind. Jede dieser sterbenden Sprachen nimmt ein ganzes Vorratshaus voll menschlichen Bewußtseins mit sich in die Vergessenheit.

Der Sprachen-Katalog beginnt mit Aba, einem Altaischen Idiom, das Tataren sprechen, und endet mit Zyriene, einer finnisch-ugrischen Sprache, die zwischen dem Ural und der arktischen Küste gesprochen wird. Das Bild vom Menschen, das man durch ihn gewinnt, ist das eines sprachlichen Lebewesens von unwahrscheinlicher Verschwendungssucht und Vielgestalt. Die Klassifizierung von Stern-, Planeten- und Asteroiden-Typen beschränkt sich demgegenüber auf eine bloße Handvoll.

Welche mögliche Erklärung gibt es für diese verrückte Überfülle? Wie können wir eine vernünftige Begründung für die Tatsache finden, daß Menschen derselben ethnischen Herkunft, die im selben Gebiet leben, unter gleichen klimatischen und ökologischen Bedingungen, oft dieselben Gemeinschaftsstrukturen, Verwandtschaftssysteme und Religionen haben, vollkommen verschiedene Sprachen sprechen? Welcher Sinn läßt sich darin lesen, wenn in zwei Dörfern, die nur ein paar Meilen getrennt liegen, oder in zwei Tälern, zwischen denen sich nur ein ausgewaschener Höhenkamm hinzieht, Sprachen gesprochen werden, die gegenseitig unverständlich sind und morphologisch nichts miteinander zu tun haben? Ich stelle diese Frage ein übers andere Mal, weil ihre ungeheure Schwierigkeit und Wichtigkeit so lange durch die vermeintliche Selbstverständlichkeit des Gegebenen verdeckt war.

Auf den ersten Blick wirkt eine darwinistische Erklärung im Sinne der schrittweisen Evolution und Verzweigung, adaptiver Variationen und selektiven Überlebens ganz plausibel. Jedenfalls haben viele Linguisten bewußt oder unbewußt mit einer solchen Analogie gearbeitet. Aber das Schema maskiert das eigentliche Problem nur. Die Brisanz der Idee Darwins zeigt sich ja gerade in der nachweislichen Ökonomie und Spezifiziertheit des Anpassungsmechanismus, auch wenn viele Einzelheiten des evolutionären Prozesses noch ganz dunkel sind. Offenbar mutieren lebendige Formen aufs Geratewohl in Hülle und Fülle, ihre Überlebenschancen hängen jedoch von der Anpassung an die natürlichen Bedingungen ab. Bei einer Fülle von Arten läßt sich eine Beziehung zwischen ihrem Aussterben und dem Versagen oder

der Ungenauigkeit ihrer Reaktionen auf die Umwelt nachweisen. Zu diesen sichtbaren, verifizierbaren Kriterien steht die Sprach-Mannigfaltigkeit in keinem Verhältnis. Wir haben keine Maßstäbe (oder nur höchst diffuse), nach denen wir bestimmen könnten, ob irgendeine Sprache einer anderen überlegen war, ob sie überlebt hat, weil sie sich besser an die ihr gestellten Forderungen zur Existenzerhaltung angepaßt hat. Wir können auch nicht mit Sicherheit behaupten, diese oder jene Sprache habe ihre Sprecher im Stich gelassen, noch können wir nachweisen, daß nur die begrifflich und grammatisch am reichsten ausgestatteten Sprachen überdauert haben. Im Gegenteil: Gerade einige tote Sprachen gehören zu den Höchstleistungen des menschlichen Geistes, und so mancher Dinosaurier unter den Sprachen ist ein wohl artikuliertes, »fortschrittlicheres« Stück Leben als seine etwas kümmerlich geratenen Nachfahren. Ferner scheint zwischen den sprachlichen und anderen Reichtümern eines Gemeinwesens keine Beziehung zu bestehen. Sprachen von phantastischer Schwierigkeit und Raffinesse können Hand in Hand gehen mit primitivsten ökonomischen Bedingungen. Manche Kulturen scheinen an Vokabular und Syntax all die Kraft und den Glanz zu verschwenden, die ihnen im materiellen Leben abgehen. Sprachlicher Reichtum wirkt offenbar als Kompensations-Mechanismus. Ausgehungerte Indianerhorden am Amazonas gehen verschwenderischer mit Verbformen um als Plato.

Eine darwinistische Deutung wäre auch allein schon der großen Zahl wegen nicht zulässig. In der Fauna und Flora bedeutet die Fülle weder Zufall noch Verschwendung. Gerade diese Fülle ist ja ein dynamischer Faktor der evolutionären Zuchtwahl mit all ihren Kreuzungen und Selektionen je nach Lebenstauglichkeit. Die Vielzahl der Arten hält sich in Anbetracht der ökologischen Möglichkeiten durchaus in Grenzen. Anpassungsfähigkeit in diesem Sinne läßt sich bei keiner Sprache nachweisen. Keine einzige steht in direktem Verhältnis zu einer bestimmten geophysischen Umwelt. Jede Sprache ist überall gleich tauglich, wenn sie einige Neologismen und Lehnwörter aufnimmt. Die Syntax der Eskimos paßt in die Sahara. Die immense Zahl und Vielfalt der menschlichen Sprachen ist keineswegs ökonomisch und nützlich, sondern im Verein mit der gegenseitigen Unverständlichkeit ein enormes Hindernis für den materiellen und gesellschaftlichen Fortschritt der Art. Auf die wichtige Frage, ob die Sprachunterschiede gewisse innere, poetische Vorteile haben, wollen wir noch zurückkommen. Die vielfache Weise, in der sie den menschlichen Fortschritt gehemmt haben, liegt jedoch klar zu Tage. Für die übervölkerten, wirtschaftlich ausgepowerten Philippinen beispielsweise war es nachweislich alles andere als gewinnbringend, daß dort Bikol, Chabokamo, Ermitano, Tagalog und Wraywaray – um nur die bekanntesten von einigen dreißig Sprachen zu nennen – gesprochen werden. Bezeichnenderweise hat der United States-Employment-Dienst für vier dieser fünf Sprachen nur jeweils einen qualifizierten Übersetzer stellen können. Zahlreiche Kulturen und Völker wurden als sprachliche »Aussteiger« aus der Geschichte entlassen, und das nicht etwa, weil ihre Sprache ihren eigenen Bedürfnissen nicht mehr angemessen gewesen wäre, sondern weil sie von der Teilhabe an den Hauptströmungen der geistigen und politischen Kräfte ausgeschlossen waren. Zahllose Stammesgesellschaften sind von innen her abgestorben, durch Sprachbarrieren noch von ihren nächsten Nachbarn isoliert. Immer wieder haben Sprachdifferenzen und die verzweifelte Unfähigkeit der Menschen, einander zu verstehen, Haß und Verachtung ausgebrütet. Das unverständliche Palaver der Nachbarn klingt wie Kauderwelsch, ja, es beleidigt das eigene Ohr. Riesige Gebiete Afrikas, Indiens, Südamerikas mit ihren in Atome zerfallenden Sprachen haben niemals eine gesammelte Kraft gegen Not oder fremde Eroberer ins Feld führen können. Das Bewußtsein der Zusammengehörigkeit und der gemeinsamen Not blieb vielmehr selbst da etwas Künstliches, wo sich eine lingua franca wie das Suaheli durchsetzen konnte. Die tieferen Impulse zur Aktion bleiben vielmehr in sprachlicher Abgeschlossenheit verwurzelt. Viele »unterentwickelte« Kulturen haben, wenn sie ihrer eigenen Sprache durch Eroberer und die moderne Zivilisation beraubt wurden, nie eine lebensfähige Identität wiedergefunden. Kurzum: In der Geschichte der Menschheit haben Sprachen wie Messer gewütet und Zonen des Schweigens geschaffen.

Warum diese zerstörerische Üppigkeit?

Außer Swadesh und Pei waren wenige moderne Linguisten neugierig genug, dieser Situation auf den Grund zu gehen. Wenn man überhaupt Stellung dazu bezog, dann mit flüchtig evolutionären Argumenten: Es gibt so viele Sprachen, weil sich Gesellschaften und Kulturen in langen Zeiträumen aufgespalten haben, um dann durch Anreicherung mit spezifischen Erfahrungen Lokalsprachen zu entwickeln. Der Leichtsinn einer solchen Behauptung hat etwas Ärgerliches: Sie zielt nämlich genau vorbei an den zentralen philosophischen und logischen Problemen, die sich aus der – zugegebenen – Uniformität der Denkstruktur des Menschen und aus der historisch und ökonomisch negativen, oft geradezu zerstörerischen Rolle der sprachlichen Isolation ergeben haben. Man sollte vielleicht den Spieß einmal umdrehen und begründen, wieso eine einzige Sprache oder eine kleine Zahl verwandter Sprachen sich segensreich für die Menschheit ausgewirkt hätten und noch dazu natürlich gewesen wären. Dann nämlich stellt sich heraus, daß die nachträglichen Rechtfertigungen für die tatsächlichen Gegebenheiten nicht mehr überzeugen. Das Problem liegt sehr viel tiefer, und seit Wilhelm von Humboldt in den ersten Jahrzehnten des 19. Jahrhunderts haben es nur wenige Sprachforscher mit der gebotenen historischen Einfühlung und dem nötigen psychologischen Nachdruck behandelt. Lange Zeit vor Humboldt aber faszinierte das Geheimnis unserer Vielsprachigkeit, von dem jede Sicht der Übersetzung abhängt, die religiöse und philosophische Phantasie.

Es gibt keine Kultur, die nicht auch ihre Version von Babel hätte, einen Mythos der Ur-Zerstreuung der Sprachen.[2] Bekannt sind zwei Hauptversionen, zwei große Versuche, das Rätsel metaphorisch zu lösen. Die Sage von der Büchse der Pandora weiß von einem schrecklichen Irrtum, der das Sprachenchaos ausgelöst hat. Verbreiteter ist die andere Version, nach der die »incommunicados« der menschlichen Sprachverfassung, die ihn so absurd isolieren, eine furchtbare Strafe waren. Ein aberwitziger Turm sollte mit der Höhe der Sterne wetteifern. Die Titanen fielen übereinander her, und ihre zerbrochenen Knochen sind die isolierten Sprachen. Ein sterblicher Lauscher beim Geplauder der Götter, ein Tantalus, wurde mit Torheit geschlagen und verlor danach jegliche Erinnerung an die ihm angeborene Universalsprache. Diese Mythen, entstanden aus dem uralten, beharrlichen Staunen, verwandelten sich schrittweise in philosophische und hermetische Spekulation. Deren Geschichte aufzudecken, die Bemühungen der Philosophen, Logiker und Illuminaten um eine Lösung des Wirrwarr in den menschlichen Sprachen gebührend zu würdigen, wäre für sich schon ein faszinierendes Kapitel in den Annalen menschlicher Einbildungskraft. Vieles daran mag aufgebläht und schwulstbeladen, voller Phantastereien und barocker Verrenkungen sein. Die metaphorische und esoterische Philologie, die – wie hätte es anders sein können? – aus der Meditation über ihr eigenes Seinsgehäuse entstanden ist, aus Wörtern, die sich in Wörtern spiegeln und in Wörtern ihr Echo finden, hat oft den Kontakt mit dem gesunden Menschenverstand verloren. Aber durch geheimnisvolle Bilder, durch kabbalistische und symbolische Konstruktionen, okkulte Etymologien und bizarre Dekodierungen hindurch, hat der Gedanke von Babel doch seinen Weg bis zu grundlegenden Einsichten gefunden: darin nicht unähnlich der Entstehung der modernen Astronomie aus astrologischen, pythagoräischen Hypothesen über Himmelsbewegungen, wie sie noch Kopernikus und Kepler aufstellten. Betroffener jedenfalls als die moderne

Linguistik über die Entfremdung des Menschen von der Sprache des Mitmenschen, gelangen Sprach-Mystik und philosophische Grammatik zu Einsichten, deren intuitive Tiefe der modernen Diskussion oft mangelt. Wir bewegen uns heute gewiß auf trockenerem, aber auch auf seichterem Boden.

Bestimmte Grund-Bilder und Linien der Konjektur ziehen sich durch die Geschichte der Sprachphilosophie von den Pythagoräern bis zu Leibniz und Hamann. Wir erfahren, daß die Substanz des Menschen mit der Sprache verwachsen ist; das Geheimnis der Sprache ist das Signum seines Wesens und weist ihm den Platz des Vermittlers zu auf der Skala von der unbelebten bis zur transzendenten Stufe der Schöpfung. Sprache ist zwar, so heißt es, stofflich, weil sie das Spiel von Muskeln und Stimmbändern erfordert. Aber sie ist auch ungreifbar, und, dank Niederschrift und Erinnerung, zeitlos, obwohl sie im zeitlichen Fluß lebt. Diese Antinomien oder dialektischen Verhältnisse, auf die ich im nächsten Kapitel näher eingehen will, bezeugen die duale Daseinsweise des Menschen, die Interaktionen zwischen seinen körperlichen und geistigen Werkzeugen und Antrieben. Die okkulte Überlieferung hält daran fest, daß hinter unserer heutigen mißtönenden Zwietracht eine einzige Ursprache steht, jene nämlich, die nach dem Einsturz von Nimrods Wolkenkratzer dem Tumult der einander bekriegenden Zungen weichen mußte. Nicht nur hatte diese Adamssprache alle Menschen dazu befähigt, einander zu verstehen und sich mühelos zu verständigen. Sie verkörperte auch in geringerem oder stärkerem Maße den ursprünglichen Logos, jenen Akt des Ins-Leben-Rufens, mit dem Gott die Welt buchstäblich »gesprochen« hatte. Die Umgangssprache von Eden enthielt, wenn auch vielleicht in einer verstummten Tonart, eine göttliche Syntax, die Macht des Sagens und Bezeichnens wie in Gottes eigener Rede, in welcher die bloße Benennung eines Dinges notwendige und hinreichende Bedingung für seinen Sprung in die Realität war. Jedesmal, wenn der Mensch sprach, wiederholte und imitierte er den nominalistischen Mechanismus der Schöpfung. Darum heißt es in der Genesis: »Und der Mensch gab einem jeglichen Vieh und Vogel unter dem Himmel und Tier auf dem Felde seinen Namen.« Daher auch die Fähigkeit aller Menschen, das Wort Gottes zu hören und verständig zu beantworten.

Etymologisch direkt von Gott ableitbar, deckte sich die Ursprache auch mit der Wirklichkeit wie keine Sprache nach Babel oder nach der Zerstückelung der großen, ausgerollten Welt-Schlange im Mythos der Karibischen Indianer. Wörter und Sachen entsprachen einander vollkommen. Wie die modernen Erkenntnistheoretiker sagen würden, gab es eine vollständige Punkt-für-Punkt-Abbildung der Sprache auf die wahre Substanz und Gestalt der Dinge. Jeder Name, jeder Satz war eine Gleichung zwischen der menschlichen Wahrnehmung und den Fakten – wobei die Wurzeln beider je einzigartig und klar definiert waren. Unsere Sprache dagegen steht zwischen der Wahrheit und ihrem Erfassen wie ein staubiges Fenster oder ein verschleierter Spiegel. Die Sprache von Eden jedoch war makellos klares Glas, durch welches das Licht vollständigen Verstehens schien. So war also Babel ein zweiter Sündenfall, in gewissem Sinne genauso untröstlich wie der erste. Adam war aus dem Garten Eden vertrieben worden. In Babel wurden die Menschen gleich bellenden Hunden aus der einzigen Familie *des* Menschen vertrieben. Damit aber waren sie aus der Gewißheit exiliert, Wirklichkeit zu erfassen und einander mitteilen zu können.

Die Theologen und Metaphysiker der Sprache haben danach gestrebt, diese zweite Vertreibung zu mildern. War nicht zu Pfingsten eine zweite Erlösung auf die Apostel herabgekommen, als ihnen die Gabe ward, in Zungen zu reden? War nicht die ganze Sprachgeschichte, wie einige Kabbalisten annahmen, ein ständiges Schwingen des Pendels zwischen Babel und der Rückkehr zum Unisono wiedergewonnenen Verstehens in einem messianischen Augenblick? Vor allem aber: Wie steht es denn mit der Ursprache selbst? War sie wirklich unwiederbringlich verloren? Bei dieser Frage nach Adams Sprache hat die Spekulation angesetzt: War es Hebräisch oder eine Frühform des Chaldäischen? War es eine Sprache, deren ferne Züge sich noch an den Namen von Sternen und mythischen Flüssen erahnen ließ? Jüdische Gnostiker erklärten, das Hebräisch der Tora sei zweifellos Gottes Rede gewesen, deren volle esoterische Bedeutung die Menschen nur nicht mehr verstehen können. Andere Forscher, von Paracelsus bis zu den Pietisten des 17. Jahrhunderts, gestanden dem Hebräischen zwar das Erstgeburtsrecht zu. Doch sei es durch den Sündenfall so verdorben, daß es die göttliche Wahrheit nur noch dunkel offenbaren könne. Fast alle Sprach-Mythologien, von der Weisheit der Brahmanen bis hin zu keltischen oder afrikanischen Legenden, wetteifern in der Überzeugung, daß die Ursprache in 72 Scherben – oder eine Vielzahl von 72 – zerborsten sei.[3] Welches waren die ursprünglichen Fragmente? Wenn man sie erst einmal identifiziert hätte, fände man bestimmt durch eifriges Forschen in ihnen lexikalische und syntaktische Elemente der verlorenen Paradieses-Sprache. Von einem zürnenden Gott zu Recht verstreute Überreste müßten sich wie ein Mosaik zur Universalgrammatik Adams rekonstruieren lassen. Wenn es sie freilich gäbe, so lägen sie wohl in der tiefsten Verborgenheit. Man müsse sie aufstöbern – wie das die Kabbalisten und Adepten des Hermes Trismegistos zu tun gedachten – durch die minutiöseste Untersuchung verborgener Figurationen in Silben und Buchstaben, durch Umkehrung von Wörtern und ihre Anpassung an alte Namen, besonders an die verschiedenen Ersatznamen des Schöpfers, ein Rechenexempel, das mindestens so heikel ist wie das der Wahrsager und Astrologen. Es wurde mit hohem Einsatz gespielt. Wenn der Mensch nämlich die Gefängnismauern der zerstreuten und befleckten Sprache aufbrechen könnte (den Schutt des eingestürzten Turmes), würde er wieder Zutritt gewinnen zum Allerheiligsten der Wirklichkeit. Er würde die Wahrheit wissen, weil er sie sagt. Seine

Entfremdung vom Mitmenschen, seine Verbannung in Kauderwelsch und Mehrdeutigkeit würden ein Ende haben. Solche uralte, brennende Hoffnung kommt noch unverstellt zum Ausdruck in der Bezeichnung »Esperanto«.

Jüdisches Denken hat, beginnend mit Genesis II,2 bis hin zu Wittgensteins »Philosophischen Untersuchungen« oder Noam Chomskys frühester, unpublizierter Arbeit über Morphophonemik im Hebräischen in der Mystik, Philosophie und Wissenschaft von der Sprache eine hervorragende Rolle gespielt. Wie kein anderes Sprach-Corpus hat der Text der Bücher Mose für Juden und Nichtjuden immer Offenbarungscharakter behalten. So wirkte denn auch das Hebräische immer wieder wie die Diamantspitze des Schleiferwerkzeugs. In der jüdischen Hermeneutik finden sich jene Einteilungen, durch die alle Hauptrichtungen der abendländischen Diskussion über das Wesen und die geheimnisvolle Zerstückelung der menschlichen Sprache geprägt wurden. Jede Partikel des überlieferten Textes hat eine ganze Forschungsrichtung der jüdischen Mystik und rabbinischen Wissenschaft ins Leben gerufen.[4] Es gibt eine Philosophie und Gnosis jedes einzelnen hebräischen Buchstabens wie für jedes Wort und jede grammatische Einheit. In der Merkaba-Mystik bedeutet jedes Schriftzeichen die Verkörperung eines Fragments des universalen Schöpfungsplanes; jede menschliche Erfahrung, jede menschliche Rede bis zum Ende der Zeiten ist latent schon in den Buchstaben des Alphabets verzeichnet. Diese numinosen Lettern, deren Kombinationsmöglichkeiten die 72 Namen Gottes ergeben, sofern sie auf den verborgenen Bedeutungskern hin erprobt werden, offenbaren die Chiffre, die Konfigurationen des Kosmos. Deshalb entwickelte die prophetische Kabbala auch ihre »Wissenschaft von der Kombination der Buchstaben«. Durch auto-hypnotisches Training, durch Meditation über Gruppierungen einzelner Zeichen, die als solche gar keinen Sinn zu geben brauchen, gelangt der Eingeweihte vielleicht dazu, den gewaltigen Namen Gottes zu erblicken, der zwar in der Natur manifest, in den Schichten der Volkssprachen aber vermummt ist. Der Kabbalist weiß jedoch, daß, obzwar dem Hebräischen das Privileg gehört, alle Sprachen Geheimnisse und am Ende mit der heiligen Sprache verwandt sind.

Im mittelalterlichen Chassidismus ist es eher das Wort als der Buchstabe, dessen verborgene Bedeutung und Unantastbarkeit entscheidend sind. Ein einziges Wort in der Tora zu verstümmeln, es an einer falschen Stelle einzusetzen, kann zur Folge haben, daß die hauchdünnen Bande zwischen dem gefallenen Menschen und der göttlichen Gegenwart in Gefahr geraten. Schon der Talmud hatte gesagt: »Die Auslassung oder Hinzufügung eines einzigen Buchstabens kann die Zerstörung der ganzen Welt bedeuten.« Einige Mystiker sind bis zu der Annahme gegangen, ein Transkriptionsfehler, so geringfügig er auch gewesen sein mag, ein Fehler des Schreibers, welchem Gott die Heilige Schrift diktiert hat, sei verantwortlich dafür, daß Finsternis und Unrast über die Welt gekommen seien. Die Theosophie, wie sie im Zohar und seinen Kommentaren niedergelegt ist, gefiel sich mitunter in mystischen Scherzen und Wortspielen, um eine wesentliche Lehrmeinung zu beweisen. Elohim, der Name Gottes, vereint in sich »Mi«, das verborgene Subjekt, und »Eloh«, das verborgene Objekt. Die wirkliche Krankheit der zeitlichen Welt ist die Trennung von Subjekt und Objekt. Nur in Seinem Namen erfassen wir das Versprechen der letztendlichen Einheit, die Gewißheit unserer Entlassung aus der Dialektik der Geschichte. Kurzum: Gottes wirkliche Rede, die Sprache der Unmittelbarkeit, die Adam und den Menschen bis Babel bekannt war, kann noch immer entziffert werden, zumindest teilweise, wenn man zu den innersten Schichten des Hebräischen, ja vielleicht sogar anderer Sprachen der ursprünglichen Zerstreuung, vordringt.

Die Gefühlskonventionen, die sich in solcher okkulten Semantik zeigen, sind uns fern und oft wunderlich. Aber an verschiedenen Punkten berührt diese Sprach-Gnosis sich mit ganz entscheidenden Gedanken einer sehr viel rationaleren Theorie der Sprache und der Übersetzung. Die Unterscheidung zwischen semantischen Tiefenstrukturen, die unter der Zeit vergraben oder von umgangssprachlichen Wendungen maskiert sind, gegenüber den Oberflächenstrukturen der gesprochenen Sprache klingt täuschend modern. Wichtig für jegliche Behandlung sprachlicher Kommunikation in einer oder mehreren Sprachen ist auch jenes präzise Verstehen der Wege, auf denen ein Text mehr verbirgt als er äußert. Schließlich und endlich ist der Sinn für die ebenso numinose wie problematische Natur unseres Lebens in der Sprache schon so wach und ausgeprägt wie bei Spinoza oder bei Wittgenstein.

In der großen Tradition der europäischen Sprachphilosophie leben viele Elemente der gnostischen Spekulation – oft in direktem Bezug auf das Hebräische – fort. Dieses Zusammengehen von visionärem Glauben und Konjekturfreudigkeit reicht ungebrochen von Meister Eckhart im frühen 14. Jahrhundert bis zu Angelus Silesius in den sechziger und siebziger Jahren des 17. Jahrhunderts. Auch hier begegnen wir dem beharrlichen Staunen über die Vielfalt und Aufsplitterung der Nationalsprachen. Für Paracelsus, der in den dreißiger Jahren des 16. Jahrhunderts schrieb, bestand kaum ein Zweifel daran, daß die göttliche Vorsehung eines Tages die Einheit der menschlichen Sprachen wieder herstellen wird. Sein Zeitgenosse, der Kabbalist Agrippa von Nettesheim, hat ein Zaubernetz um die Zahl 72 gesponnen; im Hebräischen und besonders im Exodus mit seinen 72 Bezeichnungen für den göttlichen Namen ballte sich magische Kraft zusammen. Eines Tages werden andere Sprachen zu diesem Quell des Seins zurückfinden. Bis zu diesem Zeitpunkt ist Übersetzen unumgänglich: ein Kainszeichen, ein Zeugnis der Verbannung des Menschen aus der harmonia mundi. Niemals hat es – wie etwa Coleridge wußte – einen tieferen Sprach-Traum, ein heftiger von der Alchimie der Sprache heimgesuchtes Sensorium gegeben als bei Jakob

Böhme (1575-1624).[5] Wie schon lange vor ihm Nikolaus Cusanus hat er vermutet, die Ursprache sei nicht Hebräisch gewesen, sondern ein Idiom, das bei der Katastrophe in Babel von den Lippen des Menschen hinweggefegt wurde und nun unrettbar über alle Sprachen zerstreut sei. (Nettesheim sagt übrigens an einer Stelle, Adams Sprache sei Aramäisch gewesen.) Erratische Blöcke, die sie sind, versperren alle Sprachen die Sicht auf Gottes ganze Wahrheit. Keine vermag den Menschen, die sie sprechen, den Schlüssel zur Bedeutung des Lebens zu geben. Ein Übersetzer tastet im Nebel nach dem anderen, einem Nebel, der alle umfängt. Religionskriege und Verfolgung vermeintlicher Irrlehren müssen aus dem Zungen-Babel entstehen. Jeder Mensch mißdeutet und entstellt, was der andere meint. Aber aus der Finsternis führt ein Weg: das was Jakob Böhme »sinnliche Sprache« nennt – die Sprache nämlich der instinktiven, ungelehrten Unmittelbarkeit, die Sprache der Natur und des natürlichen Menschen, wie sie über die Apostel, die ja ganz einfache Menschen waren, im Pfingstwunder ausgegossen wurde. Gottes Grammatik klingt im Echo der Natur wider, wenn wir nur richtig lauschen.

Auch Kepler glaubte an die Zerstreuung der Ursprache, nicht aber an die Funken göttlichen Meinens in den rauhen Stimmen der Einfachen und Ungelehrten. Jene fand er vielmehr in der makellosen Logik der Mathematik und in den ebenfalls ihrem Wesen nach mathematischen Harmonien der instrumentalen wie der sphärischen Musik. Die Musik der Sphären und der Pythagoräischen Akkorde tat, wie später im Prolog von Goethes »Faust«, die verborgene Architektur der göttlichen Rede kund. In den visionären Betrachtungen des Angelus Silesius (Johann Scheffler) werden die Andeutungen von Jakob Böhme ins Extrem gesteigert. Im Rückgriff auf Meister Eckhart glaubt der andere Schlesier, Gott habe seit Anbeginn der Zeiten nur ein einziges Wort gesprochen. In dieser einen und einzigen Äußerung sei alle Wirklichkeit enthalten. Keine Sprache weiß dieses kosmische

Wort. Nach Babel kann keine zu ihm zurückfinden. Das Gelärme der menschlichen Stimmen, so geheimnisvoll unterschiedlich es ist, so sehr man gegenseitig darüber staunen kann, läßt das Tönen des Logos nicht ein. Es gibt nur einen Zugang zu ihm: das Schweigen. Der Taube und der Stumme sind bei Silesius der verlorenen Sprache Edens am nächsten.

Im aufklärerischen Klima des 18. Jahrhunderts verblaßten solch gnostische Träume. Aber sie kehren wieder, nun als Metapher und Modell, bei drei modernen Schriftstellern. Diese drei Schriftsteller wissen am meisten von den inneren Quellen der Sprache und der Übersetzung zu sagen.

»Die Aufgabe des Übersetzers« von Walter Benjamin erschien 1923.[6] Wenngleich beeinflußt von Goethes Bemerkungen zur Übersetzung in den »Noten und Abhandlungen zum besseren Verständnis des Westöstlichen Divans« und Hölderlins Umgang mit Sophokles, steht der große Essay doch ganz in gnostischer Tradition. Wie auch sonst in seinem subtilen, nachschöpferischen Werk als Exegetiker, als »stiller Teilhaber« der dichterischen Absicht, postuliert Benjamin, daß demjenigen, der einen Text »versteht«, seine eigentliche Bedeutung entgangen sei. Schlechte Übersetzer sind zu mitteilsam. Ihre scheinbare Genauigkeit ist auf das Unwesentliche des Originals begrenzt. Benjamins Einstellung zur Frage der Übersetzbarkeit – kann man ein Werk überhaupt übersetzen? Und wenn ja, für wen? – ist kabbalistisch:

»So dürfte von einem unvergeßlichen Leben oder Augenblick gesprochen werden, auch wenn alle Menschen sie vergessen hätten. Wenn nämlich deren Wesen es forderte, nicht vergessen zu werden, so würde jenes Prädikat nichts Falsches, sondern nur eine Forderung, der Menschen nicht entsprechen, und zugleich auch wohl den Verweis auf einen Bereich enthalten, in dem ihr entsprochen wäre: auf ein Gedenken Gottes. Entsprechend bliebe die Übersetzung sprachlicher Gebilde auch dann zu erwägen, wenn diese für die Menschen unübersetzbar wären. Und sollten sie das bei einem strengen Begriff von Übersetzung nicht wirklich bis zu einem gewissen Grade sein? – In solcher Loslösung ist die Frage zu stellen, ob Übersetzung bestimmter Sprachgebilde zu fordern sei. Denn es gilt der Satz: Wenn Übersetzung eine Form ist, so muß Übersetzbarkeit gewissen Werken wesentlich sein.«

Im Anklang an Mallarmé, aber in deutlich aus kabbalistischer und gnostischer Überlieferung abgeleiteten Begriffen, gründet sich Benjamins Metaphysik der Übersetzung auf den Gedanken der »Universalsprache«. Übersetzung ist möglich und unmöglich in einem – eine dialektische Antinomie, wie sie für esoterische Überlegungen bezeichnend ist. Sie ergibt sich aus der Tatsache, daß alle bekannten Sprachen Fragmente sind, deren Wurzeln – im algebraischen und im etymologischen Sinne – nur in der »reinen Sprache« zu finden sind, die allein ihnen Gültigkeit sichert. Diese »reine Sprache« – an anderen Stellen seines Werkes spricht Benjamin von ihr als dem Logos, der Sprache meinend macht, sich aber in keiner einzelnen fassen läßt – ist wie ein verborgener Quell, der sich seinen Weg durch die verschlammten Kanäle der vielen Sprachen erzwingt. Am »messianischen Ende ihrer Geschichte« (wieder eine kabbalistische oder chassidische Formulierung) werden alle getrennten Sprachen zu diesem Quell ihres gemeinsamen Lebens zurückfinden. In der Zeit bis dahin hat die Übersetzung eine Aufgabe von tiefster philosophischer, ethischer und magischer Bedeutung.

Eine Übersetzung aus der Sprache A in die Sprache B macht eine dritte, tätige Gegenwart spürbar. Diese trägt die unsichtbaren Züge jener »reinen« Sprache, die den beiden vorangeht und zugrunde liegt. Eine genuine Übersetzung beschwört die umschatteten, aber doch erkenntlichen Umrisse jenes Gesamtentwurfs, dessen Splitter menschliche Rede nach Babel ist. Einige Psalmen in der lutherischen Übersetzung, Hölderlins Umdichtung der dritten pythischen Ode von Pindar verweisen durch die Seltsamkeit ihres beschwö-

renden Folgerns auf die Wirklichkeit einer Ursprache, in der
Deutsch und Hebräisch, Deutsch und Altgriechisch ineinander gewirkt sind. Daß es eine solche Vermischung gibt, ja,
geben muß, beweist die Tatsache, daß Menschen dasselbe
*meinen,* daß die menschliche Stimme aus denselben Hoffnungen und Ängsten emporsteigt, obwohl sie Verschiedenes
*sagt,* verschiedene Wörter ausspricht. Oder, um es anders zu
sagen: Eine schlechte Übersetzung wimmelt von scheinbar
ähnlich Gesagtem, geht aber am Gemeinten vorbei. Philologie ist Liebe zum Logos vor aller Wort-Wissenschaft.

Luther und Hölderlin haben die deutsche Sprache ein wenig
»zurück« geführt zu ihrem universalen Ursprung. Um jedoch solcher Alchimie gewachsen zu sein, muß die Übersetzung der eigenen Sprache gegenüber einen gewissen Abstand, eine »Andersheit« wahren. In Hölderlins »Antigonae«
klingt nur sehr wenig »wie« normales Deutsch. Marianne
Moores La Fontaine-Übertragung ist Meilen entfernt von
der amerikanischen Umgangssprache. Der Übersetzer macht
seine eigene Sprache reicher, wenn er sie der Durchdringung
und Gestaltung durch die Sprache, aus der er übersetzt, offen hält. Aber er tut weit mehr: Er erweitert seine Muttersprache in Richtung auf das verborgene Absolutum des Meinens. »Wenn anders es aber eine Sprache der Wahrheit gibt,
in welcher die letzten Geheimnisse, um die alles Denken sich
müht, spannungslos und selbst schweigend aufbewahrt sind,
so ist diese Sprache der Wahrheit – die wahre Sprache. Und
eben diese, in deren Ahnung und Beschreibung die einzige
Vollkommenheit liegt, welche der Philosoph sich erhoffen
kann, sie ist intensiv in den Übersetzungen verborgen.« So
wie der Kabbalist die Gestalt von Gottes geheimem Plan in
Zusammenstellungen von Buchstaben, Silben und Wörtern
zu erkennen sucht, so der Philosoph den fernen Schein ursprünglichen Meinens in der Übersetzung, und zwar eben-
sowohl in dem, was sie wegläßt, als in dem, was sie aussagt.
Benjamins Zusammenfassung ist mystische Überlieferung:
»Denn in irgendeinem Grade enthalten alle großen Schrif-

ten, im höchsten aber die heiligen, zwischen den Zeilen ihre virtuelle Übersetzung. Die Interlinearversion des heiligen Textes ist das Urbild oder Ideal aller Übersetzung.«

Zwischen Tschechisch und Deutsch hin und her wandernd, war Kafka fast zwanghaft der Schattenhaftigkeit der Sprache gewärtig, er, den sein Empfinden immer wieder auch zum Hebräischen und Jiddischen hinzog. In gewissem Sinne ist sein Werk eine immer wieder anders formulierte Parabel von der Unmöglichkeit menschlicher Kommunikation, oder, wie er 1921 an Max Brod schrieb, von der »Unmöglichkeit, nicht zu schreiben, der Unmöglichkeit, deutsch zu schreiben, der Unmöglichkeit, anders zu schreiben, fast könnte man eine vierte Unmöglichkeit hinzufügen, die Unmöglichkeit, zu schreiben ...« Diese letzte Unmöglichkeit hat ihn oft dazu vermocht, den Illusionscharakter menschlichen Sagens zu zeigen. »Ist es ihr Gesang, der uns entzückt«, fragt der Erzähler in »Josefine, die Sängerin oder das Volk der Mäuse«, »oder nicht vielmehr die feierliche Stille, von der das schwache Stimmchen umgeben ist?« Und »In der Strafkolonie«, wohl seiner verzweifeltsten metaphorischen Reflexion über die absolute Unmenschlichkeit des geschriebenen Wortes, macht er die Druckerpresse zu einem Folterinstrument. Das Thema Babel saß ihm im Nacken: Fast in jeder seiner wichtigeren Erzählungen gibt es Hinweise darauf. Zweimal gibt er direkte Kommentare dazu ab, in einem Stil, der an der chassidischen und talmudischen Exegese geschult ist.

Zum erstenmal geschieht das in der Allegorie »Beim Bau der chinesischen Mauer«, entstanden im Frühjahr 1917. Er stellt darin eine Beziehung her zwischen den beiden Konstruktionen, wenngleich »nach menschlicher Rechnung« der Bau der Mauer genau das Gegenteil bezweckte wie der des unverschämten Turms. Ein Gelehrter hatte ein seltsames Buch geschrieben. »Er suchte darin zu beweisen, daß der Turmbau zu Babel keineswegs aus den allgemein behaupteten Ursachen nicht zum Ziel geführt hat.« Nimrods Bauwerk sei zusammengestürzt, weil es »an der Schwäche der Fundamente scheiterte und scheitern mußte«. Der weise Mann »behauptete, erst die große Mauer werde zum erstenmal in der Menschenzeit ein sicheres Fundament für einen neuen Babelturm schaffen«. Der Erzähler bekennt, daß er selbst höchlichst verwundert ist. Wie kann die Mauer, »die doch nicht einmal einen Kreis, sondern nur eine Art Viertel- oder Halbkreis bildete... das Fundament eines Turmes abgeben?« Aber ein Körnchen Wahrheit muß doch wohl in der sonderbaren Vorstellung stecken. Denn »wozu waren in dem Werk Pläne, allerdings nebelhafte Pläne des Turmes gezeichnet und Vorschläge bis ins einzelne gemacht, wie man die Volkskraft in dem kräftigen neuen Werk zusammenfassen solle?« Von der Zusammenfassung der »Volkskraft« handelt die kurze Parabel »Das Stadtwappen«, die im Herbst 1920 entstanden und einer der Texte Kafkas ist, die die meisten Rätsel aufgeben. Gleich im ersten Satz wird die Anwesenheit von Dolmetschern beim Turmbau erwähnt. Keine Generation kann hoffen, den Bau je zu Ende zu bringen. Deshalb, und weil »das Wissen der Menschen (sich) steigert, die Baukunst... Fortschritte gemacht (hat)«, kann man sich Zeit lassen und indessen die Arbeiterunterkünfte vervollkommnen. »Jede Landsmannschaft wollte das schönste Quartier haben, dadurch ergaben sich Streitigkeiten, die sich bis zu blutigen Kämpfen steigerten... Dazu kam, daß schon die zweite oder dritte Generation die Sinnlosigkeit des Himmelsturmbaus erkannte, doch war man schon viel zu sehr miteinander verbunden, um die Stadt zu verlassen. Alles, was in dieser Stadt an Sagen und Liedern entstanden ist, ist erfüllt von der Sehnsucht nach einem prophezeiten Tag, an welchem die Stadt von einer Riesenfaust in fünf kurz aufeinanderfolgenden Schlägen zerschmettert werden wird. Deshalb hat auch die Stadt die Faust im Wappen.«

Es würde an Vermessenheit grenzen, für Kafkas Gebrauch des Babel-Motivs ein einziges Dechiffrierungssystem, ein einziges Bedeutungsäquivalent vorzuschlagen. Eine solche Aufforderung geht von seinen anagogischen und allegorischen Geschichten auch gar nicht aus. Der Talmud, oft sein Vorbild, spricht von den 49 Sinn-Ebenen eines geoffenbarten Textes. Ohne Zweifel hat Kafka jedoch im Bilde des Turmes, seiner Fundamente und Ruinen gleichsam in Kurzschrift Andeutungen über die Sprachverfassung des Menschen und ihr Verhältnis zu Gott machen wollen. Der Turmbau war eine notwendige Maßnahme, er erhebt sich auf einer Woge des menschlichen Willens und Geistes: »daß wir uns einen Namen machen, denn wir werden sonst zerstreut in alle Länder«. Liest man das Wort »Himmelsturmbau« ganz visuell, so entsteht eine eigenartige, von Kafka vielleicht sogar beabsichtigte Doppelbedeutung. Wie die Genesis behauptet, hat Gott den Turm als einen Sturm-Angriff auf den Himmel angesehen (Sturm), aber er war auch eine ungeheure Jakobsleiter aus Stein (Turm), auf der der Mensch zu seinem Schöpfer hinansteigen wollte. Unentwirrbar sind hier Rebellion und Gottesdienst verflochten, so unentwirrbar wie die Impulse zum Sprechen: zur Wahrheit hin und fort von ihr. Die Fundamente beunruhigen Kafka sogar noch mehr als der Turm selbst. »Der Bau«, seine letzte Erzählung und unmißverständlich eine Deutung der Beziehung des Schriftstellers zu Sprache und Wirklichkeit, stellt dar, wie der Turm von innen, von seinen »zickzackförmigen Gängen« her, ausgesehen haben mag. Deshalb die unheimliche Bemerkung in einem der Tagebücher des Dichters: »Wir graben die Grube von Babel aus.« Aber worin besteht die Übereinstimmung zwischen dem Turm und der großen Mauer? Letztere ist doch sonst bei Kafka ein Symbol der mosaischen Gesetzgebung. Was bedeutet der kräftige Umschlag vom Perfekt zum Präsens in »Das Stadtwappen«? »Alles was in der Stadt an Sagen und Liedern entstanden ist« (vermutlich doch vor langer Zeit) und: »Deshalb hat auch die Stadt die Faust im Wappen.« Prag hat keine Faust, sondern zwei Türme im Wappen. In all diesen Anspielungen sind die Drohung der Sprache und das Geheimnis ihres gespaltenen Zustands gegenwärtig. Einer Zusammenfassung der paradoxen und tragischen Dialektik, die er im Emblem des Turmes erkannte, kommt vielleicht eine andere Tagebuchstelle am nächsten: »Wäre es möglich gewesen, den Turm von Babel zu erbauen, ohne ihn zu ersteigen – das wäre erlaubt gewesen.« Wenn der Mensch sprechen könnte, ohne das Meinen der Sprache bis auf die verbotene Spitze des Absoluten treiben zu wollen, spräche er vielleicht noch eine wahre, ungeteilte Sprache. Aber es ist auch unmöglich und vielleicht sogar verboten, Sprache ohne Übersetzung zu benutzen, ohne in ihr nach den verborgenen Quellen des Gesetzes zu suchen. Für Kafka tritt in der Sprache das Paradoxon der Unergründlichkeit menschlicher Torheit in Erscheinung. Er bewegt sich in ihr wie in einem Labyrinth.

Labyrinthe, kreisförmige Ruinen, Babel – oder Babylon – kommen auch bei dem dritten modernen Kabbalisten, Jorge Luis Borges, immer wieder vor. In seiner Poesie und Prosa erkennt man jedes mystische Motiv der Kabbalisten und Gnostiker wieder: die Welt als Verkettung geheimnisvoller Silben, die Idee einer absoluten Sprache bzw. eines kosmischen Buchstabens – alpha und aleph –, die auf dem Grunde der zertrümmerten menschlichen Spracheinheit ruht, die Mutmaßung, daß alles Wissen und jede Erfahrung schon in einem einzigen gigantischen Wälzer verzeichnet seien, einem Buch, das sämtliche denkbaren Permutationen des Alphabets enthält. Borges hegt den okkulten Glauben, daß die normale, sinnlich wahrnehmbare Raum-Zeit-Struktur sich mit anderen Welten und mannigfachen konkreten Wirklichkeiten durchdringt, die aus unserer Sprache und den unergründlichen, freischwebenden Energien des Denkens auftauchen. Die Logik seiner Fabeln widersetzt sich dem Kausalitätsprinzip in unserem Sinne. Aus gnostischen und manichäischen Spekulationen (das sind wörtlich aktive Spiegelungen)[7] erschafft er sich den für ihn entscheidenden Topos einer »Gegen-Welt«. Wie hohe, stille Winde wehen entgegengesetzte Zeit- und Bezugsströme durch unsere instabile, vielleicht auch nur gemutmaßte irdische Wohnstatt. Kein anderer Dichter hat die Möglichkeit in Bilder von derartiger Lebensdichte gefaßt, daß unser Dasein »anderswo geträumt« sein könnte, daß wir nur die Metapher der Sprache eines anderen sein könnten, eine Figur, die sich an der Mauer jener einzigen, unbegreiflichen Äußerung wund stößt, aus der Jakob Böhme den Klang des Logos vernommen hat. In Borges' Gedicht »Compaß« heißt es:

Was immer ist, ist einer fremden Zunge Wort, ist hörig
Jemandem, einem Etwas, das da Tag und Nacht
Nur schreibt und schreibt, endloses Kauderwelsch:
Die Weltgeschichte. In solch dunkelem Gekritzel

Ward Rom erdacht, Carthago, Du und ich, wir alle
Und dies mein Dasein, das vor mir entflieht,
Mein furchtsam Leben, kryptisch, ganz verrätselt,
Verstümmelt wie die Zungen einst bei Babels Fall.

Es hat Zeiten gegeben, in denen Kafka die Vielzahl der Sprachen wie einen Knebel im Hals empfunden hat. Borges streift mit der geschmeidigen Unbekümmertheit einer Katze zwischen Spanisch, altertümlichem Portugiesisch, Englisch, Französisch und Deutsch umher. Er hat den Poeten-Griff nach dem Lebensnerv jeder dieser Sprachen. Aus dem Schwanengesang eines nordenglischen Barden auf das Alt-Angelsächsische macht er »eine Sprache des Morgenrots«. Die »rauhen, zähen« Worte des Beowulf-Liedes waren die seinen, bevor er »ein Borges wurde«. Sein »Deutsches Requiem« ist nicht nur eine realisierende Metamorphose der tödlichen Ketten, die Nazis und Juden aneinander fesselten. Die Erzählung ist auch in Stimme und Wesen selbst so deutsch wie jene schwarzen Wälder. Obwohl sein Spanisch oft private Züge hat und argentinisch gefärbt ist, ist er doch ganz besessen von der besonderen Körnung dieser Sprache, die seiner eigenen Poesie noch Züge von »Senecas schwarzem Latein« bewahrt. Aber so geschärft auch sein Ohr für

das unverrückbare Wesen jeder Sprache ist: sein eigentliches
Spracherleben ist zutiefst simultan, und, um einen Ausdruck
von Coleridge zu gebrauchen: netzhaft. Er wirkt ein halbes
Dutzend Sprachen ineinander und gebraucht Zitate und lite-
rarhistorische Hinweise – oft erfundene –, um den Schlüssel,
den einmaligen Schauplatz seiner Fabeln und Verse zu ver-
bürgen. Eng verwoben, bilden diese verschiedenen Idiome
und Legate – die Kabbala, die alt-englische Epik, Cervantes,
die französischen Symbolisten, Blakes und de Quinceys
Träume – ein Kartenwerk der Wiederbegegnungen, ganz
Borges, einzigartig, und doch altvertraut wie der Schlaf.
Rasch miteinander vertauscht, ineinander umgewandelt, bewegen sich alle Sprachen bei Borges auf eine einzige okkulte
Wahrheit zu (das Aleph schimmert augenhaft auf der 19.
Kellerstufe in Carlo Argentinos Haus), so wie die Buchstaben in der kosmischen Bibliothek einer der verschlüsseltsten
seiner »Ficciones«.

»Die Bibliothek von Babel« ist 1941 entstanden. Jede Einzelheit dieser Phantasie stammt aus der »Buchstäblichkeit«
der Kabbala und den (Mallarmé übrigens auch vertrauten)
gnostischen und rosenkreuzlerischen Vorstellungen von der
Welt als einem einzigen gewaltigen Buch: »Das Universum
(von anderen die Bibliothek genannt) setzt sich aus einer
unbestimmten, womöglich unendlichen Anzahl sechseckiger
Galerien zusammen.« Es ist ein Bienenkorb von Piranesi,
aber auch, wie aus dem Titel ablesbar, eine Innenansicht des
Turms. Die Bibliothek ist »allumfassend ... und ... ihre Re-
gale (verzeichnen) alle irgend möglichen Kombinationen der
über zwanzig orthographischen Zeichen (deren Zahl, wenn
auch außerordentlich groß, nicht unendlich ist) ... sowie
alles, was sich irgend ausdrücken läßt: die Geschichte der
Zukunft bis ins einzelne, die Autobiographien der Erzengel,
den echten Katalog der Bibliothek und Tausende und Aber-
tausende falscher Kataloge, das gnostische Evangelium von
Basilides, den Kommentar zu diesem Evangelium, den
Kommentar zum Kommentar dieses Evangeliums, die wahr-

heitsgetreue Darstellung deines Todes, die Fassung jedes Buches in sämtlichen Sprachen, die Einschaltung jedes Buches in allen Büchern«. Jede nur denkbare Buchstabenkombination war schon vorgesehen in der Bibliothek und verbarg sicher »einen schrecklichen Sinn«. Kein Sprech-Akt ist bedeutungslos: »Niemand vermag eine Silbe zu formen, die nicht voll Zärtlichkeit und voll Schauder ist, die nicht in irgendeiner dieser Sprachen der gewaltige Name eines Gottes ist.« Innerhalb der Höhle oder kreisförmigen Ruine plappern Menschen daher, zu ihrem gegenseitigen Staunen; aber all ihre Myriaden von Wörtern sind Tautologien, welche auf eine den Sprechern unbekannte Weise die verlorene kosmische Silbe oder den Namen Gottes ausmachen. Diese formal grenzenlosen Einheit unterliegt der Zerstückelung der Sprachen.

»Pierre Menard, Autor des Quijote« (1939) ist wohl das Scharfsinnigste und Dichteste, was je über die Tätigkeit des Übersetzers geschrieben wurde. Jeder andere Versuch über das Problem des Übersetzens, einschließlich dieses Buches, ist, um im Stil von Borges zu bleiben, nur ein Kommentar zu seinem Kommentar in dieser Erzählung. Die Genialität der Erfindung hat ihr breiteste Anerkennung eingetragen. Aber – und das tönt wieder wie ein Echo auf Borges gewählte Pedanterie –, es fehlen gewisse Einzelheiten. Menards Literaturverzeichnis ist faszinierend: Die Monographien über »die Möglichkeit, ein poetisches Vokabular aufzustellen« und »gewisse Konnexionen oder Affinitäten« zwischen dem Denken von Descartes, Leibniz und John Wilkins deuten auf die Bemühungen des 17. Jahrhunderts um eine »ars signorum«, ein universales ideogrammatisches Sprachsystem hin. Ein solcher Entwurf, den Menard zu Rate zieht, ist Leibniz' »Characteristica universalis«. Bischof Wilkins' »Essay towards a real character and a philosophical language« von 1668 ist ein anderer. Beide Male handelt es sich um Versuche, die Katastrophe von Babel ungeschehen zu machen. Menards »Skizzenblätter einer Monographie über die symbolische Logik von George Boole« zeugen von seiner (und Borges') Kenntnis der Beziehungen zwischen dem Interesse des 17. Jahrhunderts an einer interlingua zur Verständigung unter Philosophen und dem »Universalismus« der modernen symbolischen und mathematischen Logik. Mit seiner Übertragung der Zehnsilber von Valérys »Le Cimetière marin« in Alexandriner nimmt Menard eine kraftvolle, wenngleich exzentrische Ausweitung der Grenzen des Übersetzungsbegriffs vor. Zudem neige ich, ohne der liebenswürdigen Autorität des Memoirenschreibers zu nahe treten zu wollen, doch zu der Annahme, daß sich tatsächlich eine »wortgenaue Übertragung« von Quevedos »wortgetreuer Übertragung« des heiligen Franz von Sales unter Menards Papieren befunden hat.

Menards Meisterstück waren – wie anders hätte es sein können? – das 9. und 38. Kapitel sowie ein Fragment aus dem 22. Kapitel von »Don Quijote«. (Wie viele Leser von Borges haben wohl bemerkt, daß Kapitel 9 praktisch eine Übersetzung aus dem Arabischen ins Kastilische ist, daß im 38. Kapitel ein Labyrinth vorkommt, und daß das 22. Kapitel ein Buchstabenspiel in reinster kabbalistischer Manier über die Tatsache, daß die Wörter »no« und »si« genau gleich viele Buchstaben haben, enthält?) Menard wollte nicht einen neuen Quijote verfassen – »was leicht ist«, sondern *den Quijote*. Unnütz hinzuzufügen, daß er keine mechanische Übertragung des Originals ins Auge faßte; einer bloßen Kopie galt nicht sein Vorsatz. Sein bewundernswerter Vorsatz war vielmehr darauf gerichtet, ein paar Seiten hervorzubringen, die – Wort für Wort und Zeile für Zeile – mit denen von Miguel de Cervantes übereinstimmen sollten.«

Menards erster Versuch der totalen Übersetzung oder, strenger gesagt, einer sprachlichen Transsubstantiation, war bis auf die Spitze getriebene Mimesis. Aber sich in Cervantes zu verwandeln, indem man gegen Mauren zu Felde zog, den katholischen Glauben verteidigte und die Geschichte Europas zwischen 1602 und 1918 einfach ungeschehen sein ließ, wäre wirklich zu leicht gewesen. Viel interessanter war es, »fernerhin Pierre Menard zu bleiben und – durch die Erlebnisse Pierre Menards – zum Don Quijote zu gelangen«, das heißt, sich mit dem Wesen des Cervantes, mit seiner ontologischen Form, so völlig in Übereinstimmung zu bringen, daß die Summe seiner Taten und Ideen dabei von selbst herauskommen mußte. Die Ausdauer bei diesem Spiel ist schwindelerregend. Menard unterzieht sich der »geheimnisvollen Pflicht«, willentlich und explizit nachzuvollziehen, was bei Cervantes ein spontanes Geschehen war. Aber sonderbarerweise verlieren Gestalt und Wesen des Quijote jetzt ihr »natürliches« und notwendiges Lokalkolorit, das sie bei Cervantes hatten, obwohl er ja frei erfunden hatte. Das ergab eine neue ungeheure Schwierigkeit für Menard, denn »den Quijote zu Anfang des 17. Jahrhunderts verfassen, war ein begründbares, notwendiges, vielleicht schicksalhaftes Unterfangen: zu Beginn des 20. Jahrhunderts ist es nahezu unmöglich. Nicht umsonst sind seitdem dreihundert Jahre voll der verwickeltsten Tatsachen vergangen, unter ihnen, nur um eine zu nennen, eben der Quijote«. Mit anderen Worten stellt jeder genuine Übersetzungsakt jedenfalls in einer Hinsicht eine recht durchsichtige Absurdität dar, eine Anstrengung, wie wenn man eine herabfahrende Rolltreppe hinaufsteigen wollte, die vorsätzliche und daher künstliche Erneuerung einer ursprünglich spontanen Geste des Geistes. Menards fragmentarischer Don Quijote »ist subtiler als der von Cervantes«. Wie erstaunlich ist Menards Fähigkeit, Gefühle, Gedanken, Ratschläge auszudrücken, die in seiner eigenen Zeit völlig obsolet geworden sind, genau die treffenden Worte für Empfindungen zu bringen, die mit denen, die er selbst hegte, selbstverständlich unvereinbar waren:

»Der Text Menards und der Text Cervantes' sind Wort für Wort identisch; doch ist der zweite nahezu unerschöpflich reicher. (Schillernder, werden seine Verlästerer sagen; die schillernde Zweideutigkeit ist ein Reichtum).

Es ist eine Offenbarung, hält man den Quijote Menards

vergleichend neben den des Cervantes. Dieser schrieb beispielsweise (Don Quijote, Erster Teil, neuntes Kapitel): . . . ›Die Wahrheit, deren Mutter die Geschichte ist, Nachstreberin der Zeit, Aufbewahrungsort der Taten, Zeugin der Vergangenheit, Vorbild und Wink der Gegenwart, Hinweis auf das Künftige.‹ Verfaßt im 17. Jahrhundert, verfaßt von dem ›Laienverstand‹ Cervantes', ist diese Aufzählung nichts weiter als ein rhetorisches Lob auf die Geschichte.

Menard dagegen schreibt:

›. . . Die Wahrheit, deren Mutter die Geschichte ist, Nachstreberin der Zeit, Aufbewahrungsort der Taten, Zeugin der Vergangenheit, Vorbild und Wink der Gegenwart, Hinweis auf das Künftige.‹ Geschichte, *Mutter* der Wahrheit: dieser Gedanke ist überwältigend. Menard, Zeitgenosse von William James, definiert die Geschichte nicht als eine Erforschung von Wirklichkeit, sondern als deren Ursprung. Die historische Wahrheit ist für ihn nicht das Geschehene, sie ist unser Urteil über das Geschehene. Die Schlußglieder – Vorbild und Wink des Gegenwärtigen, Hinweis auf das Künftige – sind unverschämt pragmatisch.

Auch zwischen den Stilarten besteht ein lebhafter Kontrast. Der archaisierende Stil Menards – immerhin eines Ausländers – leidet an einer gewissen Affektiertheit. Nicht so der des Vorgängers, der das seiner Zeit geläufige Spanisch unbefangen schreibt.«

Menards Kraftleistung war herkulisch: »Er wendete seine Skrupel und durchwachten Nächte daran, ein schon vorhandenes Buch zu wiederholen. Er erging sich in einer Vielzahl von Entwürfen, er korrigierte hartnäckig und zerriß tausende handgeschriebener Seiten.« Ein schon vorhandenes Buch in einer fremden Sprache zu wiederholen, ist »die geheimnisvolle Pflicht« des Übersetzers, sein Werk, seine Leistung. Sie kann nicht und muß doch bewältigt werden. »Wiederholung« ist, wie Kierkegaard sagt, eine so verwirrende Vorstellung, daß sie das Kausalitätsprinzip und das Fließen der Zeit in Frage stellt. Einen mit dem Original wörtlich übereinstimmenden Text zu erstellen (Übersetzung als vollkommene Transkription) übersteigt an Schwierigkeit menschliche Vorstellungskraft. Wenn der Übersetzer als Verleugner der Zeit und Bauarbeiter in Babel fast dem Gelingen nahe ist, schlägt die Situation um in jenen Spiegeleffekt, der in »Borges und ich« dargestellt wird. Auch der Übersetzer muß »fortleben in Borges« – oder in einem anderen Autor seiner Wahl – »nicht in mir – wenn ich überhaupt jemand sein sollte – obwohl ich mich in seinen Büchern nicht so gut wiedererkenne wie in vielen anderen oder im flinken Zupfen einer Guitarre«. Ein guter Übersetzer weiß, daß sein Werk »der Vergangenheit angehört« (unvermeidlich, jede Generation schafft Neuübersetzungen) oder »jenem anderen«, seinem Beweger, Erzeuger, dem ihm vorgängigen Schatten. Er weiß *nicht*, »wer von uns beiden die Seite schreibt«. In dieser transsubstantialisierten Ignoranz – mir fällt kein weniger schwerfälliger Ausdruck ein – liegt das ganze Elend seines Berufs, aber auch eine Reparaturmöglichkeit für den eingestürzten Turm von Babel.

Wir werden auf die kabbalistischen Motive und die verschiedenen Vorbilder für Übersetzungen noch zurückkommen, die der gelehrte Freund des verstorbenen Pierre Menard aus Nîmes diesem in seinen Memoiren zuschreibt. Zwei englische Übersetzer der Erzählung haben das Feuer, in dem Menard seine Papiere verbrennt, verschieden interpretiert. Der eine nennt es »fröhlich« (die deutschen nennen es »lustig«), der andere »liederlich«: Zwei psychologische Deutungen, zwei Weihnachtsfeiern, zwei Auffassungen von Ketzerei, zwei Weisen der Legende vom Phönix und der Asche.[8]

## II

*Über Leibniz und Hamann, die beide in enger Beziehung
zur kabbalistischen und pietistischen Überlieferung standen,
hat die Sprachmystik Einzug in die moderne, rationale
Sprachwissenschaft gehalten.*

Für die Theorie der Sprache ist die Frage von entscheidender
Bedeutung, ob Übersetzen zwischen verschiedenen Sprachen überhaupt möglich ist. Darüber sind in der Sprachphilosophie zwei radikal entgegengesetzte Auffassungen möglich, die auch wirklich vertreten wurden. Nach der einen ist
die Grundstruktur der Sprache universal und allen Menschen gemeinsam. Verschiedenheiten zwischen Sprachen bestehen nur auf der Oberfläche. Übersetzen ist allein deshalb
schon möglich, weil tief verwurzelte Universalien geneti-
scher, historischer und gesellschaftlicher Natur, aus denen
sich alle Grammatiken herleiten, in jeder menschlichen Sprache nachweisbar sind, so einmalig und eigenwillig ihre Gestalt an der Oberfläche auch sein mag. Übersetzen bedeutet
hinabsteigen unter die äußeren Ungleichheiten zweier Sprachen, um ihre analogen, ja in den tiefsten Schichten letztlich
gemeinsamen Wesensprinzipien zu lebendiger Wirkung zu
bringen. Diese universalistische Auffassung berührt sich mit
der mystischen Vorstellung von einer verlorenen Ursprungs-
und Vorbildsprache.

Die entgegengesetzte Auffassung läßt sich als »monadisch«
bezeichnen. Für sie sind universale Tiefenstrukturen entweder nicht faßlich und logischer und psychologischer Erforschung unerreichbar, oder aber derart abstrakt und allgemein, daß sie letztlich trivial sind. Nicht bezweifelt wird,
daß, soweit wir wissen, alle Menschen in irgendeiner Form
Sprache benutzen, daß sich in allen Sprachen, von denen wir
wissen, wahrgenommene Gegenstände benennen und Handlungen bezeichnen lassen. Aber diese Tatsachen haben etwa
denselben Aussagewert wie der Satz: »Alle Menschen brauchen Sauerstoff zum Leben.« Deshalb tragen sie nur in ab-

straktester, rein formaler Weise zur Erhellung der konkreten Funktionen der Sprache bei. Diese Wirkungsformen sind so mannigfaltig, sie haben eine so verwirrend komplizierte, zentrifugal verlaufende Geschichte und führen zu so drängenden Fragen hinsichtlich ihrer ökonomischen und sozialen Funktionen, daß universalistische Theorien bestenfalls irrelevant und schlimmstenfalls irreführend sind. Die auf die Spitze getriebene »monadische« Auffassung – der wir bei einigen großen Dichtern begegnen – führt unweigerlich dazu, Übersetzen für unmöglich zu halten. Was sich als Übersetzung ausgibt, ist eine Anhäufung ungefährer Analogien und flüchtiger Ähnlichkeiten, die man allenfalls dulden kann, wenn zwei Sprachen oder Kulturen verwandt sind. Gänzlich unecht und trügerisch ist eine Übersetzung aber immer, wenn sie sich zwischen zwei einander fremden Sprach- und Erfahrungswelten bewegt.

Zwischen diesen beiden Polen der Argumentation bestehen zahlreiche vermittelnde und modifizierende Einstellungen. Nur selten wird eine der beiden Grundauffassungen ganz rigoros vertreten. In der universalistischen Grammatik von Roger Bacon, bei den Grammatikern von Port Royal, ja selbst in der generativen Transformationsgrammatik von Chomsky lassen sich relativierende Schattierungen aufzeigen. Nabokov anderseits, der alles außer einer rudimentären Interlinearversion für Betrug, für ein leichtfertiges Spiel mit dem Unmöglichen hält, ist selbst ein Meister der Vermittlung zwischen Sprachen. In ihrer modernen Gestalt lassen sich beide Standpunkte überdies auf eine gemeinsame Herkunft zurückführen.

In einem Traktat von 1697 über die Verbesserung und Bereinigung der deutschen Sprache hat Leibniz das fundamentale Theorem aufgestellt, daß Sprache nicht der Träger, sondern das bestimmende Medium des Denkens ist. Denken ist internalisierte Sprache, wir denken und fühlen nur so, wie es unsere jeweilige Sprache gestattet und verlangt. Sprachen unterscheiden sich jedoch so gründlich wie Nationen. Auch

85

sie sind Monaden, ewige Spiegelungen des Universums, deren jede die Erfahrung gemäß den ihr eigenen Wahrnehmungsgewohnheiten und Sichtregulierungen reflektiert, oder, wie wir heute sagen würden, strukturiert. Gleichzeitig hatte Leibniz jedoch universalistische Hoffnungen und Ideale. Wie George Dalgarno in seiner »Ars Signorum« von 1661 und Bischof Wilkins in seinem bedeutsamen »Essay towards a real character and a philosophical language« (1668) legte auch er den größten Wert auf ein universales semantisches System, das alle Menschen unmittelbar lesen könnten. Als Analogon zur Symbolik der Mathematik müßte ein solches System deshalb ebenso wirksam wie diese sein, weil die Regeln des mathematischen Denkens im Bau der menschlichen Vernunft zu gründen und unabhängig von lokalen Gegebenheiten zu sein scheinen. Das System müßte zudem ein Analogon zu den chinesischen Ideogrammen sein. Gäbe es erst einmal ein allgemein anerkanntes Lexikon der Ideogramme, so könnte jede Mitteilung in welcher Zielsprache auch immer sofort gelesen werden, und das Elend von Babel wäre mindestens im Bereich der Schrift ausgestanden. Wir werden sehen, daß bis auf den heutigen Tag mathematische Symbolik und chinesische Ideogramme einen impliziten Modellwert für fast jede Diskussion über eine universale Grammatik haben.

Universalistische und monadische Züge gehen wie bei Leibniz auch in Vicos »Philologia« Hand in Hand. Philologie ist für ihn die Quintessenz aller historischen Wissenschaft, der Schlüssel zur »Scienza Nuova«, und zwar, weil die Erforschung der Entstehung der Sprache die Erforschung des menschlichen Geistes überhaupt ist. Vico ist sich darüber klar – und das ist eine seiner großen Einsichten –, daß der Mensch zum aktiven Besitz des Bewußtseins, zur aktiven Erkenntnis der Wirklichkeit erst durch die ordnende und gestaltende Macht der Sprache gelangt. Das gilt für alle Menschen, und in diesem Sinne ist Sprache – und insbesondere die Metapher – eine universale Tatsache, eine universale

Seinsweise. In der Genese des menschlichen Geistes durchschreiten alle Nationen dieselben Sprachstadien, vom Unmittelbaren und Sensorischen bis zum Abstrakten. Dank seiner Opposition gegen Descartes und die Ausweitung der Aristotelischen Logik im cartesianischen Rationalismus wurde Vico jedoch gleichzeitig zum ersten Vertreter einer historischen Sprachtheorie und damit der erste Relativist. Er besaß einen durchdringenden Blick für die Eigengesetzlichkeit und historische Einfärbung der verschiedenen Sprachen. Alle primitiven Menschen haben sich zunächst in sogenannten »generi fantastici« (etwa: »Universalien der Einbildung«) auszudrücken versucht, in Aussagen, deren Universalität dann allerdings rasch nach Sprachen verschiedene Aspekte gewonnen hat. »Fast unendliche Besonderheiten« bilden sowohl den syntaktischen als auch den lexikalischen Leib der verschiedenen Sprachen. Diese Besonderheiten erzeugen und reflektieren die unterschiedlichen Weltansichten der Rassen und Kulturen. Das Ausmaß an »unendlicher Partikularität« geht so weit, daß jede allgemeine Logik der Sprache nach aristotelischem oder cartesianisch-mathematischem Modell in Wahrheit eine Reduktion und mithin verfälschend ist. Nur durch peinlich genaue und dem Wesen nach poetische Nachschöpfung oder Übertragung einer Sprach-Welt wie die des homerischen Griechisch oder des biblischen Hebräisch kann es der »neuen Wissenschaft« des Mythos und der Geschichte gelingen, das Wachstum des Bewußtseins nachzuvollziehen (und richtiger wäre eigentlich: die Wachstümer).[9]

Bekanntlich hat Goethe in einer auf März 1797 datierten Bemerkung Hamann mit Vico verglichen, und Hamann hatte zehn Jahre vorher ein Exemplar der »Scienza Nuova« erworben. Ein direkter Einfluß von Vico auf Hamann ist jedoch unwahrscheinlich, denn dessen Theorien über Sprache und Kultur reichen zurück bis zum Beginn der siebziger Jahre. Sie entsprangen seinem ungewöhnlichen, vor Verworrenheit allerdings nicht geschützten Einfallsreichtum, dem

seine Vertrautheit mit theosophischen und pietistischen Spekulationen entgegenkam. Hamanns Gedankengänge sind
vielfach fragmentarisch. Sie hüllen sich in eine Diktion, die
so »strahlend dunkel« ist wie die von Blake. Aber die Ursprünglichkeit und Prophetie seiner Mutmaßungen über
Sprache sind, ganz besonders in heutiger Zeit, geradezu unheimlich.

Seit den fünfziger Jahren des 18. Jahrhunderts war das Problem des »influence réciproque du langage sur les opinions
et des opinions sur le langage« große Mode. Hamann hat es
in seinem »Versuch über eine akademische Frage« von 1760
aufgegriffen. Er behauptet darin, daß eine fundamentale
Übereinstimmung zwischen den Denk- und Empfindungs-
weisen in einem Gemeinwesen und den »Wesenszügen« seiner Sprache bestehe. Die Natur hat die Rassen mit verschiedener Pigmentierung und verschiedenem Augenschnitt ausgestattet. Ähnlich hat sie kaum merkliche, aber gewichtige
Unterschiede in der Formung der Lippen, der Zunge und
des Gaumens beim Menschen hervorgebracht. Diese Unterschiede sind die Quelle aller Fülle und Verschiedenheit der
menschlichen Sprachen. (Die physiologische Hypothese war
an sich nicht neu, und Hamann selbst bezieht sich auf den
englischen Anatomen Willis.) Die Sprache drückt das Wesen
einer Zivilisation so bildlich aus wie die Tracht oder die
gesellschaftlichen Bräuche. Jede Sprache ist eine »Epiphanie«, die ausdrückliche Offenbarung einer je spezifischen
kulturgeschichtlichen Landschaft. Die hebräischen Verbformen sind untrennbar von der peinlichen Genauigkeit und
rigorosen Zeitfestlegung im jüdischen Ritus. Was aber eine
Sprache als den einzigartigen Geist eines Gemeinwesens offenbart, hat eben diese Sprache selbst bestimmt und gestaltet. Es handelt sich um einen dialektischen Prozeß, bei dem
die formenden Energien der Sprache zugleich auf eine Zivilisation einwirken und aus ihr hervortreten.

1761 ging Hamann mit diesen Einsichten an eine vergleichende Untersuchung des grammatischen und lexikalischen

Bestandes der französischen und deutschen Sprache heran. Seine »Vermischten Anmerkungen« haben, so geschwollen und sprunghaft sie auch wirken, genialische Züge. Obwohl er sich auf Leibniz beruft, sind seine einleitenden Thesen über die nahe Verwandtschaft von sprachlichem und monetärem Austausch und die kühne Behauptung, daß Sprach- und Wirtschaftssysteme einander wechselweise erklären, nicht nur höchst originell, sondern in nuce schon ein Entwurf zur strukturalen Anthropologie von Lévi-Strauss. Hamann konnte damals so argumentieren, weil er schon auf eine allgemeine Theorie der Bedeutung von Zeichen, auf eine Semiologie im modernen Sinne, hinarbeitete. Mystische Exegese hatte ihn in dem bereits von Leibniz gehegten Glauben bekräftigt, daß unter der Oberflächenstruktur aller Sprachen ein Nervensystem geheimer Bedeutungen und Offenbarungen liegen müsse. Lesen heißt entziffern. Sprechen ist Übertragen (μεταφερειν). Beide Fertigkeiten sind unerläßlich für die Entschlüsselung der Zeichen oder lebendigen Hieroglyphen, mittels derer das Leben auf das Bewußtsein einwirkt. Durch einen Sprachgebrauch, der die gesamte »Grammar of Motives« von Kenneth Burke vorwegnimmt, setzt Hamann »Sprachgestaltung« mit »Handlung« gleich. Unter Berufung auf jene ortseigenen Triebkräfte, die jeder Sprache innewohnen, widersetzt er sich den Kantischen Kategorien vom universellen Apriori. Aus verschiedenen Sprachen baut der Mensch zwangsläufig verschiedene geistige und sogar sinnliche Gebilde. Die Sprache erzeugt spezifische Erkenntnisformen. Hamanns »Philologische Einfälle und Zweifel« (1772) verdienen trotz ihrer rhapsodisch kabbalistischen Ausdrucksweise heute ernstliche Beachtung. Er verstreut hier Vermutungen, die den Sprach-Relativismus von Sapir und Whorf vorwegnehmen. Offenbar meint er, daß es die verschiedenen Sprachen sind, welche die unterschiedliche Auswahl bestimmen, welche die Menschen aus dem »Ozean« all der Wahrnehmungen treffen, der ihr Sinnessystem gleichgültig überflutet. Nach Hamann reichen weder die cartesiani-

schen Koordinaten des allgemeinen deduktiven Denkens
noch Kants Vernunftlehre zur Erklärung der vielfältigen
schöpferischen und irrationalen Verfahren aus, durch die
Sprache – allein dieser Spezies gehörig und doch so verschieden nach Völkern – Wirklichkeit gestaltet und sich umgekehrt nach lokaler menschlicher Erfahrung richtet.

Eine der Errungenschaften der Romantik ist, daß sie uns den
Sinn für den Schauplatz geschärft, unser Erfassen von geo-
graphischer und geschichtlicher Besonderheit differenziert
hat. Herder war besessen vom Gedanken der Volks- und
Landschaftsgebundenheit von Literatur und Sprache. Seine
»Sprachphilosophie« kennzeichnet den Wendepunkt von den
Hamannschen Inspirationen zur Entstehung einer genuinen
vergleichenden Sprachwissenschaft im 19. Jahrhundert. Meiner Überzeugung nach wird Herders Qualität gelegentlich
überschätzt. Er selbst hat sich nie von der Vorstellung eines
geheimnisvollen, sei es natürlichen oder göttlichen Ursprungs der Sprache befreien können, wie sie in seiner berühmten Schrift von 1772 zum Ausdruck kommt. Zwar
schienen alle nachweisbaren Tatsachen auf eine instinktge-
bundene und evolutionäre Entstehung der menschlichen
Sprache hinzudeuten, genau in dem Sinne, wie Lukrez und
Vico vermutet hatten. Aber die Kluft zwischen den spontanen, mimetischen Sprech-Lauten und dem Wunder der rei-
fen Sprache schien zu groß. Deshalb hat Herder den Gedanken an einen göttlichen Akt der Sprach-Einsetzung nie ganz
fallen gelassen. Wie Leibniz stand auch er unter dem lebhaf-
ten Eindruck der atomhaften Eigenschaft menschlicher Erfahrung und stellte sich jede Kultur, jede Sprache als ein
Kristall vor, das die Welt auf seine spezifische Weise spiegelt.
Das erwachende deutsche Nationalbewußtsein und das neue
Vokabular des völkischen Denkens kamen ihm entgegen,
und so forderte er eine »allgemeine Physiognomie« der Nationen gemäß ihren Sprachen. Er war davon überzeugt, jede
Sprache habe eine irreduzible geistige Individualität, insbesondere die deutsche, deren altertümliche Ausdruckskraft

geschlummert hatte, aber eben jetzt wieder erweckt und gerüstet wurde für das Licht eines neuen Zeitalters und eine deutsche Literatur von Weltgeltung. Der Nationalcharakter ist der Sprache eingeprägt und trägt umgekehrt den Stempel der Sprache. Daher die überragende Bedeutung einer heilen Sprache für die Kraft eines Volkes. Ist eine Sprache erst einmal verfault oder überfremdet, so ist Niedergang im Charakter und Vermögen des jeweiligen Staatswesens unvermeidlich. Diesen Gedanken setzte Herder in erstaunliche Richtungen fort. In den »Fragmenten« erklärt er, es tue einer Sprache gut, wenn sie sich aller Übersetzungen enthalte, eine Einstellung, ähnlich der der mystischen Grammatiker, die die Heilige Schrift vor jeglicher Übertragung bewahren wollten. Eine unübersetzte Sprache, meint Herder, bewahrt ihre vitale Unschuld und leidet nicht an der entkräftenden Beimischung fremden Blutes. Die »Original- und Nationalsprache« unbefleckt lebendig zu erhalten, ist für ihn die hervorragende Aufgabe der Dichter.

Die wenigen Jahre zwischen Herders Schriften und denen Wilhelm von Humboldts gehören zu den fruchtbarsten in der Geschichte der Sprachphilosophie. Sir William Jones' berühmte Schrift von 1786 »Third Anniversary Discourse on the Hindus« hatte, laut Friedrich Schlegel, »durch die aufgezeigte Verwandtschaft und Abstammung des Römischen, Griechischen, Deutschen und Persischen aus dem Indischen zuerst Licht in die Sprachkunde, und dadurch in die älteste Völkergeschichte gebracht ( . . .), wo bisher alles dunkel und verworren war«. Schlegels eigene Schrift »Über die Sprache und Weisheit der Inder« von 1808, in der er Jones diesen Tribut zollt, hat in hohem Maße zur Begründung einer modernen Sprachwissenschaft beigetragen. Erst seit Schlegel hat der Begriff einer »vergleichenden Grammatik« Konturen angenommen und Verbreitung gefunden. In eine ähnliche Richtung weist Madame de Staëls heute selten gelesenes Buch »De L'Allemagne«, das damals (1813) ein großer Erfolg war. In dieser ihrer impressionistischen und scharfsinnigen Studie einer erwachenden Nation behauptet sie, daß zwischen der deutschen Sprache und dem Wesen und der Geschichte des deutschen Volkes entscheidende Wechselwirkungen bestehen. Noch über Anregungen von Hamann hinausgehend, hat sie versucht, die metaphysischen Neigungen, die inneren Gegensätze und den Vorrang der Lyrik im deutschen Nationalgeist mit dem rauhen Gewebe ihrer Sprache und dem »Aufschub des Handelns« in ihrer Syntax in Verbindung zu bringen. Die Antithese zum Deutschen war ihrer Meinung nach das napoleonische Französisch, in dessen Rhetorik und Systematik sie den Niederschlag der französischen Laster und Tugenden sah.

Mit solchen und ähnlichen Überlegungen kündigt sich bereits das Werk Wilhelm von Humboldts an, dessen Rezeption jedoch den Umgang mit einer geistigen Leistung von völlig anderem Rang bedeutet. Das Spiel der Gedanken, die Zartheit im Detail, die kühne Argumentation, die Humboldt auszeichnen, verleihen seinen Schriften zur Sprache, so unvollständig sie auch sind, einmalige Größe. Humboldt gehört zu der ganz kleinen Zahl von Denkern, die über Sprache Neues und Umfassendes gesagt haben – wie Plato, Vico, Coleridge, Saussure, Roman Jakobson.

Humboldt war insofern vom Glück begünstigt, als sich um ihn herum ein ungewöhnlicher sprachlicher und psychologischer Vorgang abspielte: eine Literatur von Weltrang war im Entstehen begriffen. In der Sprache wie im Nationalbewußtsein brachte sie eine Konzentration auf den Geist des Individuums und gleichzeitig eine Vision der Gemeinschaft mit sich, für die es nur wenige Parallelen in der Geschichte gibt. Goethe, Schiller, Wieland, Voss, Hölderlin und eine Reihe von anderen haben Größeres geleistet als die Schaffung, Bearbeitung und Übersetzung von Meisterwerken. Mit ausdrücklichem Vorsatz und einem sicheren Sinn für praktische Vorgehensweisen haben sie die deutsche Sprache zu einem vorbildlichen und maßgerechten Gefäß neuer Möglichkeiten des persönlichen und gesellschaftlichen Lebens gemacht. »Werther«, »Don Carlos«, »Faust« sind Glanzleistungen der individuellen Einbildungskraft und zugleich entschieden pragmatische Texte. In ihnen und durch sie konnten die bis dahin zersplitterten Klein- und Zwergstaaten der deutschsprachigen Länder es endlich mit einer gemeinsamen Identität versuchen. Goethes und Schillers Theater in Weimar, Wielands Zeitschrift »Der Teutsche Merkur«, Arnims und Brentanos Sammlung deutscher Volksliedtexte: »Des Knaben Wunderhorn«, die Herausgabe deutscher Volksmärchen und Sagen durch die Gebrüder Grimm, Kleists »Hermannsschlacht« und »Prinz Friedrich von Homburg«, sie alle zielten darauf ab, deutschen Geist und deutsche Sprache zu gemeinsamem Echo zu wecken. Genau wie Vico es sich vorgestellt hatte, knüpfte die Dichtung ein Band des (teilweise fiktiven) gemeinsamen Gedächtnisses um eine »Verspätete Nation«. Humboldt war, als er die Beziehungen zwischen Sprache und Gesellschaft erforschte, selbst Zeuge, wie eine Literatur, deren Schöpfer er persönlich kannte, die Kraft bewies, Deutschland eine lebendige Vergangenheit zu geben und zugleich ihren idealen und ehrgeizigen Schatten in die Zukunft vorauszuwerfen.

Während Humboldts Schaffenszeit legten die indoeuropäische Sprachforschung und die vergleichenden Studien des klassischen, hebräischen und keltischen Altertums mit den neuen Mitteln strenger philologischer Textkritik die Fundamente für die moderne Sprachwissenschaft. Er war sich klar darüber, daß eine solche Wissenschaft Geschichte, Psychologie, Poetik, Völkerkunde und sogar gewisse Bereiche der Biologie berücksichtigen müsse. Wie Goethe glaubte er daran, daß das je einzeln Gegebene gleichsam durchscheinend sei für die ewige »Wirkkraft« einer universalen organischen Einheit. Das Weben und Pulsen des Lebens selbst gibt jedem Einzelphänomen (das nur als einzelnes erscheint, weil wir das umgebende Kraftfeld noch nicht wahrnehmen) seine Bedeutung. Für Humboldt und seinen Bruder war diese angezielte Universalität keine bloße Metapher. Wilhelm und

Alexander von Humboldt gehörten zu den letzten Europäern, von denen sich füglich sagen läßt, daß sie unmittelbar gelehrte oder intuitive Vorstellungen fast zur Gesamtheit des zu ihrer Zeit zugänglichen Wissens hatten. Als Ethnographen, Anthropologen, Linguisten, Politiker und Pädagogen waren die beiden Brüder so etwas wie Nervenzentren der humanistischen und naturwissenschaftlichen Bildung. Ihr tätiges Interesse reichte wie das von Leibniz in sachkundiger und leidenschaftlicher Neugier von der Mineralogie bis zur Metaphysik, von vorkolumbianischen Altertümern bis zur neuzeitlichen Technik. Als Wilhelm von Humboldt die Sprache als Mitte des Menschseins bezeichnete, wußte er wohl, was eine solche Schaltstelle an Informationen und Koppelungen zu leisten hat. Aber die natürlichen Bande, die ihn noch mit dem späten 18. Jahrhundert verknüpften, bewahrten ihm doch eine gewisse Empfänglichkeit für jene okkulten Spekulationen, die, wie wir gesehen haben, ungebrochen bis zu Nikolaus Cusanus und Paracelsus zurückführen. An Humboldts Sprachphilosophie haben das Uralte und das ganz Neue zusammengewirkt.

Dies Unterfangen ist in unvollständig erschienener Gestalt auf uns gekommen. Seine wichtigsten Werke zur Theorie der Sprache sind die Rede vom Januar 1822: »Über das Entstehen der grammatischen Formen und ihren Einfluß auf die Ideenentwicklung«, deren Titel allein schon ein Manifest ist, und das posthum edierte Magnum Opus, an dem er seit 1820 bis zu seinem Tode, 1835, gearbeitet hat: »Über die Verschiedenheit des menschlichen Sprachbaus und ihren Einfluß auf die Entwicklung des Menschengeschlechts«.[10] Dabei schwebte ihm nichts Geringeres vor als die wechselseitige Abhängigkeit von Sprache und Erfahrung. Er wollte die Zusammenhänge zwischen der »Weltanschauung« einer Sprache und der Geschichte und Kultur der Menschen bloßlegen, die diese Sprache sprechen. Entscheidend für diese Analyse ist seine Überzeugung, daß Sprache das einzig wahre bzw. verifizierbare a priori gegebene System für die Erkenntnis ist. Durch Kanalisierung des gesamten Stroms der Sinneseindrücke mittels dieses Systems wird Wahrnehmung geordnet. »Die Sprache ist das bildende Organ des Gedankens« sagt er und meint dabei »bildend« in seinem damals noch kraftvollen Doppelsinn, auf »Bild« verweisend wie auf »Bildung«. Verschiedene sprachliche Systeme kanalisieren und gliedern den Strom der Sinneseindrücke verschieden: »Jede Sprache ist eine Form und trägt ein Form-Princip in sich. Jede hat eine Einheit als Folge eines in ihr waltenden Princips.« Dieser organische Evolutionismus geht über Kant hinaus, ja stellt sich ihm entgegen. Durch ihn gelangt Humboldt zu einem Schlüsselbegriff: Sprache ist ein drittes Universum zwischen der empirischen Welt und den internalisierten Strukturen des Bewußtseins. Diese ihre Mittler-Qualität, ihre stofflich-geistige Simultaneität macht die Sprache zur Definitionsachse des Menschen und bestimmt seinen Ort in der Wirklichkeit. So gesehen ist Sprache ein Universale. Aber insofern jede Sprache anders ist als irgendeine andere, verwandelt sie unmerklich oder dramatisch die Gestalt der Welt. Auf diese Weise schlägt Humboldt eine Brücke von der Überzeugung Montesquieus, die Umwelt sei bestimmend, zum Nationalismus Herders, mittels eines ausgesprochen nach-kantischen Modells vom menschlichen Bewußtsein als aktivem und vielfältigem Gestalter der Wahrnehmungswelt.

Die gestalterischen Kräfte des Verstandes, die Coleridge »esemplastic powers« genannt hat, wirken nicht etwa auf dem Wege über die Sprache; sie sind ihr vielmehr inhärent. Sprache ist *poiesis*, und sprachliche Artikulation ist schöpferisch. Die Emphase, mit der Humboldt die Sprache als das umfassendste und vollkommenste Kunstwerk feiert, mag von Schiller übernommen sein. Sein ureigener Beitrag ist jedoch, daß er in ganz modern anmutender Weise Sprache für einen beständig generativen Prozeß hält. Sprache übermittelt keine prästabilierten, außer ihr vorhandenen Inhalte wie etwa ein Telegramm, das Mitteilungen befördert. Der Inhalt wird erzeugt in der und durch die Dynamik des Aussagens. Die Entelechie, der gezielte Redefluß, ist – womit sich Humboldt als romantischen Aristoteliker verrät – Kommunikation von geordneter Erfahrung. Aber nur in der Matrix der Sprache gelangt Erfahrung zur Ordnung und wird zur Erkenntnis. Letzten Endes ist Sprache, wenn auch aus unerklärlichen Gründen, eins mit der idealen Totalität des Geistes. Die Unmöglichkeit, diese fundamentale Identität zu erklären, bildet, wie wir noch sehen werden, ein Hindernis für Humboldts konkrete Sprach-Analysen.

Im Banne seiner Vision und des intuitiven Wissens von der Leben spendenden und Leben bestimmenden Macht der Sprache entwickelt Humboldt die Vorstellung, daß sie sich auch gegen den Menschen wenden kann. So weit ich weiß, hatte das vor ihm noch nie jemand gesehen – und selbst heute sind wir uns noch nicht ganz klar darüber, was es bedeutet. Wie er diese Einsicht in Worte faßt, ist faszinierend: »Denn so innerlich auch die Sprache durchaus ist, so hat sie dennoch ein unabhängiges, äußeres, gegen den Menschen selbst Gewalt ausübendes Dasein.« Die Sprache macht den Menschen zwar heimisch in seiner Welt, aber sie hat auch die Macht, ihn ihr zu entfremden. Von ihren eigenen Energien gespeist, umfassender und zeitloser als jeder, der sie benutzt, kann die menschliche Rede Schranken zwischen dem Menschen und der Natur aufrichten. Sie kann die Spiegel des Wachens und Träumens in Zerrspiegel verwandeln. Dies Phänomen der sprachlichen Entfremdung ist vom Schöpferischen am Wort nicht zu trennen. Der Entfremdungsbegriff geht auf Humboldt zurück. Was er an Einsicht vermittelt, ist für eine Übersetzungstheorie von ausschlaggebender Bedeutung.

»Über die Verschiedenheit des menschlichen Sprachbaus...« enthält eine Fülle sprachphilosophischer Einfälle, oft von geradezu prophetischer Brillanz (besonders in den Abschnitten 19 und 20). Der Mensch geht aufrecht, nicht weil seine Vorgänger irgendwann damit begonnen haben, nach Früchten oder Zweigen zu greifen, sondern auf daß »die Rede« nicht, durch den Boden abgedämpft, unhörbar werde. Über ein Jahrhundert vor den modernen Strukturalisten hat Humboldt den distinktiv binären Charakter des sprachlichen Prozesses erkannt. Dieser nämlich hat Teil an und vermittelt zwischen den großen Antinomien von innen und außen, subjektiv und objektiv, vergangen und zukünftig, privat und öffentlich. Sprache ist weit mehr als die Kommunikation von Sprechenden. Sie ist das dynamische Bindeglied zwischen jenen Polen, die der Erkenntnis ihre unterschwellig zweiseitige und dialektische Form geben. Humboldt antizipiert damit deutlich sowohl C. K. Ogdens Theorie der Oppositionen als auch den binären Strukturalismus von Lévi-Strauss.

Ich möchte aus dem breiten Spektrum seiner Ideen hier nur die erwähnen, die in unmittelbarem Zusammenhang mit unserem Thema stehen: über die Vielzahl der menschlichen Sprachen und die Beziehungen zwischen »Wort« und »Weltansicht«.

Nach Humboldt ist die Hervorbringung von Sprachen eine innere Notwendigkeit für die Menschheit. Darüber hinaus liegt es in der Natur des »Geistes«, alle Arten möglicher Erfahrung zu verwirklichen, sie zu bewußtem Sein zu bringen. Das ist der eigentliche Grund für die immense Vielfalt der Sprachformen. Jede ist ein Einbruch in die Gesamtheit aller Möglichkeiten auf der Welt. »Jede Sprache«, sagt er, »ist ein Versuch«. Sie erschafft eine komplexe Struktur menschlichen Verstehens und Antwortens und erprobt die Vitalität, die Unterscheidungsfähigkeit, die Erfindungskraft eben dieser Struktur gegenüber den grenzenlosen Möglichkeiten des Seienden. Noch die vollkommenste Sprache ist nur ein »Versuch« und bleibt im ontologischen Sinne unvollständig. Andererseits versagt keine noch so primitive Sprache, wenn sie die inneren Bedürfnisse der sie sprechenden Gemeinschaft aktualisieren soll, bis zu einem gewissen Grade. Humboldt ist davon überzeugt, daß die Sprachen höchst verschiedene Intensitätsgrade der Reaktion auf das Leben bieten; er ist sicher, daß verschiedene Sprachen zu unterschiedlichen Tiefen vordringen. So übernimmt er Schlegels Unterscheidung zwischen höheren und niederen Grammatiken. Die Flexion beispielsweise ist der Agglutination bei weitem überlegen. Letztere ist rudimentär, ein »Naturlaut«. Flexion dagegen erlaubt und verlangt einen viel subtileren, dynamischeren Zugang zur Handlung. Sie macht Wahrnehmung qualitativ deutlich und führt von selbst zu einer besseren Artikulierung bzw. Realisierung abstrakter Beziehungen. Aus einer agglutinierenden in eine flektierende Sprache überzugehen bedeutet, daß Erfahrung »nach oben« übersetzt wird.

Humboldt begibt sich dann an die Ausführung des schwierigen Experimentes und wendet seine Theorie der reziproken Determinierung von Sprache und Weltanschauung auf bestimmte Fälle an. So versucht er zu zeigen, wie Griechisch und Latein nacheinander ganz besondere ethnische und nationale Gefühlsagglomerate geprägt haben. Es geht ihm dabei darum zu zeigen, daß die beiden großen Sprachen kontrastierende Zivilisations- und Gesellschaftsstrukturen hervorbringen mußten. Seine Ausführungen sind geistreich und beweisen, wie vertraut er mit klassischer Philologie und Literatur war. Theoretisch sind sie jedoch zweifelsohne unbefriedigend.

Der Klang des Griechischen ist hell, anmutig, nuancenreich. Die attische Zivilisation war unvergleichlich einfallsreich an geistigen und bildhaften Formen. Diese ihre Vorzüge sind Produkt und Reflex der Präzision und Reichhaltigkeit der griechischen Grammatik. Nur sehr wenige Sprachen haben den Lebensstrom mit einem so feinen Netz überwoben. Zugleich finden sich in der griechischen Syntax Erklärungen für die Schläue der griechischen Politik, für die Überschätzung der Rhetorik und die virtuose Doppelzüngigkeit, die die Polis in den Manierismus und schließlich ins Verderben geführt haben. Das Lateinische steht in scharfem Kontrast dazu. Der herbe, maskuline, trockene Geist der römischen Kultur entspricht genau dem der lateinischen Sprache in ihrer Nüchternheit, wenn nicht Armut an syntaktischen Erfindungen und »Lautformung«. Die Schreibweise einer lateinischen Inschrift ist der vollendete Ausdruck der linearen, monumentalen Wucht der lateinischen Sprache. Beide verhalten sich wie Hohlform und Abdruck zur römischen Lebensweise. Humboldts Argumentation bewegt sich also im Kreise. Die Zivilisation empfängt ihre spezifischen Informationen allein von der Sprache, und die Sprache ist die alleinige und spezifische Matrix der Zivilisation. Die eine Behauptung dient dazu, die andere zu beweisen und vice versa. Da Griechenland und Rom bekanntlich zwei verschiedene Welten waren, schließen wir auf die sprachlichen Unterschiede zurück. Aber in welchem Sinne kann man etwa Aorist und Optativ für die grausame Härte des Lebens in Sparta verantwortlich machen? Und hat sich der Ablativus absolutus etwa durch den Übergang vom Latein der Republik zu dem des augusteischen Zeitalters verändert? Humboldt unterscheidet nicht deutlich zwischen post hoc und propter hoc. Seine abschließenden Folgerungen sind eloquente, aber in erhabener Unbestimmtheit einhergehende Selbsttäuschungen. Verschiedene Sprachen bewirken verschiedene Wirklichkeitskonstruktionen: »Der dadurch hervorgebrachte verschiedene Geist schwebt, wie ein leiser Hauch, über dem Ganzen.« Nachdem er Sprache mit Geist gleichgesetzt hatte (Hegels Vokabular entstand genau zur gleichen Zeit), mußte er zu einem solchen Schluß kommen. Wenn er aber am Anfang behauptet hatte, diese Identität sei letztlich unerklärbar, so kann er sie nun nicht zu Demonstrationszwecken benützen. Die Überzeugung bleibt letztlich intuitiv. Außerdem ist seine Position bei all ihrer philosophischen Reichweite und ihrer Sensibilität für sprachliche Valeurs nicht wirklich durchgearbeitet. Der Hauptgedankengang ist »monadisch« und relativistisch, aber es läßt sich auch eine universalistische Tendenz aufweisen. Daher der Mangel an Schärfe bei den zentralen Konzeptionen, von Sprachstruktur einerseits und anderseits von den durch eine bestimmte Sprache bestimmten Strukturen. Zweifelsohne lassen sich beide mit einer Fülle von Beispielen aus der Geschichte in Übereinstimmung bringen. Nimmt man sie jedoch unter die Lupe, so entpuppen sie sich als Metaphern statt als verifizierbare Begriffe, schließlich als Kurzformeln für die romantische Kategorie des Organischen. Bei dem vorausgesetzten enigmatischen Verhältnis von »Sprache« und »Geist« war kaum ein anderes Ergebnis zu erwarten.

Von Herder und Humboldt führt ein direkter Weg zu Benjamin Lee Whorf, hat man gesagt.[11] Ideengeschichtlich ist das zutreffend. In der konkreten Geschichte gelangte der Relativismus in der Sprachwissenschaft jedoch über Steinthal (der Humboldts Text-Fragmente ediert hat) zur Kulturanthropologie von Franz Boas und mündete dann in der Ethno-Linguistik von Sapir und Whorf. Zusammenfassend kann man diese Geschichte einen Versuch nennen, Humboldts genialen Ideen nachträglich eine solide Grundlage semantischer und anthropologischer Fakten zu geben. Zum großen Teil hat sich das in Deutschland abgespielt, was nicht verwunderlich ist. Das erste mündige Deutschland war das der Volkssprache Luthers. Stufenweise hat die deutsche Sprache danach jene Modi gemeinsamer Empfindungen entstehen lassen, ohne die sich kein Nationalstaat bilden kann. Als schließlich dieser Staat in die Geschichte der Neuzeit eintrat, ein Nachkömmling, mit Mythen beladen und umgeben von einem fremden, teilweise feindseligen Europa, brachte er einen geschärften, wehrhaften Sinn für seine Einzigartigkeit mit sich. Dem deutschen Temperament erschien seine eigene »Weltansicht« als eine ganz besondere Vision, deren Ursprung und Ausdruckskraft in der Sprache ruhten. Im Angesicht des stürmischen Auf und Ab der deutschen Geschichte, der offenbar verhängnisvollen Versuche der jungen Nation, aus dem Ring der zivilisierten und – im Osten – archaischeren und bedrohlicheren Kulturen herauszubrechen, haben deutsche Geschichtsphilosophen ihre Sprache als einen eigenartig isolierenden, aber auch numinosen Faktor empfunden. Andere Nationen konnten ihren Weg in die Zaubertiefen nicht nachempfinden. Aber aus dem, was Schiller »die verborgenen Tiefen« genannt hat, sollten starke Quellen der Erneuerung und der metaphysischen Entdeckung hervorbrechen.

Mit seiner »Philosophie der symbolischen Formen« hat Cassirer Humboldts Ideen neuen Aufschwung verliehen. Er bejahte die Theorie, nach der die verschiedenen begrifflichen Kategorien, denen verschiedene Sprachen dieselben Sinnesphänomene zuweisen, sprachlich determinierte Unterschiede der Wahrnehmung repräsentieren. Die Reize sind nachweisbar identisch – die Reaktionen oft erstaunlich ungleichartig. Zwischen der physiologischen Konstante des Bewußtseins und dem jeweiligen kulturell-konventionellen Prozeß des Identifizierens und Reagierens liegt die Membran einer bestimmten Sprache oder, wie Cassirer sagen würde, ihre einzigartige »innere Form«, die sie von allen anderen Sprachen unterscheidet. Leo Weißgerber hat dann in mehreren Büchern – von »Muttersprache und Geistesbildung« (1929) bis zu »Vom Weltbild der Deutschen Sprache« (1950) – versucht, das »monadische« oder Relativitätsprinzip auf die typischen Eigenarten der deutschen Syntax und entsprechend auf die Geschichte deutscher Einstellungen anzuwenden. Seine zentrale These ist, daß jedes Verstehen immer im Bann der Sprache steht, die es benutzt. In ähnlichem Sinn hat sich auch der Linguist Jost Trier geäußert. Jede Sprache strukturiert und organisiert Wirklichkeit auf ihre eigene Weise und bestimmt dadurch die ihr eigenen Wirklichkeitskomponenten. Auf diese Weise bildet sich das, was Trier in den dreißiger Jahren (offenbar in Anspielung auf die Quantentheorie) »das sprachliche Feld« genannt hat. Jede Sprache oder Sprach-Monade konstruiert und operiert also – ganz im Sinne von Leibniz – im Rahmen eines begrifflichen Gesamtfeldes. Dieses Feld läßt sich als »Gestalt« verstehen. Dank ihrer sprachlichen Verschiedenheit geben die verschiedenen Kulturen demselben empirischen Rohstoff im Einzelnen und im Ganzen ihre je eigene Gestalt, und die sprachliche »Rückkoppelung« an die Erfahrung ist von Fall zu Fall anders. Sprecher verschiedener Sprachen bewohnen daher verschiedene »Zwischenwelten«. Die sprachliche Weltsicht jeder Sprachgemeinschaft formt und belebt die gesamte Landschaft des psychologischen und sozialen Verhaltens. Die Sprache entscheidet darüber, wie verschiedene Formationen und Konturen »gelesen« und mit dem Ganzen in Zusammenhang gebracht werden müssen. Oft »filtert« eine Sprache aus dem Feld möglicher Informationen mehr aus, als sie durchläßt. Die Gauchos in Argentinien haben einige vierzig Wörter für die Farben von Pferdehäuten, eine Unterscheidung, die offensichtlich für ihr Wirtschaftsleben relevant ist. Aber ihre Alltagssprache kennt nur vier Pflanzennamen.

In der amerikanischen Sprachwissenschaft zehrt der Relativismus sowohl vom Erbe Humboldts als auch von den konkreten Ergebnissen der anthropologischen Feldforschung. Auch Lévy-Bruhls Begriff des »primitiven Geistes«, den die Völkerkunde gelegentlich auf vorrationale oder nicht-cartesianisch-logische Denkformen anwendet, hat einen gewissen Einfluß gehabt, wenngleich er auf Zurückhaltung gestoßen ist. Die anthropologische Erforschung indianischer Kulturen schien Humboldts Vermutungen über sprachlichen Determinismus und Triers semantische Feldtheorie zu bestätigen. Edward Sapir formuliert die Quintessenz dieser sprachwissenschaftlichen Richtung 1929 folgendermaßen: »In Wahrheit ist es doch so, daß die ›reale Welt‹ sich weitgehend unbewußt über die Sprachgewohnheiten der Gruppe herstellt. Es gibt keine zwei Sprachen, die einander ähnlich genug wären, um dieselbe gesellschaftliche Wirklichkeit repräsentieren zu können. Die Welten, in denen verschiedene Gesellschaften leben, sind unterschiedene Welten, nicht etwa ein und dieselbe Welt mit verschiedenen Etiketten.«[12]

Wichtig ist die Betonung von »Gruppen«. Das »semantische Feld« jeder Kultur ist ein dynamisches, gesellschaftlich motiviertes Gefüge. Das »Sprach- und Wirklichkeits-Spiel«, an dem eine Gemeinschaft teilnimmt, hängt immer, ganz ähnlich wie bei Ludwig Wittgenstein in den »Philosophischen Untersuchungen«, von den historisch entstandenen und vereinbarten Sitten und Bräuchen der betreffenden Gesellschaft ab. Wir haben hier so etwas wie einen »dynamischen Mentalismus«. Sprache organisiert Erfahrung; aber auf diese Organisation wirkt unablässig das kollektive Verhalten der jeweiligen Sprechergruppen ein. Auf diese Weise schließt sich ein dialektischer Differenzierungsprozeß an den anderen: Sprachen erzeugen verschiedene gesellschaftliche Lebensformen, und veränderte gesellschaftliche Lebensformen bewirken die weitere Aufspaltung nach Sprachen.

Die »monadistische« Tendenz kann sich auf so ehrwürdige Ahnen wie Leibniz und Humboldt berufen, und auch ihre Krönung in der »Metalinguistik« von Whorf ist geistreich und faszinierend. Sie hat zwar zeitweilig unter schwerem Beschuß sowohl seitens der Linguistik als auch der Völkerkunde gestanden und läßt sich wohl auch wirklich nicht voll verifizieren. Aber Whorfs in »Language, Thought and Reality« (1956) gesammelte Aufsätze sind ein Muster an geistiger Eleganz und philosophischem Feingefühl. Sie eröffnen ein Neuland lebendiger Möglichkeiten des Bewußtseins, nicht nur für den Sprachwissenschaftler, sondern auch für den Dichter und ganz besonders den Übersetzer. Whorf war ein Außenseiter und brachte ein Verständnis für größere Zusammenhänge, für poetische und metaphysische Implikationen der Sprachforschung in die Ethnolinguistik ein, das bei Spezialisten selten ist. Seine philosophische Neugier stand der von Vico in nichts nach. Aber als praktizierender Chemiker hatte er zusätzlich den neuzeitlichen Sinn für das empirisch nachweisbare Detail. Die Jahre, in denen Roman Jakobson, I. A. Richards und Benjamin Lee Whorf gleichzeitig am

Werk waren, zählen zu den Höhepunkten der Erforschung des menschlichen Geistes.

Whorfs Thesen sind als solche bekannt. Sprachliche Modelle bestimmen, was der einzelne in seiner Welt wahrnimmt und wie er über sie denkt. Weil aber diese in Syntax und Wortschatz in Erscheinung tretenden Modelle sehr verschieden sind, unterscheidet sich auch Wahrnehmung, Reaktion auf Wahrgenommenes und Auffassung der wahrgenommenen Welt nach den jeweiligen Sprachsystemen, derer sich die in Sprachgruppen zusammen lebenden Individuen bedienen. Das Ergebnis sind fundamental verschiedene Weltansichten, die Whorf »Denkwelten« nennt. Sie sind »der Mikrokosmos, den jeder Mensch in sich trägt und durch den er, soweit es ihm überhaupt möglich ist, den Makrokosmos beurteilt und versteht«. Für die Reichweite des Bewußtseins gibt es keine allgemeine, objektive Wirklichkeit. »Wir gliedern die Natur an Linien auf, die uns durch unsere Muttersprache vorgegeben sind.« Oder, um es genauer zu sagen: Die menschliche Wahrnehmung vollzieht sich grundsätzlich in dualer Form (Whorf liebäugelt mit der Gestaltpsychologie). Einmal verfügen wir über ein neuro-physiologisches Raumgefühl, das dem Erwerb der Sprache evolutionär vorausgegangen sein dürfte und in der kindlichen Entwicklung noch immer vorausgeht. Wird jedoch erst einmal eine bestimmte Sprache gesprochen, so folgt eine bestimmte Konzeptualisierung des Raumes (Whorf äußert sich nicht ganz klar darüber, ob die Sprache diese Konzeptualisierung determiniert oder nur konditioniert). Raumstrukturierung und die Raum-Zeit-Matrix, in der wir uns lokalisieren, offenbaren sich in jedem und durch jedes grammatische Element. Es gibt einen typisch indoeuropäischen Zeitsinn und ein ihm entsprechendes System von Zeitformen des Verbums. Verschiedene »semantische Felder« weisen verschiedene Techniken des Zählens auf, verschiedene Behandlungsweisen von Substantiven, die physische Quantitäten bezeichnen. Sie teilen das gesamte Spektrum der Farben, Töne und Gerüche ganz unterschiedlich auf. Wittgensteins Rückgriff auf die Kartographie ist hier wieder einmal sehr hilfreich. Verschiedene Sprachgemeinschaften bewohnen und durchwandern buchstäblich verschiedene Landschaften des bewußten Daseins. In einer seiner letzten Arbeiten faßt Whorf seinen Entwurf zusammen:

»In Wirklichkeit ist das Denken eine höchst rätselhafte Sache, über die wir durch nichts so viel erfahren wie durch das vergleichende Sprachstudium. Dieses Studium zeigt, daß die Formen des persönlichen Denkens durch unerbittliche Strukturgesetze beherrscht werden, die dem Denkenden nicht bewußt sind. Die Strukturschemata sind die unbemerkten komplizierten Systematisierungen seiner eigenen Sprache, die sich recht einfach durch unvoreingenommene Vergleiche und Gegenüberstellungen mit anderen Sprachen, insbesondere solchen einer anderen Sprachfamilie, zeigen lassen. Das Denken selbst geschieht in einer Sprache – in Englisch, in Deutsch, in Sanskrit, in Chinesisch . . . Und jede Sprache ist ein eigenes riesiges Struktursystem, in dem die Formen und Kategorien kulturell vorbestimmt sind, aufgrund deren der einzelne sich nicht nur mitteilt, sondern auch die Natur aufgliedert, Phänomene und Zusammenhänge bemerkt oder übersieht, sein Nachdenken kanalisiert und das Gehäuse seines Bewußtseins baut.«[13]

Um zu beweisen, daß diese Lehre sich auf »unanfechtbare Tatsachen« stützt, hatte Whorf vergleichende Analysen an vielen Sprachen vor: Latein, Griechisch, Hebräisch (wichtig sind die Ähnlichkeiten zwischen seinem Werk und dem exzentrischen Kabbalismus von Fabre d'Olivet), Kota, Aztekisch, Schauni, Russisch, Chinesisch und Japanisch. Er hatte im Unterschied zu vielen Universalisten ein besonders gutes Ohr für Sprachen. Aufgrund seines frühen Todes trägt jedoch sein Werk über die Hopi-Sprachen in Arizona die gesamte Beweislast. In ihm erhärtet er seine Ideen über die verschiedenen Struktursysteme des Lebens und Bewußtseins an einem Beispiel. Die Hauptarbeiten über »Ein Indianisches Modell des Universums« sind zwischen 1936 und 1939 entstanden. Von 1939 an hat er seine Forschungen dann auf die Sprache der Schauni-Indianer ausgedehnt.

Aus der Untersuchung der punktuellen und segmentären Aspekte von Verben im Hopi schließt Whorf, daß die Sprache ein Feld umreißt und gliedert, »das man als primitive Physik bezeichnen kann«. So will es der Zufall, daß Hopi für die physikalische Wellen- und Vibrationslehre besser ausgerüstet ist als beispielsweise Englisch. »Nach Meinung der modernen Physik ist der Kontrast von Partikel und Vibrationsfeld in der Natur fundamentaler als Kontraste wie Raum und Zeit oder Vergangenheit, Gegenwart, Zukunft, das heißt, als jene Art von Kontrasten, die unsere eigene Sprache uns anbietet. Der Aspekt-Kontrast der Hopi ..., obligatorisch für ihre Verb-Formen, zwingt sie geradezu, Vibrationsphänomene zu erkennen, zu beachten und darüber hinaus zu benennen und zu klassifizieren.« Whorf hat in der Hopi-Sprache keine Wörter, grammatischen Formen oder stehenden Ausdrücke gefunden für das, was wir »Zeit« nennen, oder für die Vektoren von Zeit und Bewegung in unserem Sinne. »Die Metaphysik, die in unserer eigenen Sprache, Denkweise und modernen Kultur liegt«, hatte zwangsläufig die Vorstellung des dreidimensionalen, statischen, unbegrenzten Raumes, aber auch die des linearen, unendlichen Zeitstromes zur Folge. Diese beiden »kosmischen Formen« sind in der Physik von Newton und in der Physik und Psychologie von Kant eine harmonische Verbindung eingegangen. In der Quantenmechanik und der vierdimensionalen Raumvorstellung der Relativitätstheorie stellen sie uns jedoch vor tiefe, innere Widersprüche. Der metaphysische Rahmen, der die Syntax der Hopisprache gestaltet, steht dem Weltbild der modernen Naturwissenschaft viel näher. Verb- und Satzformen artikulieren im Hopi die Existenz von Ereignissen »in einem dynamischen Zustand. Das ist kein Zustand der Bewegung«. Die semantische Organisation »im Feld des Ereignens oder Manifestierens« ermöglicht, ja, erzwingt geradezu jene Modulationen von der subjektiven Wahrnehmung oder dem »idealen Verzeichnen« der Ereignisse zu ihrem objektiven Status, mit denen sich die indoeuropäische Grammatik so schwer tut, will sie nicht ganz in mathematische Begriffe ausweichen.

»Ins Englische übersetzend, sagt der Hopi, diese im Prozeß der Verursachung befindlichen Etwasse ›werden kommen‹ oder er sagt, die Hopis ›werden zu ihnen kommen‹. In der Hopisprache selbst aber gibt es keine Verben, die unserem ›Kommen‹ und ›Gehen‹ (diesen rein kinematischen Begriffen einfacher und abstrakter Bewegung) korrespondieren. Die in diesem Fall als ›Kommen‹ übersetzten Wörter beziehen sich auf den Prozeß des Ereignens – nicht als auf eine Bewegung. Genauer übersetzt lauten sie etwa ›nach hier ereignend‹ (›eventuates to here‹) (pew'i) oder ›von ihm ereignend‹ (›eventuates from it‹) (angqö) oder ›sich zutragende(s)‹ (›arrived‹) (pitu, Pl. öki). Dieses letzte Wort bezieht sich nur auf die abschließende Manifestation, das aktuelle Anlangen an einem gegebenen Punkt. Es bezieht sich nicht auf irgendeine vorhergehende Bewegung.«[14]

Die Behandlung von Ereignissen, entfernten Vorkommnissen und Schlußfolgerungen ist also in der Hopisprache sehr subtil und so empfindlich für alles Vorläufige, wie es die Astrophysik und Wellenmechanik des 20. Jahrhunderts immer wieder gefordert haben. Der gestaltende Einfluß des Beobachters auf den beobachteten Prozeß, die Statistik der Unbestimmtheit sind im Unterschied zum Englischen (und Deutschen), wo sie nur mit Hilfe von Metaphern erklärt werden können, der Sprache der Hopi inhärent.

Entscheidend für Whorfs Semantik ist der Begriff »Kryptotyp«. Er definiert ihn als »eine unter der Oberfläche liegende, subtile und schwer faßliche Bedeutung, die keinem wirklichen Wort korrespondiert und die doch durch die linguistische Analyse als funktionell wichtiges Element der Grammatik aufgezeigt werden kann«. Die »Kryptotypen« oder »Kategorien semantischer Organisation« – Streuung ohne Abgrenzung, Schwingung ohne Bewegung, Belastung ohne Dauer, gerichtete Bewegung – sind es, welche die einer Sprache zugrunde liegende Metaphysik in ihre offene oder Oberflächengrammatik übertragen. Whorf fordert die Untersuchung solcher Kryptotypen in unterschiedlichen Sprachen, um der Anthropologie und der Psychologie damit zum Verständnis jener untergründigen Dynamik des Bedeutens, zum Erkennen der von dieser gewählten und für sie bezeichnenden Form zu verhelfen, auf die eine Kultur sich gründet. Für einen Außenseiter, der sich notgedrungen innerhalb des Welt-Gerüsts seiner eigenen Sprache bewegt, ist es zweifellos außerordentlich schwierig, zu den aktiven symbolischen Tiefen einer fremden Kultur vorzudringen. Wir erreichen den Grund und wühlen nur mehr Dunkelheit auf. »Kryptotypen« liegen zudem »so dicht an oder unter der Schwelle des bewußten Denkens«, daß man sie selbst in seiner Muttersprache kaum angemessen umschreiben kann. Sie entziehen sich ganz offenbar der Übersetzung (worauf wir noch zurückkommen). Durch sorgfältige, philosophisch und poetisch geschulte Beobachtung kann jedoch der Linguist, kann der Anthropologe zumindest bis zu einem gewissen Grade in das Struktursystem einer fremden Sprache eindringen, und zwar besonders dann, wenn er sich jener Selbstironie befleißigt, ohne die man nicht relativieren kann. Whorf hat unermüdlich die blinde Voreingenommenheit und dogmatische Arroganz der universalistischen Philologie alten Stils angeprangert, die kaum einen Hehl daraus macht, daß sie Sanskrit und Latein für das naturgewollte, optimale Modell aller Sprachen hält, oder mindestens für ein Modell, das jedem anderen vorzuziehen sei. Seine Ehrenrettung des »Denkens primitiver Gemeinschaften« fällt mit den frühen Arbeiten von Lévi-Strauss über »La Pensée Sauvage« zeitlich und der Intention nach zusammen. Lévi-Strauss würde Whorfs Behauptung voll beipflichten, daß »viele amerikanische Indianersprachen und viele afrikanische Sprachen (. . .) über einen großen Reichtum subtiler, wunderbar logischer

Unterscheidungen hinsichtlich der Verursachung, der Handlung, der Ergebnisse, der dynamischen oder energetischen Qualitäten, der Unmittelbarkeit der Erfahrung (verfügen) – alles Angelegenheiten der Funktion des Denkens. Ja, solche Unterscheidungen gehören geradezu zur Quintessenz der Rationalität. In dieser Hinsicht lassen sie die europäischen Sprachen weit hinter sich.« Whorf bringt überzeugende Beispiele: die vier Personen des Pronomens in den Algonkin-Sprachen, die eine gedrängte Schilderung komplizierter sozialer Situationen ermöglichen, – die Unterscheidung zwischen einer Verbform für vergangene Geschehnisse mit gegenwärtigem Ergebnis oder Einfluß und einer anderen ohne solche Implikationen im Chichewa, »eine(r) mit dem Zulu verwandten Sprache, die von einem Stamm ungebildeter Neger in Ost-Afrika gesprochen wird«; die drei Verbformen für Ursächlichkeit in der Cœur d'Alène-Sprache eines kleinen Indianerstammes in Idaho. Auch hier stößt Whorf wieder auf das Paradoxon, daß das »semantische Feld« zahlreicher »primitiver« Gemeinschaften Erfahrung in einer Weise nach Phänomenen aufgliedert, die den Ergebnissen der Physik und der Gestaltpsychologie des 20. Jahrhunderts näher steht als die der indoeuropäischen Sprachfamilie. Ebenso interessant sind Whorfs Hinweise – jede Theorie der Übersetzung sollte sie beherzigen und verwerten – auf die Tatsache, daß die Sprachen verschiedene Grade der Übereinstimmung zwischen der Phonetik (die ja schließlich mehr oder weniger universal sein muß) und der »inneren Musik der Bedeutung« aufweisen. Das deutsche Wort »zart« beispielsweise erweckt akkustisch Assoziationen an »klar« und »hart«. Das englische »deep« (»tief«) ähnelt tonal dem Wort »peep«, das einen schnellen, flüchtigen Sehvorgang oder ein dünnes Pfeifen (unser »Piepsen«) bezeichnet. Bedeutung kann sich in einer gegebenen Sprache also ganz konträr zum vermeintlich universalen Wesen akustischer Assoziationen verhalten. Der Zusammenprall »geistiger« und »seelischer« Erkennungs-Codes kann für die Entfaltung einer Sprache ausschlaggebend sein und nimmt bei verschiedenen Sprachen ganz verschiedene Formen an.

Eine Vorstellung von Sprache, Denken und Wirklichkeit, die sich beinahe ausschließlich auf die cartesianisch-kantische Logik und das »semantische Feld« des SAE (Standard Average European) verließe, wäre eine unverzeihliche Vereinfachung. Der Schluß von Whorfs Aufsatz über »Naturwissenschaft und Linguistik« aus dem Jahre 1940 soll hier ungekürzt zitiert werden – besonders weil die Sprachforschung heutzutage so weitgehend von einer dogmatischen Theorie der Allgemeingültigkeit unter mathematischem Aspekt beherrscht wird:

»Wird man sich der ungeheuren Mannigfaltigkeit der linguistischen Systeme bewußt, die es auf diesem Globus gibt, so kann man dem Gefühl nicht entgehen, daß der menschliche Geist unvorstellbar alt ist; daß die paar tausend Jahre schriftlich überlieferter Geschichte nicht mehr sind als die Breite eines Bleistiftstriches auf dem Meßband unserer Erfahrung auf diesem Planeten und daß die Ereignisse der jüngsten Jahrtausende nichts im Sinne irgendeiner Entwicklung bedeuten, der Mensch in ihnen keinen plötzlichen Fortschritt, keine gültige Synthese erzielt hat, sondern lediglich ein wenig mit einigen linguistischen Formulierungen und Ansichten der Natur spielte, die er aus einer unsagbar viel längeren Vergangenheit übernahm. Dennoch brauchen weder dieses Gefühl noch das Bewußtsein der schwankenden Abhängigkeit all unseres Wissens von großenteils unbekannten linguistischen Werkzeugen die Naturwissenschaft zu entmutigen. Sie sollten vielmehr die Demut fördern, die den wahrhaft wissenschaftlichen Geist auszeichnet, und die geistige Arroganz zerstören, die die echte wissenschaftliche Neugier und Gelassenheit behindert.«

Wie auch die Zukunft seiner Theorien über Geist und Sprache aussehen mag: Diese Sätze von Whorf haben bleibenden Bestand.

## III

Rang und Wirkung der Metalinguistik von Whorf haben es vermocht, daß seine Kritiker selbst die Problematik des universalistischen Denkens verdeutlichten. Diese richteten sich vor allem dagegen, daß er sich mit den Folgerungen aus seinem Anschauungsmaterial im Kreise bewegt. Wenn ein Apache eine rieselnde Quelle sieht, beschreibt er sie als »Weiße, die sich abwärts bewegt«, was natürlich eine von der englischen und deutschen ganz verschiedene Aussage ist. Gewährt sie aber einen unmittelbaren Einblick in das *Denken* des Apachen? Wenn man von einem Indianer behauptet, er nähme Empirisches anders wahr als wir, weil er anders darüber spricht, und dann aus dem Gesprochenen auf kognitive Unterschiede schließt, so ist das tautologisch. Hinter einer solchen Folgerung steht ein allzu simples, ungeprüftes Bild von der Aktivität des Geistes. In »A Note on Cassirer's Philosophy of Language« faßt E. H. Lenneberg eine ganze Reihe philosophischer Zweifel zusammen, wenn er »keinerlei triftigen Grund für die Annahme« sieht, »daß die Gliederung des Sprachstroms, die der Grammatiker vornimmt, gleichbedeutend mit einer der Erkenntnis oder dem Intellekt immanenten« sei. Wörter sind nicht Verkörperungen unwandelbarer Denkprozesse und starrer Bedeutungen. Die Idee, daß die konventionellen Vorschriften der Syntax ein für alle Mal determinierte und determinierende Wahrnehmungsakte zum Ausdruck bringen, verrät selbst einen primitiven Dualismus. Sie entspricht der Körper-Geist-Vorstellung aus den Anfängen der Psychologie. Jedes operative Modell des Sprachprozesses – Wittgensteins Behauptung etwa, daß »die Bedeutung eines Wortes sein Gebrauch« sei – widerlegt Whorfs deterministischen Parallelismus von Denken und Sprechen.

Wenn überdies die Humboldt-Sapir-Whorf-Hypothese richtig wäre, wenn Sprachen Monaden diskordanter Vermessungen der Wirklichkeit wären, wie könnten wir dann überhaupt zwischensprachlich kommunizieren? Wie könnten wir eine zweite Sprache lernen oder uns – übersetzend – in eine andere Sprach-Welt bewegen? Solches »Umsteigen« von Sprache zu Sprache findet jedoch bekanntlich fortwährend statt.

Die Erfahrungstatsache, daß der menschliche Geist über Sprachbarrieren hinweg kommunizieren kann, ist das Herzstück des Universalismus. Schon im 13. Jahrhundert hat Roger Bacon dem Relativismus des Pierre Hélie (12. Jh.), der besagte, das Desaster von Babel habe so viele unversöhnliche Grammatiken wie Sprachen hinterlassen, sein berühmtes Axiom der Einheit entgegengehalten: »Grammatica una et eadem est secundum substantiam in omnibus linguis, licet accidentaliter varietur.« Ohne eine »grammatica universalis« gäbe es weder Hoffnung auf menschliche Verständigung noch eine rational befriedigende Sprachwissenschaft. Die zufälligen, historisch geprägten und verhärteten Unterschiede zwischen Sprachen sind zweifellos gewaltig. Aber unter ihrer Oberfläche wirken Prinzipien der Einheit, der Invarianz, der organisierten Form, die das spezifische Wesen der menschlichen Rede ausmachen. Bei allen noch so großen Verschiedenheiten der äußeren Gestalt sind alle Sprachen »aus einem Holz geschnitzt«.

Dieser intuitiven Gewißheit sind wir bei Leibniz und sogar, wenngleich von relativistischen Argumenten überwuchert, bei Humboldt begegnet. Die Erfolge der indogermanischen Philologie des 19. Jahrhunderts, die eine immense Fülle phonologischer und grammatischer Daten gesammelt, formalisiert und nach wegweisenden, normativen Gesichtspunkten geordnet hatte, bestärkten die Neigung zum Universalismus. Heute ist eine universale Grammatik die Arbeitshypothese fast aller Linguisten. Ja, gerade weil es der modernen Sprachtheorie um universale, tief in der Natur des Menschen verankerte Phänomene geht, um die allgemeinen Grundregeln kognitiver und symbolischer Prozesse, erhebt sie Anspruch auf psychologische und philosophische Autorität.

»Folglich ist es Hauptaufgabe der Sprach-Theorie, einen Katalog linguistischer Universalien aufzustellen, der einerseits durch die tatsächliche Vielfalt der Sprachen nicht falsifiziert wird, der andererseits aber auch reichhaltig und explizit genug ist, um Geschwindigkeit und Gleichförmigkeit der Spracherlernung zu erklären sowie der beachtlichen Komplexität und dem Umfang der generativen Grammatiken, die ja das Produkt der Spracherlernung sind, angemessen Rechnung zu tragen.«[15]

Das Axiom der Universalität und das Ziel umfassender Beschreibung sind einsichtig. Sehr schwierig bleibt dagegen die Frage der Ebenen (die schon Universalisten des späten 18. Jahrhunderts wie James Beattie zu schaffen machte): Auf welcher Ebene der Sprachstruktur lassen sich »Universalien« genau ermitteln und beschreiben? Wie tief müssen wir unter die lebendigen, beharrlich ungleichen Schichten des Sprachgebrauchs hinabsteigen? Während der letzten vierzig Jahre hat sich die universalistische Argumentation auf eine immer tiefer reichende Formalisierung und Abstraktion konzentriert. Umgekehrt hat sich herausgestellt, daß jede Schicht der vermuteten Universalität kontingent ist und von Anomalien benagt und unterhöhlt wird. Sonderfälle tauchen auf, wo man glaubte, es mit allgemeinsten Annahmen zu tun zu haben. Statt genau und erschöpfend zu sein, hat sich die Beschreibung »universaler sprachlicher Eigenschaften« als nichts anderes denn ein unabgeschlossener Katalog erwiesen.

Bekanntlich gibt es drei Ebenen der Sprache, auf denen man nach Universalien schürfen kann: die phonologische, die grammatische und die semantische.

Alle Menschen besitzen die gleiche neurophysiologische Ausrüstung zum Äußern und Empfangen von Lauten. Es gibt Lautfrequenzen jenseits der Reichweite des menschlichen Ohrs und Laute, die unsere Stimmbänder nicht hergeben. Deshalb sind allen Sprachen konkret bestimmbare materielle Grenzen gesetzt. Alle sind Kombinationen eines begrenzten

Vorrats physischer Phänomene. Es lag nahe, sich an das Aufspüren und Verzeichnen jener physiologischen und phonologischen Universalien zu begeben, aus denen jede einzelne
Sprache ihre Auswahl getroffen hat. Einer der folgenreichsten
dieser Kataloge ist N. S. Trubetzkoys 1939 in Prag erschiene-
nes berühmtes Buch »Grundzüge der Phonologie«. Durch
den Vergleich von 200 phonologischen Systemen hat Trubetzkoy jene akustischen Strukturen aufgedeckt, ohne die
Sprache nicht möglich ist, und die in allen Sprachen vorkommen. Roman Jakobsons Theorie der »distinktiven Merkmale« ist eine Differenzierung der Trubetzkoyschen Universalien. Jakobson hat einige zwanzig universale phonetische
Elemente nachgewiesen, deren jedes, was Artikulation und
akustische Kriterien angeht, streng definiert werden kann
(beispielsweise muß jede Sprache mindestens zwei Vokale
haben). In unterschiedlichen Kombinationen bilden diese
Merkmale das phonologische System, die körperlich-reale
Präsenz und Vermittelbarkeit aller Sprachen. Mit diesen entscheidenden Elementen könnte der Autor eines utopischen
Romans oder ein Computer eine neue Sprache zusammenstellen, die sich nicht außerhalb der Grenzen menschlicher
Ausdrucksmöglichkeiten bewegen würde. Ein Signalsystem
ohne diese »distinktiven Universalien« läge dagegen buchstäblich außerhalb der menschlichen Klaviatur.
In der Praxis ist die Analyse phonologischer Universalien
ziemlich stumpfsinnig, und viele ihrer Ergebnisse sind wieder von jener erhabenen Allgemeinheit wie die Aussage, daß
alle Menschen Sauerstoff brauchen. Sobald aus der These ein
Rezept wird, tauchen zudem deskriptive Probleme auf. Gewiß haben offenbar alle Sprachen der Erde ein Vokalsystem.
Aber das trifft nur zu, wenn wir auch die Segment-Phoneme
der sogenannten Silben-Gipfel mit einbeziehen. Und selbst
dann macht mindestens eine bekannte Sprache, das Wish-
ram, Schwierigkeiten. In der Kalahari gibt es einen »Kung«
genannten Dialekt, den nur ein paar tausend Buschleute
sprechen. Er gehört zur Khoisan-Sprachgruppe, besteht aber

nur aus Schnalz- und Schnauflauten, die, soweit bekannt, sonst nirgendwo vorkommen und auch bisher noch jeder Beschreibung trotzten. Auch diese Laute liegen offensichtlich im Rahmen physiologischer menschlicher Möglichkeiten. Aber warum ist überhaupt eine solche Ausnahme entstanden, oder warum kommt sie, wenn sich gut mir ihr leben läßt, in keinem anderen phonologischen System vor? Ein primärer Nasal-Konsonant »ist ein Phonem, dessen charakteristischstes Allophon ein stimmhafter nasaler Verschlußlaut ist, das bedeutet, ein Laut, der durch völligen Mundverschluß (apikal, labial usw.), Öffnen des Gaumensegels und Vibration der Stimmbänder entsteht«.[16] Mit Hilfe dieser Definition des PMC (primärer Nasal-Konsonant) können die Phonologen die Umstände, unter denen er in allen Sprachen vorkommt und Lage und Gewicht anderer Phoneme bestimmt, feststellen. Die bloße Behauptung jedoch, daß mindestens ein primärer Nasal-Konsonant zum Inventar jeder Sprache gehört, bedarf wiederum der Modifizierung.

Hocketts »Manual of Phonology« (1955) berichtet, daß es im Quileute und zwei benachbarten Selisch-Sprachen keine Nasalkonsonanten gibt. Ob sie früher einmal existiert haben und erst im Lauf der Zeit stimmhafte Verschlußlaute geworden sind, oder ob die Selisch sprechenden Indianer eigenartiger- und interessanterweise nie nasale Phoneme produziert haben, bleibt unentschieden. Solche Beispiele gibt es in Fülle.

Infolgedessen hat der Universalismus das ziemlich simple Material der Phonologie etwas links liegen gelassen und nach der Grammatik gegriffen. Wenn wirklich alle Sprachen »aus einem Holz geschnitzt« sind, muß eine vergleichende Analyse syntaktischer Systeme die Elemente aufdecken, aus denen die wahre »grammatica universalis« besteht.

Allein schon die Suche nach einer »Fundamentalgrammatik« ist ein spannendes Kapitel in der Geschichte des analytischen Denkens. Seit Humboldt hoffte, daß einmal eine verallgemeinernde Behandlung syntaktischer Formen erfunden würde, mit der man alle Sprachen »von der rohesten« bis zur vollkommensten beschreiben kann, ist viel Zeit vergangen. Die Philologie des 19. Jahrhunderts hat die Idee, daß bestimmte unveränderliche syntaktische Kategorien – Substantiv, Verb, Genus – in allen Sprachen vorkommen, und daß auch alle Sprachen bestimmten Verknüpfungsregeln folgen, nie fallen gelassen. »Dasselbe Holz«, aus dem alle Sprachen geschnitzt sind, ist mit der Zeit genau definiert worden: Als ein Ensemble von grammatischen Einheiten, von Anzeigern, die selbst keine Bedeutung haben, sondern in Zusammensetzungen Unterschiede markieren, und von Kombinationsregeln.

Einige dieser Regeln sind wieder von großer Allgemeinheit. Es hat sich keine Sprache ohne Pronomina der ersten und zweiten Person gefunden. Die Unterscheidung zwischen »Ich«, »Du«, »Er« und das dazugehörige Netz von Relationen (so wichtig für Verwandtschaftssysteme) besteht in jeglichem menschlichen Idiom. Jede Sprache hat eine Klasse der Eigennamen und keine einen grammatisch völlig homogenen Wortschatz. Ein Satztyp mit einem »Subjekt«, über das gesprochen, das modifiziert wird, läßt sich überall beobachten, und alle Sprachen arbeiten mit Subjekt-Prädikat-Objekt-Kombinationen. Unter diesen sind die Sequenzen »Prädikat-Objekt-Subjekt«, »Objekt-Subjekt-Prädikat« und »Objekt-Prädikat-Subjekt« so selten, daß man versucht ist, an gewollte Verletzungen tief verwurzelter Ordnungen der Wahrnehmung zu denken. Andere »grammatische Universalien« betreffen Details, so etwa: »Wenn das Adjektiv nach dem Substantiv steht, drückt es alle Flexionskategorien des Substantivs aus. Dieses selbst braucht in solchen Fällen keine dieser Kategorien offen auszudrücken.« Der anspruchsvollste Katalog grammatischer Universalien »auf der Grundlage empirisch-sprachlicher Evidenz« stammt von J. H. Greenberg.[17] Er enthält 45 fundamentale grammatische Verhältnisse und kommt zu dem Schluß, daß »die Ordnung der Sprachelemente eine Parallele zur Ordnung der physischen

Erfahrung oder der Erkenntnis ist«. Die grammatische Ordnung, die allen menschlichen Sprachformen zugrunde liegt, ist eine Weltkarte, auf der jene landschaftlichen und biosozialen Merkmale betont sind, die für alle Menschen gelten. Unterschiede der Hervorhebung, geordnete Reihen sowie hierarchische Verhältnisse – etwa zwischen dem Allgemeinen und dem Besonderen oder dem Ganzen und dem Teil – sind die Schaltstellen der Vernunft, aus denen alle Sprachen sich entwickelt haben. Hat beispielsweise eine Sprache »die Kategorie des Genus, so hat sie immer auch die des Numerus«. Wäre dem nicht so, so wäre jedes Zusammenleben von Menschen ein Chaos.

Aber auch dieses System wirkt überzeugender, als es ist. Verglichen mit der Gesamtheit der Sprachen, die gegenwärtig gesprochen werden, ist die Zahl derer, deren Grammatik bisher formalisiert und analysiert wurde, geradezu lächerlich klein. (Greenbergs Material stammt fast ausschließlich aus nur dreißig Sprachen.) Überdies gibt es, was die Syntax betrifft, wie in der Phonologie hartnäckige Einzelgänger. Man sollte erwarten, daß Sprachen mit Genus-Unterscheidungen in der zweiten Person Singular diese auch für die dritte Person machen. Das trifft fast immer zu, nicht aber auf eine sehr kleine Sprachgruppe in Nigeria. Die Nootka-Sprache ist ein oft angeführtes Beispiel für ein grammatisches System, in dem es äußerst schwierig ist, eine normale Unterscheidung zwischen Substantiv und Verb zu finden. Sodann macht die Zusammenstellung der Genitiv-Konstruktionen den Eindruck eines typologischen Primär-Anzeigers, wonach man alle Sprachen einer kleinen Zahl von Hauptgruppen subsummieren kann. Aurokanisch, eine in Chile beheimatete Indianersprache, und einige Daghestan-Sprachen im Kaukasus passen nicht in dieses Schema. Solche Anomalien darf man nicht einfach als Kuriositäten abtun. Eine einzige echte Ausnahme in irgend einer lebenden oder toten Sprache kann das ganze Konzept eines grammatischen Universale verderben.

Daß die generative Transformationsgrammatik in tieferen Phänomen-Bereichen argumentieren will, liegt zum Teil eben daran, daß der statistische, ethnolinguistische Zugang zu syntaktischen Universalien sich als unbefriedigend oder rein deskriptiv erwiesen hat. Die generative Transformationsgrammatik versucht dagegen, die Essenz der Grammatik nach innen, in eine eingeborene spezifisch sprachliche Anlage des Bewußtseins zu verlegen.

Chomskys Grammatik ist von Grund auf universalistisch (aber welche Theorie der Grammatik – strukturalistisch, stratifikatorisch, tagmemisch oder komparativ – wäre das nicht?). Seit Descartes und den Grammatikern von Port Royal im 17. Jahrhundert hat keine Theorie der Tätigkeit des Geistes so ausdrücklich sich auf eine allgemeine und einheitliche Vorstellung von eingeborenen Fähigkeiten des Menschen bezogen, wenngleich Descartes und Chomsky mit »angeboren« etwas ganz Verschiedenes meinen. Chomskys Ausgangspunkt war die Ablehnung des Behaviorismus. Zur Erklärung der Geschwindigkeit und Komplexität unseres Spracherwerbs reicht das einfache Modell von Reiz und mimetischer Reaktion nicht aus. Bei allen Menschen. In jeder Sprache. Ein Kind ist zum Formulieren und Verstehen von Äußerungen fähig, die neu sind und gleichzeitig richtige Sätze seiner Sprache. Wir formulieren und verstehen fortwährend eine Fülle von Sätzen, die anders sind als alle, die wir schon gehört haben. Diese Fähigkeiten zeigen an, daß fundamentale Prozesse völlig unabhängig vom »Feedback aus der Umgebung« am Werk sind.[18] Solche Prozesse sind allen Menschen eingeboren: »Irgendwie sind die Menschen speziell dafür ausgestattet, mit einer Fähigkeit zur Verarbeitung von Daten und Formulierung von Hypothesen, deren Wesen und Komplexität unbekannt ist.« Jeder einzelne Mensch hat auf irgendeine Weise eine Grammatik im Innern, aus der seine, aber auch jede andere Sprache generiert wird. (Chomskys »generiert« übersetzt Humboldts »erzeugt«. Hierin wie im Axiom, daß Sprache »unendlichen Gebrauch

von endlichen Mitteln« macht, stimmen Chomskys Universalismus und Humboldts Relativismus überein.)
Unterschiede von Sprachen sind nur Unterschiede zwischen »Oberflächenstrukturen«. Sie sind wie Unebenheiten der Landschaft, die ins Auge springen, aber kaum etwas über die »Tiefenstrukturen« darunter aussagen. Mittels eines Katalogs von Regeln, unter denen »Ersetzungsregeln« besonders wichtig sind, erzeugen »Tiefenstrukturen« die Sätze, die wir sagen und hören, d. h., sie bringen sie an die phonetische Oberfläche. Wir können uns nun vom akustisch präsenten Satz und von dem für ihn konstruierten Derivations-»Baum« oder »Phrase-Marker« zurückarbeiten und Einsicht in die zugrunde liegende Tiefenstruktur gewinnen. Kompliziertere Sätze werden umgekehrt durch eine zweite Klasse von Regeln, die »Transformationsregeln« erzeugt (für die die Theorie der »rekursiven Funktionen« das beste Analogon ist). Sie müssen in geregelter Reihenfolge angewandt werden. Einige sind nicht »kontextfrei«. Ihre richtige Anwendung hängt von der sprachlichen Umgebung ab. Vermutlich ist es diese Stelle, an der das universale System in eine einzelne Sprache oder Sprachfamilie übergleitet. Aber »ein echter Fortschritt in der Linguistik wird immer dann erreicht, wenn man entdeckt, daß bestimmte Merkmale einer gegebenen Sprache auf universelle Eigenschaften der Sprache zurückgeführt und mit Hilfe dieses grundlegenden Aspekts erklärt werden können«.[19]
Chomsky behauptet, es sei völlig unangemessen, nach Universalien auf der phonologischen oder der gewöhnlichen syntaktischen Ebene zu suchen. Die gestaltenden Zentren der Sprache liegen viel tiefer. Ja, Oberflächen-Analogien, wie Greenberg sie anführt, können ganz irreführend sein: Wahrscheinlich sind die Tiefenstrukturen, für die Universalität beansprucht wird, gänzlich anders als die Oberflächenstruktur der zum Vorschein kommenden Sätze. Geologische Schichten bilden sich nun einmal in der Landschaft nicht ab.

Aber was sind eigentlich die »universalen Tiefenstrukturen«?
Es stellt sich heraus, daß man nur mit größten Schwierigkeiten etwas über sie sagen kann. Im Vokabular von Wittgenstein ist der Übergang von »Oberflächengrammatik« zu
»Tiefengrammatik« ein Schritt zur Klarheit, zur Beseitigung
jenes Wirrwarrs, der in der Philosophie aus der Vermengung
verschiedener Sprachbereiche entstanden ist. Chomskys
»Tiefenstrukturen« liegen dagegen »weit jenseits der Ebene
des bestehenden oder auch nur potentiellen Bewußtseins«.
Wir können sie uns als Relationsstrukturen oder -ketten von
einem Abstraktionsgrad vorstellen, der noch höher ist als
der der einfachsten grammatischen Regeln. Aber selbst diese
Vorstellung ist noch viel zu konkret. »Tiefenstrukturen«
sind jene eingeborenen Komponenten des Geistes, die uns
befähigen, »gewisse formale Ketten-Operationen vorzunehmen«. Diese haben jedoch keine apriorische Rechtfertigung.
Die Kategorie, in die sie gehören, ist die wesentliche Arbi-
trarität der Tatsache, daß die Welt besteht. »Es gibt keinen
Grund zu erwarten, daß je verläßliche operationelle Kriterien für die tieferen und wichtigeren Theoreme der Linguistik . . . zum Vorschein kommen.« Wenn man ein Wesen aus
der Tiefsee an die Meeresoberfläche holt, löst es sich entweder auf oder nimmt eine groteske Form an.
Aber »nur auf Tiefenstrukturen beruhende Beschreibungen
haben ernsthaft Bedeutung für Hypothesen hinsichtlich
sprachlicher Universalien«. Da Beschreibungen solcher Art
jedoch noch seltener sind als Schürfungen auf dem Meeres-
boden, »sind solche Hypothesen immer gewagt, was natürlich nicht heißt, daß sie darum weniger interessant oder
wichtig sind«. Chomsky bringt dann ein Beispiel für ein
echtes formales Universale: die Regeln, die die Anwendung
und Zulässigkeit der Tilgungen in der zugrunde liegenden
Struktur von Sätzen des Typs »I know several more succes-
ful lawyers than Bill« (Ich kenne mehrere erfolgreichere An-
wälte als Bill) beherrschen. Diese Regeln oder »Tilgungs-

transformationen« kommen »als linguistische Universalien, zugegebenermaßen mit schwacher Evidenz«, in Betracht.[20] Manche Grammatiker verlegen die universale Grundlage aller Sprachen sogar noch tiefer als Chomsky. Die Sequenzordnung von Transformationsregeln kann selbst dicht an der Oberfläche liegen und sprachspezifisch sein. Möglicherweise muß überhaupt der Begriff der Sequenz modifiziert werden, wenn man mit ihm an »die Regeln einer universalen Basis« herangeht. Emmon Bach meint, daß die »Tiefenstrukturen viel abstrakter sind, als man gedacht hat«.[21] Es kann ein Irrtum sein, sie sich – und sei es nur im analogen Sinne – als Spracheinheiten oder »atomare Fakten« grammatischer Verhältnisse vorzustellen. Auf dieser letzten Ebene der Organisation des Geistes könnten wir es »mit einer Art abstrakter Pro-Verben zu tun haben, die nur eine indirekte phonologische Repräsentation erfahren«. (Ich verstehe »Pro-Verben« nicht etwa als »Sprichwörter«, sondern als Bezeichnung für Bedeutungspotenzen, die noch »vor« den elementarsten Verbaleinheiten liegen.) Auf einer Ebene ähnelt ein solches Schema »universaler Grund-Regeln« den logischen Systemen von Carnap und Reichenbach. Auf einer anderen, wohl metaphorischen, denkt man unwillkürlich an den Bauplan der Großhirnrinde mit ihrem unendlich verzweigten und doch begrenzten oder »vorprogrammierten« Netz elektrochemischer und neurophysikalischer Kanäle. Ein System von Variablen, der Katalog aller Namen, »allgemeine Prädikate« und gewisse Notwendigkeits- und Relationsregeln zwischen ihnen wären auf der Textur des menschlichen Bewußtseins gleichsam abgedruckt.

Dieser Abdruck mag der direkten Beobachtung für immer entzogen bleiben. Aber »die Selektionszwänge und Transformationsmöglichkeiten«, die wir an der Oberfläche der Sprache feststellen können, sind unbestreitbare Beweise für sein Vorhandensein, seine Wirksamkeit und seine Universalität. »Ein solches System drückt unmittelbar die Idee aus, daß es möglich ist, jeden gedanklichen Inhalt in jede Sprache zu befördern, und das, obwohl die verfügbaren lexikalischen Partikel von Sprache zu Sprache weitgehend variieren – eine direkte Widerlegung der Humboldt-Sapir-Whorf-Hypothese in krassester Form.«[22]

Ob es tatsächlich »möglich ist, jeden gedanklichen Inhalt in jede Sprache zu befördern«, ist das, was ich untersuchen möchte.

Angesichts der großen Definitionsschwierigkeiten bei grammatischen Universalien glauben viele Linguisten, es sei noch viel zu früh, auf die Suche nach »semantischen Universalien« zu gehen. Nichtsdestoweniger meint man doch, seit der Vermutung von Vico, daß alle Sprachen anthropomorphe Grundmetaphern enthalten, auch in dieser Hinsicht schon fündig geworden zu sein. So vergleichen beispielsweise alle indoeuropäischen Sprachen sowie Suaheli, Lappisch, Chinesisch und Samoanisch die Pupille mit einem kleinen Kind (pupilla).[23] Ferner enthält jede Sprache sowohl »opake« als auch »transparente« Wörter, d. h. solche, in denen die Relation von Laut und Sinn rein arbiträr (deutsch: »Enkel«) oder sichtlich figürlich (französisch: »petit-fils«) ist. Vorhandensein und Verteilerschlüssel dieser beiden Worttypen sind »aller Wahrscheinlichkeit nach ein semantisches Universale«.[24]

Auch daß in allen Sprachen gewisse Tabuwörter – Wörter, die von einer Zone des Verbots oder geheiligter Macht umgeben sind – vorkommen, könnte sehr wohl eine, allerdings auch kontextgebundene, semantische Konstante sein. Sehr alt ist sodann der Gedanke, daß onomatopoetische Bildungen, Sibilanten und laterale Konsonanten in der spezifischen Art der menschlichen Wahrnehmung verankert sind, daß es also gleichsam ein »universales Lauten der Welt« gibt. Er steht beispielsweise hinter einigen etymologischen Vermutungen von Plato. Tatsächlich verbinden fast alle indoeuropäischen und finno-ugrischen Sprachen mit dem Vokal »i« die Vorstellung von etwas Kleinem. Aber das englische »big«, das deutsche »riesig«, das russische »velikij« genügen schon, um zu beweisen, daß es sich um keinen universalen semantischen Reflex handelt. Lévi-Strauss und einige Psycho-Linguisten sind sich darüber einig, daß »universale Binome« oder Kontrast-Paare uns die Wirklichkeit aufteilen. Ihre Polarität spiegelt sich metaphorisch oder in Strukturen der Betonung in allen Sprachen (weiß/schwarz, gerade/krumm, steigend/fallend, süß/sauer). Die Schwarz-Weiß-Dichotomie ist besonders interessant, weil bei ihr in allen Kulturen ein Positiv/Negativ-Kontrast mitschwingt, wobei die Hautfarbe offenbar kaum eine Rolle spielt. Es ist, als hätten die Menschen seit den Anfängen des Redens das Licht dem Dunkel vorgezogen.

Chomsky präsentiert eine Anzahl sehr allgemein gehaltener, aber bestechender Universalien: »Eigennamen müssen in allen Sprachen Objekte bezeichnen, die der Bedingung ihres raum/zeitlichen Zusammenhangs Rechnung tragen, und dasselbe gilt auch für andere Wörter, die Objekte bezeichnen – oder die Bedingung, daß Farb-Bezeichnungen in allen Sprachen das Farben-Spektrum in kontinuierliche Segmente aufteilen müssen – oder die Bedingung, daß Artefakte durch bestimmte menschliche Absichten, Bedürfnisse oder Funktionen, statt nur durch physische Qualitäten definiert sein müssen.«[25] Man fragt sich wieder, ob solche Verallgemeinerungen überhaupt etwas Präzises aussagen. Gewiß unterteilen alle Sprachen das Farben-Spektrum in kontinuierliche Segmente (wobei »kontinuierlich« in der Neurophysiologie und in der Wahrnehmungspsychologie erhebliche Probleme aufwirft). Aber wie R. W. Brown und E. H. Lenneberg gezeigt haben, wird diese Segmentierung von Sprache zu Sprache auf erstaunlich verschiedene Weise vorgenommen. Tatsächlich sind die Grundprobleme der Relation zwischen physischer Wahrnehmung und ihrer Umsetzung in Sprache immer noch erheblich weniger klar gelöst, als Chomskys Thesen vermuten lassen.

Der Universalitätsanspruch für sprachliche Strukturen, die als Phänomene evident sind, stützt sich einstweilen noch auf Mutmaßungen. Er schillert zwischen extrem formaler Abstraktheit, bei der das sprachliche Modell als meta-mathematisch postuliert und mehr oder weniger von seiner phonetischen Präsenz isoliert wird, und reiner Statistik (beispielsweise Charles Osgoods These, daß der Quotient aus der Zahl der Phoneme und der der distinktiven Merkmale sich in jeder Sprache um einen Effizienzwert von 50 % herum bewege). Die behutsame Folgerung mindestens eines Opponenten gegen einen allzu leichtfertigen Universalismus dürfte sich als gerechtfertigt erweisen: »Die sprachlichen Strukturen aller auf der Welt nachweisbaren Sprachen differieren tatsächlich sehr weitgehend, und das gilt genauso für die semantischen Beziehungen, die mit sprachlichen Strukturen verbunden sind. Die Suche nach sprachlichen Universalien ... steht neuerdings wieder im Vordergrund. Aber es wäre noch verfrüht, mehr als ganz elementare Feststellungen zu erwarten und für endgültig zu halten. Unsere Kenntnis von etwa zwei Drittel oder etwas mehr aller Sprachen auf der Welt ist noch zu dürftig oder in vielen Fällen gar nicht vorhanden.«[26] Vielleicht glauben so viele Linguisten an identische »Tiefenstrukturen« in allen Sprachen, weil sie universale Kriterien des Erforderlichen und des Möglichen dem gleichgesetzt haben, was vielleicht in Wirklichkeit nur Aspekte der Grammatik ihrer eigenen Sprache oder Sprachfamilie sind.

Der Glaube, daß »alle Sprachen aus demselben Holz geschnitzt sind«, ist trotz alledem heute weit verbreitet. Zwar stimmen wahrscheinlich nur wenige Grammatiker mit Osgood darin überein, daß elf Zwölftel jeder Sprache aus Universalien und nur eines aus spezifischen, arbiträren Konventionen besteht, aber die Mehrheit dürfte doch zugeben, daß die Hauptmasse des Eisbergs der Sprache einschließlich ihrer Organisationsprinzipien zu den Universalien unter Wasser gehört. Für die meisten professionellen Sprachforscher geht es heute schon nicht mehr um die Frage, ob es »formale und substantielle Universalien« der Sprache gibt, sondern welche genau es sind, und in welchem Maß die Tiefen, in denen sie liegen, von der Philosophie und der Neurophysiologie je ausgelotet werden können.

Wenn man aber nun schon einmal am Postulat sprachlicher, oder, um genau zu sein, substantieller Universalien festhält, so sollte die direkte Folgerung daraus eine praktikable Theorie der zwischensprachlichen Übersetzung sein. Der Beweis dafür, daß wechselweise Übertragung von Sprachen möglich ist, wäre eine unmittelbare Folgerung aus dem Prinzip der Universalität. Ja, die Erfahrungstatsache, daß solches Übersetzen möglich ist, könnte dieses Prinzip höchst eindrucksvoll untermauern. Allein die Möglichkeit des Bedeutungstransfers zwischen Sprachen müßte im unsichtbaren Gerüst, im gemeinsamen Bauplan aller Sprachen doch wohl schon vorgesehen sein. Aber wo liegt die Grenze zwischen formalen und substantiellen Universalien? Wie außer durch ein allgemeines theoretisches »fiat« oder durch Intuition im Einzelfall entscheidet man sich dafür, daß die Möglichkeit perfekten Übersetzens besteht, weil allen Sprachen formale Universalien zugrunde liegen, oder dafür, daß es unmöglich ist, weil substantielle Universalien nur selten oder undurchschaubar sind? Theoretisch ist die Unterscheidung schlüssig. Aber sie hat sich noch nicht als praktikabel erwiesen und teilt mit der ihr verwandten zwischen »Oberflächen«- und »Tiefenstrukturen« die implizite Ambiguität. Formale Universalien kann man in Tiefen jenseits konkreter Erforschbarkeit oder Umschreibungsmöglichkeit verweisen. Substantielle Universalien dagegen müßten denn doch wohl mehr oder weniger mit den pragmatischen, eigenwillig partikularen Realitäten der natürlichen Sprache zusammenfallen. Die Übersetzung ist ganz einfach der Prüfstein. Aber die Unklarheiten im Verhältnis von formaler und substantieller Universalität wirken sich auch verunklärend auf die Beziehung zwischen Universalität und Übersetzung aus. Nur wenn man sich das vor Augen hält, versteht man einen deutlichen Hiatus oder Wechsel des Bezugspunktes in Chomskys »Aspekte der Syntax-Theorie«:

»Die Existenz profunder formaler Universalien ... impliziert, daß alle Sprachen nach demselben Muster angelegt sind, aber sie impliziert nicht, daß es irgendeine Punkt-für-Punkt-Entsprechung zwischen einzelnen Sprachen gibt.« Eine Anmerkung bestätigt den Eindruck tiefster Unsicherheit in diesem non sequitur: »Die Möglichkeit einer vernünftigen Prozedur für die Übersetzung zwischen beliebigen Sprachen hängt von der ausreichenden Menge substantieller Universalien ab. Gewiß bestehen viele Gründe für die Annahme, daß bestimmte Sprachen über weite Strecken nach demselben Muster funktionieren, aber es gibt wenig Grund zu vermuten, daß vernünftige Übersetzungsprozeduren generell möglich sind.«[27]
Wie kann man Universalität und Übersetzbarkeit überhaupt trennen? »Punkt für Punkt« vernebelt die logische und grundsätzliche Frage nur. Die »topologische Kartographie«, mittels derer sprachliche Universalien von Sprache zu Sprache überführt werden können – bezeichnend ist übrigens die ausweichende Geste des Ausdrucks »beliebige« Sprachen – mag in großer Tiefe stattfinden. Wenn sie aber überhaupt möglich ist, muß man auch »Punkt-für-Punkt«-Entsprechungen nachweisen können. Wenn Übersetzung gelingen kann, muß das doch wohl an der zugrunde liegenden »ausreichenden Menge an Universalien« liegen? Wenn dagegen umgekehrt wenig Grund zu der Annahme besteht, daß gültige Verfahrensweisen des Übersetzens »generell« möglich sind (was heißt »generell«?), welchen echten Beweis haben wir dann für eine universale Struktur? Sind wir damit nicht wieder bei Whorfs autonomen Sprach-Monaden angelangt? Könnte Hall recht haben, wenn er gegen die ganze Idee der »Tiefenstrukturen« polemisiert und sie »nichts als die Umschreibung einer gegebenen Konstruktion« nennt, »die ad hoc ausgeheckt wurde, damit die Grammatiker durch diese oder jene Manipulation die letztere aus der ersten ableiten können«?[28] Ist es nicht vielleicht einfach so, daß die generative Transformationsmethode alle Sprachen in die Hohlform

des Englischen hineinpreßt, so wie einst die Grammatiker des 17. Jahrhunderts alle Rede ins Gerüst des Latein gezwängt haben?

Die Frage nach dem Wesen der Übersetzung ist offenbar einmal mehr zentral für die nach dem Wesen der Sprache. Das Fehlen einer Brücke zwischen einem System »universaler Tiefenstrukturen« und einer ihm adäquaten Theorie der Übersetzung läßt vermuten, daß der alte Streit zwischen relativistischer und universalistischer Sprachphilosophie noch nicht ausgestanden ist. Weiter drängt sich die Vermutung auf, daß die Theorie, wonach Transformationsregeln semantisch interpretierte »Tiefenstrukturen« in kartographierbare, phonetisch interpretierte »Oberflächenstrukturen« umsetzen, ein meta-mathematisches Ideal von beachtlicher Eleganz ist, aber kein redliches Abbild der natürlichen Sprache. »Kein Regelkatalog, so vollständig er auch sein mag, reicht aus zur Beschreibung . . . der in jeder lebenden Sprache möglichen Äußerungen.«[29] Damit, daß die generative Transformationsgrammatik die beweglichen Scharniere der Sprache in »Tiefen« verlegt, in der sie sich jeder sinnlichen Wahrnehmung und pragmatischen Schilderung versagen, hat sie der Maschine vielleicht den Geist entzogen.

Es ist noch Raum, möchte ich zu bedenken geben, für einen theoretischen Ansatz, dem es mehr um Sprachen als um die Sprache geht, der sich auf die Semantik (mit dem ganzen Gewicht auf der Bedeutung) statt auf die »reine Syntax« beruft; und der mit den Wörtern (so schwer es auch sein mag, zu definieren, was das ist) statt mit imaginären Ketten oder »Pro-Verben« beginnt, die man sich wohl kaum jemals wird vorstellen können. Ich bezweifle, daß ein kontextfreies System, so »tief« es auch liegen mag, so formal auch sein modus operandi sein mag, Wesentliches zum Verständnis unseres natürlichen Sprechens und Hörens beitragen kann. Untersuchungen haben gezeigt, daß noch die formalsten grammatischen Regeln an eben den Aspekten der Semantik und des Gebrauchs nicht vorbeikommen, die Chomsky ausschalten möchte. Noch der einzelne Laut ist kontextgebunden und wirkt in einem bestimmten semantischen Feld. Ebenso zweifelhaft ist, ob irgendeine Grammatik bei vor- oder ungrammatischen Sätzen ansetzen oder sie zulassen darf, so wie es in der generativen Transformationsgrammatik erforderlich ist. »Grammatikalität ist jedenfalls ein Phänomen, das niemals einfach in Termini binärer Opposition gemessen werden kann, durch die bloße Behauptung, ein sprachliches Phänomen sei entweder grammatisch oder agrammatisch. Zwischen einer Wortfolge, die jedes Mitglied einer Sprachgemeinschaft verwenden und ohne Zögern als völlig normal anerkennen würde, und dem anderen Extrem einer Äußerung, von der jeder Sprecher sagen würde, daß sie noch nie benutzt wurde, liegen unzählige Stufen . . . Neubildungen aus Analogien oder Verschmelzungen entstehen fortwährend und werden ohne Schwierigkeit verstanden und anerkannt.«[30] Um mich kurz zu fassen: Eine meta-mathematische Auffassung von Sprache, die grundsätzlich mit vor- oder pseudosprachlichen atomaren Einheiten arbeitet, kann weder dem Wesen noch der Möglichkeit von Relationen zwischen Sprachen, wie sie tatsächlich auf die verschiedenste Weise bestehen, gerecht werden.[31]

Deshalb besteht ein Bedürfnis nach Methoden, von denen ich offen zugebe, daß sie impressionistischer und zu formaler Kodifizierung weit weniger geeignet sind. Aber die Sprache selbst ist »ein weites Feld«, geladen mit mannigfachen und schwer faßlichen Kräften. »Die wirklich tiefreichenden Ergebnisse der Transformationsgrammatik« schreibt George Lakoff, »sind meiner Meinung nach die negativen, die unzähligen Fälle, bei denen sie aus einem tiefen Grund versagt hat: Sie hat versucht, die Struktur der Sprache zu erforschen, ohne Rücksicht darauf, daß Sprachen von Menschen benutzt werden, um in einem sozialen Kontext zu kommunizieren.«[32] Die Zeit als gestaltende Kraft waltet in allen Bereichen der Sprache. Aus Abstraktionen, die ihr ausweichen, kann wahres Verstehen nicht erwachsen. Früher und tiefer als Linguisten haben Dichter und Übersetzer unter die von der Zeit gefurchte Haut der Sprache geblickt, um ihre tiefsten Lebensquellen zu ergründen. Männer und Frauen, die in mehrsprachiger Umgebung aufgewachsen sind, hätten wohl einiges zur Frage einer universalen Basis und eines speziellen Weltbildes zu sagen. Übersetzer haben uns nicht nur ein reiches Erbe an empirischem Anschauungsmaterial vermacht, sondern auch ein gerütteltes Maß philosophischer und psychologischer Reflexion darüber, ob und wie es möglich ist, Bedeutung von Sprache zu Sprache gültig zu übertragen.

Die heutige Sprachwissenschaft will oft die Dinge ordentlicher haben als sie sind. Ehe man zugibt, daß die tieferen, entscheidenderen Prozesse der Sprache weit jenseits der Ebene des realen oder möglichen Bewußtseins liegen (das ist Chomskys Postulat), muß man in die wuchernde Wildnis der Literatur eintreten, in welcher eben dieses Bewußtsein unaufhörlich arbeitet. Wenn man mehr über Sprache und Übersetzung wissen will, muß man von den »Tiefenstrukturen« der Transformationsgrammatik zurückfinden zu den tieferen Strukturen des Dichters. »Man weiß nicht, von wannen er kommt und braust«, sagt Schiller vom Aufbruch der Sprache aus den Tiefen zum Licht:

Wie der Quell aus verborgenen Tiefen,
So des Sängers Lied aus dem Inneren schallt
Und wecket der dunklen Gefühle Gewalt,
Die im Herzen wunderbar schliefen.

## 3. Wort wider Gegenstand

I

Was nun folgt, ist persönlich und, wie ich schon angekündigt habe, etwas impressionistisch. Aber das braucht nicht unbedingt ein Fehler zu sein. Ob die Linguistik eine exakte Wissenschaft ist, bleibt eine strittige Frage. Ihrer uneingeschränkten Bejahung liegt eine überzogene und nicht genügend geprüfte Analogie zugrunde. Wir borgen uns Terminologie und Methodenperfektionismus von den exakten Wissenschaften – in diesem Falle der Mathematik, der mathematischen Logik und der klinischen Psychologie – und übertragen beides auf einen Wahrnehmungs- und Erscheinungsbereich, der seiner Natur nach außerhalb der Grenzen naturwissenschaftlicher Hypothesen und Verifizierungen liegt. Der von der Linguistik erhobene Exaktheitsanspruch beruht auf einer nur angemaßten Verfahrensanalogie zur formalen Logik, experimentellen Psychologie und Statistik, das heißt, zu Disziplinen, bei denen es in der Tat um Quantifizierbarkeit und Präzisionsarbeit bis ins kleinste Detail geht. Vielleicht aber ist die menschliche Rede ganz anderer Natur. Die Probleme, die sich aus der unlösbaren Verschränktheit von Untersuchungsvorgang und Untersuchungsgegenstand, aus der instabilen Dynamik ergeben, die entsteht, weil Sprache mit Sprache untersucht wird, sie widersetzen sich sehr wahrscheinlich jedem starren und schon gar jedem erschöpfenden Konstruktivismus. Bei diesem Dilemma geht es letzten Endes um eine erkenntnistheoretische, nicht nur um eine methodologische, geschweige denn eine konventionelle Frage. Zu jeder bewußten Reflexion über (also Reflexion von) Sprache gehört unweigerlich ein ontologischer Autismus: In einem Spiegelkabinett dreht man sich im Kreise herum. Gedanken über Sprache zu vermitteln, ist ein Versuch, aus der Haut des eigenen Bewußtseins herauszutreten, jener

Haut, die ein noch engeres Futteral unserer Identität ist als die Körperhaut. Wenn man behauptet, Linguistik sei eine Meta-Sprache, so besagt das wenig, denn auch hier ist das Vorbild wieder entliehen: das Verhältnis der mathematischen Logik zur Mathematik. Und wenn sich die neue Metasprache noch so schmückt mit logischen Symbolen und Anzeigern aus der Theorie der rekursiven Funktionen, sie kommt von der normalen Syntax und den Wörtern der Umgangssprache nicht los. Sie genießt keine extraterritoriale Immunität. Sie bleibt, ohne sich entfremden zu können, Mitglied im Verbund der Sprache oder Sprachfamilie, die sie zu analysieren versucht: »Was sich in der Sprache spiegelt, kann ich nicht mit ihr ausdrücken«, schrieb Wittgenstein 1915 in sein Tagebuch. Die Interaktionen zwischen Beobachter und Beobachtetem sind psychologisch und methodologisch völlig undurchsichtig. Das ist ein wesentlicher Punkt, über den erhebliche Verwirrung herrscht. Die Elementar- oder Baumstrukturen, zu denen man durch Anwendung der Transformationsregeln auf einen englischen (oder deutschen) Satz gelangt, sind kein Röntgenbild. Eine empirisch verifizierbare Sondierung der Tiefe von der Oberfläche her gibt es noch nicht. Röntgenstrahlen haben einen nachweisbar äußeren, objektiven Ursprung und machen etwas sichtbar, das sonst nicht gesehen werden und übrigens völlig im Widerspruch zu theoretischen Postulaten oder Erwartungen stehen kann. Eine Transformations-Analyse, wie abstrakt, wie verführerisch ähnlich sie den formalen Schritten der reinen Logik auch scheinen mag, ist selbst ein Sprach-Akt, der auf jeder Stufe völlig von und mit dem Gegenstand, den er analysiert, durchdrungen ist. Der Linguist kann das bewegliche Gefüge der lebendigen Sprache – seiner eigenen, der paar Sprachen, die er kennt – ebensowenig übersteigen wie seinen Schatten. Oder – in den Worten von Merleau-Ponty: »Il nous faut penser la conscience *dans* les hasards du langage et impossible sans son contraire.«[1] Diese »Zufälligkeiten« sind die kognitive Substanz unseres Daseins. Der einzige mittelbare, wirklich von außen her auf sie gerichtete Blick, der sich denken läßt, setzt den totalen Ausbruch aus der Sprache voraus – der nur der Tod sein kann.

Formale Schemata und Metasprachen sind zweifellos nützlich. Sie schaffen fiktive Isolierungen, mittels derer man ein oder das andere Element der Phonologie, der Grammatik oder Semantik untersuchen kann. Bedient man sich ihrer mit so viel Scharfsinn für Definitionen wie beispielsweise Chomsky in seinem klassischen Aufsatz über »The Structure of Language and its Mathematical Aspects« (1961), so lassen sich gescheite Modelle entwerfen. Was jedoch sorgfältig bedacht werden muß, ist das Wesen solcher Modelle. Ein Modell umfaßt eine mehr oder weniger große Zahl mehr oder weniger signifikanter sprachlicher Phänomene. Nicht nur aus statistischen, sondern aus philosophischen Gründen kann es nie alle sprachlichen Phänomene einschließen. Ein Modell, welches das könnte, wäre die Welt. Zwischen all dem, wofür es steht, kann es mehr oder weniger kohärente, mehr oder weniger ökonomische, mehr oder weniger überzeugende Wechselbeziehungen herstellen. Aber die Behauptung, auch nur ein einziges solches Modell sei mit einer ihm »zugrunde liegenden Wirklichkeit« übereinstimmend und daher normativ und für Vorhersagen geeignet, geht denn doch zu weit und ist philosophisch zweifelhaft. Genau an diesem Punkt zeigt sich, wie mächtig und wie falsch die Analogie zur Mathematik ist. Der enthüllend und autonom »voranschreitende« Charakter von Satz und Beweis in der Mathematik ist an sich schon eine schwierige und umstrittene Angelegenheit. (Was »schreitet voran«? Was wird »entdeckt«?) Aber sowohl die Schwierigkeiten als auch die gebotenen Erklärungen gründen in der arbiträren, in sich konsistenten, möglicherweise tautologischen Natur des mathematischen Faktums. Diese Qualität ist es, die das mathematische Modell *verifizierbar* macht. Die Fakten der Sprache aber sind ganz anderer Natur. Keine Momentaufnahme, keine Gewebsprobe aus der Gesamtheit des Sprachprozesses kann eine Bestimmung aller zukünftigen Formen und inhärenten Möglichkeiten repräsentieren oder garantieren. Ein Sprach-Modell ist und bleibt nur ein Modell. Es ist ein Idealtypus, kein lebendiges Ganzes.

Merleau-Ponty weist mit Recht auf den psychologischen Ursprung der heutigen Tendenz hin, formale linguistische Modelle mit der Erscheinungstotalität der lebendigen Sprache zu verwechseln. »L'Algorithme, le projet d'une langue universelle, c'est la révolution contre le langage donné.«[2] Diese »Revolution« hat, ich wiederhole, große analytische und heuristische Verdienste. Sie verhindert das Ertrinken der Sprachforschung in einer Flut zusammenhangloser Einzelheiten. Sie lenkt den Blick auf die Anomalien der Sprache, aber auch auf ihre verborgene Ökonomie und deren Vorräte. Sie zeigt uns, »wie die Sache in Wirklichkeit funktionieren könnte«. Oder wie sie am besten funktionieren würde, wenn sie in jene reibungslose, homogene, vollkommen meßbare Wirklichkeit gehörte, in der, so lehren es jedenfalls unsere Schulbücher, physikalische Gesetzmäßigkeiten walten. Aber es ist nun einmal Merleau-Pontys »langage donné«, in der wir leben, einerlei ob als gewöhnliche Sterbliche oder Linguisten. Wir haben keine andere Sprache. Und die Gefahr besteht, daß formale linguistische Modelle in ihrer ungenau geknüpften Analogie mit der axiomatischen Struktur mathematischer Wissenschaften unsere Wahrnehmungsfähigkeit blockieren. Die Randerscheinungen, die anarchischen Einmaligkeiten und Unausgewogenheiten, die von der generativen Transformationsgrammatik entweder beiseite gelassen oder mittels ad hoc-Regeln zugedeckt werden, könnten in Wirklichkeit zu den Nervenzentren des sprachlichen Wandels gehören, so wie die stürmischen Staubwolken und »schwarzen Flecken« der Milchstraße nach dem heutigen Stand der Forschung der geheimnisvoll-unerreichbare Entstehungsort der Sterne ist. Es wäre durchaus denkbar, daß, was die Sprache betrifft, eine kontinuierliche Induktion von einfachen, elementaren Einheiten zu komplexen, realistischen Formen gar nicht zu rechtfertigen ist. Die Weite und formale »Unschärfe« des Kontextes – und jeder Sprach-Partikel oberhalb der Ebene der Phoneme ist kontext-gebunden – könnte es, außer im abstraktesten metasprachlichen Sinne, unmöglich machen, von »Pro-Verben«, »Kernen« oder »tiefen Tiefenstrukturen« zur tatsächlichen Sprache zu gelangen. Die tröstliche Versicherung, daß Oberflächen-Merkmale den ihnen zugrunde liegenden Tiefenstrukturen keineswegs »gleichen« müssen, geht an der eigentlichen philosophischen Schwierigkeit vorbei. Noch einmal: Das verlockende Vorbild der euklidischen Geometrie oder der klassischen Algebra, bei denen axiomatische Einfachheit in höchste Kompliziertheit überführt wird, darf nicht unkritisch nachgeahmt werden. Die »Elemente« der Sprache sind nicht im mathematischen Sinne elementar. Wir kommen nicht unbelastet, von außen oder via Postulat an sie heran. Allein hinter dem Begriff des Elementaren in der Sprache verbergen sich pragmatische Manöver von problematischer und wechselnder Autorität: ein Punkt, auf den ich noch zurückkomme.

Es mag sein, daß die heutige formale Linguistik und die Konstruktion von Transformationsmodellen Vorspiele zu einer exakten Sprachwissenschaft sind, und daß der Boden gar nicht anders urbar gemacht werden kann als durch reduktive Vereinfachung. Man kann sogar das Gelände einer solchen Zukunftswissenschaft schon abstecken. Es läge in der neurochemischen oder neurophysiologischen Lokalisierung jener mentalen Strukturen oder »Abdrücke«, dank derer die Menschen eine Grammatik und die dazu gehörigen Transformationsregeln internalisieren. Möglicherweise wird eine weiter entwickelte Neurochemie oder Elektrophysiologie des Gehirns Licht auf diese eingeborenen Bedingungen der menschlichen Sprachkompetenz werfen. Chomsky allerdings – mindestens hierin Cartesianer – läßt derartige Erwartungen nicht gelten: »Molekularbiologie, Ethologie, Evolutionstheorien haben, abgesehen von simpelsten Beobachtungen, in dieser Angelegenheit absolut nicht mitzureden. Und was die Frage an sich betrifft ... so hat auch die Linguistik nichts dazu zu sagen.«[3] Andere Linguisten und Sprachpsychologen dürften dem scharf entgegentreten. Einige werden sagen, daß dynamische Besonderheiten der Gehirntätigkeit sich, sofern wir sie erst wirklich kennen, als die physiologischen Entsprechungen zu eben jenen besonderen oder allgemeinen Modellen erweisen werden, die die Transformationsgrammatik als eingeboren und universal ansieht. Arbeiten von Konrad Lorenz und Piaget lassen vermuten, daß mathematisch-logische Strukturen und Ketten-Relationen, die der Erzeugung von Sätzen zugrunde liegen, ihre Wurzeln in der Struktur und Funktion des Nervensystems haben. Wenn das stimmt, so wären Neurophysiologie und Molekularbiologie geradezu prädestiniert zu einer Analyse menschlichen Verhaltens auf der symbolisch-sprachlichen Ebene des Bewußtseins.[4] Die seit langem etablierte Erforschung von Sprachfehlern, Aphasie und Sprachblockierung bietet reiches Anschauungsmaterial, was direkte und oft höchst spezifizierte Beziehungen zwischen Physiologie und Sprache betrifft. Nichtsdestoweniger sind die Aussichten einer physiologisch abgesicherten Theorie der Entstehung und Erzeugung von Sprache noch ungewiß. Heute und in voraussehbarer Zukunft muß die Sprachwissenschaft sich mit teilweise willkürlichen Metasprachen und in den Grenzen formaler Konjekturen und analytischer Modelle weiterhelfen, die man nur im weitesten oder metaphorischen Sinne wissenschaftlich nennen kann. Die Anwendung des Begriffs der exakten Wissenschaft auf die Sprachforschung ist einstweilen noch ein idealisierendes Gleichnis.

Das ist kein negatives Urteil, sondern ein Versuch, die Kriterien der Exaktheit, der Vorhersagekraft und der Beweisbarkeit zu fixieren, mit denen Sprachforschung und Theorie der Übersetzung tatsächlich rechnen können. Wenn das 16. und 17. Jahrhundert die Rhetorik, das analytische Denken des 19. Jahrhunderts die Ästhetik als Wissenschaften verstanden, so ist das ein komplexer Sprachgebrauch; »Wissenschaft« in gewissem Maße als Analogie, aber auch als Erwartung und Hoffnung. Dasselbe gilt für viele Disziplinen, die wir heute »Humanwissenschaften« nennen, um sie, analog zu den »humanities« der angelsächsischen Welt, von den Naturwissenschaften zu unterscheiden, und die sich vor allem in besonders heftigen Phasen des Wachstums oder der inneren Diskussion als »Wissenschaften« betrachteten. In einem solchen Zustand erhöhten und zukunftsfrohen Lebens befindet sich derzeit die Linguistik. Dadurch wird die Tatsache verdunkelt, daß viele ihrer letztlich philosophischen und phänomenologischen Aspekte dem Studium der Literatur, der Geschichte und der Künste näherstehen als der Mathematik und den Naturwissenschaften. Da, wo die Linguistik sich am entschiedensten als Metawissenschaft gebärdet, kommt sie zu Ergebnissen von unüberbietbarer Allgemeinheit und Abstraktheit. Ich behaupte, daß ebenso wichtige Elemente der Sprachstruktur sich derartiger Allgemeinheit und Abstraktheit widersetzen. Um das zu erhärten, muß ich mich auf Persönliches beziehen.

Mein Vater stammt aus einer Gegend etwas nördlich von Prag und ist in Wien zur Schule gegangen. Der Mädchenname meiner Mutter, Franzos, verrät elsässische Abstammung. Aber die engere Heimat ihrer Familie war wohl Galizien. Karl Emil Franzos, der Schriftsteller und Erstherausgeber von Büchners »Wozzeck«, war mein Großonkel. Ich bin in Paris geboren und dort und in New York aufgewachsen.

Ich habe keinerlei Erinnerung an eine »erste« Sprache. So weit ich beurteilen kann, sind mir Englisch, Französisch und Deutsch gleich geläufig. Was ich sonst noch an Sprachen spreche, schreibe oder lese, ist später erworben und bleibt mit einem »Gefühl« der bewußten Aneignung verbunden. Aber ich empfinde die drei Sprachen meiner Kindheit und Jugend als völlig gleichwertige Zentren meiner selbst. Ich spreche und schreibe sie mit derselben Leichtigkeit. Prüfungen im raschen Routine-Rechnen in ihnen haben, was Schnelligkeit und Richtigkeit angeht, keine wesentlichen

Unterschiede ergeben. Ich träume in allen drei Sprachen mit der gleichen Wort-Verdichtung und sprachsymbolischen Reizstärke. Das einzig Bemerkenswerte ist, daß die Traumsprache meistens die ist, die ich am Tage zuvor gesprochen habe. Aber ich habe schon oft intensiv französisch oder englisch geträumt, wenn ich mich in deutschsprachiger Umgebung befand – und vice versa. Versuche, unter Hypnose eine »erste« Sprache zu ermitteln, sind fehlgeschlagen. Das schlichte Ergebnis war, daß ich dem Hypnotiseur in seiner Sprache antwortete. Als mein Wagen bei einem Unfall auf die entgegengesetzte Fahrbahn geschleudert wurde, habe ich offenbar einen Aufschrei oder Satz von einiger Länge von mir gegeben. Meine Frau erinnert sich nicht, in welcher Sprache. Aber selbst solch ein Schocktest würde kaum etwas über ein sprachliches Erstgeburtsrecht an den Tag bringen. Die Hypothese, daß man, auf die Zerreißprobe gestellt, spontan in seiner Grundsprache reagiert, setzt bei Mehrsprachigkeit voraus, daß es eine solche gegeben hat. Der Aufschrei ist mir wohl ganz einfach in der Sprache entfahren, die ich kurz vor dem Unfall gesprochen hatte – wahrscheinlich war es Englisch, denn das spreche ich mit meiner Frau, und der Vorfall geschah in Amerika.

Meine natürliche Sprachverfassung war polyglott – wie bei Kindern aus dem Val d'Aosta, dem Baskenland, aus Teilen von Flandern oder bei Sprechern von Guarani und Spanisch in Paraguay. Meine Mutter hatte die ebenso liebenswerte wie bei Kinderpsychologen verpönte Gewohnheit – die ihr gar nicht bewußt war –, einen Satz in der einen Sprache anzufangen und in einer anderen zu beenden. Die Unterhaltung in meinem Elternhaus ging bei allen Gesprächsteilnehmern mitten im Satz von einer in die andere Sprache über. Nur betretenes Schweigen oder ein scharfer Verweis hätten mir zum Bewußtsein bringen können, wenn ich soeben französisch auf eine englisch oder deutsch gestellte Frage geantwortet hätte. Aber selbst diese drei »Muttersprachen« waren nur ein Teil der Sprach-Palette meiner Kindheit. In der

Mundart meines Vaters hielten sich hartnäckig tschechische und österreichisch-jiddische Einschüsse. Und im Hintergrund von allem stand Hebräisch wie das vertraute Echo einer eben noch vernommenen Stimme.

Die polyglotte Matrix war sehr viel mehr für mich als ein privater Zufall. Sie hat mir für meine Identitätsfindung ein komplexes und thematisch unerschöpfliches Zugehörigkeitsgefühl zum mitteleuropäischen und jüdischen Humanismus eingeprägt. Sprache war, greifbar, Sache meiner freien Entscheidung, der Wahl zwischen ebenbürtigen, wenngleich verschiedenen Ansprüchen und Angelpunkten meines Selbstbewußtseins. Zugleich verursachte die Tatsache, daß ich eben nicht nur eine Muttersprache hatte, eine gewisse Isolierung von den anderen französischen Schulkindern, eine Art Exterritorialität inmitten der sozio-historischen Umwelt, in der ich mich befand. Wer um mehrerlei kreist, empfindet die bloße Vorstellung von »Milieu«, von einer totalen oder gar privilegierten Verwurzelung schon als verdächtig. Kein Mensch wohnt in einem »Reich der Mitte«, alle sind beieinander zu Gast. Daß der Kastanienbaum auf dem Quai vor unserem Haus auch ein »marronier« und ein »chestnut tree« war – übrigens trägt der englische Baum seine Kerzen im Frühling als französische »flambeaux« – und daß diese drei Konfigurationen gemeinsam existierten, obwohl sie sich im Augenblick der Äußerung in unterschiedlichen Entfernungen von Synonym und Präsenz befanden, hat ganz entscheidend zu meinem Sinn für eine verwickelte Welt beigetragen. Solange ich denken kann, war ich mir intuitiv darüber klar, daß ein Pferd, »a horse« und »un cheval« gleich und/oder sehr ungleich sind, und daß die Nuancen von gleich und ungleich zwischen völliger Äquivalenz und gänzlicher Disparität hin und her schwanken. Der Gedanke, daß eine dieser tönenden Verkörperungen ehrwürdiger und tiefsinniger als die andere sein könnte, ist mir nie gekommen. Später habe ich ähnlich, wenn auch nicht genau so, für »un cavallo« und »un albero castagno« empfunden.

Als ich dann begann, über Sprache nachzudenken – mit anderen Worten, als ich versuchte, über meinen Schatten zu springen und meines Schattens Haut von innen zu besichtigen, was ja gar kein so ungewöhnliches Unterfangen ist, zu dem nur wenige Kulturen Anlaß böten – tauchten Fragen auf, Fragen, die sich aus meiner persönlichen Situation ergaben, aber von theoretisch viel größerer Tragweite waren. Hatte ich etwa doch, trotz meines Unvermögens, eine solche »Gegebenheit« wahrzunehmen, eine »Muttersprache«, die *unter* den beiden anderen lag? Oder war ich im Recht mit meinem Gefühl der vollständigen und simultanen Gleichberechtigung? Beide Alternativen führten zu problematischen Vorstellungen. Zu einer Vertikalstruktur gehören durchgängige Horizontalschichten. Welche Sprache wäre dann die zweite, welche die dritte Schicht? Wenn dagegen meine drei Sprachen gleich »eingefleischt« und zusammen primär sein sollten, welches komplizierte räumliche Gebilde umfaßte dann ihre Gemeinsamkeit? Soll man sie sich wie auf einem Möbiusband vorstellen, auf der sie sich zwar ständig begegnen und durchkreuzen, aber weder ihre je eigene Bahn verlassen noch die Grenzen der Fläche schneiden? Oder soll man an die dynamische Faltung und wechselweise Durchdringung geologischer Schichten denken, die durch Geländedruck von mehreren Seiten her zustande gekommen sind? Bilden die Sprachen, die ich spreche, wenn sie erst einmal von einer gemeinsamen Mitte her zu abgeschlossener Identität aufgetaucht und hervorgetreten sind, so etwas wie ein durchschossenes Buch, wobei jede horizontal in Kontakt zu beiden anderen steht und doch selbst kontinuierlich und ungebrochen bleibt? Eine solche Faltung könnte nur so etwas wie ein perpetuum mobile, ein dynamisch-mechanischer Dauerprozeß sein. Wenn ich also gerade Französisch spreche, denke, träume, müßte ich die »nächste« Schicht oder Spalte der französischen Komponente meiner Bewußtseins- und Unterbewußtseinsschichtung selektiv mit Stromstößen aus gehortetem und rückgekoppeltem Sprachstoff unter

Druck und in Bewegung setzen. Diese Schicht würde sich dann – unter generativem Druck und bei reziprokem Stimulus (Französisch, das von außen nach innen dringt) – aufwölben und »auffalten«, das heißt im Augenblick des Sprechens die sichtbare Oberfläche, den Aufriß des mentalen Geländes bilden. Wenn ich dann auf Deutsch oder Englisch umschalte, würde sich ein analoger Prozeß abspielen. Aber mit jeder sprachlichen Umschaltung oder »Neu-Faltung« ändert sich die ganze Schichtung ein wenig. Denn mit jedem Energie-Transfer zur Ausdrucks-Oberfläche hin muß die zuvor benutzte Sprach-Ebene durchquert oder aufgefaltet und die letzte »Kruste« zerbrochen werden. Wenn es aber eine gemeinsame Mitte gibt, welches geologische oder topologische Gleichnis eignet sich dann zur Illustration? Haben in den ersten 18 bis 26 Monaten meines Lebens Deutsch, Französisch, Englisch etwa ein semantisches Magma gebildet, eine ganz ungegliederte, geballte Sprachkompetenz? Ist das vielleicht in der Tiefe des energiegeladenen Bewußtseins oder vielmehr Vorbewußten immer noch so? Bleibt die sprachliche Kernmasse – um im Bilde zu bleiben – »schmelzflüssig«, und vermischen sich die drei großen Sprachflüsse unaufhörlich, wenn sie auch dann in »Oberflächen-Nähe« zu verschiedenen kristallinischen Formationen erstarren? Solch ein Magma müßte in meinem Fall aus drei Elementen bestehen. Für jeden dreisprachigen Menschen etwa in Sauris (Deutsch, Friulisch, Italienisch), einer kleinen deutschen Sprachenklave in den Karnischen Alpen Nord-Ost-Italiens, gilt dasselbe. Hat es mit der Dreisprachigkeit sein Bewenden? Oder gibt es Menschen, die unreflektiert viersprachig sind? Ja, kann es einen Menschen geben, dessen Gefühl des primären Sprachreflexes sich auf fünf Sprachen erstreckt? Auf der Stufe der bewußten und erlernten Beherrschung haben wir natürlich eine Fülle von Beweisen dafür, daß Begabte bis zu einem Dutzend Sprachen fließend sprechen. Oder ist jede natürliche, das heißt unreflektierte, Mehrsprachigkeit oberhalb der Zweisprachigkeit suspekt? So suspekt, daß, was manche Psycholinguisten zu glauben scheinen, selbst meine eigene Erfahrung ungeteilter Dreisprachigkeit auf eine Weise, die ich nur nicht erklären kann, aus einer vorangegangenen Aufspaltung in zwei Sprachzentren abzuleiten wäre? Und wie ist es um das eigentliche Sprachgut bestellt? Ist der Wortschatz ganz Sache des einzelnen oder – um bei meinem Fall zu bleiben – verfügt jeder, der mit diesen drei Sprachen antritt, über denselben komprimierten semantischen Stoff? Tragen alle vollkommen zweisprachig – sagen wir, mit Malayisch und Englisch – aufwachsenden Kinder das gleiche generative Zentrum (die Matrix der Sprachkompetenz in statu nascendi) in sich? Oder sind die elementaren Mischungsverhältnisse bei jedem ein wenig anders, so wie zwei gleich große und gleich schwere Stahlbolzen, die kurz nacheinander aus demselben Hochofen kommen, molekular nie identisch sind?

Arbeitet ein polyglotter Kopf anders als einer, der nur über eine Sprache verfügt oder sich im Lauf der Zeit bewußt noch mehrere angeeignet hat? Drücken die anderen Sprachen bei einem von kleinauf mehrsprachigen Menschen nicht auf den Wortschatz der Sprache, in der er sich gerade ausdrückt? Läßt sich so etwas wie ein Nachbarschafts-Druck (des Deutschen oder Englischen) feststellen oder gar messen, wenn ich gerade französische Wörter und Sätze von mir gebe, und wird das dabei waltende Selektionsvermögen für Französisch durch einen etwaigen solchen Druck nachweislich, sei es beeinträchtigt, sei es bereichert? Wenn eine solche Tangentialwirkung tatsächlich bestehen sollte, so könnte sie mir mein Englisch oder Deutsch untergraben, es unstet, vorläufig machen, es auf Abwege bringen. Diese Vermutung steckt wohl hinter dem pseudowissenschaftlichen Gerede über die angebliche Bereitschaft für Schizophrenie oder andere psychische Krankheiten bei mehrsprachigen Menschen oder Kindern, die gleichzeitig in »zu vielen Sprachen« (gibt es eine kritische Zahl?) erzogen werden. Oder könnte, im Gegenteil, eine solche »Intervention« seitens der anderen Sprachen meinen Umgang mit jeder einzelnen feinfühliger für ihre Besonderheiten und ihre je eigenen Ausdrucksmöglichkeiten machen? Da alternative Mittel so nahe zur Hand sind, könnten die benutzten Redeformen stärker von Willen und absichtlicher Konzentration belebt sein. Kurzum: Wirkt »intertraffique of the minde« (etwa Kreuz-und-quer-Handel des Geistes), dessen Samuel Davis John Florio, den großen Übersetzer Montaignes gerühmt hat, auf die sprachliche Ausdruckskraft bereichernd oder verarmend? Daß er sich überhaupt bemerkbar macht, ist sicher.

Wie internalisiert ein mehrsprachig sensibiliertes Denken das Übersetzen, also den konkreten Übergang von einer seiner Erstsprachen in eine andere? Kenner auf dem Gebiet der Simultanübersetzung erklären, daß ein von Haus aus mehrsprachiger Dolmetscher nicht immer der beste ist. Der beste ist offenbar jemand, der sich bewußt Flüssigkeit in einer Zweitsprache angeeignet hat.[5] Der ursprünglich Zweisprachige »übersieht die Schwierigkeiten«. Die Schranke zwischen den beiden Sprachen hat sich ihm nicht scharf genug eingeprägt. Oder, wie Quine skeptisch in »Word and Object« sagt, es kann sein, »daß der Zweisprachige seine private semantische Korrelation hat – das heißt, sein implizites Privatsystem analytischer Hypothesen – und daß das auf irgendeine Weise in seinen Nerven sitzt«. Wenn das stimmt, so bedeutet es, daß ein zwei- oder dreisprachiger Mensch nicht lateral vorgeht, wenn er übersetzt. Das polyglotte Denken unterspült die Trennungslinien zwischen den Sprachen dadurch, daß es nach innen, bis hin zum symbiotischen Kern reicht. Bei einer genuin mehrsprachigen Matrix ist die aktive Bewegung des Geistes in der Wahl zwischen Alternativen – beim Übersetzen – eher parabolisch als horizontal. Übersetzung ist nach innen gerichtetes Gespräch, zumindest teilweise ein Hinabsteigen auf Montaignes »Wendeltreppe des Selbst«. In welchem Licht erscheint bei diesem Vorgang die entscheidende Frage nach der ursprünglichen Richtung oder Gezieltheit der menschlichen Sprache? Sind die Mechanismen der Selbstanrede, des inneren Dialogs zwischen Syntax und Identität bei einem polyglotten Sprecher anders als bei einem einsprachigen? Es könnte sein – ich stelle das einmal zur Debatte –, daß nach außen gewandte Kommunikation nur eine sekundäre, gesellschaftlich stimulierte Phase im Spracherwerb ist. Das Selbstgespräch könnte die primäre Funktion sein (eine höchst erwägenswerte Hypothese von L. S. Wygotsky aus den frühen dreißiger Jahren, die seither kaum ernstlich in Betracht gezogen worden ist). Für jemanden, dem sich in frühester Kindheit mehrere Sprachen auf einmal eingeprägt haben, und der sich in der Zeit ständigen inneren Dialogs in mehreren Sprachen seiner Identität bewußt geworden ist, muß die Hinwendung nach außen, die sprachliche Begegnung mit anderen und mit der Welt notwendig völlig anders, metaphysisch, psychologisch anders, sein als die entsprechende Erfahrung eines Menschen mit nur einer Muttersprache. Läßt sich dieser Unterschied aber formulieren und messen? Gibt es Grade sprachlicher Ein-Falt und Viel-Falt (oder Unbehaustheit), die genau beschrieben und nachgeprüft werden können?

In welcher Sprache bin *ich,* suis-*je,* am *I,* wenn ich zuinnerst bin? Wie lautet, wie tönt das Selbst?

In der Fachliteratur finden sich wenig Antworten auf diese Fragen.[6] Und in der Tat werden sie nicht oft gestellt. Theoretische und psycholinguistische Untersuchungen über natürliche Mehrsprachigkeit sind selten. Die meisten behandeln die historischen und ethnologischen Merkmale zweisprachiger Landschaften. Und selbst auf diesem Gebiet gilt die Aufmerksamkeit vorwiegend dem Verhältnis zwischen einem Lokaldialekt und der jeweiligen Hochsprache. Über Heranwachsen und Identitätsgewinnung von Menschen unter natürlich polyglotten Gegebenheiten gibt es noch kaum, wenn überhaupt, detaillierte Berichte. Nachrichten über ein natürliches Heimatgefühl in zwei oder mehr Sprachen finden sich zerstreut in Memoiren von Dichtern, Romanschriftstellern und Flüchtlingen. Sie sind nie einer genauen Analyse gewürdigt worden. (Nabokovs »Speak Memory« und die ironischen Erinnerungen, die in »Ada« eingegangen sind, können deshalb gar nicht hoch genug bewertet werden.)

Es gibt Gründe für diese Unterlassungen. Wenn wir den Moskauer und Prager Kreis ausnehmen, die beide ausdrücklich Kontakte zur zeitgenössischen Literatur und zu im Entstehen begriffenen Werken unterhielten, kann man ruhig sagen, daß viele moderne Sprachanalytiker nicht übertrieben sprachenfreundlich gesonnen sind. Nur wenige – und das gilt besonders für die amerikanische Schule der »mathematischen Linguistik« – kennen die Hülse von mehr als einer Sprache von innen. Sprachwissenschaftliche Querverweise auf jeder Ebene – außer der einer streng strukturalen Universalität – rufen peinliche Erinnerungen an das 19. Jahrhundert und seine in Verruf geratene »vergleichende Philologie« wach. Genauso wie man in manchen Kreisen der modernen Literaturkritik die Literatur selbst insgeheim verabscheut und statt dessen Jagd auf »objektive« und verifizierbare Kriterien poetischer Exegese macht – obwohl solche Kriterien der Wirkungsweise von Literatur hoffnungslos fremd sind –, genauso besteht in der modernen Linguistik ein leises, aber unüberhörbares Mißbehagen an der wechselhaften, möglicherweise anarchischen Fruchtbarkeit natürlicher Sprachformen.

Es gibt aber auch einen respektableren Grund. Mehrsprachigkeit ist ein Sonderfall und noch dazu ein recht komplizierter. Zu einem Zeitpunkt, an dem Phonologie und Transformationsgrammatik endlich eine exakte Sprachwissenschaft aus der Taufe heben, wäre es – sagt man – absurd, über die Analyse von Tiefenstrukturen einer oder *der* Sprache hinauszugreifen. Erst wenn derartige Analysen sich durchgesetzt haben, wenn die Möglichkeit besteht, Rechenschaft (die, um die Voraussetzungen der Transformationsgrammatik zu erfüllen, erschöpfend sein muß) abzulegen über die Ketten, die Transformationsregeln erster und zweiter Ordnung und die Oberflächen-Kartographie, die korrekt die

Kompetenz eines »idealisierten einheimischen Sprechers« beschreibt, kann die Linguistik weitergehen zur Klasse der »Mehr-als-Einsprachigkeit«. Ein Mann, der seine fünf Sinne beisammen hat, fängt mit einfachen Gleichungen an, nicht mit der Topologie von Banach-Räumen.

Ganz abgesehen davon aber, ob das generativ-transformatorische Modell der Sprache tatsächlich adäquat ist, oder ob es je eine vollständige und/oder verifizierbare Beschreibung der Internalisierung von Grammatiken im menschlichen Denken geben wird, könnte die Annahme, daß »einige Sprachen« nichts weiter bedeuten als eine Variante von »einer Sprache«, falsch sein. Sie als erwiesen anzusehen, heißt jedenfalls, sich ein X für ein U vormachen. Auf Ebenen oberhalb jener rein abstrakten, metamathematischen Idealtypik könnte Mehrsprachigkeit ein Fall für sich, ein ganzheitlicher Zustand sein. Aber wenn eine zweisprachige oder polyglotte Matrix den ersten Schritten eines mehrsprachigen Kindes oder einer Gemeinschaft von der angeborenen Sprachkompetenz bis zur erreichten Performanz zugrunde liegt, dann sind diese Schritte anders als die eines einsprachigen »idealisierten einheimischen Sprechers«. Insofern alle Sätze Handlungen sind, Äußerungen innerhalb einer speziellen Sprech-Situation, muß die Art dieser Situation auch den frühen Spracherwerb beeinflussen. Es ist zumindest denkbar, daß Mehrsprachigkeit da, wo der Betroffene keinerlei Erinnerung an einen anderen Zustand hat, eine determinierende Situation ist. [...]

II

Die Mittlernatur der Sprache ist eine erkenntnistheoretische Binsenweisheit – genauso wie die Tatsache, daß jede ernst zu nehmende These über Sprache zu einer Antithese einlädt. In ihrer formalen Struktur wie in ihrem doppelten Bezugspunkt, der innen und außen liegt, ist die Diskussion über die

Sprache instabil und dialektisch. Was wir über sie sagen, ist Sache des Augenblicks. In einem Idealsystem, in dem jeder artikulierte Aufwand an Energie voll erhalten bliebe – Rabelais' Fabel, in der alle Äußerungen »irgendwo« intakt aufbewahrt werden – würde sich die Summe alles je Gesagten, wenn auch nur um ein Geringes, immer dann ändern, wenn etwas Neues gesagt wird: ein Ergebnis, das sich dann wiederum auf alle künftige Rede auswirken müßte. Was wir jetzt sagen, welche Bräuche in unserem letzten Gebrauch des Meinens und Reagierens befolgt werden, modifiziert zukünftige Formen. Wer sich der Sprache bedient, wirft den Magneten seiner Zielsuche vor sich her wie Cyranos Mondreisender. Deshalb glaube ich, daß grundsätzliche Thesen über die Sprache sich nie ganz bewahrheiten lassen. Ihre Wahrheit ist für den Augenblick wirksam, die Vermutung eines Gleichgewichts. Jede solche These, sofern man sie überhaupt ernst nehmen kann, ist eine neue Frage. Grammatisch und ontologisch ist, was über den Tod gesagt wird, ein Parallelfall. Sprache und Tod sind die beiden Sinnbereiche oder kognitiven Konstanten, in denen Grammatik und Ontologie einander determinieren. Was wir von ihnen oder besser, wie wir sie auszusagen versuchen, ist substantiell unbefriedigend. Es ist nur einfach die einzige Art, wie wir ihre Wirklichkeit befragen, das heißt, erfahren können. Nach der Kabbala hat Gott Adam mit dem Wort »emeth« – Wahrheit – auf der Stirn geschaffen. In dieser Identifizierung liegt die Einzigartigkeit der menschlichen Gattung: Ihr Vermögen, mit dem Schöpfer, mit sich und unter sich zu reden. Tilgt man den Anfangsbuchstaben »aleph«, der nach manchen Kabbalisten das ganze Geheimnis des verborgenen göttlichen Namens enthält, so bleibt »meth« übrig, das heißt: »Er ist tot«.[7] Was wir allenfalls von der Sprache – und vom Tode – sagen können, ist Wahrheit, die wir selbst nicht fassen können.

Die Einsicht, daß Sprache materielle und immaterielle Aspekte hat, daß es ein deutlich physikalisches Redesystem gibt und ein anderes, welches dies nicht ist, ist älter als Platon. Forschungen jüngsten Datums bestätigen die Differenziertheit und Anpassungsfähigkeit des menschlichen Artikulations-Apparates. Bemerkenswert ist seine Verschiedenheit von dem, den selbst die best-ausgestatteten Primaten haben.[8] Sprache in unserem Sinne wäre nicht möglich ohne die komplizierte und nachweisbar evolutionär entstandene Form des menschlichen Kehlkopfes und die Kontrolle der Stimmwerkzeuge durch das Zentralnervensystem. Anatomische und neurophysiologische Untersuchungen über die vokale Erzeugung von Signalen und über die muskularen Mittel, die Luft in signifikante wellenförmige Schwingungen versetzen, enthüllen ein ebenso präzises wie hoch differenziertes Zusammenspiel von Kehlkopf, Gaumen, Zunge und den Gegebenheiten der Sprache. Daß wir sprechen können, verdanken wir der langen Rachenhöhle, die in dieser Form nur der Mensch hat. In diesem Zusammenhang klingt Roman Jakobsons Erklärung für die Tatsache, daß so viele Sprachen die Wörter »Mama« und »Papa« haben, überzeugend. Für Mundstellung und Lautbildung des Kleinkindes sind »p« und »m« die leichtesten Konsonanten und »a« der einfachste Vokal. Wenn der menschliche Organismus sich in den einfachst möglichen Oppositionskontrasten übt, sind diese Laute der natürliche Ausgangspunkt.[9] Die akustische Ausstattung des Menschen ist ähnlich kompliziert. Hier ist jedoch die Spezifikation als Instrument weniger weit gegangen. Das Auffangen und Weitergeben der Schwingungen von Sprachlauten ist nur eine der vielen Funktionen, die das Ohr hat. Es erfüllt andere ebenso gut oder besser. Ja, man vermutet sogar, daß die Rezeption von Bedeutung ebenso sehr oder mehr noch ein Prozeß internalisierter Mimesis und rekonstruktiver Entschlüsselung ist als bloßes Hören. Biologie und Sprachforschung haben gezeigt, daß keine andere Form des sensorischen Sendens und Empfangens von Lauten den unerschöpflichen Reichtum, die minutiöse Unterscheidungsfähigkeit und Geschmeidigkeit menschlichen

Sprechens möglich machen könnte. So gesehen hat es eine nicht zu unterschätzende Bedeutung, daß die sprachliche Natur des Menschen mit all dem, was sie für sein Verhältnis zu den übrigen Formen organischen Lebens mit sich bringt, eine Angelegenheit der vergleichenden Anatomie und der neurophysiologischen Entwicklungsgeschichte ist.

Aber in anderer Hinsicht haben wir fast gar nichts damit gewonnen, wenn wir die Tätigkeit des Kehlkopfs beschreiben oder versuchen, die äußerst komplizierten, raschen und zielsicheren Bewegungen auf Millimeterpapier zu übertragen, mit denen Zunge und Gaumen gemeinsam Sprachlaute ausstoßen, von denen viele kaum unterscheidbar sind und doch ganz verschiedenen Zwecken dienen. Wir spüren beim Sprechen, daß auch Werkzeuge ganz anderer und »tieferer« Art beteiligt sind. Eine Verletzung unserer Stimmwerkzeuge kann unser Sprechen unhörbar machen. Sie kann zugleich den anscheinend unaufhörlich fließenden inneren Sprachstrom machtvoll anschwellen lassen. (Stumme haben Träume aufgezeichnet, die voller Stimmen sind.) Selbst diese tiefere Ordnung hat jedoch ohne Zweifel immer noch materielle Aspekte.

Wir wissen – spätestens seit Paul Broca –, daß bestimmte Partien des Gehirns als Sprachzentren fungieren, und daß zwischen Sprachfehlern und lokalisierten Hirnschäden Korrelationen bestehen. Viele Psychologen und Psycholinguisten gehen sogar so weit, spezielle Regionen des Gehirns als Basis für so vorrangige Sprachfunktionen wie Benennung und Symbolbildung zu betrachten. Sie postulieren dabei nur dem Menschen vorbehaltene Schaltkreise, die Querverbindungen zwischen »nicht-limbischen« oder »unabgegrenzten« Sinneseindrücken herstellen. Diese Kuppelungsvorgänge in der Großhirnrinde sind es, die die Mechanismen des Sehens, Tastens, Schmeckens und alle ihre Kombinationen mit dem Laut verbinden, durch den wir das betreffende Objekt kennzeichnen. Versuche mit Menschen, die nach langer Blindheit das Augenlicht wiedergewannen oder erst spät normal sehen lernten, lassen vermuten, daß wir überhaupt nur genau sehen, was wir berührt haben. Solche hochkomplizierten sensomotorischen Wechselbeziehungen könnten dem Erwerb und der Entwicklung der Sprache vorausgehen oder wenigstens zugrunde liegen. Allgemein formuliert: Die Beweise dafür häufen sich, daß unsere Fähigkeit, verschiedene Sinneserfahrungen am selben Gegenstand unter ein Wort oder Symbol zu subsumieren und einige primäre logische und grammatische – auf Relationen fußende – Manipulationen vorzunehmen, von physischen Gegebenheiten des Baus und »Schaltsystems« der Großhirnrinde abhängen. Die Platonische Darstellung der Metapher als Mittlerin zwischen räumlich bisher getrennten Wahrnehmungsbereichen könnte also ganz konkret in der Topologie des Gehirns eine Analogie haben oder abgebildet sein.

Dabei liegt der Akzent auf »könnte«, denn einstweilen sind wir noch auf die – allerdings begründete – Vermutung angewiesen, daß die raschen Fortschritte in der Anatomie und Neurophysiologie des Gehirns Licht in die Erzeugung und Beherrschung der Sprache bringen wird. Bezeichnenderweise bedienen sich Genetik und Molekularbiologie gerade bei ihren überzeugendsten neuen Entdeckungen einer Terminologie, die ausgesprochen »linguistisch« klingt, worauf schon oft hingewiesen worden ist. Begriffe wie Code, Informationsspeicherung, Feedback, Interpunktion und Reduplikation dienen auch zur Beschreibung der Sprachvorgänge. In dem Maße, in dem wir das Leben selbst immer mehr als dynamischen Informations-Transfer begreifen, in welchem implizite, kodierte Signale vorgegebene komplexe Mechanismen auslösen und freisetzen, rücken die Erforschung neurophysiologischer Prozesse auf der Molekularebene und die linguistische Grundlagenforschung immer enger zusammen. Quantitativ ist das Alphabet mit seinen 26 Buchstaben zwar reicher als der genetische Code mit seinen »drei Buchstaben-Wörtern«. Aber die Buchstaben-Analogie kann, wie sich ein Biologe ausdrückt: »in geradezu verblüffender Weise stimmen«. Das zeigt sich besonders, wenn man sie auf die Tatsache ausdehnt, daß die genetische wie die sprachliche Information auf einen angemessenen Empfänger bzw. Hörer angewiesen ist, der die Nachricht vervollständigt. Ohne die Aufteilung in begrenzte Abschnitte, das heißt, ohne eine »Feldstruktur« kann die Gen-Sequenz nicht »kommunizieren«. Aber viele Naturwissenschaftler und Sprachforscher halten doch die erhoffte empirische Durchdringung ihrer Fächer einstweilen noch für illusorisch. [...]

Gibt es eine Vergangenheit außerhalb der Grammatik? Das Logik-Rätsel: »Wie kann man beweisen, daß die Welt, ausgestattet mit vollprogrammiertem Gedächtnis, nicht eben erst geschaffen wurde?« läßt sich tatsächlich nicht lösen. Angaben über das, was vergangen ist, sind nie über jeden Zweifel erhaben. Ihre Bedeutung steht im Verhältnis zur Gegenwart, und dies Verhältnis wird sprachlich hergestellt. Das Gedächtnis artikuliert sich als Funktion der Vergangenheitsform des Verbums. Es wirkt durch die tiefsitzende, intuitiv erkennbare, jedoch in hohem Maße konventionelle Anwendung der Vergangenheitsformen des Verbums auf ein Radarnetz von »gestapeltem Material«, welches aber – mindestens für unser Fassungsvermögen – selbst nicht zeithaltig zu sein braucht. Die Verletzung natürlicher Ordnungen durch eine Aussage wie »es ist morgen passiert« ist zwar evident, aber schwer zu analysieren. Das entsprechende Bild könnte, in einer Relativitätsstruktur bzw. einer aus mehreren, nur teilweise kongruenten, n-dimensionalen »Zeit-Räumen« bestehenden Struktur beschrieben werden. Wenn sich bei einem solchen Satz Mißbehagen einstellt (man kann sich vor Unlogik ekeln, was nicht dasselbe ist wie das gepeinigte Sprachgefühl bei einer grammatischen Unmöglichkeit wie etwa »ein Männer«), wenn die augenblickliche Verwandlung von Präsens in Perfekt an unserem gesamten Sprechen und Handeln haftet, so geschieht das, weil unsere Praxis der Flexion des Verbums unsere Haut, unsere natürliche Topographie ist. Aus ihr konstruieren wir unsere persönliche und kulturelle

Vergangenheit, die unendlich vielteilige, aber ganz unfaßliche Landschaft »hinter uns«. Die Konjugation unserer Verbtempora hat eine buchstäbliche und körperliche Kraft, ist ein Mal, das nach rückwärts und vorwärts weist auf einer Ebene, die der Sprechende vertikal durchschneidet, der sich augenblicklich in Ruhestellung befindet und sich doch als in ständiger Vorwärtsbewegung begreift. Wenn Petrarca 1338 in »Africa« die Zeitachse gewaltsam umkehrt und die Jugend auffordert: »Geht vorwärts in das reine Strahlen der Vergangenheit«, weil die klassische Zeit die wahre Zukunft ist, wird ein bildlicher Schock spürbar:

»Poterunt discussis forte tenebris
Ad purum priscumque jubar remeare nepotes«.

Das abendländische Geschichtsbewußtsein und jene Betonung der Einzigartigkeit individueller Erinnerung, das unsere Vorstellung von der Integrität und Privatheit der Person schätzt, ist untrennbar von den vielen »Vergangenheiten«, auf die unsere Sprachen zurückgreifen können. Das Französische kennt ein passé défini, ein passé indéfini, ein passé antérieur, ein parfait (richtiger: prétérit indéfini) und ein imparfait, um nur die Haupt-Modalitäten zu nennen.[10] Keine philosophische Grammatik hat bisher eine Untersuchung der logischen Möglichkeiten, Tönungen und semantischen Merkmale der Vergangenheitsformen und ihrer Abstimmung aufeinander vorgelegt, die es mit »A la Recherche du Temps perdu« aufnehmen könnte: ein Titel übrigens, der an sich schon ein Spiel mit Grammatik ist. Prousts erzählte, minutiös unterschiedene Vergangenheiten sind Wiedererkennungen der »Sprach-Distanzen«, die wir voraussetzen und durchmessen, sobald wir Erinnerungen mitteilen. Seine Kontrolle über die Grammatik ist so hochsensibel, die souverän in die Sprache eingestreuten psychologischen Stimuli sind so aggressiv und durchdacht, daß das Tempus des Verbums nicht nur als genaue Ortsanweisung fungiert – wir wissen bei jeder Äußerung, wo wir uns befinden –, sondern auch als Beleg für die zutiefst sprachliche und formal syntaktische Natur der Vergangenheit. Wenn der Abbé Sieyès mit seinem lakonischen »J'ai vécu« die Frage nach seinem Leben während der französischen Revolution erschöpfend beantworten konnte, so nur deshalb, weil das Perfekt ohne jede präpositionale oder adverbiale Zugabe ein ganz besonderes Vergangensein markiert, einen Bereich scheinbar nur vager Erinnerung, der jedoch durch das ironische Urteil äußerst präzisiert wird. Gegen Ende von Chateaubriands Meisterwerk »La Vie de Rancé« stehen ein paar einfache Sätze: »il tombait dans un silence consterné qui épouvantait ses amis. Il fut délivré de ses tourments par suite du changement des choses humaines. On passa du crime à la gloire . . .« In dieser kurzen Sequenz wirken nicht weniger als drei Koordinatensysteme zusammen. Ein erzählendes Imperfekt, das fast ein Präsens ist, wechselt abrupt in eine Definitivität über, deren Endgültigkeit durch das Passiv verschärft wird (welches selbst durch die positiven und negativen Implikationen von »délivré« vorbereitet wurde). Eine ebenso dynamische wie unpersönliche »einfache Vergangenheit«, »On passa«, umgreift dann das Geschehen und tönt es zart aber unmißverständlich als ironische Vergebung.

Was ist die Psychoanalyse anderes als der Versuch, an eine sprachlich konstruierte Vergangenheit heranzukommen und ihr substantielle Autorität zuzusprechen? Die Vergangenheit muß durch das gegenwärtige Gespräch zurückgerufen werden: Orpheus steigt zum Licht empor, aber mit entschieden rückwärts gewandten Blicken. Freies Assoziieren und das provozierende Echo des Analytikers sorgen dafür, daß die Erinnerung oder besser, Sammlung, aufschlußreich und doch spontan bleibt. Aber nach welcher Methode er auch vorgeht, die Auferstehung erfolgt sprachlich. Vergangenheit wird so geschaffen wie Revolutionäre sie auslöschen, wenn sie mit »l'An I« die Zeit neu beginnen. Insofern die Psychoanalyse auf die faktische Gleichsetzung einer »wahren Vergangenheit« mit Wort-Ketten in der Vergangenheitsform angewiesen ist, das heißt, weil sie Wirklichkeit mit dem Spaten der Grammatik exhumiert, dreht sie sich ständig um ihre eigene Achse. Jeder Zeitpunkt zeugt den, der ihm vorhergegangen ist. Welche Zeitform des Verbums eine Äußerung auch benutzt, sie selbst ist Gegenwart. Erinnerung ist immer jetzt.[11]

Benedetto Croces Diktum: »Alle Geschichte ist Gegenwartsgeschichte« trifft genau das ontologische Paradoxon der Vergangenheitsform des Verbums. Die Historiker merken zunehmend, daß die überkommene Form der Erzählung und der implizierten Wirklichkeit, mit der sie arbeiten, philosophisch anfechtbar ist. Das Dilemma liegt mindestens auf zwei Ebenen. Die erste ist die semantische. Das Material des Historikers besteht hauptsächlich aus in der und über die Vergangenheit gemachten Äußerungen. Wie soll er, bei dem ständigen Wandel der Sprache – nicht nur was Wortschatz und Syntax, sondern auch was die Bedeutung betrifft –, seine Quellen interpretieren, sie übersetzen? Frege hat angenommen, daß es jenseits des Strömens der Sprache einen »dritten Bereich« gibt – ein wesentlich platonischer Ausdruck übrigens –, in dem die Bedeutung einen zeitlosen Status hat. Carnap spricht sich in »Philosophy and Logical Syntax« etwas vorsichtiger dafür aus, daß gewisse Haupt-Dispositionen des Fühlens und Wollens Bestand haben. Aber selbst wenn es solche dauerhaften Bedeutungseinheiten geben sollte: Wie kann der Historiker sie an den Tag bringen? Wenn er ein altes Dokument liest, die Erzählweisen früherer Geschichtsschreiber vergleicht, Sprech-Akte interpretiert, die in näherer oder fernerer Vergangenheit stattgefunden haben, »entdeckt er, daß er mehr und mehr Übersetzer im technischen Sinne wird«.[12]

Ich habe am Anfang dieses Buches zu zeigen versucht, wie delikat die Kunstgriffe, wie ungesichert die Voraussetzungen solcher »Übersetzung« oft sind. Man könnte behaupten – obgleich ich widersprechen würde –, daß das in der Geschichte folgenreicher als in der Literatur ist. In gewissem Sinne geben aufeinanderfolgende Fehlinterpretationen oder nachahmende Wiederholungen eines literarischen Textes ihm eine neue, aber durchaus mögliche »Bedeutung«. Spätere Lesarten können schon deshalb natürliche Abwandlungen sein und das Weiterleben literarischer Werte sichern, weil diese in hohem Maße metaphorisch und/oder nicht diskursiv sind. Die Wahrheitsfunktion läßt sich nicht festnageln. Daher J. L. Austins erhellende Bemerkung, das »Witze- oder Gedichte-Machen« sei ein »parasitärer Sprachgebrauch, der ›nicht ernst‹ ist, nicht ›der volle normale Gebrauch‹«.[13] Der Historiker dagegen muß »es richtig mitbekommen«. Er muß nicht nur entscheiden, *was* gesagt worden ist (was in Anbetracht des Zustands der Quellen und der widersprüchlichen Zeugnisse äußerst schwierig sein dürfte), sondern auch, was mit dem, was gesagt wurde, *gemeint* war und welche verschiedenen Verständnisebenen das Gesagte erreichen konnte. In Austins Schema wird eine »illokutionäre Kraft der Äußerung« zwar mit dem gemeinten Sinn der Äußerung gleichgesetzt, muß aber doch als etwas »Zusätzliches« und Wesenhaftes erfaßt werden. Ob der Begriff »illokutionäre Kraft« zweckmäßig ist (Austin selbst hat Zweifel),[14] oder ob er eine wichtige Ergänzung der Unterscheidung von Ogden-Richards zwischen »symbolischen« und »emotionalen« Funktionen der Bedeutung ist, braucht uns hier nicht zu kümmern. Das Problem des Historikers hinsichtlich dessen, worüber er spricht, ist jedenfalls echt. Er muß sein verbales Dokument nicht nur auf der grammatisch-lexikalischen Ebene »erklären«, das heißt, paraphrasieren, übertragen, glossieren, sondern auch »verstehen«, das heißt, zeigen, »*wie*, was gesagt worden ist, gemeint war, und welche Relationen demnach zwischen mehreren divergierenden Aussagen selbst in einem einzigen allgemeinen Kontext bestanden haben können«.[15] Und die auf diese Weise gewonnene »Bedeutung« muß die »wahre« sein. Durch welche magische Metamorphose kann der Historiker das leisten?

Er »muß all die verschiedenen und zudem höchst instabilen Situationen überprüfen, in denen die gegebene Wortform sinnvollerweise auftauchen kann – all die Funktionen, die die Wörter haben können, all das Verschiedene, was man mit ihnen machen kann«.[16] Wenn er eine Periklesrede oder ein Edikt von Robespierre vor sich hat, »muß er alle konventionellen Kommunikationsmöglichkeiten« kennen, »die durch Äußerung der betreffenden Äußerung bei dem betreffenden Anlaß durchführbar gewesen wären«[17]. Das ist gewiß ein liebliches Ideal, das das Dilemma des Historikers hell beleuchtet. Aber die vorgeschlagene Lösung ist linguistisch und philosophisch naiv. Es ist völlig unmöglich, »alle Funktionen« zu bestimmen, »die Wörter zu einer bestimmten Zeit erfüllen können«. »Alle konventionellen Kommunikationsmöglichkeiten, die durchführbar gewesen wären« lassen sich nie registrieren und analysieren. Die Bestimmung der Ausmaße des möglichen Kontextes (welche Faktoren haben denn wirklich auf den gemeinten Sinn dieser oder jener Aussage eingewirkt?) ist im Fall des historischen Dokuments fast ebenso subjektiv, so begrenzt von Unentscheidbarem wie bei einer poetischen oder dramatischen Passage. Die Bedeutung eines in der Vergangenheit geäußerten Wortes oder Satzes ist weder ein einzelnes Ereignis noch ein klar umrissenes Netz von Ereignissen. Vielmehr ist sie die selektive Neuschöpfung des Interpreten aufgrund von Vermutetem oder Allgemeinem, das er mehr oder weniger versteht und erfaßt hat. Die illokutionäre Kraft jeder in der Vergangenheit gemachten Aussage ist über ein komplexes pragmatisches Feld verstreut, das den lexikalischen Kern umgibt. Wo überdies findet sich – worauf ich schon hingewiesen habe – irgendein Beweis dafür, daß die Funktion der Sprache, ihr Platz in der Gesamtheit eines semiologischen, kulturellen Kontextes unverändert geblieben ist? Verschiedene Zeitalter und Kulturen gehen verschieden mit Wörtern, mit sprachlichen Tabus und Stilebenen des Vokabulars um. Sie ordnen ihrer Bezeichnung von Gegenständen vermutlich unterschiedliche Wahrheits-Werte und Wirklichkeits-Postulate zu. Thukydides' Einschätzung der Wahrheit von Reden, die er »berichtet«, wobei »berichten« in diesem Falle eine komplizierte Mischform aus Typologie und übertreibender Dramatisierung ist, muß zusammen gesehen werden mit der ganzen Problematik der griechischen Auffassung von der Autorität, die der Sprache über die oder »gegenüber der« Wirklichkeit zusteht. Wie können wir über diese Auffassung Gesetze verhängen, die wir nur mutmaßliche lexikalische Entsprechungen für die damals gebrauchten Wörter haben?[18] Die Erhellung dessen, was »unter diesen Umständen, für dieses Publikum, zu diesem Zweck und mit dieser Absicht« (nach Austin die Kriterien für die Bestimmung von wahren und falschen Äußerungen) gemeint, impliziert, verheimlicht, aus gutem Grund weggelassen oder doppeldeutig war, kann daher nie auf eine einzige, streng verifizierbare Methode reduziert werden. Sie muß ein selektives, in hohem Maße intuitives Verfahren bleiben, das sich möglichst seiner Begrenztheit und seines in mancher Hinsicht imaginativen Charakters bewußt sein sollte. Es hängt, mit Schleiermachers Worten, von der Kunst des Hörens ab. Dabei handelt es sich aber nicht nur um ein semantisches Dilemma. Rudolf Bultmann hat in seiner Studie über die Evangelien gezeigt, daß man alte Texte nicht »voraussetzungslos« lesen kann. Der Leser geht genau wie an alles, was gegenwärtig auf ihn einstürmt, auch an Vergangenes mit einem geistigen Rüstzeug heran, das gegenwartsverhaftet ist. »A la vérité«, sagt Marcel Bloch, »consciemment ou non, c'est toujours à nos expériences quotidiennes que pour les nuances, là où il se doit de teintes nouvelles, nous empruntons en dernière analyse les éléments qui nous servent à reconstituer le passé: les noms mêmes dont nous usons afin de caractériser les états d'âmes disparus, les forces sociales évanouis, quel sens auraient-ils pour nous si nous n'avions d'abord vu vivre des hommes?«[19] Die Vergangenheitsformen des Verbums, die der Historiker in Dokumenten vorfindet und selbst verwendet, wurden und werden mittels einer Linguistik erzeugt, die »aus« und »mit« Gegenwart arbeitet. Außer in der Mathematik und vielleicht in der formalen Logik – die Frage ist strittig – gibt es keine überzeitlichen Wahrheiten. Jede jetzt zustande kommende Artikulation eines vermuteten vergangenen Faktums ist eingewirkt in einen kunstvollen, hauptsächlich unbewußten »Stoff« aus Konventionen über den »Wirklichkeits-Gehalt« der Sprache, über die »wahre Anwesenheit« der Vergangenheit in sprachlichen Symbolpraktiken und über die Zugänglichkeit des Gedächtnisses für die grammatische Kodierung. Logisch völlig stimmig ist keine dieser Konventionen. Wenn wir Vergangenheitsformen verwenden, wenn wir uns erinnern, wenn der Historiker »Geschichte macht« (denn das tut er im Grunde), sind wir auf etwas angewiesen, das ich von nun an und bei der ganzen Behandlung der Übersetzung »axiomatische Fiktionen« nennen werde.

Zum rationalen Denken, zum Sprechen und zu gemeinschaftlicher Erinnerung, ohne die es Kultur nicht geben kann, sind axiomatische Fiktionen gewiß unentbehrlich. Ihr Berechtigungsstatus ist jedoch dem der Grundlagen der euklidischen Geometrie vergleichbar, mit der wir gewohnheitsmäßig und sorglos in einem dreidimensionalen, gelinde idealisierten Raum operieren. Auch sie sind axiomatisch, brauchen aber weder unvermeidlich noch absolut zu sein. Andere Räume sind möglich. Andere Koordinatensysteme als die Achse Vergangenheit, Gegenwart, Zukunft sind vorstellbar. Und selbst im Vollzug unseres Arbeitens mit und in unseren partikularen axiomatischen Fiktionen tauchen Randzonen des Paradoxen, der seltsamen Einmaligkeit auf. Diese Wahrscheinlichkeit ist von entscheidender Bedeutung für eine Erforschung der Sprache und des Geistes. Manchmal »stimmt« eine Grammatik nicht ganz, und willkürliche oder landsmannschaftliche Annahmen können uns zum Ärgernis werden, wo etwas bisher nach einer »natürlichen« Sprachgeste aussah. Die Nachbarschaft des Paradoxen bei unserem Umgang mit Vergangenheitsformen – Augustinus sagt angemessen »praesens de preteritis« (die Vergangenheit ist immer gegenwärtig) – läßt sich nie ganz auflösen. Humes Demonstration (Treatise II, 12), daß wir uns Vergangenheit nicht als fest umrissenes Objekt vergegenwärtigen können, ist und bleibt gültig und zugleich eine Herausforderung. Sie weist auf jenes Doppelverhältnis, in welchem die Sprache sich in der Zeit ereignet und eben diese Zeit, in der sie sich ereignet, zum großen Teil erschafft.

Es könnte sein, daß – um Kierkegaard zu zitieren – Zweifel an der Vergangenheitsform des Verbums lediglich »ästhetisch« sind. Die Zukunftsform des Verbums dagegen rührt unmittelbar an den Pulsschlag der Existenz. Ihr Status bestimmt unsere Vorstellung vom Sinn des Lebens und von unserem persönlichen Ort in diesem Sinn. Kein einzelner Mensch, ja, nicht einmal eine ganze Kultur, kann den Begriff Zukünftigkeit erschöpfend definieren, und jede dafür zuständige Wissenschaft – Ontologie, Metaphysik, Poetik und Grammatik futurischer Formen, die Rhetorik politischer, gesellschaftlicher, utopischer Zukunftsmöglichkeiten, eine modale Logik der zukünftigen Konsequenzen – ist eine Disziplin per se. Manche dieser Disziplinen stecken noch in den Kinderschuhen. Alles was ich tun kann, ist, verschiedene Richtungen anzudeuten.

Wieder steht, wie angesichts der verschwenderischen Fülle an Sprachen, am Anfang das Staunen, ein Entzücken über die bloße Tatsache, daß es futurische Formen *gibt*, daß Menschen grammatische Regeln erfunden haben, die vernünftige Aussagen über morgen, über die letzte Mitternacht unseres Jahrhunderts, über Position und Helligkeit der Vega nach Ablauf einer halben Billion von Jahren möglich machen. Diese geschmeidige Kraft der Projektion mit allen ihren Unterscheidungsmöglichkeiten – Antizipation, Zweifel, Vorläufigkeit, induktive Wahrscheinlichkeit, Bedingtheit, Furcht, Hoffnung – ist vielleicht die größte Leistung des Neo-Cortex, jenes Teils des Gehirns, der die Menschen von niederen Säugetieren unterscheidet. Ich erinnere mich noch, daß ich als Kind geradezu einen Schock erlebte, als mir klar wurde, daß man über eine ferne Zukunft etwas sagen kann und sogar ein gewisses Recht dazu hat. Ich weiß noch, wie ich am Fenster stand, und der Gedanke, daß ich an einem normalen Ort stand, und zwar »jetzt«, und etwas über das Wetter und diese Bäume in fünfzig Jahren sagen konnte, ließ mich körperlich erschauern. Die Verbformen des Futurums, besonders die konjunktivischen, schienen mir buchstäblich von magischen Kräften besessen zu sein. Ihre Machtfülle kann einen ähnlichen Schwindel erregen wie sehr hohe Zahlen. (Es gibt Sanskritisten, die vermuten, daß die Entstehung grammatischer Systeme des Futurums mit dem erwachenden Interesse an rekursiven Reihen sehr hoher Zahlen zusammenfällt.) Ich konnte kaum glauben, daß der »Code Civil« keine Einschränkungen für den sprachlichen Gebrauch der Zukunft enthält, daß jedermann sich mit so okkulten Kräften wie dem futur actif, dem futur composé, dem futur antérieur abgeben durfte. Nur das futur prochain, das ein etwas nach vorn geneigtes Präsens ist, fand ich vertrauenswürdig. Ich hegte den Glauben, daß weisere Republiken als unsere die Verschränkung von Sprache und Leben besser durchschaut und die hemmungslose Vergeudung prophetischer, hypothetischer, unwirklicher Formen einfach verboten hätten. Ich stellte mir Kulturen vor, in denen futurische Prädikate, Optative und indefinite futurische Formen nur bei feierlichen Anlässen erlaubt sind. Geheimnisumwittert wie die Tabu-Wörter, hätten sie in der Alltagssprache nichts zu suchen, sondern gehörten zu den religiösen Riten. Der uneingeschränkte Sprachverkehr mit unbekannter künftiger Zeit wäre Sache einer eingeweihten Kaste. Dem Volk dagegen würde man nur eine bestimmte Anzahl Zukunftsaussagen genehmigen – meinetwegen pro Kopf ein Dutzend im Monat. Eine solche Rationierung ist gar nicht so utopisch. Schließlich weiß man ja von behördlichen Anordnungen über Alchimie und Destillation von Giften. Der Stalinismus hat gezeigt, wie ein politisches System die Vergangenheit in Acht und Bann schlagen und genau vorschreiben kann, wieviel Erinnerung den Lebenden und wieviel Vergessenheit den Toten gestattet ist. Man kann sich durchaus ein entsprechendes Verbot des Futurums vorstellen, zumal die Formen jenseits des futur prochain notwendig die Möglichkeit eines gesellschaftlichen Wandels beinhalten. Wie wäre wohl das Leben in einem totalen, totalitären Präsens, in einer Sprache, die Aussagen über die Zukunft nur für die Spanne bis, sagen wir, nächsten Montag zuläßt?

In dem Schauspiel »Die Befristeten« (1956) hat Elias Canetti eine politische Ordnung mit Sperrvorrichtungen gegen die Zukunft entworfen. Es handelt sich um eine Stadt irgendwo und irgendwann jenseits der atomaren Ängste und Rätsel unseres gegenwärtigen Zustands, in der jeder Einwohner statt eines Namens eine Nummer hat, die seine Lebensdauer anzeigt. Niemand schilt mit einem Kind, das »Zehn« heißt, weil ihm nur so wenig Zeit bleibt. Ein Mann namens »Achtzig« läßt es sich zeitlebens wohl sein, und sei er noch so unnütz und einfältig. Niemand stirbt, bevor er an der Reihe ist. Aber niemand überlebt auch seinen »Augenblick«. Vollendete Gewißheit hat ältere, kaum noch vorstellbare Qualen der Ungewißheit ersetzt. Aber diese Gewißheit ist subtil beeinträchtigt. Kein Bürger ist bereit, sein genaues Geburtsdatum zu verraten, oder mag über das eines anderen klatschen. Das wahre Datum steckt in einem versiegelten Medaillon, das jeder an einer Kette um den Hals tragen muß. Wenn der »Augenblick« naht, bricht der Verwalter der Medaillons – der allein dazu befugt ist – das Siegel und vergewissert sich, daß Lebenszeit und Taufnummer genau übereinstimmen. Aber in der Stadt lebt ein Aufrührer, ein Mann, dem es die große Freiheit einer ungewissen Zukunft angetan hat. Seine Rebellion gelingt, und es zeigt sich, daß die Medaillons leer sind. Aber der Sieg ist zwiespältig, denn vor den offenen Toren der Zukunftsformen des Verbums warten uralte Ängste und Chaos.

Vielleicht das Interessanteste an dem phantastischen Spiel ist die Aplanierung der Syntax. Die Gespräche der Liebenden

oder der Kollegen bei der Arbeit stehen in einem weit-
schweifigen, aber luftleeren Präsens. Jede Nuance des Zweifels ist wie ausgeschnitten aus dem Gewebe des Denkens
und Sprechens, und auch die Hoffnung trottet an kurzer
Leine. Wie Dostojewski im »Großinquisitor« verweist Canetti mit seiner Fabel auf die Verschränktheit von Freiheit
und Ungewißheit. Die Moral des Stückes ist unmißverständlich. Aber auch im täglichen Leben und in der Alltagssprache hat die Großzügigkeit, mit der wir über »Künftiges«
verfügen, spukhafte Aspekte. Als Kind fürchtete ich, die
Fülle ins Offene hinausgeschleuderter Aussagen über morgen und übermorgen könnte sich wie der Zauber eines He-
xenmeisters auf die Zukunft auswirken. Trieben die vielen
stolzen Verben der Absicht und des Versprechens, der Vermutung und Erwartung nicht Raubbau mit dem Vorrat an
Zeit? Sind die Menschen von jeher so verschwenderisch mit
ihr umgegangen? Oder waren die Vorläufer unserer Grammatik gelassener? Ließen sie sich etwa nur mit Zaudern auf
eine Zukunftsform des Verbums ein, so wie man am frühen
Morgen zaudernd ins kalte Wasser steigt?
Wir wissen es nicht. Die Vor- und Frühgeschichte der Sprachen beschränkt sich einstweilen noch auf theoretische Konstrukte von Parasprachen, die sie durch vergleichende Analyse bestehender phonetischer und grammatischer Formen
gewinnt. Sie reicht zudem nur bis etwa 4000 v. Chr.[20] Auch
die Erfahrungstatsache, daß das Kleinkind anfangs die Verben ohne temporale Markierung gebraucht, ist für die Onto-
genese der Sprache nicht eindeutig erhellend. So ist es begreiflich, daß es noch keine Geschichte der futurischen Formen gibt.
Sollte sie aber einmal geschrieben werden, so müßte sie zum
Teil philosophisch sein. Sie müßte die Ansichten der Metaphysiker, Theologen und Logiker über die formale und
grammatische Gültigkeit aller Formen des Futurums zusam-
mentragen. An vielen Stellen wäre sie eine Geschichte des
Problems der Induktion. Bei Beschränkung auf das abend-

ländische Denken und die bekanntesten Namen müßte sie sich mit Aristoteles, den Stoikern, Augustinus, Thomas von Aquin, Ockham und Malebranche auseinandersetzen. Die Behandlung des Zeitproblems bei Leibniz, Hume, Kant und Bergson würde folgen. Schließlich käme sie zu den Thesen über Realität und logische Struktur von Tempus-Sätzen bei C. S. Peirce, Eddington, McTaggert, Frege und C. D. Broad. Die Literatur über alle diese philosophischen Positionen und ihre historischen und systematischen Beziehungen untereinander ist umfangreich und oft sehr spezialisiert.[21]

Was Logik und Substantialität des Futurischen betrifft, so gibt es nur wenige Fragen, die nicht schon Aristoteles in der »Physik«, der »Metaphysik« und im berühmten 9. Kapitel von »De Interpretatione« gestellt hat. Seine Untersuchung von Ursachen, Bewegung und Entelechie oder teleologischer Intentionalität lebendiger Formen enthält natürlich eine Ansicht über futurische Aussagen. Der weitgespannte Rahmen seiner Argumentation und die Vielheit der Zusammenhänge, in denen das Problem auftaucht, machen es jedoch schwierig, eine Lehre zu isolieren. Das Griechische bot ihm die Möglichkeit, von »den Jetzten« (τὰ νῦν) zu sprechen und damit schon die Schatten moderner Theorien vielfacher Zeiten vorauszuwerfen. An anderer Stelle geht er jedoch so weit, zu behaupten, daß Verben, die nicht im Präsens stehen, überhaupt keine richtigen Prädikate seien, sondern »Fälle«, ähnlich denen der Deklination des Nomens. Vielleicht kommt man ihm am nächsten, wenn man sagt, daß seine Theorie der Zeit als zyklisch, aber nicht genau wiederholend, eine zwar allgemeine, aber keine individuell kennzeichnende Logik des Futurums aufweist. Eine Entelechie der Formen aus einem »vorgegebenen Vorrat« von Potentialitäten verlangt eine Logik futurischer Sätze, obwohl es eine Logik ist, die, sofern sie Begriffe wie Bewegung und Dauer formalisieren muß, um Anomalien nicht herumkommt.[22] Die Logiker der Stoa, allen voran Diodorus Chronos, haben sich denn auch besonders für solche Anomalien interessiert.

In der frühen Geschichte der christlichen Kirchen und ihrer wichtigsten Häresien spielen Fragen der Prädestination, des Vorherwissens und des Wesens göttlicher Allwissenheit eine wichtige Rolle. Diese Themen und die von ihnen ausgelösten ontologischen und grammatischen Debatten haben bis heute ihre Spuren in der abendländischen Logik hinterlassen. So haben die Betrachtungen des heiligen Augustinus über den sprachlichen und gedanklichen Zeit-Strom im XI. Kapitel der »Confessiones« nichts von ihrer Aktualität verloren.[23] »Quid est ergo tempus? Si nemo ex me quaeret, scio. Si quaerenti explicare velim, nescio.« (»Was ist also Zeit? Wenn mich niemand fragt, weiß ich es; will ich einem Fragenden es erklären, weiß ich es nicht.«) Diese Erfahrung der Zeitlichkeit als der offensichtlichsten, aber unerklärlichen Bewußtseinstatsache liegt seinem Gedankengang zugrunde. Vor der Schöpfung gab es keine Zeit, kein »dann«: »Non enim erat tunc.« Gottes Zeit ist ewige Gegenwart, außerhalb der Achse Vergangenheit, Gegenwart, Zukunft. Wir dagegen erfahren uns nur »in der Zeit«. Geistige Regungen wie Reue, Verantwortlichkeit für unser Handeln, Gebet und Vorsatz haben nur in der Abfolge der Zeiten eine Bedeutung. Aber wie verhält sich die Zeit-Struktur des Menschen zur göttlichen Zeitlosigkeit? Augustinus beantwortet diese Frage, indem er die Zeitlichkeit in den Geist hineinnimmt. »Eine Gegenwart von Vergangenem«, »eine Gegenwart von Gegenwärtigem« und »eine Gegenwart von Zukünftigem« (Übers. Joseph Bernhart) sind für ihn Realitäten des Geistes, die sich zu Gottes Allewigkeit verhalten wie menschliches Wissen zu Gottes Allwissenheit. Der Gedanke der göttlichen Allwissenheit wiederum war es, der – in Fragen wie: Was bedeutet es, daß Gottes Allwissenheit auch alles Zukünftige enthält, das heißt, vorherbestimmt? und: Kann Gott sich selbst ein unlösbares Rätsel stellen? – die Diskussionen über die Tempora bei Thomas von Aquin und Ockham und in den Debatten des 15. Jahrhunderts über kontingente Formen des Futurischen auslöste.[24] Noch heute haben die Spitzfindigkeit, die Hingabe an absurde und transzendentale Sorgen, von denen diese analytischen Texte beseelt sind, etwas Bewegendes. Die Modallogik rührt hier an den Nerv der Beziehung des Menschen zu Gott und an jene lebenswichtigen Kontingenzen, ohne die diese Beziehung nur nackter Terror wäre.

Die wissenschaftlichen Errungenschaften des 17. Jahrhunderts und die Skepsis der Aufklärung haben dem weiteren Gang der Auseinandersetzung gewiß den theologischen Stachel genommen. Die Kühle und psychologische Freimütigkeit von Hume sind dafür bezeichnend. Äußerungen und Urteile über die Zukunft sind nach ihm weder Angaben über, noch Folgerungen aus der Erfahrung. Sie ergeben sich einfach aus der Annahme natürlicher Gleichförmigkeit und aus in Furchen geronnenen Denk- und Sprachgewohnheiten. So gründet sich der für die Induktion entscheidende Gedanke, daß die Zukunft ähnlich wie die Vergangenheit sein wird »nicht auf irgendwelche Argumente, sondern hat sich ganz aus Gewöhnung ergeben« (Enquiry I.11). Fragen der Kontingenz, der Möglichkeit, des Zweifels behandelt man am besten als Unterscheidung zwischen zutreffenden und nicht zutreffenden Voraussagen. Die logischen Regeln der Induktion sind aus demselben assoziativen und affinitiven Stoff gemacht wie das normale geistige Leben. Humes Modell von kraftvoller Nüchternheit übte einen mächtigen Einfluß auf den Hauptstrom des abendländischen Denkens aus. Selbst der Widerspruch dagegen, wenn etwa Kant sich mit seiner Kategorienlehre von Zeit und Raum ihm entgegenstellt, ist doch in seinem Gedanken, daß die Zeit und unsere Erfahrung von ihr als gerichtete Folge »in den Tiefen des menschlichen Geistes begraben sind« eine Vertiefung der Psychologie von Hume. Sein Moralismus reicht jedoch weiter. Der kurze Traktat von 1794 »Über das Ende aller Dinge«[25] handelt von dem unheimlichen, eingeborenen Drang des Menschen, über »letzte Dinge« zu rätseln. »Der Gedanke ... ist furchtbar erhaben, zum Theil wegen seiner Dunkelheit, in der die Einbildungskraft mächtiger, als beim hellen Lichte zu wirken pflegt. Endlich muß er doch mit der allgemeinen Menschenvernunft auf wunderbare Weise verwebt sein...« Der Schwur des Engels in der Apokalypse (10), »daß hinfort keine Zeit mehr sein soll«, hat »mystische Weisheit«, aber keine Intelligibilität. Gleichwohl haben der Drang der Vernunft, über Zukünftiges nachzudenken, und die innere Logik der Reihenfolge, die Prädikationen futurische Formen gibt, große moralische Bedeutung. Die Ausweitung der Kausalität auf die Folgen in der Zukunft, Hand in Hand mit der rationalen Einbildung – mehr ist es wohl nicht – eines Endzweckes aller menschlichen Dinge sind unerläßlich für unser richtiges Verhalten. Nach Kant ist Zukünftigkeit eine notwendige Bedingung der Möglichkeit von sittlichem Sein. Darüber hinaus brauchen wir nicht zu spekulieren. »Denn die Vernunft« – so heißt es in Kants einprägsamer Sprache – »hat auch ihre Geheimnisse«. [...]

Sehr viel schwerer als eine historische Darstellung der formalen, analytischen Behandlungen von Zukünftigkeit wäre der Versuch einer Geschichte tatsächlicher menschlicher »Zukünfte« und Optative. Wie gesagt gibt es sie noch nicht, sondern nur problematische Vorstellungen von dem in Frage kommenden Quellen- und Belegmaterial. Daß in den gesellschaftlichen und psychologischen Konventionen, welche die futurischen Formen regeln, in den nach Kulturen verschiedenen induktiven oder prophetischen Sprechakten große Wandlungen vor sich gegangen sind, ist kaum zu bezweifeln. Es tritt deutlich in literarischen Texten, an Riten und beim Vergleich idiomatischer Wendungen zutage. Wir haben und äußern nicht mehr dieselben antizipatorischen, stochastischen, projektiven Vorstellungen wie etwa die Jonier des 6. Jahrhunderts v. Chr. Aber wie will man denn überhaupt, bei noch so gewissenhaftem philologischen Vorgehen, das »vergangene Futurum« einer Sprachgemeinschaft einholen, da man schon weiß, daß jegliche Zukunftskonzeption von zahlreichen gesellschaftlichen, historischen, religiösen Variablen abhängt, die ihrerseits wieder von ihr abhängen. Einmal mehr drehen wir uns im hermeneutischen Zirkel, weil wir nur mittels Sprache Sprachschichten, die älter sind und tiefer liegen als unsere eigene Sprachwirklichkeit, wieder explizit machen und übersetzen können. Ich muß mich hier mit ein paar Hinweisen auf Höhepunkte und Synapsen des abendländischen Zukunfts-Denkens (eine wesentliche, aber notwendige Einschränkung) begnügen, die ein dereinstiger Chronist des Futurums unbedingt näher untersuchen muß.

In der hebräischen Syntax des Alten Testamentes, in der es »keine Tempora« gibt, spielt das Futurum eine große Rolle. Gottes Wort, zeitlos, aber in die Zeit gesprochen, ist mit der besonderen eschatologischen Zeitvorstellung eines bestimmten Volkes eigenartig vermengt. Schon sehr früh scheint sich die Unterscheidung zwischen zwei verschiedenen Arten der Vorausschau entwickelt zu haben. Niemand, heißt es im 5. Buch Moses (18:10) »darf ein Weissager oder ein Tagewähler oder der auf Vogelgeschrei achte« sein. Auch im 3. Buch Mose (19:26) heißt es: »Ihr sollt nicht auf Vogelgeschrei achten noch Tage wählen.« Wie die Geschichte von Bileam deutlich macht, verstößt Wahrsagerei gegen das Gebot. Deshalb »ist kein Zauberer in Jakob und kein Wahrsager in Israel«. Der Geisterbeschwörer, die Hexe von Endor behaupten, Gottes verborgenen Ratschluß zu kennen, statt seinen offen verkündeten Willen zu lesen. Der echte Prophet (nabi) hat dagegen in der klassischen Periode des hebräischen Fühlens ein sehr komplexes und einzigartiges Verhältnis zur Zukunft: das der »vermeidbaren« Gewißheit. Als bloßer Verkünder des göttlichen Wortes kann er nicht irren. Sein Gebrauch des Futurums ist tautologisch. Die Zukunft ist für ihn gänzlich gegenwärtig, in der buchstäblichen Gegenwart seines Sprechaktes. Aber gleichzeitig – und das ist entscheidend – bewirkt gerade seine Aussage über Zukünftiges, daß die Zukunft veränderbar ist. Wenn der Mensch bereut und von seinem bösen Tun abläßt, kann Gott den Bogen der Zeit anders als vorhergesehen biegen. Nichts außer

Gott ist unwandelbar. Die Macht der axiomatischen Gewißheit des Propheten liegt in eben dieser Möglichkeit: daß seine Prophezeiung nicht eintritt. »Der echte Prophet« von Amos bis Jesaja »tut kein unabänderliches Verhältnis kund; er redet in die Entscheidungsmächtigkeit des Augenblicks hinein, und zwar so, daß gerade seine Unheilsbotschaft an diese Entscheidungsmächtigkeit rührt.« Bezeichnend dafür ist die plötzliche Wendung im Buch Amos (5:2), in der die Rede aus dem Futurum ins Perfekt zurückgeholt wird: »Die Jungfrau Israel ist gefallen, daß sie nicht wieder aufstehen kann. Sie ist zu Boden gestoßen, daß ihr niemand aufhilft.« Aber gleich darauf verkündet der Prophet im Sinne ewiger Möglichkeit, die alle Menschenzeit durchkreuzt, das Versprechen des Herrn: »Suchet mich, so werdet Ihr leben.« Hinter jeder Prophezeiung künftigen Unheils steht also eine verborgene Alternative. Diese erleuchtete Zweiseitigkeit des prophetischen Auftrags ist es übrigens, die die Geschichte von Jonas mit einem Hauch geistiger Komik umgibt.

Ein deutlicher Wandel tritt mit Jesaja und dem Wort »teudah« (Zeugnis) ein. Erst im 11. Kapitel des Buches Jesaja »wird die messianische Weissagung, die bisher in der vollen Konkretheit der gelebten Stunde und ihrer Potentialität stand, ›eschatologisch‹«. Von nun an liegt der Ton auf dem optativ-futurischen Geist des Versprechens. Der Erlöser verbirgt sich in den geschichtlichen Werken der Menschen. Er ist das Werdende, das sich aus ihnen entfaltet, und damit zugleich das Movens der Rückkehr des Menschen zu Gott. Nach der Katastrophe von Meggido 609 v. Chr. wird, laut Martin Buber, Gottes Wille zum Rätsel. Jeremias ist ein »bachun«, ein »Wachtturm«. Er versucht, das Rätsel durch moralische Einsicht zu lösen. Zum Geheimnis der göttlichen Rede hat keine Grammatik des Menschen schöpferisch unmittelbaren Zugang. Der Ruf des »Wächters« hat eine vitale, aber entäußernde Funktion: Nach Buber hat Jeremias »zu sagen, was Gott tut«.[26] Er prophezeit nicht so sehr, er deutet vielmehr. Daher sein so nie dagewesenes Zwiegespräch – wie auf einer Ebene – mit Gott. Am Ende der prophetischen Tradition steht Hesekiel: auf der Grenze zwischen Prophetie und Apokalypse, zwischen unmißverständlicher Botschaft und hermetischem Code. Die Rätsel und Bilder in seinen Weissagungen wirken oft fast persisch oder griechisch.

In den Anfängen der prophetischen Literatur kommt ein einzigartiger Sinn für die Verschränktheit von Zeit und Wort zum Ausdruck. Die unverbrüchliche Treue zum Bunde mit Gott und die peinliche Befolgung seiner Gebote bringen das Haus Jakobs in Übereinstimmung mit der »Natürlichkeit« des Unbekannten. Anders gesagt: Die »Unbekanntheit« der Zukunft ist ontologisch und moralisch irrelevant. Eine wirkliche Eigenschaft, sei sie trügerisch oder bedrohlich, erhält sie erst durch menschliches Versagen, durch die Übertretung des Gesetzes. Im Vollzug der Übertretung ist jede Warnung, jede Wehklage des Propheten schon enthalten. Aber dasselbe gilt für Gottes Verheißung einer Zukunft, die er aufheben oder anhalten kann: »So will ich ihr Abtreten wieder heilen. Gerne will ich sie lieben, denn mein Zorn soll sich von ihnen wenden«, spricht Gott durch den Mund des Propheten Hosea. Die keiner anderen vergleichbare Syntax ist antizipatorisch, ein »futurisches Präsens«, das in jedem historischen Augenblick Erinnerung und Tautologie zugleich ist. Im alten Judentum ist die Freiheit des Menschen in eine komplizierte logisch-grammatische Kategorie der Umkehrbarkeit eingebettet. Die Prophezeiung ist authentisch. Was prophezeit ist, *muß* sein. Aber es *braucht* nicht zu sein, denn Gott hat die Freiheit, seine erklärte Wahrheit nicht zu bestätigen. Das ewige Präsens seines Bundes mit Israel sichert und zerrüttet das Tempus. (Wie der Prophet Jonas hat Spinoza das Paradoxon unvollzogener Notwendigkeit als philosophisches Ärgernis empfunden – und doch gesagt: »Sentimus nos aeternos esse«.)

Der futurische Konditional des hebräischen Prophetentums steht in scharfem Gegensatz zu einer anderen Ambiguität: der eigentümlichen Schicksalhaftigkeit des griechischen

Orakels. Ein Orakel irrt niemals, mindestens nicht in der Frühzeit der griechischen Geschichte. (Während der Perserkriege zeigt sich dann allerdings, daß Delphi sich geirrt hat und ihm nicht zu trauen ist.) Das Futurum des Orakels ist streng deterministisch. Wie in der Grammatik des Fluchs kann das Wort nicht zurückgeholt, der Lauf des Schicksals nicht aufgehalten werden. Aber das Orakel drückt sich oft dunkel aus und kann verschieden ausgelegt werden. Die Sprache der Pythia ist voller Gabelungen wie die Wege nach Delphi. Wer das Orakel zu Rate zieht, liest die gnomische Antwort oft falsch. Stets ist seine Situation die des Rätsellösers. Diese Konfrontation von täuschender Botschaft und einem Code-Brecher ist vielfach bezeichnend für die griechische Geisteswelt. Der Augur entziffert ein Kryptogramm mit Hilfe eines Schlüssels.[27] Hier liegt die Ursache für das ambivalente und später gestörte Verhältnis zwischen der Weissagung des Orakels und der wissenschaftlichen Vorhersage.[28] Als sich Philosophie und Naturwissenschaften entfaltet hatten, wollten sie ihre logisch-projektiven Methoden deutlich absetzen von den Künsten des Wahrsagers mit ihrem archaisch-pathologischen Ursprung. Platon unterscheidet im »Phaidros« vier Arten von Wahnsinn, der »von den Göttern« kommt. Dicht unter der urbanen Gepflogenheit der Vogelschau seiner Zeit sieht Sokrates uralte Weisen ekstatischer Prophezeiung. Die Griechen wußten, daß ihre schamanenhaften Seher Nachfahren einer Zwielicht-Zone zwischen Göttern und Menschen waren, einer Zeit der Metamorphose, in der manisch-mantische Kräfte sich willkürlich des offenen, noch unzulänglich abgegrenzten Bewußtseins der Sterblichen bemächtigen konnten. E. R. Dodds hat den Nachweis erbracht, daß sich in frühen indoeuropäischen Sprachformen Zusammenhänge von Sehertum mit Wahnsinn spiegeln.[29]

Aus diesen beiden Strömen visionärer Besessenheit und induktiver Voraussicht geht eine eigentümlich freiheitliche Schicksalsergebenheit hervor. Sowohl dem Drama als auch der Geschichtstheorie der Griechen liegen Spannungen zugrunde, die sich zwischen klar erkannter Unentrinnbarkeit und sinnvollem Handeln ergeben müssen. Greifbarer als irgendwo vorher und nachher sind in der griechischen Tragödie und bei Thukydides Voraussicht des Unabwendbaren und Erschütterung über sein Eintreten ineinander verschlungen: eine reziproke Dialektik. Wir *wissen,* was Agamemnon widerfahren wird, wenn er sein Haus betritt. Jeder Moment des Agon ist angekündigt und vorbereitet. Wir *wissen* genau, was Ödipus entdecken wird – und in einem problematischen Sinne hat er selbst es die ganze Zeit gewußt. Und doch erschüttert uns jede Nacherzählung oder Aufführung immer wieder von neuem. Die hellsichtige Tragik der griechischen Literatur beruht auf einem tiefen Paradoxon: Das Ereignis, das mit Sicherheit erwartet wird, das nach der Logik der Handlung einzig mögliche, ist auch das überraschendste. Welch nervöser Widerwille würde uns überkommen, wenn Agamemnon vom Netz zurückspringen, wenn Ödipus Jokaste gehorchen und nicht mehr fragen würde. Freiheit – der Wille, die sizilianische Expedition wider jedes Omen und jeden Instinkt, der die Katastrophe ahnt, durchzuführen, – Freiheit, eben diese, ist das Korrelat der Unentrinnbarkeit. Die letzte Zwiesprache zwischen Eteokles und dem Chor der Thebanerinnen in »Sieben gegen Theben« ist ein vollkommenes Beispiel für diese freiheitliche Schicksalsergebenheit. Wenn Eteokles weiß, daß ihn der Tod am siebenten Tor erwartet, so wird seine Tat dadurch nicht entleert. Sie gewinnt vielmehr durch dieses sein Wissen erst die Würde von Bedeutsamkeit. Die Menschen bewegen sich gleichsam in den Spalten von Mißverständnis, die das Orakel offen läßt. Oder in einem Raum der Notwendigkeit, die durch Vorauswissen Konsequenz und Logik gewinnt. Dieses psychologisch-syntaktische Gefüge ist nicht nur ungeheuer komplex. Es könnte auch dem Dasein des Menschen in der Welt besser als jedes andere, uns bekannte entsprechen.

Die Ethik der Stoa mit ihrer ehernen Heiterkeit angesichts des Unbekannten und Unmenschlichen hat hier ihre Wurzel. Wer je versucht hat, Schlüsselstellen bei Aischylos oder Heraklit zu übersetzen, weiß, daß die eigenartige Rhetorik dieser Freiheit in der Notwendigkeit, im Verein des Optativen mit dem Zwangsläufigen, sich in jeder anderen Rede höchstens annäherungsweise wiedergeben läßt. Schon Ciceros lateinische Fassung in »De Divinatione« und »De Fato« hat nicht mehr die paradoxe Gespanntheit der griechischen Quelle. Vielleicht kommt Yeats seinem Geist am nächsten in »Lapis Lazuli«:

They know that Hamlet and Lear are gay.
Gaiety transfiguring all that dread.

(Sie wissen, daß Hamlet und Lear heiter sind. Heiterkeit transfiguriert all jene Furcht.)

Heilserwartung und apokalyptische Angst kamen dem Frühchristentum sehr zugute. Im Mittelmeerraum und im Nahen Osten gab es zu jener Zeit beinahe an jedem Ort und in jeder Gesellschaftsschicht starke millenaristische Strömungen. Vergils allzuoft beschworene Verkündigung in der vierten Ekloge bringt diese Stimmung zum Ausdruck:

Ultima Cumae venit jam carminas aetas
Magnus ab integro saeculorum nascitur ordo.
Jam redit et Virgo, redeunt Saturnia regna,
Jam nova progenies caelo demittitur alto.

(Schon ist die Zeit des prophetischen Lieds der Sybille von Cumae gekommen. Und der Jahrhunderte Reigen hebt wieder an. Schon kehrt die Jungfrau zurück und beginnt des Saturn Reich von neuem, und ein neues Geschlecht steigt vom hohen Himmel herab.)

Ein neues Welt-Zeitalter beginnt – mit der Auferstehung des Gottes, mit reinigendem Feuer und als persönliche Initiation in die Geheimnisse ewigen Lebens. Wie wörtlich waren solche Erwartungen zu nehmen? Welchen Druck haben sie auf das tatsächliche Sozialverhalten ausgeübt? Wir wissen von visionären Sekten, vom Rückzug aus einer Welt, deren Ende bald kommen mußte, von der Vorbereitung auf die Mittags-Wende bei zelotischen Gemeinden und im Mithras-Kult. Viele Juden und Judenchristen haben die Zerstörung des Tempels in Jerusalem als Mahnmal einer abgelaufenen Zeit empfunden. Aber schon in den Anfängen des Christentums, besonders im Johannes-Evangelium und in der Offenbarung, überlagert eine symbolische Eschatologie die realen psychologischen und historischen Empfindungen. Welche raschen oder tiefgreifenden Veränderungen sich im Zeitgefühl, in der Grammatik temporaler Aussagen unter den ersten Christen und den Anhängern der Mysterienkulte begeben haben mögen, können wir nicht nachvollziehen. Es scheint jedoch gesichert, daß die Wiederkunft Christi eine Zeitlang als unmittelbar bevorstehend, als Ereignis in der Zeit, das die Zeit anhalten würde, erwartet wurde. Als aber die Sonne doch allmorgendlich wieder aufging, verwandelte sich der antizipatorische Glaube in eine Jahrtausend-Rechnung, in die numerologische und kryptographische Suche nach dem wahren Datum seiner Wiederkehr. Erst ganz allmählich wurde dann, mindestens in der orthodoxen Lehre, aus zwar spekulativer, aber um Exaktheit bemühter Zukunftserforschung ein Präteritum: Der Erlöser war schon gekommen – und die »Vergangenheit« seiner Wiederkehr wiederholte und vergegenwärtigte sich in jeder Feier des Sakraments. Selbst Dodd, der zuverlässigste unter den modernen Christologen, kann nicht mehr tun, als das Paradoxon zu konstatieren: »Es scheint also, daß für die Frühkirche die Wiederkehr Christi Gegenwart und Zukunft zugleich war.«[30] Wenn sich die Parallelen nicht erst in der Unendlichkeit schneiden, sondern hier und jetzt, ist alle Syntax am

Ende. Das Ereignis in der konkreten Gewalt seiner Vergangenheit, von der die Gläubigen überzeugt waren, »liegt außerhalb unserer Zeitrechnung« und hat seine eigene temporale Logik. Das Geheimnis der Wandlung, die in jeder Messe vollzogene Transsubstantiation von Brot und Wein, verkörpert wörtlich eine Herabkunft Christi, »die Vergangenheit, Gegenwart und Zukunft in einem ist«.[31]

In den fundamentalistischen und chiliastischen Bewegungen der gesamten abendländischen Geschichte kehren solche souveränen Antinomien und Achsenverschiebungen der üblichen Grammatik des Tempus immer wieder. Konventikel, Illuminaten und messianische Gemeinden haben wiederholt das Ende der Zeiten verkündet und ihr Leben darauf eingestellt. Die von Henri Focillon untersuchten »Paniques de l'an mille«, die adamitischen Schwärmer des späten Mittelalters, die Anhänger der »Fifth Monarchy« im 17. Jahrhundert in England, die »doom churches« (Kirchen des Endes der Welt), die heute in Südkalifornien gedeihen, sprechen alle eine ähnliche Sprache. Kein Tag wird mehr sein nach morgen. Die Verheißung der Offenbarung ist mit Händen zu greifen: »Denn die Zeit ist nahe.« In welchem Ausmaß solche Überzeugungen eingefahrene Sprechgewohnheiten tatsächlich ummodeln, wäre soziolinguistisch von höchstem Interesse. Aber Belege sind kaum vorhanden. Die überlieferte Geschichte der visionären Sekten besteht aus den verzerrenden Zeugnissen ihrer Zerstörer. Nur verwirrende Fetzen ihrer Rede blieben erhalten. Von den Altgläubigen in Rußland, die freiwillig in den Märtyrertod gingen, um sofort in das Reich Gottes zu gelangen, weiß man allerdings, daß sie sparsam mit dem Futurum umgingen, ja, es möglichst vermieden.[32]

Eine Unmenge Literatur gibt es über die neue, lineare, nach vorne unbegrenzte Zeitvorstellung, die die Physik Galileis und Newtons heraufbeschworen hat. Newtons religiöse Skrupel haben ihn zwar daran gehindert, die in seiner Himmelsmechanik implizierten temporalen Schlüsse selbst zu ziehen. Aber seine Nachfolger, besonders Buffon, schreckten nicht vor der Unermeßlichkeit einer absoluten Zeit zurück, wie sie ein mechanistisches, evolutionäres Modell der Erde und des Sonnensystems nicht nur vermuten ließ, sondern forderte. Die Naturphilosophie des späten 17. und des 18. Jahrhunderts ist geradezu beflügelt von dem Bewußtsein grenzenloser Geräumigkeit: von dem Vertrauen, daß genug Welt und Zeit noch für den stürmischsten Entdeckermut zur Verfügung steht, um erst einmal tief Atem holen zu können. Man fühlte sich nun nicht mehr von Kristallinischem und Konzentrischem umfangen wie noch Kepler und empfand auch nicht mehr Pascals Grauen vor der Leere. Die neue Kosmographie ist vielmehr von einer Logik unendlicher Folgen beherrscht. Ihr stärkender Ton erklingt schon 1686 in der Poesie der unermeßlichen Räume, der geordneten Ewigkeit, bei Fontenelle im Diskurs »Sur la pluralité des mondes«. In den fünfziger Jahren des 18. Jahrhunderts schließlich schlägt Kant in seiner kleinen Frühschrift »Allgemeine Naturgeschichte und Theorie des Himmels« die Brücke zwischen göttlicher Vorherbestimmung und der Weite einer grenzenlosen Zukunft: »Die Unendlichkeit der künftigen Zeitfolge, womit die Ewigkeit unerschöpflich ist, wird alle Räume der Gegenwart Gottes ganz und gar beleben und in die Regelmäßigkeit, die der Trefflichkeit seines Entwurfs gemäß ist, nach und nach versetzen.« In den Koordinaten Newtons und Kants sind endlose Zeit und Zahl eine notwendige Folge aus der Allgegenwart des Schöpfers. In dem Wort »Gegenwart« sind räumliche und zeitliche Konstanz verschmolzen. Wer der Zeit eine Grenze setzt, setzt, wie Newton deutlich sah, auch der Herrschaft der Naturgesetze und der schöpferischen Allmacht Gottes eine Grenze.

Der Glaube an »die Unendlichkeit der künftigen Zeitfolge, womit die Ewigkeit unerschöpflich ist« währte jedoch, genau besehen, nicht allzu lange. Zumindest für einige kritische Geister dürfte er schon seit Carnots »Réflexions sur la puissance motrice du feu et les moyens propres à la dévelop-

per« von 1824 nicht mehr haltbar gewesen sein. In dieser Schrift wird das Prinzip der Entropie in noch vorläufiger Form (die Clapeyron 1834 in seinem »Mémoire« mathematisch präzisiert hat) zum erstenmal formuliert. Die erste einer ganzen Anzahl ähnlicher Theorien über die Unumkehrbarkeit des Energieflusses wird hier nicht im Sinne apokalyptischer und metaphorischer Spekulationen, sondern als schlichte algebraisch-mechanische Deduktion entwickelt. Der Pfeil der Zeit fliegt einem Ziel entgegen. Das Universum besteht in Wahrheit aus thermodynamischen Prozessen, die dem Gleichgewicht und also der Trägheit zustreben. Jenseits des Nullpunktes und des Aufhörens jeglichen Energiegewinns aus der Bewegung der Teilchen kann es »Zeit« nicht mehr geben. Legt man das statistische Modell umfänglich genug an, so läßt sich zeigen, daß der Grammatik futurischer Formen eine Grenze gesetzt ist, daß die Entropie ein Maximum erreichen wird, das alle Zukunft beendet. Sogar wenn man das Clausius-Carnot-Prinzip nur als statistisch-idealtypisches Paradigma gelten läßt, das erst zur Anwendung kommt, wo man die mikroskopische Diskontinuität der Materie im Blick hat, ist es doch eines der bedeutendsten Einfälle des menschlichen Geistes. Die Möglichkeit, sich das berechenbare Ende jeglichen Energieaustauschs im eigenen Kosmos vorzustellen, muß wohl die subtilsten, aufs Abstraktionsvermögen stolzesten Gehirnzentren anziehen. Es gibt wenige Schriften, die wie Carnots doch so streng technische Abhandlung in der Repräsentation von Würde und Gefährdung menschlichen Denkens weitergehen. [. . .]
Auf die Gefahr hin, mich zu wiederholen, muß ich noch einmal nachdrücklich betonen, daß die Reziprozität von Grammatik und Begriff, Sprachform und Kulturdruck vielfältig ist. Komplizierte Bahnen offener und beschränkter Möglichkeiten, neurophysiologische Anlagen, die zu vielseitiger, aber nicht allseitiger Erkenntnis befähigen, bilden die konkrete, wenngleich kaum anders als schematisch erfaßbare Grundlage dafür, daß etwas so ungeheuer Komplexes wie

Grammatik und ein symbolisches Bezugssystem entstehen konnte. Vermutlich ist die dialektische Interaktion zwischen sprachlichen »Räumen« und jenen Bahnen in ihnen, auf denen Gedanke und Gefühl sich bewegen, sowie zwischen diesen Bahnen und der Fähigkeit zur Entdeckung und Ausmessung neuer Räume eine anthropologische Konstante. Die hebräische Grammatik gestaltet die hoheitsvolle Tautologie des Axioms eines unbegreiflichen, aber allmächtigen Gottes und wird von ihr gestaltet. Das Spektrum griechischer Verbformen gab dem Geist der Geschichtsschreibung des Thukydides die Gelegenheit, sich zu äußern, und wird von ihm verwirklicht. »Auslösung« und Verwirklichung reproduzieren einander wechselseitig. Wenn die moderne Biologie recht hat, besteht genau dieselbe Reziprozität zwischen dem Ursprung der Sprache und dem reaktiven Wachstum der Großhirnrinde, das ihn ermöglicht hat. Vorbedingung und Konsequenz sind zwei Aspekte eines Kontinuums. Jacques Monod sagt: »Il est impossible de ne pas supposer, qu'entre l'évolution priviligée du système nerveux central de l'Homme et celle de la performance unique que le caractérise, il n'y ait pas eu un couplage très étroit, qui aurait fait du langage non seulement le produit, mais l'une des conditions initiales de cette évolution.«[34]

Unterstreichen möchte ich die gegenseitige Abhängigkeit zwischen Evolution und Zugang zum Futurum. Ich bin sicher, daß nur der Mensch eine Grammatik der Zukünftigkeit zustande bringen konnte, wie immer die proto- oder metasprachlichen Signalsysteme anderer Arten beschaffen sein mögen. Gewiß verstehen die Primaten sich auf den Gebrauch von primitiven Werkzeugen, aber bisher hat man nicht festgestellt, daß sie irgend etwas dergleichen zum späteren Gebrauch aufheben. Die Grammatik hat den Menschen im konkret evolutionären Sinn »entwickelt« – als das Säugetier, das das Futurum des Verbes »sein« gebraucht. Nur der Mensch kann, wie Paul Celan in »Atemwende« sagt, Netze in die »Flüsse nördlich der Zukunft« werfen. Die

Entstehung der Syntax ist unentwirrbar mit dem Vermögen des Menschen, sich selbst geschichtlich wahrzunehmen, verwoben. Die »axiomatischen Fiktionen« der projektiven Konsequenz und Antizipation sind jedoch weit mehr als ein artspezifischer Zugewinn des Menschen dank des Bewußtseins. Ich glaube, sie sind auch Überlebensfaktoren von größter Bedeutung. Die Fähigkeit, Zukunft in Begriffen und Sprechakten leibhaftig scheinen zu lassen, ist für Erhaltung und Entwicklung des spezifisch Menschlichen von ebenso vitaler Notwendigkeit wie die Träume für die Ökonomie des Gehirns. Ohne Zukünftigkeit müßte die Vernunft verdorren. Deshalb heißt es in Dantes »Hölle« (X) von den toten Propheten:

Però comprender puoi che tutta morta
fia nostra conoscenza da quel punto,
che del futuro fia chiusa la porta.

Drum kannst Du einsehn: zu derselben Stunde,
Wo sich der Zukunft Tor schließt, geht verloren
Und stirbt all unser Wissen uns im Munde.

Die Geschichte des einzelnen und der Gesellschaft in der uns vertrauten Art wäre ohne die Quellen immerwährender Erneuerung des Lebens in futurischen Aussagen nicht möglich. Aus ihnen schöpfen wir, was Ibsen die »Lebenslüge« nennt, jenen dynamischen Komplex aus Projektion, Wille und tröstlicher Illusion, von dem unser psychisches und, das ist wohl denkbar, auch physisches Überdauern abhängt. Gewiß gibt es bei Personen und Gemeinschaften Verzweiflungsanfälle, Verlockungen zum »Nimmermehr« und zu zeitloser Ruhe, wie sie Freud in »Jenseits des Lustprinzips« heimsuchten. Immer wieder wählen Menschen den Freitod oder weigern sich, Kinder in die Welt zu setzen, ja, gehen ganze Gemeinden freiwillig in den Opfertod. Aber solche nihilistischen Anwandlungen sind, mindestens statistisch gesehen, selten und meistens vorübergehend. Das Sprachgehäuse, das wir bewohnen, die Gewohnheit, vorauszudenken und zu planen, die tief in unsere Syntax eingekerbt ist, halten uns, mitunter gegen unseren Willen, in Atem. Wenn wir schon fast ertrunken sind, treibt uns die Sprache der Hoffnung, die unserem Gemüt so selbstverständlich ist, wieder hoch. Wäre dem nicht so, wäre unser syntaktisches System fragiler, esoterischer, in der Offenheit seines Horizontes philosophisch suspekter, so könnten wir wohl kaum überdauern. Dank des gemeinsamen Gebrauchs futurischer Formen vergißt, »übersieht« der einzelne die Gewißheit und Endgültigkeit seines eigenen Todes. Durch den unablässigen Gebrauch einer Logik der Tempora und einer Zeitskala, die über unser individuelles Dasein hinausreicht, identifiziert sich die Privatperson, und sei es noch so abstrakt, mit dem Fortleben der menschlichen Spezies.

Sozialpsychologen wie Robert Lifton in seiner Studie »Revolutionary Immortality«, 1968, und Philosophen wie Ernst Bloch und Adorno haben die grundsätzlichen und historischen Implikationen der Kategorie Zukunft durchdacht. Das Vermögen der Menschheit, nach örtlichen oder weltweiten Katastrophen zu genesen, die Entschlossenheit, »die Geschichte fortzusetzen«, und wenn sie noch so viel Ohnmacht und Schrecken gebracht hat, scheint in jenen Zentren des Bewußtseins zu gründen, die »Vorstellung« oder Imagination nach vorn ermöglichen, das heißt, einen Plan, ein Bild aus der Fülle des Möglichen extrapolieren, es vergegenständlichen und zugleich verwandeln können. Die Fortzeugung der Tiere über das Einzelexemplar hinaus vollzieht sich vermutlich in einem ständigen Präsens. Wie bei der Reproduktion von molekularen Organismen ist der Begriff Zukunft nicht von sich aus in der Hervorbringung und Aufzucht von Nachwuchs enthalten. Der spezifisch menschliche Erwartungstrieb, »das Prinzip Hoffnung«, wie Ernst Bloch sagt, löst jene der Wahrscheinlichkeit, oft der Utopie verhafteten Reflexe aus, die jedes menschliche Wesen jedesmal zeigt, wenn es Hoffnung, Begierde, selbst Furcht artikuliert. Im Aufwind von Aussagen, die wir über morgen oder über die Jahrtausendwende machen, bewegen wir uns vorwärts. Nur weil wir über die entsprechende Grammatik verfügen – die Grammatik, welche die Wahrnehmung von Evolution artikuliert und ihrerseits von der Evolution erzeugt wurde –, begreifen wir, was Nietzsche meint, wenn er den Menschen »ein noch nicht festgestelltes Tier« nennt.

Ich möchte noch kurz auf die Tatsache hinweisen, daß die Fähigkeit der Sprache zu Sätzen über die Zukunft und zur Schaffung und Vermessung logischer und grammatischer »Räume« für eben solche Sätze nur eine Sub-Kategorie ist. Futurische Formen sind ein Beispiel, allerdings eines der wichtigsten, für die allgemeinere Kategorie der Nicht- oder Kontrafaktizität. Sie sind Teil des Vermögens der Sprache, Fiktionen zu bilden, und verweisen auf die unbedingt zentrale Kraft des menschlichen Wortes, über das hinauszugehen, gegen das anzugehen, »was der Fall ist«. Unsere Sprachen strukturieren Zeit und werden durch Zeit strukturiert, durch die Syntax von Vergangenheit, Gegenwart und Zukunft. In der Hölle, einer Grammatik ohne Futurum gleichsam, »hören wir buchstäblich, wie die Verben die Zeit töten«. (Ossip Mandelstams erhellender Kommentar zu Dante und zur Sprachform ist ein Widerhall seines Erstickens unter einem politischen Terror ohne morgen.) »Zu anderer Zeit« – eine an sich schon merkwürdige Redensart – kann sich der Mensch nur durch Sprache und vielleicht durch Musik von Zeit befreien und so für einen Augenblick Gegenwart und Gegenwärtigkeit seines eigenen punktuellen Todes überwinden.

Sprache ist teilweise körperlich, teilweise geistig. Ihre Grammatik ist temporal und scheint zugleich unsere Erfahrung von Zeit zu begründen und mit Inhalt zu füllen. Eine dritte Polarität ist die von privat und öffentlich. Sie ist gründlicher Untersuchung wert, weil sich an ihr die Frage der Übersetzung in ihrer reinsten Form stellt. In welcher Weise ist Sprache, die doch, operativ definiert, ein gemeinsamer Code für den Austausch ist, überhaupt als privat vorstellbar? Bis zu welchem Grad ist der verbale Ausdruck, das semiotische Feld, in dem sich ein Individuum bewegt, ein einzigartiges Idiom oder ein Idiolekt? Wie verhält sich die »Privatheit« der Sprache einer Person zur größeren »Privatheit des Kontextes« in der Sprechweise einer Gemeinschaft bzw. zur Nationalsprache? Die paradoxe Möglichkeit der Privatsprache hat die moderne Logik und Sprachphilosophie nicht ruhen lassen. Zwar könnte es sein, daß die ganze Diskussion durch eine Grenzverwischung zwischen »Idiolekt« und »Privatsprache« in eine Sackgasse geraten ist. Es ist aber auch durchaus möglich, daß die Elemente von Privatheit innerhalb einer öffentlichen Äußerung durch genaueste Untersuchung von vorhandenen Übersetzungen, besonders von Lyrik, isoliert und konkretisiert werden können. [...]
Zwei Menschen mit identischem Assoziationszusammenhang gibt es nicht. Weil dieser Kontext aus der Totalität der individuellen Existenz entsteht, weil er nicht nur die Summe aller persönlichen Erfahrung und Erinnerung enthält, sondern auch das Reservoir dieses einen individuellen Unbewußten ist, muß er von Person zu Person verschieden sein. Es gibt keine Zwillingsseelen, kein Faksimile einer Sensibilität. Deshalb enthalten alle Formen und Notationen der Rede latent oder bewußt ein Element individueller Besonderheit. Partiell sind sie ein Idiolekt. Jede Kommunikationseinheit ist zugleich Träger potentiell oder aktuell persönlicher Inhalts-Komponenten. Die Zone des Privaten reicht unter

Umständen bis zur minimalen phonetischen Einheit. Kinder und Dichter lehren uns, daß noch der einzelne Buchstabe bzw. der Laut, für den er steht, besondere symbolische Werte und Assoziationen tragen kann. In der Mitte des zwanzigsten Jahrhunderts ist der Buchstabe K für gebildete westliche Leser fast schon ein Ideogramm, das Kafkas Gestalt oder die eines seiner doppelgängerischen Geschöpfe heraufbeschwört. In seinem Tagebuch sagt er unumwunden, daß der Buchstabe K verletzend, ja, ekelerregend auf ihn wirke: »Und doch schreibe ich ihn nieder. Er muß charakteristisch für mich sein.« Solche Lebhaftigkeit und persönliche Perspektive des Assoziationsgehaltes kann noch die abstraktesten, formal neutralen Ausdrücke einfärben. Entgegen anders lautenden Behauptungen moderner Logiker decken sich Zahlen nicht notwendig mit einem identischen und universellem assoziativen Inhalt. Die erotische Nebenbedeutung von neunundsechzig gilt nur für ein bestimmtes Sprach- und Kulturmilieu. In Frankreich sind auch quatrevingt-treize und soixante-quinze von einem Nimbus umgeben (im ersten Fall politisch-historisch: die Schrecken der Revolution, der Kampf ums Überleben, im zweiten militärisch: das berühmte Feldgeschütz). Aber eine Zahl muß keineswegs ein bestimmtes Bild wecken oder mit einem vorhergegangenen Wortzusammenhang in Verbindung gebracht werden. Manche Mathematiker statten bestimmte Zahlen mit persönlichen Werten aus; einzelne Prim- oder Kardinalzahlen können einen lebendigen assoziativen Kontext, eine Tonalität gewinnen, die nichts mit irgendeinem äußeren, nicht-mathematischen Inhalt zu tun haben. »Jede positive ganze Zahl war ein persönlicher Freund von ihm«, erzählt J. E. Littlewood in den Erinnerungen an seinen Kollegen Ramanujan. Für die Theorie der Sprache und der Übersetzung hat der Assoziationsmechanismus wichtige Konsequenzen. Die übliche Unterscheidung zwischen phonetischen und semantischen Bestandteilen eines Sprechaktes trifft fast immer nur annäherungsweise zu. Alle phonetischen Elemente oberhalb der morphematischen Ebene (vielleicht sogar bereits unter dieser Ebene) können Träger semantischer Werte werden. Diese müssen persönlich und kulturhistorisch geprägt sein, weil jede sprachliche Form und jeder Symbol-Code offen für die Kontingenzen von Erinnerungen und alten und neuen Erfahrungen ist.

Der Assoziationszusammenhang von Buchstaben, Zahlen, Silben und Wörtern kann also privat, gesellschaftlich oder beides sein. Das assoziative Fassungsvermögen erstreckt sich vom Solipsismus des Geisteskranken bis hin zum Allgemein-Menschlichen (das aber, da es historisch und kulturell geprägt ist, nichts mit der »eingeborenen Universalität« der generativen Transformationstheorie zu tun hat). Der eine Pol ist die »Krankheit von Babel« mit ihren autistischen Versuchen, bestimmte Laute mit hermetischem Sinn zu beladen oder den üblichen Gebrauch bestimmter Wörter absichtlich zu verdrehen. Am anderen Pol steht die banale Geläufigkeit, die Umgangs-Kurzschrift des alltäglichen Geredes, die durch ständigen Austausch zur Substanzlosigkeit abgeschliffen ist. Zwischen diesen beiden Extremen ist jede nur denkbare Modulation möglich. Noch der gesündeste von uns sucht gelegentlich – wie der verstörte Solipsist – Zuflucht bei Wörtern, Zahlen, ganzen Sätzen oder auch nur Lautgebilden, die für ihn wie die Beschwörung eines persönlichen Schutzzaubers klingen. Wenn ein Kind sich in die Enge getrieben fühlt, sendet es solche Signale an die taube Welt. Familien treiben ihren je eigenen Sprach-Geheimkult, oft verwirrend undurchsichtig für den Neuankömmling oder Außenseiter. Dasselbe gilt für Priesterschaften, Gilden, Studentenverbindungen, Berufsgenossenschaften, Geheimbünde. Es gibt so viele Lexika und Glossare gemeinschaftlichen Assoziationsgutes, wie es Verwandtschaftsverhältnisse, Generations- und Berufsgemeinschaften oder Traditionsgruppen in einer Gesellschaft gibt.

In immer größer werdenden konzentrischen Kreisen umfassen Assoziationssphären Dorf und Stadt, Land und Nation.

Aus gemeinsamer historischer oder klimatischer Erfahrung stellen sich bei Engländern in bestimmten Situationen fast identische oder besser: unverkennbar ähnliche Assoziationen ein, auf die ein Amerikaner, der ja schließlich die gleichen Laute ausstößt, niemals kommen würde. Das Französische, seines offiziellen Wesens so selbstbewußt wie nur eine Sprache, ist ein Palimpsest historischer und politischer Unter- und Obertöne. In bemerkenswerter Anzahl gehören sogar ganz alltägliche Redensarten zu ihrem »Akkord« von Assoziationen, den kein Mensch, der sich die Sprache von außen aneignet, je ganz beherrschen kann. Kein Wörterbuch verzeichnet auch nur einen Bruchteil all der historischen, gesellschaftlichen, bildlichen, mundartlichen, subkulturellen und konkret praktischen Bedeutungen in so simplen Wörtern wie »chaussée« oder »faubourg«. Tatsächlich wäre solch ein Unterfangen auch vergeblich, denn all diese Bedeutungen beeinflussen einander und sind in ständiger Bewegung. Umgekehrt wird jeder assoziative Inhalt immer durchsichtiger, je eintöniger die Erfahrung wird. Heutzutage gibt es ein Esperanto des Gefühls und Stils, das auf den Flughäfen von Archangelsk bis Tierra del Fuego ein gleichermaßen ausdrucksloser Allerweltsjargon geworden ist.

Kurzum, jeder sprachlich kommunikative Akt ist, ob bewußt oder unbewußt, ein höchst komplexes, vielteiliges Gebilde, das sich wohl mit einer Pflanze und ihren tiefreichenden unsichtbaren Wurzeln oder einem Eisberg, der zum größten Teil unter Wasser liegt, vergleichen läßt. Innerhalb der »öffentlichen« Konventionen von Grammatik und Wortschatz verbergen sich inhaltliche Assoziationen, die sich, auch wenn sie latent bleiben, zwangsläufig einstellen. Diese Inhalte sind zum großen Teil unverrückbar individuell und im üblichen Sinn des Wortes privater Natur. Wenn wir uns mit anderen unterhalten, sprechen wir an der »Oberfläche« unseres Selbst. Wir bedienen uns dabei normalerweise einer gesprochenen Kurzschrift, unter der ein ganzer Schatz an unbewußten, halb bewußten, absichtlich verheimlichten oder bekundeten Assoziationen liegt. Dieses unser Assoziationsvermögen ist so umfangreich und detailliert, daß es wahrscheinlich in seiner Einzigartigkeit der Summe unserer personalen Individualität, unserer Persönlichkeit, gleichkommt. Aus der entscheidenden Tatsache der doppelten oder unterschwelligen Phänomenologie der Sprache leitete Humboldt sein bekanntes Axiom ab, daß alles Verstehen zugleich Mißverstehen, jede Übereinstimmung im Denken und Fühlen zugleich Weggabelung ist. Fritz Mauthner geht noch weiter, wenn er meinte: »Durch die Sprache haben es sich die Menschen für immer unmöglich gemacht, einander kennen zu lernen.«[35]

Wahrscheinlich ist jedoch gerade diese Undurchsichtigkeit, der illusionäre Anteil in allen öffentlichen Sprechakten unentbehrlich für unser seelisches Gleichgewicht. Einerlei ob wir uns sprechend nach außen oder innen wenden, nur durch die Sprache werden wir unser gewahr, entdecken und bewerten wir uns als Selbst. Ständiger kritischer Prüfung unterzogen, ist sie der Panzer unserer besonderen Identität. Andererseits ist sie auf phonologischer, grammatischer und ganz besonders auf semantischer Ebene allgegenwärtiges, allmenschliches Gemeingut. Als unsere eigene Haut gehört sie auch allen anderen. Dieser Schein-Widerspruch wird aufgehoben durch die Individuation des assoziativen Inhalts. Ohne diese, ohne die entschieden private Komponente in allen Sprechakten außer den ganz beiläufigen und unreflektierten, wäre Sprache nur Oberfläche. Ohne die Wurzeln in der irreduziblen Einmaligkeit privater Erinnerung, in der Einzigartigkeit des »Assoziationsnetzes« im persönlichen Bewußtsein und Unbewußten, wäre sie nur allgemein und öffentlich und müßte unser Selbstgefühl beschädigen. Harold Pinter und Peter Handke haben aus hohlen Klischees und Brocken von Reklame und Zeitungssprache Gespräche zusammengestellt, denen der Halbschatten des Unbewußten, das Mutterkorn der privaten Bezüge abhanden gekommen ist. Für die Theorie der Sprache sind diese satirischen

Versuche höchst aufschlußreich. Das Ich in seinem dringli-chen, aber verletzlichen Anspruch auf Selbstdefinition ver-welkt inmitten leerer Phrasen. Tote Sprache entleert die Seele.

Ein Beispiel für die Rolle, die nicht-öffentliche assoziative Inhalte für den individuellen und sozialen Haushalt des Ge-fühls spielen, sind die sprachlichen Tabus. Tabuierte For-meln, Wörter, Buchstabenkombinationen befinden sich gleichsam außer »Sichtweite« und bewahren sich so eine be-lebende numinose Kraft. Der Priester, der Eingeweihte, der Privatmensch auf Abwegen, sie alle kennen das besondere Kraftfeld, das tabuierte Äußerungen umgibt, weil sie selten, wenn überhaupt »zur Sprache kommen«, und wenn, dann in Situationen, die außerhalb der Banalität des Alltäglichen statt haben. Allerdings ist ihr Sinn manchmal etwas un-scharf, und der Sprecher selbst umgibt sie mit einer assozia-tiven Aura von Macht und Heiligkeit. Die Semantik der Sexualität war ein typisches Beispiel. Der assoziative Reich-tum der Tabuwörter für sexuelle Handlungen, für Körper-teile und Funktionen wurde einerseits mutwillig verzettelt. Der Slang »säkularisierte« gleichsam ihre komischen und ge-fährlichen Seiten oder entwertete sie verschwenderisch (man denke nur an die Kommiß-Sprache). Andererseits waren ge-nau dieselben Ausdrücke der innigsten, privatesten Form der erotischen Annäherung vorbehalten. »Obszöne« Wör-ter, die der Liebende vor der Geliebten zum erstenmal aus-sprach – die er sie »lehrte« und damit vielleicht dem Mythos ihrer jungfräulichen Unschuld und Reinheit Tribut zollte – besaßen fast rituelle private Mächtigkeit. In der Wiederho-lung, im Echo der Geliebten entblößten sie das Herz aller Privatheit, jenes Alleinseins, das nicht ohne Partner oder Zuhörer auskommt.

Ich spreche in der Vergangenheitsform, denn dieser Zustand, der wohl hauptsächlich ein Phänomen der Mittelklasse war, hat sich radikal gewandelt. In den letzten zwanzig Jahren ist das Wörterbuch der Sexualität für jedermann »veröffentlicht« worden. Bühne, Presse und emanzipierte Umgangssprache beuten es ständig aus und neutralisieren es dadurch. Der einst so »empfindsame« kultivierte Abendländler ist rasch immun geworden gegen die einstigen Schrecken und Reize der sprachlichen Privatbereiche. Die Sozialpsychologie begrüßt die Aufhellung unnützer Schatten. Ich bin nicht ganz so sicher. Das Gleichgewicht zwischen der ebenso öffentlichen wie verdeckten »Sprache der Gosse« und ihrer Entdeckung in der Intimität der Liebenden war möglicherweise ein höchst komplizierter Mechanismus in der Logik des Gefühls. Daß Wörter zugleich Objekte öffentlicher Erniedrigung und Instrumente privater Magie sein konnten, hat die öffentlichen und privaten Aspekte der Sprache in einem Schwebezustand gehalten, dessen delikate Kraft jetzt zunichte gemacht worden ist. Zudem sind Erfindungskraft und Ausdrucksvermögen bei den meisten Männern und Frauen nur gering entwickelt. Das erotische Spiel mit Tabu-Wörtern hatte die Vertrautheit verdichtet, die Erregung gesteigert und das durchaus echte Gefühl geweckt, ein sorgsam gehütetes Geheimnis mit einander zu teilen. Heutzutage ist die Sprache des Eros lautstark und öffentlich, geheimnislos und verödet. Jenseits des Schweigens gibt es weniger zu entdecken.

Der Verfall der Erotik ist jedoch nur ein Motiv eines viel größeren Themas. Ein verschwommener Rationalismus, der verflachende Einfluß der Massenmedien, die zunehmende Einfarbigkeit der technologischen Umwelt erdrücken die privaten Komponenten der Sprache. Eines Tages werden wir noch unter dem ständigen Ansturm von Rundfunk und Fernsehen dasselbe träumen wie unsere Nachbarn, und in der gleichen Nacht. Religion, Magie, Landschaftsgebundenheit, relative Isolierung von Gruppen und Personen, Tabusprache waren einst die natürlichen Quellen und Wächter des Numinosen in der Sprache. Sie alle sterben jetzt aus. Für die lebendige Stabilität der Sprachstruktur, für die dynamische Vertikalschichtung von der öffentlichen Sprachoberfläche bis hinab zur unbewußten Mitte ihrer Privatheit und vice versa, kann das schwerwiegende Folgen haben. Wir haben zu viel Ballast abgeworfen.

Wahrscheinlich gibt es kaum einen nachdenklichen Menschen, dem die »Öffentlichkeit« der Sprache nicht gelegentlich ein fast körperliches Ärgernis ist, der nicht schon die Disparität zwischen der Frische und Einmaligkeit seiner Gefühle und der Abgenutztheit der Worte empfunden hat. Im Grunde ist es unerträglich, daß wir unsere Wünsche, Zuneigungen und Abneigungen, Liebe und Haß, Selbstprüfung und Reue, welche die Wahrnehmung unserer selbst und der Welt gestalten, in jedermanns Sprache ausdrücken müssen, und das sogar, was geradezu absurd ist, auch im Selbstgespräch. Der Durst, den wir spüren, ist ganz unser eigen. Aber der Becher, der ihn stillt, war schon an jedermanns Lippen. Diese Entdeckung muß ein Schock für die Seele eines Kindes sein, dessen Ausmaß sich nur ahnen läßt. Welche heimlichen Gesichte, welche wilden Träume werden preisgegeben, wenn das reifende Erkenntnisvermögen begreift, daß das Werkzeug seines Seinsabdrucks in der Welt auf ein bequemes, öffentliches Maß zugeschnitten ist. Der Geheimjargon von Jugendbünden, das Kennwort des Verschwörers, die Nonsens- und Babysprache der Zärtlichkeit sind kurzlebige, launische Abwehrmaßnahmen gegen die sklerotische Gewöhnlichkeit des Sprachzwanges. Es gibt Menschen, bei denen die ursprüngliche Herausforderung, der Schock, anhält, der sich angesichts der Abgedroschenheit und Promiskuität der Wörter (sie gehören jedermann) einstellte, welche doch die Macht haben, in der Neuheit einer Liebe oder in einem ganz privaten Schrecken für uns zu sprechen. Dichter und Philosophen sind sich dieser Herausforderung vielleicht am deutlichsten bewußt. Sartres Selbsterforschung in »Les Mots« und seine Schilderung der »infantilen« Abwehr Flauberts, das angestammte Haus der Sprache zu betreten, beweisen es. »O Wort, du Wort, das mir fehlt«, klagt Moses auf dem enigmatischen Höhepunkt von Schönbergs »Moses und Aaron«. Kein Wort reicht aus, die anwesende Abwesenheit Gottes auszusprechen. Keines trifft die Empfindung des Kindes, das sein unwiederholbares Selbst entdeckt. Keines genügt, die Geliebte zu überzeugen, daß es niemals und nirgends je ein so großes Verlangen und Vertrauen gegeben hat, und daß die ganze Wirklichkeit neu erstanden ist. Die Urwälder unseres Daseins, zu denen wir als erste aufbrachen, sind niemals stumm, sondern dröhnen von Gemeinplätzen.

Daß ihm »die Worte fehlen«, ist bezeichnend für die Selbstauffassung des modernen Schriftstellers. Die entscheidende Zäsur in der Geschichte der abendländischen Literatur liegt in der Zeit zwischen 1870 und der Jahrhundertwende. Sie scheidet eine Dichtung, die in der Sprache zu Hause war, von jener, der die Sprache zum Gefängnis geworden ist. Gemessen an diesem Einschnitt sind alle älteren Stile und Richtungen – Hellenismus, Mittelalter, Barock, Klassizismus, Romantik – nur Unterteilungen oder Varianten. Lyrik und Prosa befinden sich seit den Anfängen der abendländischen Literatur bis zu Rimbaud und Mallarmé – Hölderlin und Nerval sind mächtige, aber einsame Vorläufer – in organischer Eintracht mit der Sprache. Zwar ließen sich Wortschatz und Grammatik erweitern, entstellen, bis an die Grenzen des Noch-Verständlichen treiben. Bei Pindar, in der Lyrik und Epik des Mittelalters, in der amourösen und philosophischen Versdichtung des 16. und 17. Jahrhunderts wird die Logik der Umgangssprache oft absichtlich verdunkelt oder auf den Kopf gestellt. Aber selbst in Dantes »stile nuovo« oder in Rabelais' kosmographischer Semantik, herrscht doch Übereinstimmung zwischen dem erfinderischen Akt, dem individuellen Ausdruck und dem Kern-Gehäuse der Sprache. So liegt beispielsweise Shakespeares sprachliche Genialität gerade darin, daß er wie keiner zuvor die Möglichkeiten der Umgangssprache und ihrer Syntax ausgeschöpft, mit Fleisch und Blut, Zartheit und Gewalt, Vielgestalt und innerer Ordnung versehen hat. Sein Verhält-

nis zur Sprache ist eine gelassene Besitzgewißheit, ein Heimatgefühl in einer Welt der Ausdrucksmittel, deren Ursprung und überkommene Kraft, Tonfärbungen und nie gehobene Schätze er kannte wie eine Männerhand die Streben und Gesimse, die schwachen und die starken Stützen im Vaterhause kennt. Wo immer er dehnt und pfropft, der Sprache Gelände und Gesellungen gewinnt, die niemand vor ihm gesehen hat, wirkt er aus ihrem Inneren heraus. Sein Dichten ist ein Zeugungsakt in einem Sprach-Schoß, der so altvertraut (volkstümlich, überliefert, umgangssprachlich) wie empfänglich für neues Leben ist. Daher das normative Gleichgewicht, die heile Hülle, die einen Shakespeare-Text noch an den Grenzen der Leidenschaft oder Gedrängtheit auszeichnet. So gewaltsam, so eigenwillig eine Aussage auch sein mag, immer entstammt sie doch dem Innern der transzendenten Allgemeinheit der Umgangssprache. Zum Schriftsteller im traditionellen Sinne gehört dieses Heimatgefühl in der Sprache, das Vertrauen darauf, daß vorhandene Wörter und Syntax mit erforderlicher Intensität und Geschmeidigkeit verwendet, ihren Dienst tun werden. In seinem Bewußtsein wie im Paradiese ist nichts, was Adam nicht benennen kann. Diese Eintracht von Dichtung und Umgangssprache reicht mindestens bis zu den formelhaften Elementen bei Homer zurück. Ein Homerisches Gleichnis, sagt Milman Parry, hat seine ganze Kraft bewahrt, weil es so sicher in der Alltagssprache ruht. So war denn die abendländische Dichtung, so weit die Überlieferung reicht, ein Pakt von Welt und Wort, der erst in der zweiten Hälfte des 19. Jahrhunderts jäh gebrochen wurde. Wahrscheinlich waren Goethe und Victor Hugo die letzten großen Schriftsteller, deren Wollen die Sprache genügt hat.[36]
1871 schrieb Rimbaud seine »Lettres du Voyant«. Sie enthalten nichts Geringeres als ein neues Programm für Sprache und Dichtung: »Trouver une langue –, Du reste, toute parole étant idée, le temps d'un langage universel viendra.« 1868 ist die erste Fassung von Mallarmés »Sonnet allégorique de lui-

même« datiert. Die »Eventails«-Gedichte folgten in den 1880er Jahren und 1891. Damit waren Literatur und Sprachbewußtsein des Abendlandes in eine neue Phase eingetreten. Der Dichter hat nun weder, noch beansprucht er weiter Heimatrecht im Haus der Worte. Die Sprachen, die ihn als jemanden empfangen, der in Geschichte, Gesellschaft und Ausdrucksgewohnheiten seiner kulturellen Umwelt hineingeboren ist, werden ihm nicht mehr zur natürlichen Haut. Die etablierte Sprache ist vielmehr sein Feind geworden. Er sieht sie befleckt mit Lügen. Tägliche Benutzung hat sie verschlissen. Die alten Metaphern sind faul und die numinosen Kräfte vertrocknet. Von nun an ist es – so sagt Mallarmé von Poe – die Pflicht des Dichters, »donner un sens plus pur aux mots de la tribue« (den Wörtern der Menschensippe einen reineren Sinn zu geben). Er sucht, die Magie des Wortes neu zu beleben, indem er die herkömmlichen Fesseln der Grammatik und der räumlichen Ordnung sprengt (Mallarmés »Un coup de dés jamais n' abolira le hasard«). Er strebt danach, die klassische Kontinuität zwischen Vernunft und Syntax, bewußter Zielrichtung und Wortform aufzuheben oder wenigstens zu mindern (Rimbauds »Illuminations«). Die Öffentlichkeits-Kruste der Sprache muß aufgebrochen werden, weil sie verkalkt und undurchlässig für neues Leben ist. Nur dann kann das anarchische, unbewußte Innerste der Privatheit des Menschen zu Worte kommen. Seit Homer ging die Literatur, die Äußerung von Visionen, an der Kette der Sprache. Seit Mallarmé kämpft fast alle Lyrik, die zählt, und so manches an Prosa, die für die Moderne bestimmend geworden ist, gegen den Strom der Umgangssprache an. Der Wandel ist unermeßlich, und wir fangen überhaupt erst an, ihn zu begreifen.

Eine seiner Konsequenzen ist eine völlig neue, ontologisch begründete Art von »Schwierigkeit«. Der ganze Komplex der Schwierigkeit ist aufregender und von unmittelbarerer Bedeutung für die Sprachtheorie als deren Adepten normalerweise einsehen. Was meint man damit, wenn man sagt, eine Aussage, ein Sprechakt – Vers oder Prosa, gesprochen oder geschrieben – sei »schwierig«? Wenn die gegebene Sprache bekannt, die Äußerung klar gehört oder transkribiert ist, wie geht das zu? Wo liegt die »Schwierigkeit«? Franz Mauthner hat unwiderlegbar deutlich gemacht, daß wir nur ausweichen, wenn wir behaupten, der »Gedanke« oder das »Gefühl« hinter den Wörtern sei schwierig. Das sprachliche Faktum, die Wörter selbst, sind der einzige Ort, an dem Schwierigkeit aufgezeigt werden kann. Sprache artikuliert Sinn; sie ist dazu da, Bedeutung zu entäußern und zu übermitteln. Wie kann sie diese ihre Aufgabe verfehlen, und mit welchen Mitteln läßt sich ein solches Verfehlen absichtlich herbeiführen?[37] Das Thema ist ein logisch noch undurchsichtiges weites Feld. Ich werde hier nur auf seine historisch-formalen Aspekte, besonders im Hinblick auf das Problem der Privatsprache, eingehen.

Bekanntlich gibt es »schwierige« Stellen bei Shakespeare, so etwa den Ausbruch von verletztem Stolz im »Coriolan« (1, 10).

Aufidius:
>                     My valour's poisoned
> With only suff'ring stain by him, for him
> Shall fly out of itself. Nor sleep nor sanctuary,
> Being naked, sick, nor fane nor Capitol,
> The prayers of priests nor times of sacrifice,
> Embarquements all of fury, shall lift up
> Their rotten privilege and custom 'gainst
> My hate to Marcius.

In der Übersetzung von Dorothea Tieck lautet die Stelle:
> Mein Mut, weil er von ihm den Flecken duldet,
> Verleugnet eignen Wert. Nicht Schlaf noch Tempel
> Ob nackt, ob krank, nicht Kapitol noch Altar,
> Der Priester Beten, noch des Opfers Stunde,
> Vor denen alle Wut sich legt, erheben
> Ihr abgenutztes Vorrecht gegen mich
> Und meinen Haß auf ihn.

Ein anderes Beispiel ist Timons Selbstgespräch am Meeres-
strand in »Timon von Athen« (IV, 3).
Timon:

> O blessed breeding sun, draw from the earth
> Rotten humidity, below thy sister's orb
> Infect the air. Twinned brothers of one womb,
> Whose procreation, residence, and birth,
> Scarce ist dividant, touch them with several fortunes,
> The greater scorns the lesser. Not nature,
> To whom all sores lay siege, can bear great fortune
> But by contempt of nature.
> Raise me this beggar and deject the lord,
> The senator shall bear contempt hereditary,
> The beggar native honour.
> It is the pasture lards the wether's sides,
> The wants that makes him lean.

In Dorothea Tiecks Übersetzung heißt es:

> O Lichtgott, Segen zeugend, zieh hinauf
> Dunstfäulnis, deiner Schwester Laufbahn, sei
> Vergiftet. Zwillingsbrüder eines Schoßes, –
> Deren Erzeugung, Wohnung und Geburt
> Fast ungetrennt, – trifft sie verschiedenes Glück, –
> Der Größre höhnt den Niedern. Ja, Natur
> (Von Wundern rings bedrängt), sie kann groß Glück
> Ertragen nur, wenn sie Natur verachtet.
> Heb diesen Bettler und versag's dem Lord, –
> Folgt angeerbte Schmach dem Senatoren,
> Dem Bettler eingeborene Ehre.
> Besitzthum schwellt des Bruders Seiten auf,
> Der Mantel zeugt den Abfall …

In beiden Passagen handelt es sich hauptsächlich um eine
Schwierigkeit der Gangart, um die herrische Hast des Shake-
spearschen Spätstils. Übergänge und Modulationen entfallen
unter dem Druck des gepreßten, engmaschigen dramatischen Fortganges. Die Interpunktion ist, soweit rekonstru-
ierbar, provisorisch und zugleich so entscheidend wie der

Taktstrich in der Musik. Nur unzureichend markiert sie die untergründige assoziative Folgerichtigkeit, die Unruhe, die »Gedankensprünge« des Sprechers. Hört man aber genau hin, so schließen sich die Spalten, eine einsichtige Paraphrase wird möglich. Die Sinnbewegung ist zwar komplex und abgekürzt, aber dennoch in schönem Einklang mit der sichtbaren Grammatik. Eine weitere Quelle von »Schwierigkeiten« ist das Vokabular: »fane« (Tempel, Kirche), »embarquements all of fury« (Einschiffungen ganz von Wut; Shakespeare hat hier die französische Form, statt der englischen »embarcation« gewählt), »dividant« (trennend, aber wieder französisch statt des englischen »dividend«), »wether« (Widder), (wo Dorothea Tieck die andere mögliche Fassung »brother« wählt). Aber auch so seltene Vokabeln sind kein echtes Hindernis für das Textverständnis. Schließlich kann man ein Glossar benützen. Ein dritter Grad von Schwierigkeiten entsteht aus dem Gebrauch, den Timon von Wörtern wie »nature«, »contempt« (Verachtung) und »fortune« (Glück) macht. Welcher Anteil aus ihrer Bedeutungsbreite ausgewählt ist, zeigt sich nicht unmittelbar. Um das Gewicht solcher Schlüsselwörter abschätzen zu können, muß man das ganze Stück als lebendiges Gebilde erfahren haben und hinreichend mit dem umgebenden philosophisch-emblematischen Idiom vertraut sein. Die Schwierigkeit liegt hier in der Herstellung der richtigen Bezüge. Die Sprache verweist über sich hinaus auf Wissensbereiche und geistige Zusammenhänge, die man nicht ohne gewisse Voraussetzungen erkennt. Aber auch solche Kenntnisse kann man sich aneignen. Die Idee, auf die Timon sich bezieht, daß die Sonne zugleich segnet und verseucht, läßt sich in einem guten Nachschlagewerk über die Naturphilosophie des späten 16. Jahrhunderts ausfindig machen.

Bestehen bleibt, daß unser Aufnahmevermögen dem Volumen der Shakespeare-Sprache kaum gewachsen ist. Erst nach mehrmaligem Lesen spüren wir, wofür wir zunächst zu stumpf waren. Aber solches Unvermögen ist kontingent; es ist keine Schwierigkeit, die dem Text logisch innewohnen würde.

Bis zur Krise der Moderne lagen »Schwierigkeiten« in der Literatur zur Hauptsache in undeutlichen Bezügen und ließen sich durch Hinzuziehung der üblichen literatur- und kulturwissenschaftlichen Hilfsmittel lösen. Ein »allwissender« Leser hätte kein Empfinden von Schwierigkeit, und die »vollständige Bibliothek« enthält alle Antworten. Entscheidend ist, daß es sich auf eine Weise, die ich hier nicht befriedigend erläutern kann, um Schwierigkeiten ähnlicher Art handelt wie die, mit denen wir beispielsweise bei einem Aufsatz über Chemie zu kämpfen haben. Eine bestimmte Terminologie, ein Katalog von Regeln und herkömmlichen Bedeutungen, ein Wissensbereich (ein Bereich von begrifflichen Bildern) müssen beherrscht werden, um die betreffende Mitteilung sinngemäß senden und empfangen zu können. Aber die Voraussetzungen für die Entzifferung liegen ganz im öffentlichen Bereich. Nichts ist an sich unbestimmt, nichts wird absichtlich verheimlicht. Das gilt sogar für den »Ulysses«, der in diesem Sinne durchaus noch »klassisch« ist, der literarischen Überlieferung und einem öffentlichen Sprach-Raster nicht weniger verhaftet als die Werke von Milton und Goethe. Bei Joyce klafft der Spalt erst in »Finnegans Wake«. Keine »Schwierigkeit« bei Shakespeare, keine in Brownings »Sardello«, anerkanntermaßen dem dunkelsten Gedicht der Spät-Romantik, ist desselben Wesens, von derselben semantischen Zielsetzung und Bedeutung wie die Schwierigkeiten in Mallarmés:

Une dentelle s'abolit
Dans le doute du Jeu suprême
A n'entr'ouvrir comme un blasphème
Qu'absence éternelle de lit.

Cet unanime blanc conflit
D'une guirlande avec la même,

Enfui contre la vitre blême
Flotte plus qu'il n'ensevelit.

Mais, chez qui du rêve se dore
Tristement dort une mandore
Au creux néant musicien

Telle que vers quelque fenêtre
Selon nul ventre que le sien,
Filial on aurait pu naître.

Gewiß kommen auch hier noch ältere, klassische Kunstgriffe der Schwierigkeit vor: Wortspiele, fremdartige Vokabeln, grammatische Kontraktionen – und der Text bietet noch einigen Halt für Kommentar und Paraphrase.[38] Aber die Energien der Verheimlichung sind von gänzlich neuer Art. Das Gedicht rüttelt an den Gefängnisgittern der Sprache. Es wirkt nicht mehr aus der Hohlform der öffentlichen Sprache heraus, sondern ihr entgegen. (Was sich an sichtbarer Logik der Bedeutung noch herstellt, beruht auf dem System der Vokale und Akzente. Keineswegs nur vordergründig ist es ein Gedicht *über* den Accent circonflexe und demonstriert, wie er eine Konjunktion, eine gleichgewichtige Spannung zwischen accent aigu und accent grave verkörpert.) Der Witz und die visionäre Exaktheit dieser Übung liegen in der Suggestion, die Mallarmé unablässig zu vermitteln suchte: daß unter der Oberfläche der Umgangssprache oder mit wachsendem Abstand von ihr andere, reinere und strengere Sprachen gedeihen können. Die Bedeutungen der Aussage zielen nicht aus ihr hinaus auf einen Kontext von Anspielungen oder lexikalischen Entsprechungen. Sie schwenken vielmehr einwärts in sie hinein, und wir folgen, so gut wir können. Was hier vor sich geht, ist, so haben es uns Mallarmé, Chlebnikow und Stefan George gelehrt, ein wohl berechnetes Versagen: Für ein modernes Gedicht bezeichnend ist, daß es eine tätige Betrachtung über die Unmöglichkeit oder Fast-

Unmöglichkeit seiner selbst ist, »zustande« zu kommen. Die moderne Poesie konfrontiert uns mit strukturiertem Sprach-Schutt. Aus diesen Trümmern sollen wir uns das Gedicht zusammenlesen, das gewesen sein könnte, das sein wird, wenn, falls das Wort erneuert ist. Diese vorgespielte Unerfülltheit, der Entwurf einer fast archäologischen Fährte, der Schatten-Zauber der »absence éternelle« eines Gedichts ist ein bevorzugtes Thema des späten Rilke:

Gesang, wie du ihn lehrst, ist nicht Begehr,
Nicht Werbung um ein endlich noch Erreichtes ...

Die Betonung der Binnenzonen, der Abstieg in die Schatten-keller unter den Normen der allgemeinen Syntax, muß die Schwierigkeit des Gedichts fortschreitend vertiefen. Wir nähern uns dem »gedunkelten Splitterecho« Paul Celans, der wohl der größte europäische Lyriker nach 1945 ist.

Das gedunkelte Splitterecho,
Hirnstrom –
hin,

die Buhne über der Windung,
auf die es zu stehn kommt,

so viel Unverfenstertes dort,
sieh nur,

die Schütte
müßiger Andacht,
einen Kolbenschlag von
den Gebetssilos weg,

einen und keinen.

Das ist bei weitem nicht das hermetischste seiner Gedichte. Worauf es mir hier jedoch ankommt, ist, daß es vor 1880 in der abendländischen Literatur eine »Schwierigkeit« solcher

Art fast nicht gegeben hat. Das Enigmatische des Celanschen Textes beruht nicht auf esoterischem Wissen oder komplizierter philosophischer Gedankenführung. Die Wörter selbst sind hüllenlos einfach. Aber sie lassen sich durch keinen Öffentlichkeitsbezug erhellen. Und das Gedicht als Ganzes wird keine einzelne Paraphrase zulassen. Es ist nicht offenbar, ob Celan »verstanden werden« möchte, ob unser Verstehen für Ursache und Notwendigkeit seines Gedichts irgendwie von Belang ist.[40] Allenfalls lassen Hohlräume darin Platz für ein Gestrüpp möglicher Reaktionen, für ein »Splitterecho«, für tangentiale Lesungen. Die Bedeutungen von Celans Gedichten sind nicht mehrdeutig oder hermetisch wie etwa ein petrarkistisch verrätseltes Dizain von Maurice Scève oder ein metaphysisches Concetto bei Donne. In einem Augenblick der vollen Empfänglichkeit – wenn das Echo ganz wird – sind die Bedeutungen durchaus prägnant. Aber zugleich sind sie unbestimmt, vorläufig, lassen sich ständig umordnen. (Immer wenn ein Kristall sich dreht, zeigt es die lebendigen Formen in neuer Anordnung.) Diese Unterwanderung der Linearität, der Logik von Zeit und Grund, soweit sie sich in der Grammatik spiegelt, und eines Bedeutens, auf das man sich schließlich einigen und berufen könnte, sind weit mehr als poetische Strategien. Sie sind vielmehr ein Aufstand der Literatur gegen die Sprache, der, wenngleich er vielleicht noch radikaler ist, dem der abstrakten Kunst und der atonalen und aleatorischen Musik gleicht. Wenn die Literatur danach strebt, die Schale ihrer Sprach-Öffentlichkeit zu zerbrechen und Idiolekt zu werden, wenn sie Unübersetzbarkeit sucht, treten wir in eine neue Empfindungswelt ein. Ein kurzes, auf unheimliche Weise gedrängtes Gedicht von Celan lautet:

> In den Flüssen nördlich der Zukunft
> Werf ich das Netz aus, das du
> Zögernd beschwerst
> Mit von Steinen geschriebenen Schatten.

Die moderne Literatur ist getrieben vom Begehren, diese

»Lithographie«, diese »écriture d'ombres« ausfindig zu machen. Sie liegt außerhalb der Klarheit und des folgerichtigen Schreitens öffentlicher Rede. Für die Schriftsteller nach Mallarmé tut die Sprache dem Gemeinten Gewalt an, ebnet es ein, zerstört es, wie man ein Lebewesen aus der Tiefsee zerstört, wenn man es ans Tageslicht zerrt und dem niedrigen Druck der Meeresoberfläche aussetzt.

Die Hermetik von Mallarmé bis Celan ist jedoch noch nicht das äußerste Aufgebot der modernen Literatur gegen die Sprache. Sie bekämpft sie noch mit zwei anderen Waffengattungen. Von der Luftlosigkeit der Worte benommen, vom Blick in den Abgrund erstarrt, der sich zwischen seiner eigenen Wahrnehmung und der gefrorenen Allgemeinheit der Sprache aufgetan hat, versinkt der Dichter in Schweigen. Die Taktik des Schweigens geht zurück auf Hölderlin oder vielmehr auf den Hölderlin-Mythos, der seit seiner Wiederentdeckung zu Anfang des 20. Jahrhunderts entstanden ist (bezeichnend dafür sind Heideggers Kommentare aus der Zeit von 1936-1944). Die schweifende Tendenz, das Fragmentarische in Hölderlins späten Gedichten, sein persönlicher Rückzug in geistige Apathie und Stummheit, ließen sich gegen die Sprache als solche ausspielen: als Hinweis auf ihre Grenzen, als Sieg der Privatheit, des Unaussprechlichen. Lieber schweigen als Gemeintes durch Sprache verraten. In solcher Gestimmtheit schrieb Wittgenstein – vermutlich Ende Oktober oder Anfang November 1919 – an Ludwig Ficker über seinen »Tractatus«, dieser »bestehe aus zwei Teilen: aus dem, der hier vorliegt, und aus alledem, was ich *nicht* geschrieben habe. Und gerade dieser zweite Teil ist der wichtige«.

Die klassische Formulierung des paradoxen Verhältnisses von Literatur und Sprache ist Hofmannsthals »Brief des Lord Chandos« (1902). Der junge Elisabethanische Edelmann hatte sich an den »im Prunk ihrer Worte hintaumelnden« poetischen Spielen und philosophischen Träumen, am Plan, Kunst und Mythologie bis zu einer verborgenen orphischen

Mitte zu durchdringen, berauscht und war in einen Zustand »andauernder Trunkenheit« geraten. Das Ganze von Natur und Geschichte erschien ihm als eine einzige gewaltige Geheimschrift. Da plötzlich entdeckte er, daß er nicht mehr fähig ist, »über irgend etwas zusammenhängend zu denken oder zu sprechen«. Schwindel ergreift ihn angesichts des Abgrunds, der zwischen der heiklen Vielfalt menschlicher Phänomene und der schalen Abgestandenheit der Worte und abstrakten Begriffe klafft. Von mikroskopischer Hellsicht heimgesucht – die Wirklichkeit ist ihm zum Mosaik aus integralen Strukturen geworden – entdeckt er, daß die Sprache nichts ist als eine Stenographie für Kurzsichtige. In manischer Andacht vertieft er sich in das Anschauen der einfachsten Dinge und erkennt ihre verwickelte, autonome Besonderheit. In seinem neuen, »symbolischen« Weltgefühl vermählt er sich gleichsam der Lebensform einer Karre im Gartenschuppen, dem Insekt, das über den Ozean einer Gießkanne huscht. Die Sprache, die wir kennen, verstellt uns den Zugang zu diesem reinen Puls des Seins. Hofmannsthals Schilderung dieser lähmenden »Einfühlung« ist höchst aufschlußreich:

> Es ist mir dann, als geriete ich selber in Gärung, würfe Blasen auf, wallte und funkelte. Und das Ganze ist eine Art fieberisches Denken, aber Denken in einem Material, das unmittelbarer, flüssiger, glühender ist als Worte. Es sind gleichfalls Wirbel, aber solche, die nicht wie die Wirbel der Sprache ins Bodenlose zu führen scheinen, sondern irgendwie in mich selber und in den tiefsten Schoß des Friedens.

Wir werden auf diese Beschreibung der Matrix eines Denkens, das unmittelbarer, fließender und dichter ist als das der Sprache, noch zurückkommen. Als Einfall eines Dichters, der ganz von Musik durchdrungen war, sind diese in sein Innerstes, zu tieferen, festeren Gründen als denen der Syntax führenden »Wirbel« eine besonders eindrucksvolle Metapher. Solch ungestümem Andrang von Vision und Friedenssuche kann freilich keine irdische Sprache genügen. Chandos ist auf der Suche nach »eine(r) Sprache, von deren Worten mir auch nicht eines bekannt ist, eine Sprache, in welcher die stummen Dinge zu mir sprechen, und in welcher ich vielleicht einst im Grabe vor einem unbekannten Richter mich verantworten werde«. So weit die natürliche Welt reicht, ist diese Sprache totaler Privatheit nur noch »der Anstand des Schweigens«.

Die Grauen des Ersten Weltkrieges, die nüchterne Einsicht, daß der Wahnsinn und die Barbarei von 1914-18, schließlich die Massenmorde der Nationalsozialisten unfaßlich und unbeschreiblich sind – was kann man schon *sagen* zu Bergen-Belsen? –, verstärkten die Verlockungen des Schweigens. Von Kafka bis Beckett steht ein großer Teil der repräsentativen modernen Literatur offenbar ganz bewußt immer dicht vor dem Umschlag ins Verstummen. Zaudernd vor sich selbst, bringen die versuchten und versäumten Wörter zum Ausdruck, daß man die großen Worte nicht mehr aussprechen kann, ja, darf, die der Mühe wert wären (Hofmannsthal ging nach den Lügen und Morden des Ersten Weltkriegs so weit, von der »Indezenz« der Beredsamkeit zu sprechen). Eine Stelle aus Ionescos Tagebuch schildert in kurzen Zügen das ironische, verkrüppelte Benehmen des Schriftsteller, dem die Worte fehlen:

Es ist mir, als hätte ich dadurch, daß ich mich auf die Literatur einließ, alle nur möglichen Symbole verbraucht, ohne ihren Sinn zu durchschauen. Sie haben keinerlei lebendige Bedeutung mehr für mich. Wörter haben Bilder getötet oder verheimlichen sie. Eine Zivilisation der Wörter ist eine aus den Fugen geratene Zivilisation. Wörter stiften Wirrwarr. Wörter sind nicht das Wort (les mots ne sont pas la parole) ... Tatsächlich sagen Wörter gar nichts, wenn ich so sagen darf ... Es gibt keine Worte für die tiefste Erfahrung. Je mehr ich versuche, mich zu erklären, desto weniger verstehe ich mich. Freilich, nicht alles verweigert sich dem Wort, nur die lebendige Wahrheit.

Kein Schriftsteller kann zu einem verzweifelteren Schluß kommen, einem Schluß, der schon deshalb so bedeutsam ist, weil seine philosophischen Implikationen sich in der jüngsten Literatur als »negative Kreativität« ausgewirkt haben. Ein Titel von Beckett: »Act without Words« steht für das logische Extrem des Konfliktes zwischen privatem Meinen und öffentlichem Sagen. Wem es allerdings um ein theoretisches Modell der Sprache zu tun ist, für den ist solches Schweigen, offensichtlich, eine Sackgasse.

Die dritte Alternative ist die Schaffung einer neuen Sprache, auf daß »das Wort wieder Wort werde« und die lebendige Wahrheit wieder gesagt werden kann. Wenn ein Gemeintes unbefleckt und ursprünglich zum Ausdruck kommen soll, muß die Empfindung die Leichenhand des Früheren abschütteln, die sich an jenen existierenden Wörtern und grammatischen Regeln festgekrallt hat, die mit ihr unwiderruflich erstarrt sind. Das war das Programm des russischen »Kubofuturisten« Alexei Kručonych in seiner »Proklamation des Wortes als solches« (1913): »Das mißbrauchte, vergewaltigte Wort ›Lilie‹ ist von allem Ausdruck entleert. Deshalb nenne ich die Lilie éuy – und die ursprüngliche Wahrheit ist wieder hergestellt.« Wie wir gesehen haben, ist die Vorstellung von einer Sprache, so rein und wahr wie das Morgenlicht, theologischen Ursprungs. Aber sie leitet sich auch aus einer bestimmten historischen Annahme her, die im späten 18. und im 19. Jahrhundert dominierte. Unter Berufung auf die unschuldige Endgültigkeit der hebräischen Poesie und der griechischen Literatur, auf ihre paradoxe Verbindung von Jugendfrische und reifer Form, glaubten Denker wie Herder, Winckelmann, Schiller und Marx, die Antike und vor allem der Genius der Griechen sei wie keiner zuvor oder seither vom Glück begünstigt gewesen. Der Homerische Sänger, Pindar, die attischen Tragiker waren, so glaubte man, buchstäblich die ersten, die den menschlichen Urtrieben von Liebe und Haß, dem politischen und dem religiösen Empfinden gestaltenden Ausdruck gegeben hatten. Metapher und

Gleichnis waren für sie Entdeckungen: bestürzende Entdek-
kungen vielleicht. Daß ein Held einem Löwen gleich ist, daß
das Morgenrot einen Flammenmantel trägt, waren noch keine abgegriffenen Sprachornamente, sondern vorläufige,
höchst private Abbildungen von Wirklichkeit. Keine europäische Sprache seit den Psalmen und Homer hat Wirklichkeit je wieder so neu begriffen.
Wahrscheinlich ist jedoch die Vorstellung, daß es sich dabei
um Literatur ab origine handelt, nicht richtig. Noch die ältesten erhaltenen Texte haben schon eine lange Sprachgeschichte hinter sich.[40] Die archaischen Blöcke, die sich in
den ältesten Teilen der Bibel isolieren lassen und die Gestaltung der Komposition durch formelhafte Elemente in der
»Ilias« und der »Odyssee« lassen vermuten, daß sich ganz
bestimmte Konventionen in langer, schrittweiser Entwicklung bereits herausgebildet hatten. Keine Technik der anthropologischen und historischen Rekonstruktion werden
uns Einblick in den Zustand jenes Bewußtseins und seines
gesellschaftlichen Echos vermitteln, dem wir die Ursprünge
von Metapher und symbolischer Bezeichnung verdanken.
Vielleicht hat es wirklich einmal jenen Sänger gegeben, der
aus genialer Eingebung oder in leidenschaftlichem Verlangen
zum ersten Mal seine Liebe mit der Gewalt des Meeres verglichen hat. Aber das Wann und Wo dieser Epiphanie bleibt
uns verschlossen. Die Vorstellung einer verlorenen Poiesis
hat jedoch, so künstlich sie auch sein mag, mindestens als
Negativ einen großen Einfluß ausgeübt. Sie hat die seit 1860
nicht mehr verstummte Vorstellung genährt, daß Fortschritt
in der Literatur, daß künstlerische Gestaltung persönlicher
Gedanken und Gesichte ohne Erneuerung der Sprache nicht
möglich sind.
Solche Erneuerung kann auf dreierlei Weise stattfinden: als
Umschichtungsprozeß in einer Sprache, als Verschmelzung
von Elementen aus mehreren Sprachen und schließlich als
Versuch der Bildung von selbstbestimmten Neologismen.
Normalerweise tritt keine dieser drei Methoden isoliert auf.

Zwischen 1870 und 1930 sind in zahlreichen Varianten die verschiedensten Kombinationen aller drei entstanden.

Poesie und Prosa des Unsinns, Unsinns-Alphabete, Unsinns-Taxinomien, ein- und mehrsilbige Unsinnswörter, -sätze und Satzkompositionen gehören von altersher zum Repertoire der Kinderlieder, Limericks, Zaubersprüche, Rätsel, Abzählreime und Merkformeln, in denen sie entweder unverhüllt oder dicht an der Oberfläche ihr Un-Wesen treiben.[41] Die Nonsense-Kunst eines Edward Lear oder Lewis Carroll dagegen kündigt wahrscheinlich schon die neue Sprach-Bewußtheit des späten 19. Jahrhunderts an, deren Folge die logische Überprüfung herkömmlicher Wortbedeutungen war. Lewis Carrolls etwas verwirrender Ausspruch, daß jedes »völlig ausgeglichene Gemüt« jede Nonsense-Sprache, sei sie auch noch so esoterisch, verstehen könne, verrät die Kraft und Kultiviertheit seiner psychologischen Mutmaßungen. Wie Elizabeth Sewell zeigt, steht eine spezifische Methode hinter den Verschiebungen von Vokabular und Grammatik, die für Unsinns-Literatur bezeichnend sind. Es geht dabei, sagt sie, »um die Aufteilbarkeit des Stoffes in Einheiten, aus denen man eine neue Welt aufbaut. Diese darf jedoch nie mehr sein als die Summe ihrer Teile und nie in ein umfassenderes Ganzes übergleiten, das man nicht mehr in die Ursprungs-Einheiten aufbrechen kann. Sie (die Nonsense-Literatur) muß versuchen, eine Wörter-Welt zu erschaffen, die aus Stücken besteht«.[42] Keines dieser Stücke darf sich auf Außenliegendes beziehen oder sich am Ende selbst zu einer Vielheit anreichern. Die Unsinnssprache ist, mit anderen Worten, ein Versuch, die Polysemie der natürlichen Sprache und ihre Kontextgebundenheit auszuschalten. Die Grammatik der Unsinnssprache besteht in erster Linie aus Pseudo-Ketten und -Gruppierungen diskreter Einheiten nach dem Muster arithmetischer Reihen (bei Lewis Carroll sind es meistens einfache Reihen und Brüche ganzer Zahlen).

Elizabeth Sewell meint, die Sprache von »Jabberwocky« (in

Carrolls »Through the Looking Glass«) ziele darauf ab, möglichst »keine Gedankenverbindung zu irgend etwas Erfahrbarem herzustellen«. Sieht man jedoch näher zu, so stellt sich heraus, daß das nicht stimmt. Eric Partridges witziger Kommentar zu den vier neuen Verben, zehn neuen Adjektiven und acht neuen Substantiven in »Jabberwocky« zeigt, wie nah diese Prägungen vertrauten englischen, französischen und lateinischen Sprachelementen stehen.[43] Man braucht gar nicht »halbbewußt eine Ähnlichkeit zu spüren«.[44] Sie bietet sich vielmehr in den meisten Fällen unabweisbar an. Deshalb sind die Heldentaten von Lears »Dong« und Carrolls »Snark« auch in andere Sprachen übersetzbar und tatsächlich ausgezeichnet übersetzt worden.

Die erste Strophe von »Jabberwocky« narrt uns geradezu mit Analogien zur Umgangssprache:

Twas brillig, and the slithy toves
    Did gyre and gimble in the wabe:
All mimsy were the borogroves,
    And the mome raths outgrabe.

Für ein englisch geschultes Ohr stellen sich sogar unmittelbare lautliche Assoziationen an wohlbekannte Wörter und Klangfolgen aus englischen Balladen ein. Das Echo, das entsteht, ist nicht im Sinne Celans »gesplittert«, sondern auf gelinde überraschende Weise geknüpft.

Das ist die Schwäche solcher Versuche im Hinblick auf Sprach-Erneuerung. Der Sprachstoff ist zu geschmeidig, die »Übersetzung« liegt zu nahe. Zu willfährig sind Gefühls- und Bild-Inhalte bei der Hand, die längst in den Laut-Assoziationen der englischen oder einer anderen öffentlichen Sprache heimisch sind. Das Beste, besonders bei Lear, ist der nach-Blakesche viktorianische Vers, der, kaum merklich, unscharf geworden ist wie eine feste Form an einem heißen Sommertag, wenn die Luft zittert und ihre Konturen leicht verwischt.

»I said it in Hebrew – I said it in Dutch –/I said it in German and Greek«, klagt Lewis Carroll in »The Hunting of the

Snark« – »but I wholly forgot (and it vexes me much)/That English is what you speak!« (Ich habs auf Hebräisch und Griechisch, auf Deutsch und Holländisch gesagt. Was ich völlig vergaß [und das ärgert mich sehr], ist, daß Du nur Englisch sprichst.) Aus solcher Vergeßlichkeit ist schon manche Poesie entstanden. Zwei- und mehrsprachige Lyrik, Texte mit Zeilen oder Strophen aus mehreren Sprachen gab es, wenn nicht früher, schon im Mittelalter, vor allem als kontrapunktischen Wechsel von Latein und der jeweiligen Volkssprache. Der Minnesänger Oswald von Wolkenstein hinterließ eine berühmte Tour de force in sechs Sprachen, und von den Troubadouren gibt es Verskombinationen aus Provençalisch, Italienisch, Französisch, Katalanisch und galizischem Portugiesisch. In seiner Monographie »The Poet's Tongues« zitiert Leonard Forster ein entzückendes Gedicht aus dem 15. Jahrhundert, dessen Zeilen zwischen Englisch, Anglo-Normannisch und Latein hin und her spielen. Einfacher und bekannter ist ein deutsches Weihnachtslied, auch aus dem 15. Jahrhundert:

Ubi sunt gaudia
    Niendert mehr denn da,
    Da die Engel singen
Nova cantica
    Und die Schellen klingen
In regis curia
Eia wärn wir da!

Das sprachlich und poetisch schönste Beispiel, das ich kenne, ist modern. Im April 1969 trafen sich Octavio Paz, Jacques Roubaud, Edoardo Sanguineti und Charles Tomlinson in Paris und schrieben zusammen eine sogenannte »Renga«, eine auf japanische Vorbilder zurückgehende Gemeinschaftsdichtung, wie sie in Japan wahrscheinlich schon im 7. oder 8. Jahrhundert bekannt war. Die Renga der Vier, die 1969 in Paris entstand, ist aber mehr als Gemeinschaftsdichtung, weil sie auch noch viersprachig ist. Jeder dichtete in seiner Sprache und wiederholte, beantwortete, verwandelte als Lautspiel und maskierte Übersetzung die Zeilen der drei anderen. Die so entstandenen englisch-französisch-italienisch-spanischen Texte sind unüberbietbar in der Dichte ihrer Einbildungs- und Ausdruckskraft. Auf die sprach- und übersetzungstheoretischen Probleme, die ein solches Unternehmen deutlich macht, komme ich noch zurück. Schon eine Strophe (II.1) zeigt, welche interaktive Dynamik auf diese Weise frei gesetzt werden kann:

Aime criaient-ils aime gravité
de très hautes branches tout bas pesait la
Terre aime criaient-ils dans le haut
(Cosí, mia sfera, cosí in me, sospesa, sogni: soffiavi,
    tenera, un cielo: e in me cerco i tuoi poli, se la
tua lingua è la mia ruota, Terra del Fuoco, Terra di
    Roubaud)
Naranja, poma, seno esfera al fin resuelta
en vacuidad de estupa. Tierra disuelta.
Ceres, Persephone, Eve, sphere
earth, bitter our apple, who at the last will hear
that love-cry?

Das Paradebeispiel für polyglotte Prosa ist »Finnegans Wake«. Man denke etwa an den berühmten mäanderförmigen Satz auf der ersten Seite: »Sir Tristram, violer d'amores, fr'over the short sea, has passencore rearrived from North Armorica ...« Da drängt sich neben dem Englischen nicht nur Französisches auf wie: »triste«, »violer«, »pas encore« und »Armoric« (das alte Britannien), sondern auch Italienisches: »viola d'amore« und, sofern Joyce als Selbstinterpret zuverlässig ist, ein Vico-Zitat, nämlich »ricorsi storici«, das er teils als Anagramm, teils übersetzt in »Passencore rearrived« untergebracht haben will. Ein schönes Beispiel aus dem II. Buch ist die Wortfolge: »in deesperation of deisperation at the diasporation of his diesparation«. Da läutet ein ganzes Glockenspiel aus vier, wenn nicht fünf Sprachen: Englisch »despair«, französisch »déesse«, lateinisch »dies« (vielleicht ist das Ganze eine Anspielung auf »dies irae«), griechisch

»diaspora« und altfranzösisch oder altschottisch »dais« oder »deis« (das heißt ursprünglich »Prunkgemach« und ist später ein überdachtes Podium für ein Festspiel). In Joyces »Night-talk« treffen oft in einem banalen einsilbigen Wort mehrere Sprachen aufeinander, so etwa in »seim« ganz am Ende von »Anna Livia Plurabelle«, wo es heißt: »The seim anew.« Damit verschmelzen das englische »same« und die französische »Seine« (vielleicht auch das deutsche »Seim«) in einer geschwinden Hochzeit, nicht nur von zwei bzw. drei Sprachen, sondern auch zwischen den dialektischen Polen des Identischen und des Fließenden.

Die Sprache von »Finnegans Wake« steht auf der Grenze zwischen Synthetik und Neologismus. Die vielsprachigen Kombinationen stehen aber immer noch im Dienste reicherer und wendigerer »öffentlicher« Sprach-Vermittlung. Sie zielen nicht auf die Erschaffung einer neuen Sprache ab. Eine solche zu ersinnen mag wohl die paradoxeste, revolutionärste Tat sein, deren der menschliche Geist fähig ist.

Es gibt keine verläßliche Geschichte jener enigmatischen Gebilde, die beispielsweise in apokryphen Berichten über Prozesse gegen Häresie, Alchimie und Okkultismus auftauchen. Häretiker bekennen, Inquisitoren behaupten die Existenz einer magischen, für jeden Außenseiter unverständlichen Sprache. Der rechtgläubige Richter erklärt, die geheimnisvollen Wörter kämen vom Teufel – so im Falle des großen Wolfram von Eschenbach, den Gottfried von Straßburg angeklagt hatte, im »trobar clus«, der Geheimsprache der Liebeshöfe, gedichtet zu haben, oder bei den Nachstellungen, denen Paracelsus ausgesetzt war. Umgekehrt wollen Eingeweihte, so die ersten Mormonen, Eingebungen von Engeln gehabt oder ein echtes Pfingstwunder der »in Feuer gekleideten Worte« erlebt haben.[45] Daß das Beweismaterial für derlei übersinnliche Erfahrungen entweder verloren oder nicht ernst zu nehmen ist, versteht sich.

Mehr oder weniger dasselbe gilt für neue und private, für den Eigenbedarf von Einzelpersonen erfundene Sprachen.

Sicher hat mancher Schriftsteller seit Mallarmé und Rimbaud Stefan Georges Wunsch geteilt, sich in einer Sprache auszudrücken, die der profanen Menge verschlossen ist. In Georges Fall war der Drang zur Hermetik zwanghaft. Soweit die Zeitumstände es erlaubten, hat er sein Leben und seine Kunst als orphische Übung stilisiert. Unter seinen Wort-Artefakten befinden sich mindestens zwei Gedichte in »lingua romana«, die aus durchsichtigen Elementen des Französischen, Spanischen und Italienischen bestehen.[46] Ja, auf seiner Suche nach Unbeflecktheit und Ursprünglichkeit der Aussage hat er sogar eine Geheimsprache erfunden und angeblich den ersten Gesang der Odyssee in diese »Neologie« übersetzt. Wenn man seinen Jüngern glauben will[47], hat er die Übersetzung vor seinem Tode vernichtet, um ihre Geheimnisse nicht der vulgären Neugier der Gelehrten preiszugeben. Wahrscheinlich ist die Geschichte eine Ente. Geistreich und eindrucksvoll bleibt jedoch der Gedanke, die Echtheit eines klassischen Textes dadurch erneuernd zu bekräftigen, daß man ihn »nach vorne übersetzt«, das heißt, in eine bisher unbekannte, schriftstellerisch noch unschuldige Sprache. Aus Georges angeblicher Odyssee-Übersetzung sind zwei Zeilen erhalten, die merkwürdig obsessiv wirken. Er hat sie in das Gedicht »Ursprünge« übernommen, das vom Weiterleben nekromantischer antiker Kräfte unter der asketischen Oberfläche des frühen Christentums handelt:

Doch an dem flusse im schilfpalaste
Trieb uns der wollust erhabenster schwall:
In einem sange den keiner erfasste
Waren wir heischer und herrscher vom All.
Süss und befeuernd wie Attikas choros
Über die hügel und inseln klang:
CO BESOSO PASOJE PTOROS
CO ES ON HAMA PASOJE BOAÑ.

Mir ist nur einmal, auf einer Malteser Inschrift, etwas begegnet, das entfernt an diese Silbenfolgen erinnert. Mit einiger Phantasie sollte man herausfinden können, welche Stelle im ersten Gesang der Odyssee gemeint ist. Jedenfalls taucht das Vorbild der sogenannten homerischen Formeln hinter der »Übersetzung« auf.

Am interessantesten sind die neologistischen Experimente der russischen Futuristen, der Dadaisten und schließlich der Lettristen und Surrealisten, die das Erbe von Dada nach 1923 übernahmen. Auf die einzigartige und höchst komplexe Bedeutung des Dadaismus für die europäische Literatur kann ich hier nicht eingehen.[48] Allmählich dürfen wir jedoch die Behauptung wagen, daß der ganze Modernismus bis auf den heutigen Tag, bis zur minimalistischen Kunst und zum Happening, zur aleatorischen und zur »freak out«-Musik nur ein Nachspiel – noch dazu oft mittelmäßig und aus zweiter Hand – zum Dadaismus ist. Die sprachlichen, theatralischen und künstlerischen Experimente, die während des Ersten Weltkriegs in Zürich begonnen und später nach Köln, München, Berlin, Hannover, Paris und New York übertragen wurden, gehören zu den wenigen unbestritten echten Revolutionen und Zäsuren in der Geschichte der menschlichen Einbildungskraft. Die Genialität der Dadaisten lag weniger in dem, was sie vollendeten (stellten sie doch gerade den Begriff von etwas »Fertigem« in Frage), als in der Reinheit ihrer Wünsche und der Uneigennützigkeit ihres schöpferischen und kooperativen Impulses. Die Slapsticks und die formalen Erfindungen von Hugo Ball, Hans Arp, Tristan Tzara, Richard Huelsenbeck, Max Ernst, Kurt Schwitters, Francis Picabia und Marcel Duchamp haben eine würzige Frische, eine asketische Logik, wie sie den einträglicheren Rebellionen der Folgezeit bekanntlich abhanden gekommen sind.

Der Wasserfall an Neologismen, der sich 1915 im Cabaret Voltaire in Zürich auf das Publikum des Dadaismus der ersten Stunde ergoß, war bei aller Jugendlichkeit aus Quellen gespeist, die noch auf dem Terrain des 19. Jahrhunderts liegen. Schon der Name, den Hugo Ball dem Cabaret gab, scheint eine Huldigung an das Café Voltaire in Paris zu sein, in dem Mallarmé und die Symbolisten sich in den späten achtziger Jahren regelmäßig trafen. Denn es war Mallarmés Programm einer Reinigung der Sprache, eines privaten Ausdrucks, das Ball und seine Mitstreiter auszuführen suchten. Die Idee des automatischen Schreibens, der Erzeugung von Wortgruppen, frei von den Fesseln des Willens und der öffentlichen Bedeutung, ist mindestens so alt wie Gertrude Steins Experimente in Harvard von 1896. Der italienische Futurismus übernahm dann den Versuch, und Marinettis »parole in libertà« ist sein Widerhall. Die entscheidende Vorstellung des »Zufalls« als dichtende Kraft knüpft nicht nur an Mallarmés »Igitur«, sondern auch an die »Trance«-Dichtung der Décadence aus den neunziger Jahren an. Die Collagen in der bildenden Kunst sind eine Parallelerscheinung zum Dada-Vers; bei Arp haben sie unmittelbar auf die Sprachbehandlung gewirkt. Klangdichtung und »poésie concrète« lagen in der Luft; Kandinskys »Klänge« etwa erschienen 1913 in München. Das Zürcher Milieu war damals kosmopolitisch und polyglott. Im Kreis der Dadaisten und um sie herum wurde Deutsch, Französisch, Italienisch, Spanisch, Rumänisch und Russisch gesprochen. Synkretismus und privates Patois waren naheliegende Vorstellungen.

Ich bin jedoch nahezu sicher, daß alle diese Ansätze ohne den Schock des Ersten Weltkriegs unverbindlich und modisch geblieben wären. Aus diesem Schock aber und seinen Implikationen für das Überleben menschlicher Vernunft zog Dada seine moralische Kraft. Die »Neologien« und Stummheiten bei Hugo Ball, Tristan Tzara und Arp entsprechen in ihrer Verzweiflung und nihilistischen Logik der genau gleichzeitigen Sprachkritik von Karl Kraus und dem jungen Wittgenstein. Die elementare Kunst, nach der die Dadaisten auf der Suche waren, sollte, so erinnert sich Hans Arp, die Menschen vom Wahnwitz der Zeit heilen.[49] Der Dadaismus widersetzte sich dem Wetteifern von Irrsinn und Tod. Die Menschen, die nicht unmittelbar von der gräßlichen Unvernunft des Weltkrieges betroffen waren, benahmen sich, als ob sie überhaupt nicht begriffen, was um sie her vor sich ging. Dada wollte sie aus ihrer erbärmlichen Erstarrung wekken. Ein Medium solchen Weckens war die menschliche Stimme (Giacometti lief am Limmatquai hin und her und brüllte in die Häuser braver Zürcher Bürger). Aber solche Laute durften, wie Hugo Ball forderte, nicht aus Sprachen stammen, die die politische Lüge und das Pathos des Schlachtens bis ins Mark verdorben hatten. Daher das Drängen auf »Dichtung ohne Worte«.

Die eindrucksvollste Schilderung eines derartigen Versuchs steht in Hugo Balls Erinnerungen: »Die Flucht aus der Zeit« (Luzern 1927). Die Flucht aus der Zeit konnte nur gelingen, wenn die Syntax, in welcher die Zeit bindende Kraft hat, gebrochen wurde. Balls Bericht ist für Literatur und Linguistik gleichermaßen interessant:

»Ich weiß nicht, was mir diese Musik eingab. Aber ich begann meine Vokalreihen rezitativ im Kirchenstile zu singen und versuchte es, nicht nur ernst zu bleiben, sondern mir auch den Ernst zu erzwingen. Einen Moment lang schien mir, als tauche in meiner kubistischen Maske ein bleiches, verstörtes Jungengesicht auf, jenes halb erschrockene, halb neugierige Gesicht eines zehnjährigen Knaben, der in den Totenmessen und Hochämtern seiner Heimatpfarrei zitternd und gierig am Munde des Priesters hängt. Da erlosch, wie ich es bestellt hatte, das elektrische Licht, und ich wurde vom Podium herab schweißbedeckt als ein magischer Bischof in die Versenkung getragen.

Vor den Versen hatte ich einige programmatische Worte verlesen. Man verzichte mit dieser Art Klanggedicht in Bausch und Bogen auf die durch den Journalismus verdorbene und unmöglich gewordene Sprache. Man ziehe sich in die innerste Alchimie des Wortes zurück, man gebe auch das Wort noch preis, und bewahre so der Dichtung ihren letzten heiligsten Bezirk. Man verzichte darauf, aus zweiter Hand zu dichten: nämlich Worte zu übernehmen (von Sätzen ganz zu schweigen), die man nicht funkelnagelneu für den eigenen Gebrauch erfunden habe.«

Eine Vorstellung von der Wirkung, die Ball beabsichtigte, gibt eine Passage aus seiner »Elefantenkarawane«.

> jolifanto bambla ô falli bambla
> grossiga m'pfa habla horem
> égiga goramen
> higo bloika russula huju
> hollaka hollala
> blago bung
> blago bung
> bosso fataka
> ü üü ü
> schampa wulla wussa ólobo
> hej tatta gôrem
> schige zunbada
> wulubu ssubudu uluw ssubudo . . .

Was hier onomatopoetische Albernheit (blago) ist, bekommt in Balls berühmter »Totenklage« etwas Unheimliches und wirkt auf rätselhafte Weise spannend.

Wie Chlebnikovs Versuch, eine »Sternensprache« zu erschaffen, fordert auch Balls Programm absolute Spracherneuerung. Von beiden führt ein direkter Weg zu den Grundsätzen, die die »Lettristen« Mitte der vierziger Jahre in ihren Manifesten verkündeten: Erhabenheit jenseits des ›WORTES‹«, der Gebrauch von »Buchstaben, um die Wörter zu zerstören«, den »Nachweis, daß Buchstaben noch zu anderem bestimmt sind, als zur Verwendung in bekannter Rede«. Surrealismus, Lettrismus und »konkrete Poesie« haben dann die Zusammenhänge nicht nur von Wort und Sinn, sondern auch die von semantischen Zeichen und Aussprechbarkeit aufgebrochen. Lyrik wurde nur noch für das lesende Auge geschrieben. So, beispielsweise, ein Text von Isidore Isou:

LARMES DE JEUNE FILLE

– POÈME CLOS –

M dngoun, m diahl Θhna îou

hsn îoun înhlianhl M pna îou
vgaîn set i ouf! saî iaf
fln plt i clouf! mglaî vaf
Λ o là îhî cnn vîi
snoubidi î pnn mîi
A gohà îhîhî gnn gî
klnbidi Δ blîglîhlî
H mami chou a sprl
scami Bgou cla ctrl
gue! el înhî nî K grîn
Khlogbidi Σ vî bîncî crîn
cncn ff vsch gln iééé . . .
gué rgn ss ouch clen dééé . . .
chaîg gna pca hi
Θ snca grd kr di.

Die Wirkung auf den Leser ist eine verwirrende Empfindung, er vermutet dicht unter der sichtbaren Oberfläche
mögliche Ereignisse und Verdichtungen (Heideggers »Dichtung«). Aber bis auf den Titel kommen ihm keine oder nur
wenige Signale aus der Tiefe zu Hilfe, die wenigstens einen
lautlich vertrauten Zusammenhang andeuteten. Und doch
habe ich nicht den geringsten Zweifel, ein Gedicht vor mir
zu haben, das noch dazu eigentümlich ergreifend ist.

Ob solche Gebilde allerdings »die innerste Alchimie des
Wortes« erschließen oder »der Dichtung ihren letzten heiligsten Bezirk bewahren«, ist zweifelhaft. Mit Isous undurchsichtiger Filigranarbeit sind wir an die Grenzen von Sprache
und semantischen Systemen gelangt, über die sich nichts
Sinnvolles mehr sagen läßt. Diese Unerschließlichkeit, die
Unmöglichkeit jeglicher Umschreibung, braucht nicht so
endgültig oder negativ zu sein, wie es zunächst den Anschein
hat. Schließlich gibt es noch mehr Ausdrucksweisen, die sich
jedem vernünftigen Kommentar widersetzen.[50] Zudem ist,
was sich an den Grenzen abspielt, in der Region, wo sprachliche Strukturen in arbiträre »Nicht-Bedeutung« übergehen,
keineswegs belanglos. Man braucht Balls »Klanggedichte«

nur einmal einem Kind vorzulesen, um zu gewahren, daß
sehr wohl einiges an Bedeutung, an Anwesenheit übermittelt
wird: musikalisch, tänzerisch, auch als verhohlene oder ru-
dimentäre Bildlichkeit. Die eigentliche Schwierigkeit ist, jenen Punkt herauszufinden, an dem die willkürlichen, immer
privateren Signale aufhören, irgendeinen zusammenhängen-
den Reiz auszusenden, oder einen Reiz, auf den es ein gewisses Maß an wiederholbaren Reaktionen gibt. Eine allgemeine
Regel dafür gibt es nicht. Vielleicht erkennt ein Mathematiker in »Larmes de jeune fille« Zeichen wieder, die zwar
anderen Lesern entgehen, aber doch Hinweise auf jene Absicht sein können, die Titel und Ton des Gedichts vermuten
lassen. Das selbstzerstörerische Paradoxon an jeder Privatsprache ist – einerlei ob es sich um den »trobar clus« des
provençalischen Dichters oder den »Lettrisme« von Isou
handelt –, daß ihre Privatheit mit jeder Kommunikationseinheit abnimmt. Sobald eine Äußerung sich an jemanden richtet oder gar gedruckt vorliegt, ist es mit der Privatheit im
strengen Sinne zu Ende.
Die Grenzzone zwischen privater und öffentlicher Sprache
gibt sich jedoch nicht erst in gesucht persönlichem Stil oder
als experimentelle Absonderlichkeit zu erkennen. Sie ist eine
Konstante der natürlichen Sprache. Das ist der Punkt, auf
den es ankommt. Private Konnotationen, Angewohnheiten
der Betonung, Auslassung oder Umschreibung sind Grund-
bestandteile der menschlichen Rede. Ihr Gewicht und ihr
semantisches Feld sind ihrem Wesen nach individuell. Bedeutung ist immer eine potentielle Summe individueller
Weltverarbeitung. Ein erschöpfendes Wörterbuch, eine bis
ins Kleinste schlüssige Grammatik der Umgangssprache
(oder auch nur einiger Ausschnitte aus ihr) kann es nicht
geben, weil jeder Mensch noch bei den einfachsten Benen-
nungen oder Bezeichnungen mit jedem gegebenen Wort andere Assoziationen verknüpft. In diesen Differenzen lebt die
Umgangssprache. Nur wenige Menschen haben das Talent,
neue Wörter zu erfinden oder den vorhandenen neue Werte

aufzuzwingen, neue Kontextbereiche zu erschließen, wie es große Dichter und Denker tun. Der gewöhnliche Sterbliche kommt mit den abgegriffenen Münzen aus, die ihm sein jeweiliges sprachliches und soziales Erbe vermacht hat. Allerdings nur bis zu einem gewissen Grade. Je weiter die persönliche Erinnerung zurückreicht, je kräftiger und dichter die Zweige des Empfindens den Stamm des irreduziblen, sich entwickelnden Selbst umgeben, desto mehr einzigartigen Sinn häufen wir auf Wörter und Sätze. Wenn überhaupt etwas, so bleibt nur ihre Phonetik ganz öffentlich. Ein Wörterbuch ist bloß eine Ansammlung von Übereinkünften, die gar nicht anders als verblaßt und oft weniger signifikant als in der Realität sein können. Erst unterhalb dieser lexikalischen Spitze erhält das Wort, das wir sagen, spezifisches Gewicht. Spezifisch allerdings nur für den Sprecher, für den einzigartigen Schatz an Assoziationen und früheren Gelegenheiten des Gebrauchs, den er im Lauf seiner geistigen und physischen Geschichte angesammelt hat. Nur manchmal, wenn uns Gelegenheit und Gedächtnis günstig sind, lüften wir den Schleier vor einigen Zonen des subjektiv Gemeinten. So erzählt beispielsweise Michel Leiris in seiner Selbst-Analyse »L'Age d'homme«, der Laut »s« in »suicide« habe für ihn das Sirren und die Schlangenform des Kris (eines malayischen Dolchs) im Fluge. Das »ui« laute wie das Zischen von Flammen, und das »cide« bedeute »Säure« (acide), die sich in etwas hineinfrißt. Diese Assoziationen hatten sich in ihm festgesetzt, als er als Kind einmal ein Bild von einem orientalischen Menschenopfer gesehen hatte. So etwas läßt sich in keinem Wörterbuch unterbringen, keine Grammatik könnte den Prozeß dieser Zusammenstellung formalisieren. Aber auf eben diese Art geben wir alle den Bedeutungen eine Bedeutung. Nur bleibt die Herkunft der Konnotationen meistens unbewußt und für das Gedächtnis unerreichbar.

In so allgemeinem Sinn – wenngleich nicht in dem von Wittgenstein/Malcolm – gibt es also Privatsprache, und ein wesentlicher Bestandteil aller natürlichen Sprache ist privat. Deshalb enthält jeder vollständige Sprechakt ein mehr oder weniger augenfälliges Element der Übersetzung. Jede Kommunikation »interpretiert« zwischen Privatheiten.

Wie wir aus dem ersten Kapitel wissen, ist diese Art von Vermittlung bestenfalls unbestimmt. Obgleich grundsätzlich dieselbe wie im innersprachlichen Bereich, verdoppelt und verdichtet sich diese Unbestimmtheit natürlich, wo von einer in die andere Sprache übertragen wird. Das Dilemma all der inner- und zwischensprachlichen Privatheiten hat eine starke Gegenbewegung auf den Plan gerufen: die Suche nach eindeutigen und universal anwendbaren Kommunikationscodes. Der Versuch, den Öffentlichkeitsgehalt der natürlichen Sprache zu stärken, ist immer wieder gemacht worden, weil so vieles an ihr privat ist.

Für die besondere Häufigkeit solcher Versuche im 17. und frühen 18. Jahrhundert gibt es zahlreiche Gründe. Der seit der Reformation unaufhaltsame Niedergang des Latein als allgemeiner Gelehrtensprache hatte große Verständigungslücken geschaffen, die sich im umgekehrten Verhältnis durch den wachsenden Sprach-Nationalismus immer mehr vertieften. Gleichzeitig entwickelten sich die internationalen wissenschaftlichen und wirtschaftlichen Verbindungen in einem solchen Maße, daß man ohne ein ebenso praktikables wie exaktes Kommunikationsmedium nicht auskam. Die ständig zunehmende Aufsplitterung des Wissens in Spezialbereiche, die im 17. Jahrhundert mit Macht einsetzte, steigerte noch das Bedürfnis nach universalen Taxinomien, nach einem klar artikulierten, verständlichen Vokabular und der entsprechenden Grammatik für alle Wissenschaft. Fortschritte in mathematischer Analyse und Logik sowie eine zwar nebelhafte, aber um so fasziniertere Beschäftigung mit chinesischen Ideogrammen und der Rolle, die sie für den Verkehr zwischen mehreren fernöstlichen Sprachen spielen, waren ein weiterer Antrieb zur Suche nach einer »lingua universalis«.[51]

Mit der Konzeption von einer solchen »interlingua« wurden vor allem drei Ziele angestrebt. Erstens brauchte man, wie gesagt, eine internationale Ausweichsprache, wie es das Latein gewesen war, um den wissenschaftlichen, politischen und kommerziellen Austausch zu erleichtern und auszuweiten. Zweitens hoffte man, »universale Schriftzeichen« würden eine logistische Formalisierung der wissenschaftlichen Arbeit zur Folge haben, das heißt, im Idealfall einen streng begrenzten und vereinfachten Bestand von Symbolen zur Verfügung stellen, mit dessen Hilfe sich alles schon vorhandene und noch zu erwartende Wissen ausdrücken ließe. Drittens – und das ist das Desiderat, dem die Pädagogen und Naturphilosophen des 17. Jahrhunderts den Vorrang gaben – würde eine universale Semantik das geeignete Medium für Entdeckungen und ihre Überprüfung sein.

Schon in Bacons Schrift von 1605 »The Advancement of Learning« waren diese drei Hoffnungen impliziert, wenn er eine Hierarchie von »wirklichen Schriftzeichen« fordert, die in der Lage wären, »fundamentalen Tatsachen und Ideen« präzisen Ausdruck zu geben. Einige zwanzig Jahre später sprach sich auch Descartes in seinem Briefwechsel mit Mersenne für das Unternehmen aus, bezweifelte aber, ob es vor der Erarbeitung einer umfassenden analytischen Logik und »wahren Philosophie« ausgeführt werden könne. 1633 folgten die »Janua linguarum reserata« des Comenius und ihre englische Übersetzung: »The Gate of Tongues Unlocked and Opened«. Obwohl in erster Linie dazu gedacht, das Erlernen des Lateinischen zu erleichtern und zu erhalten (nach Regeln, die schon die Jesuiten von Salamanca befolgt hatten), zielt Comenius mit seinem Traktat auf die Schaffung einer Universalsprache zur Befreiung und Besserung der Menschheit. Dieses Ideal drückt sich auch in seinem berühmten »Orbis sensualium pictus« (1658) aus. Der deutsche Titel: »Die sichtbare Welt in Bildern, d. i. aller vornehmsten Weltdinge und Lebensverrichtungen Vorbildung und Benennung«, macht die enzyklopädische und taxonomische Grundlage von Comenius' Grammatik deutlich. Zwischen Wörtern und Dingen muß eindeutige und totale Übereinstimmung herrschen: »Pansophia« ist nur durch »Panglottia« zu erreichen. Die Halbheiten und Widersprüche, die unsere Erkenntnis und unsere Gefühle quälen, sind die direkte Folge aus der Unordnung in und zwischen den Sprachen. Jenseits des Lateins liegt das Versprechen einer vollkommenen philosophischen Sprache, in der nichts Falsches gesagt werden kann, einer Sprache, deren Syntax selbsttätig neue Erkenntnis auslöst.[52]

In den fünfziger und frühen sechziger Jahren des 17. Jahrhunderts waren solche Hoffnungen in aller Munde. Raymond Lullys »Ars Magna« (1305-08), von Athanasius Kircher bearbeitet und erweitert, war ein zwar fernes, aber umso ehrwürdigeres Vorbild für symbolische Notationen und Diagramme, mit denen alle Wissenschaften klassifiziert und zueinander in Beziehung gesetzt werden sollten. Hier schon finden sich die ersten Andeutungen einer universalen Algebra, die fähig ist, analytische Prozesse im Verstand auszulösen und zu systematisieren. Sir Thomas Urquharts »Logopanekteision« (1653) ist ein klassisches Beispiel für die universalistischen Träume seiner Zeit. Urquhart war ein bekannter Spaßvogel, dem man nicht zu glauben braucht, daß das vollständige Glossarium seiner neuen Sprache 1650 in der Schlacht von Worcester vernichtet worden ist. Aber ihre bloßen Umrisse, deren Entwurf erhalten ist, sind erstaunlich genug. Das Ziel war: »die Wörter der universalen Sprache den Gegenständen des Universums anzupassen«. Diesen unentbehrlichen Gleichklang kann nur ein »arithmetischer Grammatiker« (die Bezeichnung allein ist prophetisch) zustande bringen. Urquharts »interlingua« hat 11 Geschlechter und außer dem Nominativ noch 10 Fälle. Doch ruht das ganze Gebäude auf nur 250 Primärwurzeln. Alles übrige sind lediglich deren »Verzweigungen«. Das Alphabet hat 25 Konsonanten und 10 Vokale, die zugleich Primzahlen sind. In ihren diversen Kombinationen entsprechen Konsonanten und Vokale allen Lauten, deren die menschlichen Stimmwerkzeuge fähig sind. Dieses Alphabet ist ein unerläßliches Werkzeug der arithmetischen Logik: »Was Logarithmen schriftlich leisten, schafft diese Sprache auswendig, und sie multipliziert Zahlen durch Hinzufügung von Buchstaben, was ein köstliches Geheimnis ist.« Die Silbenzahl eines Wortes entspricht zudem der Anzahl seiner Bedeutungen. Urquhart hat zwar sein »köstliches Geheimnis« mit ins Grab genommen, aber wie er allein schon mit seinen Forderungen die symbolische Logik und die Computersprachen unserer Zeit antizipiert hat, ist verblüffend. Das gilt auch für seine Behauptung, die phonetischen und syntaktischen Gesetze seiner »lingua universalis« hätten Vorteile für ihre Speicherung im Gedächtnis. Er behauptete, jedes Kind könne sie spielend lernen, weil ihre Struktur nur die natürlichen Gelenke und Verstrebungen des Denkens reproduziere und reaktiviere.

In den sechziger Jahren des 17. Jahrhunderts entstand eine ganze Flut linguistischer Entwürfe. Einige, wie etwa J. J. Bechers »Character, pro notitio linguarum universale« (1661) und Kirchers eigene »Polygraphia Nova et Universalis« (1663) sind, nach Cohen, nur »Systeme zur Chiffrierung bestimmter Sprachgruppen nach einheitlichem Muster«, das heißt also, »Interglossae«, Behelfskurzschriften der Wissenschaften. Andere Systeme sind dagegen von grundlegendem Interesse. Dalgarnos »Ars Signorum, vulgo Character Universalis et Lingua Philosophica« (1661) hält zwar das Versprechen des Titels nicht, war jedoch sieben Jahre später für John Wilkins der Ansporn zu seinem »Essay towards a Real Character and a Philosophical Language«. Bischof Wilkins war ein genialer Denker. In seinem Werk kündigt sich schon die moderne Theorie der Logistik an.

Stark beeindruckt von Wilkins war sicher Leibniz, obwohl seine Schrift »De Arte Combinatoria« spätestens schon 1666 entstanden ist und seine frühen sprachphilosophischen Erwägungen wohl vor allem dem deutschen Pietismus und

J. H. Bisterfeld verpflichtet sind.[53] Seine lebenslange Suche
nach einer universalen kombinatorischen Grammatik der
Kommunikation und der Wissenschaft, deren Spuren sich
noch 1717 in den »Collectanea etymologica« finden, hat sich
deutlich in seiner Erkenntnistheorie und Mathematik nie-
dergeschlagen und auch das Interesse am chinesischen Ideogramm in Europa gefördert. Die »mathesis« unmißverständlicher Benennung und Entdeckung, die Leibniz und seinen
Zeitgenossen vorschwebte, haben sie jedoch nicht erreicht.
»Es war sicher falsch zu glauben, ein und dieselbe Sprache
eigne sich zugleich als unspezialisiertes internationales Ver-
ständigungsmittel und als Sprache der Wissenschaften.«[54]
Die modernen Universalisten waren bestrebt, diesen Fehler
zu vermeiden. Die Kunstsprache seit J. M. Schleyers Volapük (1879) und L. L. Zamenhofs Esperanto (1887) sind
einerseits behelfsmäßige »interlinguae« zur Förderung des
wirtschaftlichen und gesellschaftlichen Austauschs. Anderseits sollten sie dem drohenden Sprachchauvinismus und
der sprachlichen Isolierung in einer immer mehr dem Nationalismus verfallenden Welt entgegenwirken. Wie ihre Vor-
läuferin, die »Langue nouvelle« der französischen Enzy-
klopädisten in den siebziger Jahren des 18. Jahrhunderts,
stammen die Bestandteile dieser synthetischen Gebilde aus
den europäischen Hauptsprachen. Ohne Einschränkung gilt
das für Esperanto, Ido, Occidental, Novial und ein Dutzend
andere. Ehrgeiziger waren Volapük und »Latine sine flexio-
ne«, an dem der bedeutende italienische Mathematiker und
Logiker Peano von 1903 bis 1930 gearbeitet hat. Beide enthalten Elemente einer logistischen Formalisierung, wie sie
das 17. Jahrhundert erstrebt, aber noch nicht erreicht hatte.
In seinem ersten Entwurf bezieht sich Peano ausdrücklich
auf Wilkins und Leibniz. Dennoch ging es auch ihm, wie er
1906 in den »Notitias super lingua internationale« ganz
deutlich macht, nicht in erster Linie um analytische, sondern
um psychologische und gesellschaftliche Zwecke. Eine ra-
sche, unzweideutige Verständigung zwischen benachbarten

Nationen und ideologisch zerstrittenen Gemeinschaften erschien ihm notwendig für das Überleben der Menschheit.[55] Nur wenige von diesen Konfektionssprachen haben große Vitalität erwiesen. Heute führt nur noch das Esperanto ein utopisches, etwas verkümmertes Dasein.

Die rein analytische Richtung gehört dagegen zum wichtigsten Erbe des 17. Jahrhunderts in der modernen Philosophie. Die symbolische Logik hat den damals begonnenen Versuch, die geistigen Operationen zu formalisieren und die Regeln der Definition, der Folgerung und des Beweises zu systematisieren, weiter voran getrieben. Dasselbe gilt für die Grundlagenforschung in der Mathematik und semantische Wahrheitstheorien wie die von Tarski oder Carnap. Auf die Zusammenhänge zwischen den »Characteristica universalis« von Leibniz und den frühen logischen Untersuchungen von Russell und von Russell und Whitehead ist schon oft hingewiesen worden, und für die Spätphilosophie von Carnap waren Wilkins' Bemühungen um eine streng formale »Wissenschaft der Wissenschaften« von größter Bedeutung. Überkommene Begriffe wie »mathesis«, symbolische Repräsentation und Universalität spielen, wenngleich in Spezial-Zusammenhängen, noch für die heutigen Computersprachen eine Rolle.[56]

Weder die »interlinguistischen« noch die logisch-analytischen Ansätze haben jedoch unser Verständnis der natürlichen Sprache wesentlich vertieft oder ihren Gebrauch verändert. Das besagt nicht etwa, daß formale Logik und Sprachphilosophie von Frege und Wittgenstein bis zu Prior und Quine nicht außerordentlich subtile Einsichten hervorgebracht hätten. Aber der Brennpunkt, der Zweck von relevanten Einsichten bedarf selbst der sorgfältigen Definition. Wie wir gesehen haben, arbeiteten sie mit »Purifikationen« und Idealisierungen von größter Stringenz. Das konkrete Verhältnis zwischen dem Sprach-Modell, das der analytische Logiker untersucht, und der Sprache »überhaupt« soll zwar geprüft werden, aber diese Überprüfung vollzieht sich oft stillschweigend oder wird auf später verschoben. Die Folge ist dann vielfach eine »Tiefe«, die sich vor der Befleckung durch einen realen Kontext geschützt weiß. Die analytischen Ergebnisse der Logik sind gewiß schlüssig, aber sie schaffen sich ihren eigenen »Meta-Kontext«, ihre autonome Problematik. Die Schwierigkeiten, denen der Logiker begegnet, sind zwar echt, führen aber ein spezielles, selbst-gespeistes Eigenleben. Die trügerischen, schillernden, sich ständig verändernden, unbewußten oder überlieferten Reflexe des Kontextes in der gesprochenen Sprache, die Bedeutungszentren, die Ogden und Richards »emotiv« nannten, und die Empson unter den Stichwörtern »Wert« und »Empfindung« behandelt hat, fallen durch das zwar engmaschige, aber allzu dünnfädige Netz der Logik. Sie gehören in den Bereich der Pragmatik.

Nun ist es aber gerade ihre grandiose Ungezähmtheit, die die Sprache erfinderisch und ausdrucksfähig für subjektive Absichten erhält. Erst Anomalien, die sich allmählich in der Geschichte des Gebrauchs festsetzen, Ambiguität, die den allgemeinen Standard einer Definition bereichert und differenziert, geben dem ganzen Gebilde Zusammenhalt. Einen Zusammenhalt, wenn eine solche Beschreibung erlaubt ist, »in unablässiger Bewegung«. Der vitale Fluß dieser Bewegung erklärt sowohl das erkenntnistheoretische als auch das psychologische Scheitern des Projekts der »universalen Schriftzeichen«. [. . .]

IV

Zuletzt möchte ich auf eine vierte Polarität oder »Kontrastszene« eingehen: die von Wahrheit und Unwahrheit. Das Verhältnis der natürlichen Sprache zur Möglichkeit, Wahres und Unwahres auszusagen, dürfte grundlegend für die Evolution der menschlichen Rede sein, und es allein kann uns meiner Meinung nach zum Verständnis der Vielheit der

Sprachen verhelfen. Wenn man von einer Beziehung zwischen »Sprache und Wahrheit« oder »Sprache und Unwahrheit« spricht, so redet man offenkundig von dem Verhältnis zwischen Sprache und Welt. Man fragt damit nämlich einmal nach den Bedingungen für Bedeutung und Bezeichnung, sowie nach den Bedingungen, unter denen eine Bezeichnung für den Sprecher und seinen Zuhörer mit Bedeutung erfüllt ist. Auch diese Bedingungen werden wieder an der Übersetzung – das heißt, an der Übertragung eines Bezeichnungszusammenhanges in einen anderen – besonders deutlich. Darüber hinaus betrifft die Frage nach Sprache und Wahrheit die gesamte Erkenntnistheorie, wenn nicht die Philosophie überhaupt. Wesen und Repräsentation von Wahrheit sind das Grundthema zahlreicher philosophischer Systeme: des Platonismus, des Cartesianismus und der Kritiken von Hume und Kant. Es wäre übrigens lehrreich – wenngleich allzu vereinfachend –, philosophische Systeme einmal danach einzuteilen, ob in ihnen Wahrheit und Unwahrheit als je eigenständige Substanzen oder Attribute auftreten, oder ob Unwahrheit – wie bei G. E. Moore – nur als Fehlen oder Negation von Wahrheit gewertet wird.

Die Frage nach dem Wesen der Wahrheit und die vielen metaphysischen und logischen Lehren, die sie zu beantworten versucht haben, sind so alt wie die systematische Philosophie überhaupt. Aber nicht zu leugnen ist, daß gerade dieser Fragenkomplex am Ende des 19. Jahrhunderts eine neue Phase erreicht hat, die in direkter Beziehung zur Sprachforschung steht. Der moderne Forschungsstil hat verschiedene Quellen. Einerseits ist er in seiner sittlichen Strenge eine Reaktion auf die scheinbar solipsistische, sorglos eloquente Metaphysik von Schelling und Hegel bis zu Nietzsche. Anderseits ist er die Folge einer sorgfältigen Überprüfung der mathematischen Grundlagenforschung. Grob schematisch ausgedrückt, fand um die Jahrhundertwende ein Wandel statt von einem hypostasierten »äußeren« Wahrheitsbegriff – einem Absolutum, das Intuition, Wille, der teleologische Geist der Geschichte sich zu eigen machen können – zur Vorstellung von Wahrheit als einer Eigenschaft der logischen Form und der Sprache. Dieser Wandel verkörperte die Hoffnung, daß die strenge Formalisierung von mathematischen und logischen Prozessen sich als eine – gewiß idealtypische, aber dennoch reproduzierende – Transkription der Mechanismen des Geistes sich zu erkennen geben würde. Das ist der Grund für den unausrottbaren, etwas naiven Mentalismus vieler formaler Logiker und Sprachanalytiker, so sehr sie auch sonst aller Metaphysik und jeglichem Psychologismus abhold sein mögen. [. . .]

Nach meiner Überzeugung kommen wir im Verständnis der Sprachevolution und des Verhältnisses zwischen Sprache und menschlichen Leistungen nicht weiter, solange wir »Unwahrheit« vorwiegend negativ, Kontrafaktizität und Widerspruch sowie die vielen Nuancen der Konditionalität als Abweichungen von logischen Normen ansehen. Sprache ist *das wichtigste Instrument der Weigerung des Menschen, die Welt so hinzunehmen wie sie ist.* Ohne diese Weigerung, ohne das unaufhörliche Erzeugen von »Gegenwelten« durch den Geist – ein Tun, das nicht möglich wäre ohne die Grammatik der kontrafaktischen und der optativen Formen – wären wir für immer an die Tretmühle des Präsens gefesselt. Wirklichkeit wäre dann – um ein Wort Wittgensteins, allerdings nicht in seinem Sinne, zu zitieren: »alles was der Fall ist« und nichts als das. Wir haben aber die Fähigkeit und das Bedürfnis, der Welt zu widersprechen, sie sprachlich zu »nichten« (Heidegger), sie uns anders einzubilden als sie ist, sie anders zu sagen. Gerade in dieser unserer Fähigkeit, in ihrer biologischen und gesellschaftlichen Entfaltung, verbergen sich vielleicht Antworten auf die Frage nach dem Ursprung der Rede und nach der Vielheit der Sprachen. So ist es also möglicherweise nicht eine »Informationstheorie«, sondern gerade eine Theorie der *Fehlinformation,* die uns helfen kann, das Wesen der Sprache zu begreifen.

Allerdings ist hier Vorsicht geboten. Die entscheidenden

Wörter aus dem ganzen Bereich der Gegen-Wirklichkeit sind nicht nur schwer beim Wort zu nehmen, sondern auch doppelt negativ belastet: moralisch und pragmatisch, Augustinisch und Cartesianisch. »Mendacium est enuntiatio cum voluntate falsum enuntiandi« (Lüge ist die vorsätzliche Äußerung einer artikulierten Unwahrheit) sagt der heilige Augustinus in »De mendacio«. Bezeichnend ist der Nachdruck, den er dabei auf »Äußerung« legt, auf den Augenblick also, in dem die Unwahrheit in der Rede in Erscheinung tritt. Es ist fast unmöglich, Wörter wie »Falschaussage«, »Täuschung«, »Unwahrheit«, »Halbwahrheit« oder »Unklarheit« – letztere ist besonders Gegenstand cartesianischer Kritik – wertneutral zu gebrauchen. Das Unklare, das vieldeutig oder undeutlich Gesagte, sind ein Ärgernis für Vernunft und Gewissen. In diesem Sinn verschärft Swift im Teil über die »Houyhnhnms« in »Gullivers Reisen« eine moralische durch eine pragmatische und philosophische Verurteilung: »Und ich denke an manches Gespräch mit meinem Lehrer über das Wesen des Menschseins in anderen Weltteilen. Als wir gelegentlich über *Lügen* und *falsche Angaben* sprachen, hatte er Mühe, zu verstehen, was ich überhaupt meinte, und das, obwohl er sonst recht scharfsinnig war. Er entgegnete nämlich, daß der Nutzen der Sprache sei, uns einander verständlich zu machen und über Tatsachen unterrichtet zu werden. Wenn also jemand etwas sagt, *das so nicht ist,* so wäre dieses Ziel verfehlt, weil ich ihn nicht richtig verstehen kann, und weil ich so ferne davon bin, unterrichtet zu sein, daß er mich besser in Unwissenheit belassen hätte, denn nun bin ich so weit zu glauben, daß etwas schwarz ist, wenn es weiß, und kurz, wenn es lang ist. Und das war alles, was er über jene Fähigkeit zu lügen vorzubringen hatte, die doch von den Menschen so wohl beherrscht und so allgemein geübt wird.«

Auch hier ist Wahrhaftigkeit eng an Rede gebunden, Wahrheit ist eine sprachliche Verpflichtung. Das Falsche, die mangelnde Übereinstimmung mit dem »Stand der Dinge«, ist das

Ergebnis der Behauptung von etwas, »das so nicht ist«. Die Unangemessenheit – Swift drückt sich offenbar mit Bedacht ebenso blaß wie vielsagend aus – hat eine moralische und eine semantische Seite. Im Falle der Lüge kann man beim besten Willen nicht »richtig verstehen«. Natürlich gibt es so etwas wie »Irrtümer«, Farbenblindheit, den Klecks auf der Brille. Unterschiede je nach Absicht und Gunst oder Ungunst der Umstände müssen in Betracht gezogen werden. Dennoch gelten Fehler und vorsätzliche Falschheit, obwohl in sich verschieden, grundsätzlich als Mängel, als ontologisch negative Erscheinungen. Die ganze Skala von der schwärzesten Lüge bis zum schuldlosen Irrtum liegt in der linken, der Schattenzone der Sprache.

Aber wie unermeßlich weit ist doch diese Zone, und – ohne Swifts Ironie zu verkennen – wie wenig ist sie erforscht. Sein rein negatives Urteil ist, wie das des heiligen Augustinus und das von Hume über die »Schimären«, historisch bedingt. Die Griechen hatten schon viel qualifizierter als die Kirchenväter gedacht. Man braucht sich nur an den zauberhaften Wortwechsel zwischen Athene und Odysseus im XIII. Gesang der Odyssee zu erinnern. Das geläufige Sagen von etwas, »das so nicht ist«, steht dort weder unter taktischem Zwang noch ist es böse. Götter und auserwählte Sterbliche sind oft Virtuosen der Lüge, Pläneschmiede sinniger Unwahrheiten um der »Wort-Kunst« (eine ebenso passende wie verräterische Bezeichnung) und Geistesgegenwart willen. Die Antike war nur allzu bereit vorzuführen, daß die Griechen das Lügen ästhetisch und sportlich sahen. Der übliche Stil der griechischen Orakel läßt darauf schließen, daß das Gefühl für die vitale Kraft von »Irreführung« und »Mißverständnis«, für die Urverwandtschaft von Sprache und Doppelsinn, sehr alt ist. Im »Hippias Minor« Platons stellt Sokrates dem Hippias eine Suggestivfrage, die eine der des heiligen Augustinus genau entgegengesetzte Einstellung zur Falschheit verrät: »Die Falschen behauptest du sind tüchtig und klug und kundig und weise, worin sie falsch sind?«

Der Dialog paßt nicht recht zu den übrigen und mag demonstrativ oder ironisch e contrario gemeint sein. Dennoch sind die Argumente des Sokrates stichhaltig: Ein Mensch, der vorsätzlich lügt, ist dem vorzuziehen, der versehentlich oder unvorsätzlich falsch aussagt. Das Thema des »Hippias Minor« wird mit dem Vergleich zwischen Achilles und Odysseus verknüpft – damals wahrscheinlich eine Allerwelts-Allegorie – und die Wirkung des Dialogs ist bestenfalls zwiespältig.

»Denn mir verhaßt ist jener, so sehr wie des Aides (Hades) Pforten,
Wer ein andres im Herzen verbirgt und ein andres redet«,
sagt Achill im IX. Gesang der Ilias. Sein Widerpart ist »der erfindungsreiche Odysseus«, der im Gleichgewicht des Mythos letztlich obsiegt. Gegen die rauhe Geradlinigkeit des Achilles allerdings kommen weder Vernunft noch schöpferischer Einfall auf.

In der griechischen Mythologie, Ethik und Poetik taucht immer wieder eine keimende Einsicht in die schöpferische Qualität der Unwahrheit auf, eine Ahnung von der organischen Verwandtschaft des Geistes der Sprache mit dem der Fiktion, des Sagens von etwas, »das so nicht ist«. Die Gleichsetzung der Sprache mit Information über Faktisches, wie Swift sie den Houyhnhnms als sittliche Leistung nachrühmt, ist, am Standpunkt des Sokrates gemessen, willkürlich und kindlich. In der byzantinischen Rhetorik und Theologie mit ihren häufigen Anspielungen auf die Doppelzüngigkeit, die sprachimmanente Tendenz zur »Irreführung« des Suchers nach dem »Licht der Wahrheit« finden sich noch Spuren des archaischen und klassischen Sinns für die Polysemie der Sprache. Seit der Stoa und dem Frühchristentum jedoch ist »Täuschung« – die als »Fiktion« im Lateinischen zugleich »Gestaltung« ist – in Verruf geraten.

Darauf mag die überwältigende Einseitigkeit der Logik und Linguistik von Sätzen zurückzuführen sein. Um es kurz zu sagen: Die Hauptmasse der täglichen Sprachvorkommnisse, der gesagten und gehörten Wörter, gehört nicht unter die Rubriken »Faktizität« und »Wahrheit«. Schon der Begriff »Wahrheit« – »die ganze Wahrheit und nichts als die Wahrheit«, wie es beim Gerichtsschwur lautet – ist ein fiktives Ideal des Gerichtsaals und des Logikseminars. Die »wahre Aussage« – sei es definitorisch, demonstrativ oder tautologisch – kommt, statistisch gesehen, in der Masse menschlicher Rede wahrscheinlich nur selten vor. Der Sprachstrom ist intentional, angefüllt mit Absichten im Verhältnis zur Situation und zum Publikum. Er sucht Zustimmung und erwartet Beifall. Bis auf besondere Anlässe zu logisch formalen, vorschriftsmäßigen oder feierlichen Äußerungen bekennt er weder »Wahrheit« noch informiert er über »Fakten«. Was wir einander übermitteln, sind motivierte Metaphern, aus dem Augenblick entstandene Gerüste für Empfindungen. Jede Beschreibung ist parteiisch. Wir sagen weniger als die Wahrheit, wir zerlegen, um aus den Bruchstücken erwünschte Alternativen zu rekonstruieren, wir wählen aus, und wir lassen weg. Was wir sagen, ist nicht »das was so ist«, sondern das, was so sein könnte, was wir zuwege bringen, was Auge und Gedächtnis sich zusammenreimen. Der rein informative Gehalt der natürlichen Rede ist gering. Keine Information, außer der schematischen in Computersprache und Lexikon, kommt nackt daher. Jede ist frisiert, gefärbt, zurechtgebogen, legiert durch ihren Zweck und das Milieu, in dem sie geäußert wird (wobei »Milieu« in diesem Falle das gesamte biologische, historische, gesellschaftliche und semantische Ambiente ist, das den Augenblick der jeweiligen Äußerung bestimmt). Zweifellos liegt eine Fülle von Abstufungen und moralischen Akzenten zwischen der verschwommenen Kurzschrift unserer Umgangssprache, der akzeptierten »Falschheit« gesellschaftlicher Konventionen, den unzähligen »weißen« Lügen geselligen Zusammenlebens am einen Ende und politisch und philosophisch absoluten Nicht-Wahrheiten am andern. Das hohle Lügengeplätscher bei der Absage einer langweiligen Einladung ist nicht das gleiche wie das Totschweigen geschichtlicher Ereignisse und ganzer Biographien in einer stalinistischen Enzyklopädie. Gnostische Endgültigkeit von Unwahrheit gehört nicht zur Lügenbeutelei der Alltagssprache. Aber zwischen diesen beiden Polen liegt offenbar fast alles, was unser privates und öffentliches Gespräch ausmacht.

Linguisten und Psychologen (mit Ausnahme von Nietzsche) haben sich wenig für die allgegenwärtige, weit verzweigte Gattung der Lüge interessiert. Wir haben nur wenige und vorläufige Ansätze zu einem Wörterbuch der Unwahrheit in verschiedenen Sprachen und Kulturen.[57] Moralisches Mißfallen und psychisches Unbehagen seitens der Autoren haben sich zudem einengend und verwässernd auf ihre Untersuchungen ausgewirkt. Wir sehen erst tiefer, wenn wir uns von der negativen Bewertung von »Nicht-Wahrheit« frei machen und zugeben, daß der Trieb zu sagen, »was so nicht ist«, für Gemüt und Sprache zentral ist. Wir müssen endlich begreifen, was Nietzsche im Sinn hatte, als er die Lüge, nicht die Wahrheit, »göttlich« nannte. Swift war dem Kern der Anthropologie schon näher, als er beabsichtigte, wenn er das »Lügen« mit dem »Wesen des Menschseins« in Verbindung brachte und den Unterschied zwischen Mensch und Pferd darin sah, daß nur Menschen, nicht aber die Houyhnhnms »falsche Angaben« machen.

Wir brauchen ein Wort für den Drang und die Kraft der Sprache zur Setzung von »Andersheit«. Dieser Drang liegt, wie außer Oscar Wilde nur wenige erkannt haben, jedem Akt der Gestaltung, aller Kunst und Musik, ja selbst dem Widerstand des Körpers gegen die Schwerkraft (beim Tanz etwa) zugrunde. Aber am deutlichsten kommt er in der Sprache zum Ausdruck. Im Französischen gibt es das Wort »altérité«, das auf die scholastische Unterscheidung zwischen der »essentia« und dem »alienum«, zwischen Gottes tautologischer Integrität und den zersplitterten Fragmenten der wahrgenommenen Welt zurückgeht. Ins Englische läßt es sich als »alternity« übersetzen, versuchen wir es also auch im Deutschen mit »Alternität« als Bezeichnung für das menschliche Vermögen, jene unzähligen kontrafaktischen Sätze, Bilder und Gestalten aus »Wille und Vorstellung« zu schaffen, die »anders« sind als »was der Fall ist«, mit denen wir uns geistiges Dasein aufladen, und mittels derer wir die sich ständig wandelnde, weitgehend fiktive Umwelt unserer körperlichen und gesellschaftlichen Existenz errichten. »Wir sind es, die allein die Ursachen, das Nacheinander, das Füreinander, die Relativität, den Zwang, die Zahl, das Gesetz, die Freiheit, den Grund, den Zweck *erdichtet* haben«, sagt Nietzsche in »Jenseits von Gut und Böse«, und: »Warum dürfte die Welt, *die uns etwas angeht,* nicht eine *Fiktion* sein?« In der »Morgenröte« heißt es, die Lüge sei der eigentliche Genius des Menschen.

Wir können uns durchaus ein wirksames und genaues Signalsystem vorstellen, dem die Möglichkeiten zur »Alternität« abgehen. Eine ganze Reihe von Tierarten verfügt über die nötige Ausstattung zur Kommunikation und zum Austausch genauer Informationen. Akustisch oder durch einen raffinierten Bewegungscodex (die tanzenden Bienen) senden und empfangen sie Informationen und verstehen sie richtig. Sie sind auch fähig zu Tarnung und Tricks und führen bewundernswert exakte Irreführungsmanöver aus. Die Vogelmutter beispielsweise mimt, verwundet zu sein, um den Raubvogel von ihrer Brut fernzuhalten. Auch das ist ein Taktieren mit Gegen-Wirklichkeit, und die Grenze zu Lüge und »Alternität« scheint fließend. Aber der Unterschied ist, glaube ich, radikal. Die Nicht-Wahrheit der Tiere ist ein instinktgebundener Ausweich- oder Preisgabe-Reflex. Die der Menschen ist von Bewußtsein und Willen geleitete Setzung, die gar nicht auf Lohn oder Nutzen bedacht sein muß, sondern frei-schöpferisch sein kann. Auf die wortlose Frage des Tieres: »Wo ist das Wasserloch? Wo ist der Nektar?« antworten die anderen mit entsprechenden Lauten oder Bewegungen. Ihre Antwort ist wahr, aber streng auf den empfangenen »Informations-Stimulus« beschränkt. Genau dasselbe gilt für die Houyhnhnms. Sie sagen zwar Wörter, können aber nur Informationen über Fakten senden und empfangen. Swift stattet seine mythischen Kentauren mit einer Ethik des Instinkts aus, die sie jenseits der Grenze zum Menschen ansiedelt. Die tierische Fähigkeit zur Tarnung mag bis zum totalen Schweigen reichen. Auf einer höheren Entwicklungsstufe, der der Primaten, verweigert das Tier vielleicht unter bestimmten Umständen die Antwort (in Cordelias Unvermögen, ihre Kindesliebe in Worte zu kleiden, steckt etwas Vor- und auch Un-Menschliches). Aber selbst das ist nur ein komplizierter Reflex. Das volle Mensch-Sein beginnt erst mit der Fähigkeit zu einer Antwort, die »das, was so nicht ist« behauptet: »Das Wasserloch liegt hundert Schritt links von mir«, wenn es in Wirklichkeit fünfzig Schritt rechts liegt, oder: »Hier in der Gegend ist gar kein Wasserloch« – »das Wasserloch ist ausgetrocknet« – »es ist ein Skorpion drin«. Die Reihe möglicher Irreführungen, ersonnener und/oder gesagter, ist unerschöpflich. Die menschliche »Alternität« kennt weder formale noch kontingente Grenzen, und diese Endlosigkeit der Unwahrheit ist die Bedingung der Möglichkeit menschlicher Sprache und Freiheit.

Wann hat Unwahrheit begonnen, wann hat der Mensch die Macht seiner Sprache erkannt, Wirklichkeit zu verändern, sie »anders zu sagen«? Natürlich gibt es keine greifbare paläontologische Spur des Augenblicks und Ortes des Übergangs – wohl der wichtigste in der Geschichte der Spezies – von der Begrenzung auf das »wahre« Reiz-Reaktions-Schema zur Freiheit der Fiktion. Schädelmessungen haben ergeben, daß die Stimmwerkzeuge des Neandertalers (wie die des Neugeborenen) noch nicht fähig waren, komplexe Sprachlaute auszustoßen. So mag es sein, daß die Evolution der begrifflichen und lautwerdenden »Alternität« relativ späten Datums ist.[58] Sie könnte zugleich auslösendes Moment und Ergebnis dynamischer Wechselbeziehungen zwischen Sprachzonen in den Stirn- und Schläfenlappen des Gehirns und neuen Funktionen unbehinderter fiktiver Rede sein. Auch zwischen dem »übermäßigen« Volumen der Cortex einschließlich ihrer nervlichen Ausstattung und der Fähigkeit, Wirklichkeit, die »so nicht ist«, zu erfassen und zu behaupten, könnten Interdependenzen bestehen. Im Bauplan und in den Windungen unseres Gehirns beherbergen wir buchstäblich Welten, anders als die Welt, und die Textur dieser Welt ist vorwiegend, wenn auch keineswegs ausschließlich, sprachlich. Der entscheidende Schritt von der hinweisenden, tautologischen Benennung – wenn ich sage, daß die Tränke ist, wo sie ist, so ist das in bestimmtem Sinne tautologisch – zu Erfindung und »Alternität« mag auch in Verbindung mit der Erfindung neuer Werkzeuge und der daraus folgenden Entstehung komplizierterer Gesellschaftsformen stehen. Aber bei weitem das großartigste Werkzeug des Menschen ist, was immer ihr biosozialer Ursprung sein mag, die Sprache, die uns zur Alternität, zum Bau von Gegen-Wirklichkeiten, Illusionen und Spiel befähigt. Mit diesem Stecken hat der Mensch aus dem Käfig des Instinkts heraus gelangt und an die Grenzen von Raum und Zeit gerührt.

Im Anfang diente dies Instrument wahrscheinlich nur dem banalen Wert des Überlebens. Ihr Movens war noch der Trieb, sich zu tarnen, Fiktion war Verkleidung: vor denen, die auch nach der Tränke suchten, dasselbe Wild jagten oder den spärlichen Gelegenheiten zum Liebesspiel auf der Spur waren. Weniger als die Wahrheit zu sagen, falsch zu informieren, hieß, sich einen lebenswichtigen Vorsprung zu sichern. Natürliche Zuchtwahl kam dem Erfinderischsten zugute. Sagen und Mythen bewahren noch verschwommene Erinnerungen an die entwicklungsgeschichtlichen Vorteile von Verstellung und Irreführung. Loki und Odysseus sind sehr späte Verdichtungen des weit verbreiteten Motivs vom Lügner, vom Listenreichen, der sich wie Feuer und Wasser entzieht und überlebt. Die Vermutung liegt allerdings nahe, daß gerade das adaptive Element der »Alternität« auf noch tiefere Regionen verweist, daß die Fähigkeit zur Fiktion, zur kontrafaktischen Behauptung eine entscheidende Rolle gespielt hat bei der gewagten, langsam sich entwickelnden Definition des Selbst. In fast allen Sprachen, in fast jedem regionalen Sagenschatz gibt es einen Mythos vom Zwei-kampf – oft auch als Rätselprobe, deren Einsatz das Leben des Verlierers ist. Zwei Männer begegnen einander bei Son-nenuntergang an einem eng begrenzten Ort – meistens einer Furt oder Brücke – und jeder versucht, sich den Übergang zu erzwingen oder den des anderen zu vereiteln. Sie kämp-fen bis zum Morgengrauen, aber keiner gewinnt. Das Ergeb-nis ist ein Akt der Benennung. Entweder gibt einer der Geg-ner dem anderen einen Namen (»Du bist Israel«, sagt der Engel zu Jakob), oder beide enthüllen einander ihre Namen: »Ich bin Roland« – »Ich bin Oliver, der Bruder der liebli-chen Aude« – »Ich bin Robin Hood aus dem Sherwood-Forst« – »Ich bin Little John«. In solchen Sagen sind eine ganze Reihe von Initiationsriten und fundamentalen Moti-ven eingegangen. Eines davon ist ganz gewiß das Dilemma der Identität, das gefährliche Geschenk, das ein Mensch macht, wenn er dem anderen seinen richtigen Namen verrät. Wer seinen wahren Namen ändert oder verschweigt – Prinz Kalaf vor Turandot, Rumpelstilzchen und zahllose andere Märchengestalten – schützt sein Leben, sein Karma, die Es-senz seines Seins vor Raub und Versklavung durch Fremde. Sich als einen anderen auszugeben – vor sich selbst oder allgemein – heißt, sich der »alternativen« Kräfte der Sprache im genauesten, ontologisch befreienden Sinne zu bedienen. Die Houyhnhnms und die Gottheit hausen in der Tautologie eines kohärenten Selbst. Sie sind nur was sie sind. In der Formulierung von e. e. cummings:

»one is the song which fiends and angels sing:
all murdering lies by mortals told make two.«

(Einsinnig ist der Teufel und der Engel Singen:
Sterblicher Mörder-Lügen sagen Zwiesinn.)

Als Kosmetiker seiner Sprache kann der Mensch wenigstens
partiell »aus der Haut fahren« und – wenn der Trieb zur
»Alternität« pathologisch wird – seine Identität in unver-
bundene oder streitende Stimmen aufspalten. Die Sprache
der Schizophrenie ist das Äußerste an »Alternität«, zu dem
wir fähig sind.
Die Rhetorik und das gesellschaftlich-konventionelle Gespräch zehren von der Schminke der Sprache. Talleyrands
Satz: »La parole a été donnée à l'homme pour déguiser sa
pensée« ist ein Gemeinplatz, auf die Spitze getrieben. Um
nichts anderes handelt es sich auch bei der philosophischen
These – Ortega y Gasset präzisiert sie in seinem Essay über
Übersetzung –, daß zwischen Denken und Sprechen ein
Leerraum, eine tiefe Lücke klafft. So sagt Vladimir Jankélé-
vitsch in »Le Mensonge«: »Lügen spiegeln das Unvermögen
der Sprache gegenüber dem übermächtigen Reichtum des
Denkens.« Ein solcher Ausspruch zeugt von einem allzu
kruden Dualismus, von einem ungeprüften Begriff des
»Denkens«, als sei es vor dem sprachlichen Ausdruck da und
von ihm unterschieden. Auch der frühe Wittgenstein sieht
Sprache als Kleid, das die wahren Formen des »Gedankens«
einhüllt. Im »Tractatus« (4.002) sagt er: »Die Sprache ver-
kleidet den Gedanken. Und zwar so, daß man nach der äußeren Form des Kleides nicht auf die Form des bekleideten
Gedankens schließen kann, weil die äußere Form des Kleides nach ganz anderen Zwecken gebildet ist als danach, die
Form des Körpers erkennen zu lassen.« Der Vergleich ist
nicht nur erkenntnistheoretisch und linguistisch irreführend.
Er verrät auch ein typisch negatives moralisches Urteil. Die
Sprache treibt Hehlerei, weil sie den »Gedanken« verheimlicht. Das Ideal ist totale Äquivalenz und empirische Verifi-
zierbarkeit (die Houyhnhnms). Doch, wie Nietzsche in
»Der Wille zur Macht« bemerkte, ist alles Gesagte stets zu

wenig oder zu viel, die Forderung, sich mit jedem Wort zu entblößen, also erheblich naiv, auch wenn die pejorative Metaphorik der Verkleidung, des Kostüms über der wahren Haut, noch so wirkungsvoll ist. Die Möglichkeit des Sich-Verbergens, die die Sprache bietet, ist gewiß lebenswichtig, und man kann sich eine »Menschwerdung« oder die Erhaltung des gesellschaftlichen Lebens kaum ohne sie vorstellen. Geht man dieser ihrer Funktion aber auf den Grund, so erkennt man sie als defensives Anpassungsmittel, als Schutzfarbe, grundsätzlich gar nicht so unähnlich der der Blattlaus, die die Farbe des Blattes annimmt.

Die Dialektik der »Alternität« aber, die Genialität der Sprache, Gegen-Wirklichkeit absichtlich in die Welt zu setzen, ist im höchsten Maße positiv und schöpferisch. Ihre Wurzel ist zwar auch die Notwendigkeit zur Verteidigung, die aber hier eine ganz andere Bedeutung, ein ganz anderes Gewicht gewinnt. Der Feind ist auf dieser zentralen Ebene nicht mehr der andere Durstige an der Tränke, der Folterknecht, der dem Opfer die Preisgabe seines Namens abzwingt, der Verhandlungspartner am Konferenztisch, der Langweiler in Gesellschaft. Die Sprache ist von Grund auf fiktiv, weil die »Wirklichkeit« der Feind ist, weil der Mensch, anders als die Houyhnhnms, nicht bereit ist, sich mit dem, »was so ist«, abzufinden.

Läßt sich T. S. Eliots Feststellung, daß die Menschheit Wirklichkeit nur in kleinen Dosen erträgt, im einzelnen belegen? Kulturanthropologie, Mythos, Psychoanalyse weisen auf Spuren jenes Schocks, den der Mensch einst erlitten haben muß, als er die Allgemeinheit und Alltäglichkeit des Todes entdeckte. Vermutlich sind wir die einzigen Lebewesen, die den rätselhaften Schrecken der eigenen Auslöschung stets in uns tragen, uns vorstellen und ausmalen, ihn in Begriffe fassen. Wir schaffen es nur unzulänglich, durch angestrengtes Wegsehen das Wissen von diesem Finale zu ertragen. Ich habe schon gesagt, daß die Grammatik des Futurums, der Konditionalität, der imaginären Offenheit entscheidend ist

für unsere geistige Gesundheit und für das Gefühl einer vorwärts gerichteten Bewegung, welche die Weltgeschichte be-
seelen. Ich möchte sogar noch weiter gehen: *Ich halte es für
unwahrscheinlich, daß der Mensch, wie wir ihn kennen,
überlebt hätte ohne die fiktiven, kontra-faktischen, anti-de-
terministischen Mittel der Sprache, ohne die in »überflüssi-
gen« Partien der Cortex erzeugte und aufbewahrte semantische Kapazität, »Möglichkeiten« jenseits der Tretmühle vor
organischem Verfall und Tod zu erfassen und zu artikulieren.*
In diesem Sinne sind die menschlichen Sprachen mit ihrer
verschwenderischen Fülle konjunktivischer, futurischer und
optativer Formen ein entschiedener evolutionärer Gewinn.
Dank eben dieser Formen erhalten wir uns die wesentliche
Illusion von Freiheit. Die Sensibilität des Menschen erträgt
und transzendiert die Kürze, die verheerende Willkür, die
physiologische Programmiertheit des individuellen Lebens,
weil die semantisch verschlüsselten Reaktionen des Geistes
stets ausgreifender, freier, erfinderischer sind als die Forderungen und Reize des materiellen Faktums. »Es gibt nur *eine*
Welt, und diese ist falsch, grausam, widersprüchlich, verführerisch, ohne Sinn . . .«, sagt Nietzsche (in »Der Wille zur
Macht«). Und: »*Wir haben Lüge nötig,* um über diese Realität, die ›Wahrheit‹, zum Sieg zu kommen, das heißt, *um zu
leben* . . . Daß die Lüge nötig ist, um zu leben, das gehört
selbst noch zu diesem furchtbaren und fragwürdigen Charakter des Daseins.« Durch Nicht-Wahrheit, durch Gegen-
Wirklichkeit »vergewaltigt« der Mensch eine absurde,
zwangvolle Wirklichkeit, und sein Vermögen dazu ist allzeit
»ein Künstlervermögen«. Grammatik und Mythen der
Hoffnung, der Phantasie, der Selbsttäuschung sondern wir
aus unserem Innern ab, und ohne sie wären wir entweder auf
der Stufe der Primaten stehen geblieben oder hätten uns
längst selbst zerstört. Die Syntax, nicht unsere physiologische Verfassung oder die Thermodynamik des planetari-
schen Systems ist voller »Morgen« und »Übermorgen«.
Wahrscheinlich ist sie der einzige Bereich unserer »Willens-

freiheit«, unserer Selbst-Behauptung außerhalb der direkten neurochemischen Verursachung oder Programmierung. Sprechend und träumend befreien wir uns aus der organischen Schlinge. Ibsens Ausdruck faßt die gesamte Evolutionsproblematik zusammen: Der Mensch lebt und schreitet voran dank seiner »Lebenslüge«.

Von der Sprache her entspricht dem Folgendes: Sie ist nicht nur im Sinne der generativen Transformationsgrammatik innovativ, sondern auch buchstäblich kreativ. Jeder Sprechakt ist potentiell erfinderisch, befähigt, »Anti-Materie« zu konzipieren, zu skizzieren und zu konstruieren (die Terminologie der Mikrophysik und der Kosmologie mit ihren Rückschlüssen auf »andere Welten« trifft genau die Idee der »Alternität«). Ja, die Poiesis oder Dialektik ausgesagter »Gegen-Wirklichkeit« ist sogar noch komplexer, weil die »Wirklichkeit«, der wir widersprechen oder die wir beiseiteschieben, selbst weitgehend Sprachprodukt ist. Sie ist zusammengesetzt aus den Metonymien, Metaphern, Klassifikationen, mit denen der Mensch das Urchaos seiner amorphen Wahrnehmungen und Eindrücke wie mit einem Netz übersponnen hat. Entscheidend ist jedoch Folgendes: Die »Unordnung« der Sprache, ihr grundsätzliches Anderssein als die geordneten, geschlossenen Systeme der Mathematik und der formalen Logik, die Polysemie der individuellen Wörter sind weder ein Mangel noch eine Oberflächenerscheinung, die sich durch Analyse von Tiefenstrukturen aufklären ließen. Die grandiose »Liederlichkeit« der natürlichen Sprache ist von unschätzbarem Wert für die Kreativität des inneren wie des nach außen gerichteten Sprachstroms. Eine »geschlossene« Syntax, eine formal erschöpfende Semantik kämen einer geschlossenen Welt gleich. »Metaphysik, Religion, Moral, Wissenschaft – alles nur Ausgeburten seines (des Menschen) Willens zur Kunst, zur Lüge, zur Flucht vor der ›Wahrheit‹, zur Verneinung der Wahrheit«, sagt Nietzsche (»Der Wille zur Macht«). Dieser Entzug aus dem »Gegebenen«, dieser Widerspruch ist der kombinatorischen

Struktur der Grammatik immanent, der Ungenauigkeit der Wörter, den sich ständig wandelnden Vorstellungen von Gebrauch und Korrektheit. Neue Welten entstehen zwischen den Zeilen.

Natürlich enthält unser Angewiesensein auf die Sprache und aufs Imaginäre auch ein Element des Versagens. Es gibt Wahrheiten der Existenz, Eigenarten der Materie, die sich uns entziehen, die durch unsere Wörter verdeckt oder ausgelöscht werden, und für die der abstrakte Begriff nur ein kümmerlicher Ersatz ist. Das sprachliche Pulsen unserer Wahrnehmung und »Gegen-Schöpfung«, Erkenntnis und »Alternität« ist als solches ambivalent. Der Erkenntnis der Reziprozität von Verlust und schöpferischem Zugewinn in jeder Äußerung, in jedem verbalisierten Bewußtsein, ist niemand so nahe gekommen wie Mallarmé mit einem Satz im Vorwort zu René Ghils »Traité du Verbe« (1886): »Je dis: une fleur! et, hors de l'oubli où ma voix relègue aucun contour, en tant que quelque chose d'autre que les calices sus, musicalement se lève, idée même et suave, l'absente de tous bouquets.« Aber, wie er kurz vorher bemerkt, ist es eben diese Abwesenheit, die dem Geist einen Lebensraum sichert und ihn befähigt, jenseits der engen und geschlossenen Horizonte unserer Stofflichkeit Wesen und Allgemeinheit – »la notion pure« – zu setzen.

Für die schöpferische Funktion der Sprache ist, wie wir wissen, das Nicht-Wahre, das Weniger-als-Wahre ein primäres Verfahren. Von Interesse ist hier nicht die Kategorie der Moral, sondern die des Überlebens. Auf allen Ebenen, von der groben Tarnung bis zur Vision des Dichters, ist die Kraft der Sprache, zu verheimlichen, irrezuführen, im Zwielicht zu lassen, Hypothesen aufzustellen, zu erfinden, für das Gleichgewicht des Bewußtseins und die gesellschaftliche Entwicklung des Menschen unerläßlich. Nur ein Bruchteil menschlicher Rede enthält »die nackte Wahrheit« oder wertneutrale, einsinnige Information. Das Schema aus eindeutigen Sätzen, Äußerungen als direkten Hinweisen oder homologen Reaktionen auf vorhergegangene Äußerungen, mit dem die formalen Grammatiken und die Ausweitung der Informationstheorie auf die Untersuchung der Sprache arbeiten, ist reine Abstraktion. In der natürlichen Sprache kommt nur ganz selten und in ganz speziellen Fällen etwas Entsprechendes vor. In der konkreten Rede sind alle Sätze – bis auf eine kleine Klasse von Definitionen und »unreflektierten« Antworten – unausdrücklich umgeben, verzweigt, verwischt durch ein unermeßlich dichtes, individualisiertes Feld von Intention und Verheimlichung. Kaum irgend etwas in der menschlichen Rede ist, wie es klingt. So ist es also ungenau und theoretisch unverantwortlich, Sprache als »Information« zu schematisieren oder sie, einerlei ob unausgesprochen oder in Laute umgesetzt, mit »Kommunikation« gleichzusetzen. Der Begriff Kommunikation ist nur dann zulässig, wenn er auch das Nicht-Gesagte, das partiell, in Anspielungen oder absichtlich tarnend Gesagte, mit umfaßt, ja, mit besonderem Nachdruck versieht. *Menschliche Rede verschweigt mehr als sie gesteht, verwischt mehr als sie definiert, distanziert mehr als sie verbindet.* Der Boden zwischen Sprecher und Hörer – selbst beim inneren Zwiegespräch, wenn »ich« mit »mir« spreche, ein »Gegenüber«, das selbst eine Fiktion, »Alternität« ist – steht nicht fest, ist voll von Luftspiegelungen und unsichtbaren Fallgruben. »Wahr sind nur die Gedanken, die sich selber nicht verstehen«, sagt Adorno in den »Minima Moralia«.

Man zäumt das Pferd vielleicht am Schwanz auf, wenn man der Entwicklung der Sprache als primäres Movens das schlichte, informatorische Kommunizieren unterstellt. Das mag der generative Impuls während einer vorbereitenden Phase, während der schrittweisen Vervollkommnung und Vokalisierung der Signalsysteme höherer Tiere gewesen sein, die noch wahrheits-konditioniert waren. Eine »protosprachliche« Durchgangsphase rein affektiver, reizbedingter »Rede« ist durchaus vorstellbar, wie man an den gelungenen Versuchen amerikanischer Verhaltensforscher mit einer

Schimpansin sieht. Bezeichnenderweise handelt es sich dort allerdings um die »American Signs Language«, die den Sprechapparat nicht beansprucht.[59] Gegen Ende der letzten Eiszeit etwa hat der Mensch dann wohl die explosive Entdeckung gemacht, daß Sprache erschaffen und erneuern kann, daß Aussagen zweckfrei und losgelöst von Fakten sein können. Für Heidegger beginnt damit das Mensch-Sein. Er sagt (in der »Einführung in die Metaphysik«): »Die Sprache kann nur aus dem Überwältigenden angefangen haben, im Aufbruch des Menschen in das Sein. In diesem Aufbruch war die Sprache als Wortwerden des Seins: Dichtung. Die Sprache ist die Urdichtung, in der ein Volk das Sein dichtet.« Freilich gibt es keinen Beweis dafür, daß die Entdeckung der Sprache, wie wir sie kennen, explosiv gewesen ist. Aber die Gleichzeitigkeit und Interdependenz der vergrößerten Schädelkapazität, der Vervollkommnung der Werkzeuge und, soweit wir beurteilen können, präziserer Gesellschaftsorganisation, lassen auf einen Quantensprung schließen. Das wechselseitige Symbolverhältnis von Sprache und Feuer, das im »Züngeln« der Flamme benannt ist, dürfte unvorstellbar alt und tief im Unbewußten verankert sein. Im Prometheus-Mythos steckt vielleicht auch eine Sprach-Komponente: die Assoziation der Herrschaft des Menschen über das Feuer mit der Entdeckung seiner Sprachmächtigkeit. Prometheus ist der erste, welcher der Nemesis »Paroli bietet« durch die Weigerung, dem allmächtigen Peiniger jene Worte zu verraten, die in seinem Sehergeist lodern. In Shelleys »Prometheus unbound« feiert die Erde diesen paradoxen Sieg, die schweigende Artikulation der Kräfte von Wort und Bild:

> Through the cold mass
> Of marble and colour his dreams pass;
> Bright threads whence mothers weave the robes their
>     children wear;

Language is a perpetual Orphic song,
Which rules with Daedal harmony a throng
Of thoughts and forms, which else senseless and shapeless
    were. (412-17)


Durch kalte Marmor-Farben-Massen ziehen seine Träume
Als helle Fäden, daraus Mütter ihrer Kinder Kleider
    weben.
Sprache ist unaufhörlich-orphischer Gesang,
Der in Daedaler Harmonie gebietet
Massen von Formen und Gedanken, welche ohne ihn
Gestalt- und sinnlos wären.

Wenn wir voraussetzen – und es bleibt uns wohl nichts anderes übrig –, daß die Sprache vor allem dank ihrer schöpferischen und hermetischen Qualitäten zur Reife gelangt ist, daß die volle Entfaltung ihres Geistes untrennbar ist von ihrem Drang nach Verheimlichung und Fiktion, gewinnen wir auch einen Zugang zum Rätsel von Babel. Jede voll entwickelte Sprache hat einen privaten Kern. Der russische Futurist Velimir Chlebnikov, der gründlicher über die Grenzen der Sprache nachgedacht hat als mancher große Dichter, sagt: »Die Wörter sind die lebendigen Augen des Geheimnisses.« Sie verschlüsseln, bewahren und vermitteln das gemeinsame Wissen, die Erinnerungen, die metaphorischen und pragmatischen Vorstellungen vom Dasein, die die Mitglieder einer Kleingruppe – Familie, Clan, Stamm – aneinander binden. Das Reifestadium von Rede beginnt mit gemeinsamer Verheimlichung, mit zentripetaler Speicherung und Bestandsaufnahme, mit der gegenseitigen Anerkennung unter wenigen. Im Anfang war das Wort in erster Linie ein Kennwort, das den Zugang zum inneren Kreis gleicher Sprecher sicherte. Zu sprachlicher »Exogamie« kam es erst unter dem Zwang freundlicher oder feindlicher Berührung mit anderen Kleingruppen. Zuerst sprechen wir mit uns selbst, dann mit unseren verwandtschaftlich oder räumlich Nächsten. Erst mit der Zeit wenden wir uns dem Außenseiter zu – mit allen gebotenen Vorsichtsmaßregeln der Undurchschaubarkeit, der Reserve, der konventionellen Arroganz bis hin zur glatten Täuschung. In der vertrauten Mitte, in verwandtschaftlicher oder totemistischer Unmittelbarkeit, kommt unsere Sprache fast ohne Erläuterungen aus, kann Absichten und Implikationen in kompakter Kürze verdichten. Sobald sie nach außen verrinnt, verliert sie an Druck und Spannkraft, während sie fremde Sprecher zu erreichen sucht.

Im weiteren Verlauf der Außenkontakte muß sich ein »Pidgin« herausgebildet haben, eine gemischte Interlingua, die den gängigen, vorhersehbaren Bedürfnissen im wirtschaftlichen Austausch, bei Gebietsabsprachen oder gemeinsamen Unternehmungen einen möglichst geringen Widerstand leistete. Unter bestimmten Umständen: allseitigem Nutzen, gesellschaftlichem Zusammenschluß bis hin zur Verschmelzung wurde schließlich aus dem »Grenzgänger-Kauderwelsch« eine Hauptsprache. Anderenorts und zu anderer Zeit schrumpften dagegen anfängliche Kontakte, und die sprachliche Trennung zwischen Gemeinschaften, selbst zwischen benachbarten, vertieften sich. Anders läßt sich kaum erklären, daß so viele räumlich benachbarte Sprachen einander unverständlich sind, aber überliefert wurden. Kurzum: Ich glaube, daß die nach außen gewandte, kommunikative Stoßkraft der Sprache ein soziohistorisch spätes, sekundäres Phänomen ist. Der primäre Antrieb ging nach innen, aufs Einheimische.

Jede Sprache hortet die Schätze des Bewußtseins, die Welt-Bilder des Clans. Wie ein heute noch im chinesischen Sprachempfinden tief verankertes Gleichnis sagt, baut die Sprache eine Mauer um das »Reich der Mitte« einer Gruppenidentität. Dem Außenseiter gegenüber ist sie verschwiegen, im Innern erfindet sie die eigene Welt. Jede Sprache wählt, verknüpft und »bestreitet« Bestandteile aus dem ganzen Potential des Wahrnehmbaren. Diese Selektion ist es, die ihrerseits die Unterschiede der Weltbilder, wie sie Whorf erforscht hat, verewigt. »Ein unaufhörlich orphischer Gesang« ist die Sprache, weil die hermetischen und kreativen Elemente in ihr vorherrschen. Es gab und gibt so viele Tausende von Sprachen, weil es, vor allem in den archaischen Zeiten der Sozialgeschichte, so viele Kleingruppen gab, die die überkommenen, einzigartigen Quellen ihrer Identität voreinander schützten und weiter an ihrer je eigenen semantischen Welt, ihrer »Alternität«, bauten. Nietzsche kommt der Lösung dieses Problems in dem wenig bekannten Text »Über Wahrheit und Lüge im außermoralischen Sinn« sehr nahe, wenn er etwas kryptisch sagt: »Die verschiedenen Sprachen, nebeneinandergestellt, zeigen, daß es bei den Worten nie auf die Wahrheit, nie auf einen adäquaten Ausdruck ankommt: denn sonst gäbe es nicht so viele Sprachen.« Zwischen dem »nicht-wahren«, fiktiven Geist der menschlichen Rede einerseits und der Vielzahl vorhandener Sprachen anderseits besteht also eine direkte, entscheidende Korrelation.

Sehr wahrscheinlich gründet alles Sprechen in einer allen Menschen gemeinsamen molekularbiologischen und neurophysiologischen Anlage. Dem Bauplan des Gehirns und der Stimmwerkzeuge, vielleicht auch den stark generalisierten, völlig abstrakten Gesetzmäßigkeiten der Logik, der optimalen Gestalt und der Relation sind höchstwahrscheinlich alle Sprachen unterworfen. Die humane Reife der Sprache, ihre unerläßliche erhaltende und erschaffende Kraft, liegt jedoch gerade in der grandiosen Vielfalt der Sprachen, in der verwirrenden Fülle und Exzentrizität (obwohl es kein Zentrum gibt) ihrer Möglichkeiten. Der Drang des Geistes nach Besonderheit, nach »Umfriedung« und Erfindung ist so stark, daß er sich durch die ganze Menschheitsgeschichte bis vor kurzer Zeit den außerordentlichen praktischen Vorteilen gegenüber, die allseitiges Verständnis und sprachliche Einheit bieten, behauptet hat. So gesehen ist der Mythos von Babel ein typischer Fall symbolischer Umkehr: *Die Menschheit ist durch die Zerstreuung der Sprachen nicht vernichtet worden,*

*sondern im Gegenteil lebendig und schöpferisch geblieben.*
Allerdings ist aus demselben Grunde jeder übersetzerische
Akt – besonders wenn er gelingt – so etwas wie Verrat.
Traum-Güter, Lebens-Elixiere werden über die Grenze ge-
schmuggelt.

Daraus folgt wiederum, daß das Gedicht, welches das Wort
im vollsten Sinne ernst nimmt, weder eine kontingente noch
eine marginale Erscheinung der Sprache ist. Das Gedicht
sammelt und entfaltet mit möglichst geringer Rücksicht auf
Gewohnheiten und gängige Durchschaubarkeit jene Energien der Verbergung und Entdeckung, welche den Knotenpunkt der menschlichen Rede ausmachen. Ein Gedicht ist
maximale Sprache. »Au contraire d'une fonction de numé-
raire facile et représentatif, comme le traite d'abord la foule,
le Dire, avant tout rêve et chant, retrouve chez le poëte, par
necessité constitutive d'un art consacré aux fictions, sa vir-
tualité« (Mallarmé im Vorwort zu René Ghil). »Ein Sagen« –
»un Dire« –, das vor allem Traum und Gesang, Erinnerung
und Schöpfung ist. Mit dieser Konzeption muß eine philosophische Lingustik sich einig werden.

Ich habe mit der Betrachtung der wesentlichen und dialektischen Dualitäten der natürlichen Sprache – körperlich/gei-
stig, zeitgebunden/zeitschöpferisch, privat/öffentlich, wahr/
falsch – deutlich zu machen versucht, daß eine authentische
Linguistik weder erschöpfend noch streng formal sein kann.
Das noch für den einfachsten Sprechakt nötige Zusammenwirken von Erinnerung, Erkennen und Selektion mittels
Vergleich ist vielleicht, analog zum Hologramm, eine jeweils
augenblickliche »Funktion« des ganzen Gehirns. Wenn das
stimmt, wären der Schwierigkeitsgrad und die Zahl der
»Schaltungen« und interaktiven Felder, die dabei vermessen
und statistisch auszuwerten wären, so immens, daß wir es
nie weiter als zu metaphorischen, obwohl vielleicht zur Vor-
aussage und sogar Therapie geeigneten, Annäherungs-Er-
gebnissen bringen werden. Bis heute gibt es noch keine allgemeine Theorie, die in der Lage wäre, ein der Komplexheit

der Sprache auch nur annähernd vergleichbares dynamisches, offenes System zu formalisieren, geschweige denn zu quantifizieren. (Im nächsten Kapitel möchte ich zeigen, daß die bloße Vorstellung einer solchen Theorie wahrscheinlich eine Illusion ist.)

Die nebulosen »Tiefen« der generativen Transformationsgrammatik sind zum einen Teil ein verkleidetes Gleichnis und zum anderen eine Konvention der Niederschrift. Die angewandten Diagnoseverfahren haben ausgesprochen reduktive Ergebnisse. Das gilt auch für das beigebrachte Anschauungsmaterial: »Die Sätze, die als Beispiele angeführt werden, sind so ausgewählt, daß sie kaum falsch interpretiert werden können. Sobald aber auch nur eine Spur von Mehrdeutigkeit aufkommt, ist das Beispiel meistens so künstlich und atypisch, daß allein diese Tatsache symptomatisch ist. Von den wirklichen Unberechenbarkeiten der Sprache ist nicht die Rede. Ausschnitte aus politischen, moralischen, theologischen, methodologischen *und linguistischen* Diskussionen würden einen völlig anderen Eindruck vermitteln. Sprachforschung, die jenen Merkmalen der Sprache aus dem Wege geht, die sich dem Bemühen, unsere innersten Bedürfnisse zu erforschen, am hartnäckigsten widersetzen, kann man rechtens als oberflächlich bezeichnen.«[61]

Derartige Untersuchungen sind auch noch in anderer Hinsicht oberflächlich. »Die Chomsky-Epigonen«, sagt Roman Jakobson, »kennen meistens nur eine Sprache – Englisch – und beziehen aus ihr alle Belege. So sagen sie beispielsweise, ›beautiful girl‹ sei eine Transformation von ›girl who is beautiful‹. Dabei gibt es Sprachen, die gar keinen Nebensatz bzw. kein ›who is‹ kennen.«[61] Jakobson entstellt hier zwar den Transformationsvorgang, aber der Vorwurf ist dennoch stichhaltig. Durch die gesamte generative Transformationsgrammatik und ihr Universalitätstheorem zieht sich ein unausgesprochenes Vorurteil zugunsten von »Einsprachigkeit«. Wie ausgeklügelt der methodische Apparat auch sein mag (man kann das auch überschätzen), der Ansatz als solcher ist ebenso rudimentär wie aprioristisch. Das Unentwirrbare, das er ausschließt, und das »Unzulässige«, über das er Gesetze verhängt, gehören zu den Quellen jener »Kontra-Kommunikation« und »Alternität«, aus denen sich die primäre Bedeutung der Sprache für das Leben des einzelnen und die Evolution der Art speist.

Mir geht es hauptsächlich darum. Der Mensch »hat sich frei gesprochen« vom umfassenden organischen Zwang. Sprache ist ständiges Erschaffen alternativer Welten. Die Dichter wissen, daß die gestaltende Kraft der Worte keine Grenzen kennt. »Und voll Erstaunen sehen wir, daß die Sonnen ohne Widerspruch und Geschrei unsere Befehle ausführen« (Übers. Urban/Ziegler), sagt Chlebnikov, ein Virtuose extremer Behauptungen, in seinen »Erlassen an die Planeten«. Ungewißheit der Bedeutung ist Beginn von Poesie. Jede fixierte Definition enthält etwas Veraltetes, eine verfehlte Einsicht. Die wimmelnde Vielzahl der Sprachen repräsentiert den von Grund auf schöpferischen »kontrafaktischen« Genius und die psychischen Funktionen der Sprache überhaupt. Sie verkörpert die Abwendung vom Unisono, vom Einverständnis – der Gregorianischen Homophonie – hin zur polyphonen, letztlich auseinanderstrebenden Faszination vielfältiger Besonderheit. Jede Sprache bestreitet den Determinismus auf ihre eigene Weise. »Die Welt kann anders sein«, sagt sie. Ambiguität, Polysemie, Undurchsichtigkeit, die Vergewaltigung grammatischer und logischer Sequenzen, reziproke Unverständlichkeit, die Fähigkeit zur Lüge – das alles sind keine Krankheiten der Sprache, sondern die Wurzeln ihres Geistes. Individuum und Spezies wären ohne sie längst abgestorben.

In der Übersetzung kommt die Dialektik von Unisono und Vielheit besonders dramatisch zum Ausdruck. In gewissem Sinne ist jeder übersetzerische Akt ein Versuch, Vielfalt abzuschaffen und verschiedene Weltbilder zurück in vollständigen Einklang zu bringen. In einem anderen Sinne bedeutet Übersetzen, die Gestalt der Bedeutung neu zu finden, eine andersartige, alternative Behauptung zu finden und zu rechtfertigen. Die Arbeit des Übersetzers ist, wie wir bald sehen werden, von Grund auf ambivalent. Sie steht immer im Spannungsfeld zwischen Impulsen zum Faksimile und zu angemessener Neuschöpfung. Auf diese Weise erlebt der Übersetzer die Evolution der Sprache aufs Neue: die Ambivalenz des Verhältnisses zwischen Sprache und Welt, zwischen Sprachen und Welten. Denn jede Übersetzung ist ein neuer Prüfstein für den schöpferischen, möglicherweise fiktiven Charakter dieses Verhältnisses. Übersetzen ist also kein sekundäres Spezialistentum im Niemandsland zwischen den Sprachen, sondern die andauernde, notwendige Exemplifizierung der gleichermaßen verknüpfenden wie zerspaltenden Dialektik der Sprache als solcher.

Wenn ich mich nun dem zwischensprachlichen Verkehr selbst, der konkreten Übertragung von Sprache zu Sprache zuwende, so bedeutet das nicht, daß ich mich von der Mitte der Sprache entferne. Ich nähere mich ihr vielmehr aus einer Richtung, die besonders reich an Anschauungsmaterial ist. Freilich sind auch hier die Probleme zu vielschichtig, um anders als intuitiv und ausschnitthaft behandelt zu werden. Unsere Zeit, wir selbst und unsere Empfindungen, sagt Octavio Paz, sind »versunken in einer Welt der Übersetzung, oder genauer, einer Welt, die selbst eine Übersetzung anderer Welten, anderer Systeme ist«.[62] Wie ist der Lauf dieser Welt der Übersetzung? Was haben die Menschen in der verwirrenden Freiheit über den Schutthaufen von Babel hinweg einander zugerufen und zugeflüstert?

# 4. Der Anspruch der Theorie

Über Theorie, Praxis und Geschichte der Übersetzung gibt es eine Fülle von Literatur.[1] Man kann sie in vier Perioden einteilen, deren Grenzen allerdings fließend sind. Die erste reicht von Ciceros berühmter Weisung, nicht »verbum pro verbo« zu übersetzen – im »Libellus de optimo genere oratorum« – und ihrer Bekräftigung durch Horaz – in der »Ars poetica« etwa zwanzig Jahre später – bis zu Hölderlins kryptischem Kommentar zu seinen eigenen Sophokles-Übersetzungen, 1804. In dieser langen Zeit waren es immer die Übersetzer selbst, welche direkt aus ihrer Tätigkeit heraus die ersten Versuche zu theoretischer Bewältigung anstellten. In diesen Rahmen gehören die kritischen Betrachtungen des heiligen Hieronymus, Luthers magistraler »Sendbrief vom Dolmetschen«, 1510, die Argumente von Du Bellay, Montaigne und Chapman, Jacques Amyots Anleitung zum Lesen seiner Plutarch-Übersetzung, Ben Jonson über Nachahmung, Drydens Ausführungen über Horaz, Quintilian und Jonson, Pope über Homer, Rochefort über die »Ilias«. Florios Theorie der Übersetzung ist ein Nebenergebnis seiner Montaigne-Übersetzung. Cowleys grundsätzliche Erwägungen ergaben sich aus der schier unlösbaren Aufgabe, Pindars Oden ins Englische zu übertragen. In dieser ersten Periode entstanden einige ganz wesentliche theoretische Schriften, beispielsweise »De interpretatione recta«, ca. 1420, von Leonardo Bruni und »De optimo genere interpretandi« von Daniel Huet, ein Werk, das 1680 im Anschluß an eine weniger ausgereifte Fassung von 1661 in Paris erschien. Es gehört zu den lebendigsten und feinfühligsten Rechenschaftsberichten über Probleme und Wesen der Übersetzung, die wir besitzen. Das Hauptmerkmal auch der theoretischen Beiträge dieser ersten Periode ist jedoch das unmittelbare empirische Interesse.

Diese Epoche primärer Feststellung und technischer Niederschrift endet mit Alexander Frazer Tytler (Lord Wood-
houselee) und seinem »Essay on the Principles of Translation« (London 1792) sowie mit Friedrich Schleiermachers
grundlegender Schrift »Über die verschiedenen Methoden
des Übersetzens«, 1813. In diesem zweiten Stadium gewinnen philosophische und hermeneutische Gesichtspunkte die
Oberhand. Die Frage nach dem Wesen der Übersetzung
wird jetzt in den allgemeinen Rahmen einer Theorie von
Geist und Sprache gestellt. Unabhängig von den Erforder-
nissen und Besonderheiten eines bestimmten Textes entstehen eine eigene Terminologie und ein methodologischer
Status für den Gegenstand. Das hermeneutische Vorgehen –
das heißt, die Frage, was es bedeutet, ein Stück gesprochener oder geschriebener Rede zu »verstehen«, sowie der Versuch, diesen Prozeß in Begriffen einer allgemeinen Theorie
der Bedeutung zu untersuchen – war von Schleiermacher
eingeleitet und von August Wilhelm Schlegel und Humboldt aufgegriffen worden. Auf diese Weise sind die philosophischen Aspekte des Übersetzens herausgestellt worden.
Die Verflechtung der Theorie mit den praktischen Bedürfnissen dauerte natürlich an, und wir verdanken ihr die ein-
drucksvollsten Berichte über die Arbeit des Übersetzers
und die Beziehungen zwischen verschiedenen Sprachen. In
diesen Zusammenhang gehören Texte von Goethe, Schopenhauer, Matthew Arnold, Paul Valéry, Ezra Pound, I. A.
Richards, Benedetto Croce, Walter Benjamin und Ortega y
Gasset. Das Zeitalter philosophisch-poetischer Theorien
und Definitionen – es gibt jetzt auch eine Historiographie
der Übersetzung – reicht bis zu Valéry Larbauds geistreicher, aber unsystematischer Schrift »Sous l'invocation de
Saint Jérome«, 1946.
Seitdem befinden wir uns ganz im Sog der Moderne. Ende
der vierziger Jahre machten die ersten Aufzeichnungen über
maschinelles Übersetzen die Runde. Russische und tschechische Gelehrte und Kritiker, Erben des Formalismus, wende-

ten Statistik und Linguistik auf die Übersetzung an. Vor allem Quine in »Word and Object«, 1960, hat sich bemüht, Verbindungen zwischen der formalen Logik und Modellen des zwischensprachlichen Verkehrs zu verzeichnen. Linguistische Strukturalismus- und Informationstheorie wurden in die Diskussion über den zwischensprachlichen Austausch eingeführt. Die professionellen Übersetzer gründeten internationale Interessenverbände und Zeitschriften, in denen vorwiegend Übersetzungsfragen erörtert werden. Repräsentativ für diese Periode intensiver und oft kooperativer Besinnung ist Andrej Fedorovos »Vrednie v teoriju perevoda«, Moskau 1953 (Einführung in die Übersetzungstheorie). Die neuen Marschrouten wurden in zwei maßgeblichen Symposien ausgearbeitet, deren Verhandlungen gedruckt vorliegen: »On Translation« (Hrg. Reuben A. Brower, Harvard 1959) und »The Craft and Context of Translation: A Critical Symposion« (Hrg. William Arrowsmith und Roger Shattuck, University of Texas Press 1961).

In vieler Hinsicht befinden wir uns noch immer in dieser dritten Phase. Die in den beiden letztgenannten Büchern dargestellten Methoden – logisch, kontrastierend, literarisch, semantisch, vergleichend – werden weiter entwickelt. Aber seit den sechziger Jahren haben sich die Akzente doch verschoben. Walter Benjamins 1923 zuerst erschienener Aufsatz »Die Aufgabe des Übersetzers« im Verein mit dem Einfluß von Heidegger und Gadamer haben eine Umkehr zu hermeneutischen, ja, metaphysischen Fragen an Interpretation und Übersetzung eingeleitet. Das Vertrauen in die Möglichkeiten der mechanischen Übersetzung, das in den fünfziger und frühen sechziger Jahren vorherrschte, hat nachgelassen. Die generative Transformationsgrammatik hat die alte Auseinandersetzung zwischen »Universalisten« und »Relativisten« wieder in den Vordergrund der linguistischen Diskussion gerückt. Übersetzung ist, wie wir gesehen haben, ein Prüfstein für den Wettstreit von Thesen. Stärker noch als selbst in den fünfziger Jahren sind Theorie und Praxis der Übersetzung zur Nahtstelle alt eingeführter und neu aufkommender Disziplinen geworden. Nervenbahnen psychologischer, anthropologischer, soziologischer und interdisziplinärer Forschung – Beispiele für letztere sind Ethnolinguistik und Soziolingustik – kreuzen sich hier. Publikationen wie »Anthropological Linguistics« oder »Psycho-Biology of Languages« sind bezeichnend für interdisziplinäre Zusammenarbeit. Die alte Redensart – Novalis und Humboldt einst so vertraut –, daß alle Kommunikation im Grunde Übersetzung ist, hat eine neue technischere, philosophisch abgesicherte Grundlage erhalten. Die Vorträge in der Sektion »Theory of Translation« des Kongresses der »British Association for Applied Linguistics«, 1969, oder die Aufsätze in der zwei Jahre später erschienenen Festschrift für Mario Wandruszka – heute der führende Kopf in der kontrastiven Linguistik – sind typische Beispiele für die breit gefächerten methodischen und theoretischen Ansprüche, die man jetzt bei der Erörterung des Übersetzens stellt. Klassische Philologie und Komparatistik, lexikalische Statistik und Ethnographie, Sprachsoziologie, formale Rhetorik, Poetik und wissenschaftliche Grammatik vereinigen sich in dem Bemühen, den übersetzerischen Akt und mit ihm die Lebensvorgänge »zwischen den Sprachen« zu erklären.

Merkwürdigerweise ist trotz dieser langen Geschichte und des Formats jener Männer, die sich zu Kunst und Theorie des Übersetzens geäußert haben, die Anzahl originaler Gedanken gering. Ronald Knox reduziert die gesamte Problematik auf zwei Fragen: Was hat den Vorrang, die literarische oder die wörtliche Übersetzung? Und: Hat der Übersetzer die Freiheit, den Sinn des Originals im Sprachstil seiner Wahl wiederzugeben?[2] Im Grunde sind die beiden Fragen natürlich nur eine, und die ganze Theorie der Übersetzung auf sie beschränken zu wollen, ist eine unzulässige Vereinfachung. Aber die Ausgangsthese von Knox trifft ins Schwarze: Seit mehr als zweitausend Jahren treten Übereinstimmungen und Meinungsverschiedenheiten hinsichtlich des

Wesens der Übersetzung auf der Stelle. Von Cicero und Quintilian bis heute kehren die alten, bekannten Züge und Rückzüge, Thesen und Gegenthesen fast ausnahmslos immer wieder.

Die ewig neue Frage, ob Übersetzen überhaupt möglich ist, wurzelt in uralten religiösen und psychologischen Zweifeln an der Zulässigkeit des Wanderns von Sprache zu Sprache. Wo es sich um göttliche und numinose Rede handelt, wo sie Offenbarung enthält, ist jegliche Weitergabe in eine profane Mundart oder über nationalsprachliche Grenzen hinweg bedenklich oder schlechthin sündhaft. Vorbehalte gegenüber der Entschlüsselung, ja, Wertminderung, die sich bei keiner interpretierenden Transkription vermeiden läßt – tatsächlich entfernt sich jeder Übersetzungsakt um einen weiteren Schritt vom unmittelbaren Augenblick des Logos –, hatte etwa der heilige Paulus. Im 14. Kapitel des 1. Korintherbriefes, jenem bemerkenswerten Exkurs über das Pneuma und die Vielzahl der Zungen, äußert er sich mindestens mehrdeutig: »So jemand mit Zungen redet, so seien es ihrer zwei oder aufs meiste drei, und einer um den andern. Und einer lege es aus. Ist aber kein Ausleger da, so schweige er in der Gemeinde, rede aber sich selber und Gott«: »sibi autem loquatur et Deo«. Er geht jedoch noch weiter: Wer eine Offenbarung gehabt hat, soll schweigen, denn »er ward entzückt in das Paradies und hörte unaussprechliche Worte (arcana verba), welche kein Mensch sagen kann« (II. Kor. 12.4). In der jüdischen Religion ist das Tabu noch stärker. In der dem ersten vorchristlichen Jahrhundert zugeschriebenen Megillath Taanith (Fastenrolle) heißt es, drei Tage äußerster Finsternis seien über die Welt hereingebrochen, als das Gesetz ins Griechische übersetzt wurde.

Meistens jedoch, und mit Gewißheit seit dem 15. Jahrhundert, wird das Postulat der Unübersetzbarkeit profan begründet. Man war zu der – formal und pragmatisch fundierten – Überzeugung gekommen, daß sich keine wahre Symmetrie, keine adäquate Spiegelung zweier verschiedener semantischer

Systeme herstellen läßt. Wie in den religiösen und mystischen Einwänden gegen das Übersetzen steckt auch hinter dieser Auffassung das Gefühl der Vergeudung. Lebenskraft, Glanz und Dichte des Originaltextes werden durch seine Übersetzung nicht nur gemindert, sondern abgenutzt und verschlissen. Man stellt sich den Vorgang ähnlich dem der Entropie vor und verbindet damit ein akut verderbliches Element. Heine hat gesagt, seine Gedichte würden in französischer Übersetzung so etwas wie mit Stroh ausgestopfter Mondschein. Noch vernichtender urteilt Nabokov in seinem Gedicht »On translating Eugene Onegin«:

What is translation? On a platter
A poet's pale and glaring head,
A parrot's screech, a monkey's chatter,
And profanation of the dead.

Und Übersetzung? Was ist's anders
Als auf dem blassen, blanken Dichterhaupt
Ein Papageienkreischen, äffisches Geplapper,
Als Grammophongeräusch, das noch den Toten
Der Würde seines Hingeschiedenseins beraubt.

Weil alles menschliche Sprechen sich aus arbiträr gewählten, aber intensiv konventionalisierten Signalen zusammensetzt, läßt sich die Bedeutung von der Form des Ausdrucks niemals völlig trennen. Noch die einfachsten, scheinbar ganz neutralen Termini sind in eine sprachliche Besonderheit eingebettet, in die Hohlform einer kulturgeschichtlichen Gewohnheit. Völlig durchsichtige Oberflächen gibt es nicht. Der semantische Weg zu »soixante-dix« verläuft anders als der zu »Siebzig«. Auch im Deutschen können wir zwischen einem älteren und jüngeren Bruder unterscheiden. Für die Assoziationen und Wertakzente einschließlich ihrer Logik, welche die semantische Textur der beiden ungarischen Wörter »batya« und »öccs« geschaffen haben und durch die sie erhärtet werden, haben wir jedoch keine Entsprechung. »Nicht einmal Grundbegriffe, Knotenpunkte jeder menschlichen Erfahrung, sind also von der arbiträren Aufteilung und Anordnung und der anschließenden Konventionalisierung ausgeschlossen. Und das Ausmaß, in dem semantische, durch Sprachform und Sprachgebrauch gezogene Grenzen mit den absoluten Grenzen in der Welt um uns herum zusammenfallen, ist unerheblich.«[3]

So spricht man heutzutage von der Dissonanz des Semantischen. Aber die Erkenntnis selbst hatte schon eine ehrwürdige Geschichte hinter sich, als Du Bellay sie 1549 in »Défense et illustration de la langue française« wieder zur Sprache brachte. Schon der heilige Hieronymus befaßt sich in seinen Briefen und Vorreden damit, und besonders eindrücklich formuliert es Dante im »Convivio«: »nulla cosa per legame musaico armonizzata si può de la sua loquela in altra transmutare, senza rompere tutta sua dolcezza e armonia.« Nichts, das der Musen Band harmonisch fesselt, kann man aus der eigenen Sprache in eine andere verwandeln, ohne all seine Süße und Harmonie zu zerstören. Die Macht, das »ingegno« einer Sprache, läßt sich nicht übertragen. Du Bellay hat das in einem seltsamen Gleichnis ausgedrückt, das jede weitere Debatte auszuschließen scheint: »Toutes lesquelles choses se peuvent autant exprimer en traduisant comme un peintre peut représenter l'âme avec le corps de celui qu'il entreprend tirer après le naturel.« Die Pointe ist stets dieselbe: Asche ist keine Übersetzung für Feuer.

Von jeher wird vor allem Lyrik für unübersetzbar gehalten. In ihr sind Form und Inhalt so fest miteinander verschweißt, daß jegliche Aufspaltung sich verbietet. Die Folgerung, die Diderot 1751 in »Lettre sur les sourds et muets« zieht, ist keineswegs neu. Erstaunlich ist nur die Art seiner Formulierung mit ihrer Vorwegnahme der modernen »Semiologie«: Unübersetzbar ist »l'emblème délié, l'hiéroglyphe subtile qui règne dans une description entière, et qui dépend de la distribution des longues et des brèves ... Sur cette analyse, j'ai cru pouvoir assurer qu'il était impossible de rendre un poète dans une autre langue; et qu'il était plus commun de bien entendre un géomètre qu'un poète«. Auch Rilke sagt an sich nichts Neues, wenn er im März 1922 an die Contessa Sizzo schreibt, daß in einem Gedicht jedes Wort semantisch einzigartig ist, daß es seinen eigenen Bereich von Kontexten und seine eigene Tonalität hat. Interessant ist nur, daß er dies auch für die simpelsten, vorwiegend grammatischen Sprachpartikel beansprucht und sie, sowie sie im Gedicht stehen, für dem gängigen Sprachgebrauch entrückt hält: »*Kein* Wort im Gedicht (ich meine hier jedes ›und‹ oder ›der‹, ›die‹, ›das‹) ist *identisch* mit dem gleichlautenden Gebrauchs- und Konversationswort, die reinere Gesetzmäßigkeit, das große Verhältnis, die Konstellation, die es im Vers oder in künstlerischer Prosa einnimmt, verändert es bis in den Kern seiner Natur, macht es nutzlos, unbrauchbar für den bloßen Umgang, unberührbar und bleibend ...« Auf die Übersetzbarkeit der poetischen Sprache wirkt sich diese ihre Absonderung selbst vom eigenen Sprachverbund natürlich noch viel krasser aus. Implizit kommt dieser Gedanke schon in Dr. Johnsons Vorrede zum »Dictionary« von 1775 vor, und genau 200 Jahre später greift Nabokov ihn noch einmal auf, wenn er erklärt, daß bei der Übersetzung nur die »plumpeste Wörtlichkeit« kein Betrug sei. Der moderne rumänische Dichter Marin Sorescu hat witzig den ganzen Katalog der übersetzungsfeindlichen Argumente in einem Gedicht zusammengefaßt, das den Titel »Übersetzung« trägt:

Ich saß im Examen
In einer toten Sprache.
Und ich sollte mich selbst
Vom Menschen zum Affen übersetzen.

Ich packte es an,
Übersetzte ein Stück
Aus einem Wald.

Aber die Übersetzung wurde schwieriger
Als ich mir näher kam.
Mit ein bißchen Mühe
Fand ich schließlich doch etwas Treffendes
Für Nägel und Haar an den Füßen.

In der Gegend der Knie
Fing ich an zu stammeln.
Als es ans Herz ging, begann meine Hand zu zittern
Und bekleckste das Papier mit Licht.

Ich versuchte noch immer, die Sache zu retten
Mit dem Haar auf der Brust,
Versagte dann aber völlig
Bei der Seele.

Worum geht es im Grunde bei diesem Gleichnis, das genau der Version bei Du Bellay entspricht? Wenn man die Über- setzbarkeit von Lyrik bestreitet, konzentriert man sich nur auf einen Punkt, der besonders ins Auge springt. Tatsächlich bringt man damit jedoch bloß den grundsätzlichen Verdacht zum Ausdruck, daß sich kein sprachliches Gebilde ohne wesentlichen Verlust in ein anderssprachiges übersetzen läßt. Formal und inhaltlich kann man dieselben Argumente auch gegen die Übersetzung von Prosa geltend machen, und zwar mit besonderem Nachdruck dann, wenn es sich um philosophische Prosa handelt. Platon oder Kant, Des- cartes oder Schopenhauer lesend zu verstehen heißt, daß man sich auf eine höchst komplizierte semantische Rekon- struktion einläßt, die sich letzten Endes jeglicher »Entschei- dung« entzieht. Gerade die von allem schmückenden Bei- werk freie Reinheit des philosophischen Denkens macht »die Philosophie zum Modellfall für die babylonische Sprachverwirrung. Viele ihrer Abstraktionen widersetzen sich der Veranschaulichung. Einige widersetzen sich der De- finition. Andere sind definierbar, aber nicht vorstellbar:

›Sein‹ und ›Nichts‹, das ›ὑπερούσιον‹ des Plotin, die Tran-
scendenz‹ Kants, die ›Deitas‹ (im Unterschied zu ›Deus‹) der
mittelalterlichen Mystiker, das alles sind nur dem Namen
nach ›Begriffe‹ ... Noch in den nächstverwandten Sprachen
ist die Terminologie der Philosophie verschiedene Wege gegangen, mit dem Erfolg, daß Unterscheidungen, die man im
Griechischen, Lateinischen oder Deutschen macht, im Englischen fast unmöglich sind«.[4] In der Lyrik sind solche
Sprachbarrieren zugleich ein kontingenter Nachteil und ein
Symptom von Unverletzlichkeit. Die Philosophie dagegen
wird durch Unübersetzbarkeit in ihrer eigenen Zielrichtung
gestört. Schon im »Kratylos« und »Parmenides« fühlt man
die Spannung zwischen dem Trachten nach Universalität,
nach einer kritischen Mitte, frei von örtlichen und zeitlichen
Gegebenheiten, und den relativistischen Besonderheiten der
verfügbaren Sprache. Wie kann das Universale im Partikularen enthalten sein und durch es zum Ausdruck kommen?
Das mathematische Paradigma bei Descartes und Kants
Idee, die Kategorien der Wahrnehmung ins Innere zu verlegen – das Apriori des Denkens vor der Sprache –, sind Versuche, aus dem Kreis der sprachlichen Beschränkung auszu-
brechen. Aber beide lassen sich von keinem Punkt außerhalb
der Sprache her demonstrieren. Wie alles, was sich der Sprache bedient, ist auch die Philosophie dem Medium ihrer
Durchführung verhaftet. Im Sinne eines ebenso geheimnisvollen wie bestrickenden Gedankens von Hegel waltet in jeder Sprache ein logischer Instinkt. Nur läßt sich daraus noch
nicht die Gewißheit ableiten, daß Aussagen über Universalien sich gleichsam selbsttätig übersetzen. Auch philosophisches Verstehen ist – nicht weniger als poetisches – »ein
Verstehen des Verstehens« (Friedrich Schlegel), ein hermeneutischer Versuch, eine Vorleistung an Vertrauen auf trüge-
rischem sprachlichen Grund.[5]
Zwischen einem äußerst hermetischen Gedicht oder einem
Text aus der Metaphysik und dem alltäglichsten Stück Prosa
bestehen, was die Übersetzbarkeit angeht, nur Gradunter-

schiede. Sprache ist intuitiv, sagt Benedetto Croce; in einem strengen und umfassenden Sinne ist jeder Sprech-Akt beispiellos und so noch nie dagewesen. Er ist eine Augenblicksschöpfung, die das Potential von Gedanken und Gefühlen bearbeitet, erweitert und verändert hat. Letztlich ist keine je getane Äußerung genau wiederholbar (weil inzwischen Zeit vergangen ist). Übersetzen heißt, Unwiederholbares aus zweiter und dritter Hand neu zusammenstellen.[6] »L'intraducibilità« (Croce) ist das Leben der Rede.

Auch die Fürsprecher des Übersetzens haben wie seine Gegner ihre religiösen, mystischen Vorläufer. Obwohl die genauen Gründe für die Katastrophe in Babel dunkel bleiben, wäre es doch frevelhaft, diese göttliche Tat für endgültig zu halten, das geheimnisvolle Pulsen von Ebbe und Flut im Verhältnis zwischen Gott und den Menschen zu überhören, und sei es selbst in der Stunde des Gerichts, ja, dann vielleicht gerade. Wie sich einst schon im Sündenfall die Herabkunft des Erlösers angekündigt haben mag, so in der babylonischen Sprachverwirrung die dereinstige Heimkehr zur Einheit der Sprache im Pfingstwunder oder in Zukunft. So gesehen ist Übersetzen ein teleologischer Imperativ, die unbeirrbare Suche nach jenen Spalten, Schlitzen und Schleusen, durch welche die geteilten Bäche und Ströme der Sprache sich den verheißenen Rückweg zur alleinigen Meeresheimat erzwingen. Die Macht, die theoretischen und praktischen Folgen dieses Strebens haben wir in der großen Tradition der Kabbala- und Illuminatensprache kennengelernt, die noch in Walter Benjamins ekstatischem Scharfsinn durchscheint. Denn für ihn ist der Übersetzer derjenige, der kraft des nicht berechenbaren Echos eine Sprache, die der ursprünglichen Einheit näher ist als Ausgangs- und Zielsprache, hervorlockt, ja heraufbeschwört. Das ist jener »endgültigere Sprachbereich«, der Entwurf jener heileren Rede, der gleichsam zwischen und hinter den Zeilen des Textes wartet. Nur Übersetzen gewährt Zugang zu ihm; bis Babel rückgängig gemacht wird, allerdings nur unvollkommen. So ist Benjamins kryptischer Satz zu verstehen: »Entsprechend bliebe die Übersetzbarkeit sprachlicher Gebilde auch dann noch zu erwägen, wenn diese für die Menschen unübersetzbar wären.« Der Versuch muß immer wieder gewagt und vorangetrieben werden. In eben diesem Sinne erklärte Franz Rosenzweig in der Ankündigung seiner neuen deutschen Fassung des Alten Testaments, daß jede Übersetzung ein »messianischer« Akt sei, der die Erlösung näher bringt.

Die fromme Befürwortung des Übersetzens hatte auch recht konkrete Gründe. Theorie und Praxis abendländischer Übersetzung entwickelten sich weitgehend aufgrund der dringenden Notwendigkeit, das Evangelium zu verkündigen, fremde Völker an die Heilige Schrift heranzuführen – »variis linguis, prout Spiritus Sanctus dabat eloqui illis« (Apostelgeschichte II, 4). Die »translatio« der Botschaft Christi und der Apostel in die Volkssprache ist ein immer wiederkehrendes Thema im Leben der Frühkirche und in der patristischen Literatur gewesen. Vom heiligen Hieronymus bis hin zu Luther wird sie immer mehr zur täglichen Forderung, über die endlos verhandelt und die immer wieder befolgt wurde. Nur der Sprachschranke wegen darf die Erlösung keinem Menschen vorenthalten werden. Das Zeitalter der Entdeckungen brachte immer neue bestürzende Kunde von Völkern, die aus räumlichen und sprachlichen Gründen des christlichen Heilsversprechens noch nicht teilhaftig waren. (Das Rätseln der Theologen über den offenbar zufälligen Ausschluß primitiver Völker von der göttlichen Wahrheit spiegelt sich ganz unmittelbar in Huets Schrift zur Übersetzung.[7]) Die Heilige Schrift in diese buchstäblich dunklen Sprachen zu übersetzen, war pure Barmherzigkeit. Jeder Reformversuch aus dem Innern der Kirche bringt die Forderung nach authentischeren, verständlicheren Fassungen des Gotteswortes mit sich. Ja, man kann die Reformationen geradezu als in die Tat umgesetztes Verlangen nach genaueren und konkreteren Übersetzungen der Lehren Christi in Alltagssprache und Alltagswelt verstehen. Die Begeisterung über die Klarheit dieses Arguments kommt in einem Werk des Meisterübersetzers Erasmus zum Ausdruck (das dann als »Exhortations to the Diligent Study of Scripture« 1529 von seinem ebenso missionarischen und ebenso begabten Kollegen Tyndale ins Englische übertragen wurde):

»Es ist mein Begehr, daß alle Weiber das Evangelium und die Episteln Pauli läsen, und ich wünsche zu Gott, sie wären übersetzt in die Zungen aller Menschen. Auf daß sie nicht nur die Schotten und Iren, sondern auch die Türken und Sarazenen zu lesen vermögen. Wahrlich es ist ein Schritt voran zum gefälligen Leben, ja, der erste (fast hätt ich gesagt der fürnehmste), einiges Wenige an Einsicht in die Schrift zu haben, auch wenn sie sich dabei nur in groben Umrissen zeiget... Ich wünsche zu Gott, der Ackermann an der Pflugschar möge einen Text aus der Schrift singen und der Weber am Webstuhl sich damit die säumige Zeit vertreiben.«

Die Überzeugung, daß Übersetzungen den menschlichen Erkenntnisfortschritt maßgeblich mitbestimmen, griff durch einfachen Analogieschluß vom geistlichen auf den weltlichen Bereich über. Beide hatten ihre Quelle in der Gelehrsamkeit und dem Patronat der Kirche. Zwar ist der Zwist darüber, ob heidnische Texte überhaupt übersetzt werden sollten, fast so alt wie die Römische Kirche und flackerte immer wieder von neuem auf. Dennoch war es eben diese, die den Klassikern zur Verbreitung verhalf. In der kurzen Regierungszeit von Papst Nikolaus V. (1447-1455) vollzog sich eine der entscheidenden Wendungen in der Geschichte der Zugänglichkeit von Kultur. Damals übersetzte Lorenzo Valla Thukydides, Strabo wurde von Guarino übertragen und Niccolò Perotti bekam 500 Scudi für seine Polybius-Übersetzung, Valla und Pierro Candido Decembrio machten sich daran, die »Ilias« in lateinische Prosa zu übertragen. Mehr oder weniger vollständige und genaue Übersetzungen von Xenophon und Ptolemäus folgten, und was von Aristoteles schon lateinisch vorlag, wurde ergänzt und überarbeitet. »Ganz Rom war zu einer Übersetzer-Manufaktur aus dem Griechischen ins Lateinische geworden«, sagt Symonds in seiner »Renaissance in Italy«. Die stolze Rechtfertigung ergab sich von selbst: Alle diese Übersetzungen sicherten, daß der moderne Mensch der Weisheit der Alten nicht verlustig gehen würde. Die »dignitas« der Person, die transzendente Wirklichkeit des Verstandes bewies sich in der Tatsache, daß die neue Welt sich in der Vortrefflichkeit der alten wiedererkannte. Marsilio Ficino hat die Platonischen Dialoge gewiß nicht ganz richtig interpretiert. Dennoch hat er in ihrem Spiegel ein zwar veredeltes und glänzenderes, aber unverkennbares Bild seiner selbst und der Zeitgenossen gefunden. Die gemeinsame »humanitas« war es, die Übersetzung möglich machte.

In den zwei Jahrhunderten, die zwischen der Regierung Papst Nikolaus V. und Urquharts englischer Wiedergabe von Rabelais (1653) liegen, fällt die europäische Geistesgeschichte zusammen mit der Geschichte der Übersetzungen, ja, ist von ihr gespeist worden. Kein »Original« hat weiterreichende geistige und gesellschaftliche Möglichkeiten eröffnet als das Neue Testament des Erasmus, 1516, oder Luthers Bibelübersetzung, 1522-1534. Die Entfaltung der englischen Empfindungsweise im Zeitalter der Tudors, Elisabeths I. und Jakobs I. ist untrennbar von den neuen Perspektiven, die sich durch Arthur Goldings Übersetzung von Caesars »Bellum Gallicum«, 1565, North' Plutarch, 1579, Philemon Hollands Livius, 1600, und die »King James (Authorized) Version« der Bibel, 1612, eröffneten. Die Maßstäbe, die sich die Übersetzer des 16. und 17. Jahrhunderts setzten, die Verständnisgrade und Auslegungskriterien, mit denen sie bewußt oder unbewußt an das jeweilige Original herangingen, waren sehr verschieden und oft gegensätzlich. Die Antike wurde nicht so sehr entdeckt als »erfunden« – schließlich war sie ja auch im Mittelalter verstohlen allgegenwärtig gewesen –, und diese ihre »Erfindung« führte zu völlig neuen

Perspektiven auf Gegenwart und Zukunft. Für die geistige Vitalität der Renaissance und des Barock waren Übersetzungen so etwas wie eine – allerdings weitgehend fiktive – Rückversicherung. Rabelais und Montaigne – und in geringerem Maße Shakespeare – fanden für ihre überquellende Phantasie einen Ballast in den antiken Vorbildern, eine geschmeidige, aber bestimmende Stütze der gleichgewichtigen, ordnenden Tendenzen. »Ballast« ist jedoch eine zu statische Vorstellung. Umgekehrt nämlich bedeutete die Gegenwart Platons, Ovids und Senecas im Denken und Empfinden des späten 15. und des 16. Jahrhunderts in Europa eine Garantie dafür, daß Einfallsreichtum, Phantastik, Metaphorik nicht in Verworrenheit auszuarten brauchen, daß der Geist, um die Bekanntschaft mit ausgereifter Form bereichert, aus fernen Räumen und Zeiten heimkehren kann, getrieben vom Ansporn, die Leistungen der Klassiker noch zu überbieten. (Alexandre Koyré hat nachgewiesen, daß die naturwissenschaftlichen Erkenntnisse Galileis in ähnlich dialektischem Verhältnis zum aristotelischen Vorbild stehen: Auch er hat sich am klassischen Kanon gebildet und ihn wetteifernd in die Schranken gefordert.)

Die Übersetzer der Renaissance und Reformationszeit, von Ficinos »Res Publica« (Politeia) über Claude de Seyssels Thukydides bis hin zu Louis le Roy waren es also, die die geistige Landschaft, den zeitlichen Rahmen, das Bezugssystem abgesteckt haben, in denen die europäische Bildung sich entfalten konnte. Und erst in jüngster Zeit ist ihre unbestrittene Autorität untergraben worden. Damals jedoch waren das Bedürfnis nach und das Vertrauen auf den idealen Widerschein des Vorbilds so unermeßlich, daß die Aneignung selbst auf Umwegen gelang (Nietzsche nennt die damaligen Übersetzungen Eroberungen). Die englische Plutarch-Übersetzung von North beispielsweise ist keine Neugestaltung nach dem griechischen Original, sondern nach der französischen Fassung von Jacques Amyot, die zwanzig Jahre früher erschienen war. Auch Chapmans unausgeglichenes Verständnis des Homer (seine Übersetzung der ersten sieben Gesänge der »Ilias« erschien 1598) ist das Ergebnis seiner Anlehnung an lateinische und französische Vorbilder, die ihrerseits an eine ins Spätmittelalter zurückreichende, höchst komplizierte ikonographische und allegorische Tradition anknüpften. In einer Zeit der explosiven Erneuerung und angesichts der real drohenden Gefahren von Maßlosigkeit und Unordnung absorbierten und formten Übersetzer das dringend benötigte Rohmaterial. Übersetzungen waren damals in der vollen Wortbedeutung »la matière premiere« der Phantasie. Darüber hinaus stifteten sie eine Logik des Verhältnisses zwischen Vergangenheit und Gegenwart, sowie zwischen verschiedenen Sprachen und Überlieferungen, deren historische Zusammenhänge unter dem Ansturm der Religionskonflikte und des mit Macht aufkommenden Nationalismus zerbrachen. Miltons Gedichtsammlung von 1645 mit ihren englischen, lateinischen und italienischen Versen und seine Vertrautheit mit dem Hebräischen und Griechischen ist der beste Beweis für die in zweihundert Jahren des Übersetzens geschaffene Zeitgenossenschaft von Antike und Moderne und geeinte Vielfalt – zusammengehörig wie die Facetten eines Kristalls – einer europäischen Gemeinschaft.

Apologien der Übersetzung können in einer Zeit so außergewöhnlicher übersetzerischer Regsamkeit kaum anders als triumphierend oder oberflächlich ausfallen. Giordano Brunos, von Florio mitgeteilter Ausspruch, daß »die Wissenschaft all ihren Nachwuchs der Übersetzung dankt«, schien kaum der Verbreitung zu bedürfen. Als Florio 1603 seine englische Montaigne-Fassung herausgab, stellte er ihr ein Gedicht von Samuel Daniel voran, das nur eine von zahllosen Lobpreisungen der Übersetzung ist. Doch sei es hier zitiert, weil es die Einstellung des Humanismus zur Übersetzung zusammenfaßt:

> It being the portion of a happie Pen
> Not to b'invassal'd to one Monarchie,

But dwell with all the better world of men
Whose spirits are all of one communitie.
Whom neither Ocean, Desarts, Rockes nor Sands
Can keepe from th'intertraffique of the minde,
But that it vents her treasure in all lands,
And doth a most secure commercement finde.
Wrap Eccellencie up never so much,
In Hierogliphicques, Ciphers, Caracters,
And let her speake never so strange a speach,
Her Genius yet finds apt decipherers . . .

Es ist der glückbegabten Feder Teil,
Nicht eines Königreiches Untertan zu sein,
Sondern zu wohnen in der ganzen Welt der Besten,
In der Gemeinschaft aller Menschen eines Geistes
      herrscht.
Nicht Ozean, noch Wüste, weder Fels noch Sand
Kann sie am Weltverkehr des Geistes hindern,
Der ihren Schatz in jedes Land verkauft,
Das sicherste Geschäft, das es zu finden gibt.
Mag Hoheit sich einhüllen noch so dicht
In Hieroglyphen, Ziffern, Runenzeichen
Und eine noch so fremde Sprache sprechen,
Ihr Genius findet doch die richtigen Entzifferer.

Die Dichter preisen den Anteil der Übersetzung am »Weltverkehr des Geistes« immer dann, wenn eine Sprach- und
Literaturgemeinschaft bestrebt ist, sich von außen her anzu-
reichern und die eigene Kraft an gegensätzlicher zu messen.
In diesem Sinne meint Goethe, dessen Werk zu einem so
großen Teil klassische und zeitgenössische, europäische und
orientalische Quellen dem Deutschen zugänglich machte, in
einem Brief vom Juli 1827 an Carlyle: »Denn, was man auch
von der Unzulänglichkeit des Übersetzens sagen mag, so ist
und bleibt es doch eins der wichtigsten und würdigsten Ge-
schäfte in dem allgemeinen Weltwesen.« Und aus der ganzen

Isoliertheit seines Lebens in Rußland heraus hat Puschkin dem Übersetzer den Rang eines »Kuriers des Geistes« zugesprochen.

Dennoch ist es etwas ganz anderes, ob man lediglich die sittliche und kulturelle Vortrefflichkeit der Übersetzung betont oder dem Vorwurf ihrer theoretischen und praktischen Unmöglichkeit begegnet. Auch das ist seit langer Zeit geschehen und zwar nur selten mit tatsächlich neuen Argumenten.

Nicht *alles* ist übersetzbar. Die obere Grenze liegt bei Theologie und Gnostik. Es gibt Mysterien, die zwar transkribiert werden können, die zu transponieren oder paraphrasieren aber ein Sakrileg wäre und zudem nur höchst ungenau gelingen würde. In einem solchen Falle beläßt man es am besten beim Unbegreiflichen. »Alioquin et multa alia quae ineffabilia sunt, et humanus animus capere non potest, hac licentia delebuntur« sagte der heilige Hieronymus, als er den Propheten Hesekiel übersetzte. Auch läßt sich nicht alles *jetzt* übersetzen. Das Verständnis mancher Werke versagt sich uns, weil die Kontexte verloren gingen, weil die Bezugssysteme, die es einst möglich gemacht hatten, sie zu deuten, uns abhanden gekommen sind. Die adäquate »Rückeinfühlung« (Nikolai Hartmann) fehlt uns in solchen Fällen. Schwieriger einzusehen ist, wieso es Texte gibt, die *noch nicht* übersetzbar sind, die aber nach Sprachveränderungen, dank verfeinerter Interpretationsmittel und Wandlungen in der Rezeptionsfähigkeit in der Zukunft übersetzbar werden können. Die Sprache des Originals und die des Übersetzers sind in doppelter Bewegung, im Verhältnis jeweils zu sich selbst und zu einander. In der Zeit gibt es keinen Fixpunkt, mit dem das Verständnis eines Textes endgültig und abgeschlossen wäre. Dilthey hat wohl als erster darauf hingewiesen, daß jeder Akt des Verstehens geschichtlich bedingt und daher perspektivisch und relativ ist. Das ist der Grund für die bekannte Tatsache, daß jedes Zeitalter neu übersetzt, daß jede Interpretation, außer der allerersten, immer Neu-Inter-

pretation des Originals und der im Lauf der Zeit zusammen-
gekommenen Kommentare ist. Walter Benjamin bringt die
Vorstellung einer künftigen Übersetzbarkeit in einen mystischen Zusammenhang: »So dürfte von einem unvergeßlichen
Leben oder Augenblick gesprochen werden, auch wenn alle
Menschen ihn vergessen hätten. Wenn nämlich deren Wesen
es forderte, nicht vergessen zu werden, so würde jenes Prädikat nichts Falsches, sondern nur eine Forderung, der Menschen nicht entsprechen, und zugleich auch wohl den Verweis auf einen Bereich enthalten, in dem ihr entsprochen
wäre: auf ein Gedenken Gottes.« Ähnlich gibt es auch von
Menschen *noch* nicht übersetzbare Werke, »deren Wesen es
fordert, nicht vergessen zu werden«, und die in »vorbe-
stimmten, vorausgesagten Versöhnungs- und Erfüllungsbe-
reich der Sprachen« übersetzbar sein werden.

Von Ausnahmefällen abgesehen, haben wir es jedoch mit
ganz normalen Vorgängen zu tun. Die »Unübersetzbarkeit«
des Aristophanes in der 2. Hälfte des 19. Jahrhunderts lag
keineswegs nur an der Prüderie der damaligen Gesellschaft.
Man verstand einfach das sprachliche und szenische Geschehen oft nicht und hielt die Komödien für schlechthin »unles-
bar«. Kaum hundert Jahre später sind wir auf den Geschmack des Humors, des gesellschaftlichen Stils und der
formalen Bravour gekommen, die die Text-Oberfläche spiegelt. Man verlange einmal von einem modernen englischen
Dichter, Klopstocks »Messias« – einst ein hervorragendes
europäisches Epos – zu übersetzen, ja, von einem deutschen
Dichter, es auch nur mit dem erforderlichen Interesse zu
lesen. Der Abstand ist zu groß, der »Sichtwinkel« zu weit
geworden. Die Behauptung, ein Text sei unübersetzbar, beruht also oft nur auf standortbedingter, zeitweiliger Kurzsichtigkeit des Lesers.

Logisch gesehen ist die scharfe Kritik an der Übersetzung
überdies nur eine abgeschwächte Form von Kritik an der
Sprache überhaupt. Die Philosophiegeschichte schreibt Gor-
gias von Leontinoi, einem Lehrer der Rhetorik, folgende

»Beweisführung« zu: Das Gesprochene ist nicht dasselbe wie das Wahrnehmbare, das Seiende. Worte teilen also lediglich sich selbst mit und haben keine Substanz.[8] Neben diesem radikalen, vermutlich ironischen Nominalismus gibt es noch eine andere Hauptrichtung sprachskeptischer Argumentation: Zwei Sprecher meinen niemals genau dasselbe, wenn sie dieselben Wörter benutzen. Sollten sie es aber doch einmal tun, so läßt sich die völlige Homologie auf keinerlei faßbare Weise belegen. Ein vollständiger, verifizierbarer kommunikativer Akt ist daher unmöglich. Alle Rede ist demnach zutiefst monadisch oder ein Idiolekt. Dieses Paradox war längst schon geläufig, als Schleiermacher sich anschickte, der Bedeutung der Bedeutung mit seiner Hermeneutik auf die Spur zu kommen.

Formal ist keine der beiden »Beweisführungen« je widerlegt worden. Aber sie sind schon deshalb nicht ganz ernst zu nehmen, weil die Denker, die sie aufgestellt haben, sie auch wider Willen selbst ad absurdum geführt haben. Schließlich hätten sie ja ihre Theorien nicht formulieren können, wenn zwischen Sprache und Wirklichkeit kein inhaltlicher Zusammenhang bestünde (wie asymmetrisch er auch sein mag). Und wenn es überhaupt keine Kommunikation auf irgendeiner Ebene des expressiven Verkehrs gäbe, wie könnten jene Sophisten uns dann mit ihren Paradoxa zu verwirren oder zu überzeugen trachten? Wie andere Beispiele logischer Wortwörtlichkeit verraten auch die nominalistischen und monadistischen Einwände gegen die Sprache eine völlig einseitige Einstellung zur menschlichen Wirklichkeit. Tatsächlich sprechen wir über die Welt und miteinander. Tatsächlich übersetzen wir inner- und zwischensprachlich und haben es seit Anbeginn der menschlichen Geschichte getan. Die positive Einstellung zur Übersetzung hat den immensen Vorteil, von im Überfluß vorhandenen, ganz normalen Fakten getragen zu werden. Schon der heilige Hieronymus und Luther hatten – mit der ganzen Ungeduld von Praktikern, denen all das Brausen der Theorie ein Ärgernis ist – gefragt: Wie könnten wir denn überhaupt etwas zustande bringen, wenn es nicht an sich machbar wäre? In »Miseria e esplendor de la traducción« konzediert Ortega y Gasset zwar, daß Übersetzung »unmöglich« *ist*. Aber das gilt für jede absolute Übereinstimmung zwischen Denken und Sprechen. Irgendwie bewältigen die Menschen das »Unmögliche« immer und mit allem, was sie tun und sagen. Das tut zwar dessen Logik im Schattenreich ihrer Stimmigkeit keinen Abbruch. Aber diese Logik hat keine empirischen Konsequenzen: »non es una objección contra el posible esplendor de la faena traductora.« Wer das Daseinsrecht der Übersetzung bestreitet, sollte konsequent sein und auch das der Rede überhaupt bestreiten, sagt Gentile in seiner Polemik gegen Croce. Übersetzung ist die Erscheinungsform des Denkens und Verstehens und wird es immer sein: »Giacchè tradurre, in verità, è la condizione d'ogni pensare e d'ogni apprendere.«[9] Jene, die Übersetzung negieren, sind selbst Interpreten.

Der Einwand der Unvollkommenheit, um den es im Grunde bei du Bellay, Dr. Johnson, Nabokov und so vielen anderen geht, braucht gar nicht erst widerlegt zu werden. Jede menschliche Hervorbringung ist unvollkommen. Keine Zweitfassung ist ein Faksimile, selbst bei Materialien, in denen sie für identisch gehalten wird. Winzige Unterschiede und Asymmetrien bleiben bestehen. Auf Übersetzung zu verzichten, nur weil sie nicht in jedem Fall möglich und in keinem Fall vollkommen ist, wäre unsinnig. Was der Klärung bedarf, meinen die Übersetzer, ist der *Grad* der Werktreue, die jeweils anzustreben ist, der für unterschiedliche Arten der Übersetzung verschiedene Spielraum für Abweichungen.

Durch die Geschichte der übersetzerischen Praxis zieht sich eine ebenso schematische wie brauchbare Aufteilung der jeweils anstehenden Aufgaben. Kaum eine Abhandlung über das Thema unterscheidet nicht zwischen alltäglichem Material – persönlichem, geschäftlichem, amtlichem, kurzlebigem – und der nachschöpferischen Übertragung eines literarischen, philosophischen oder religiösen Textes in eine andere Sprache. Diese Unterscheidung klingt schon an in Quintilians »Institutiones Oratoriae« und gewinnt feste Form bei Schleiermacher, wenn er *Dolmetschen* vom *Übersetzen* oder *Übertragen* absetzt (Luther hatte mit »Dolmetschen« alle übersetzerischen Aufgaben gemeint). Im Deutschen ist die Unterscheidung beibehalten und institutionalisiert worden. Der deutsche »Dolmetscher« entspricht dem englischen »interpreter«, in der niedrigeren Bedeutungsebene des Wortes. Er ist der »Mittelsmann«, der Geschäftskorrespondenzen, Touristennöte und diplomatische Verhandlungen übersetzt. Er wird in »Dolmetscherschulen« ausgebildet, deren Anforderungen zwar streng sind, ohne jedoch auf »höheres« Übersetzen, das heißt auf literarische, künstlerische oder wissenschaftliche Sprache Wert zu legen. Im Französischen gibt es drei Bezeichnungen: »interprète«, »traducteur« und »truchement«. Die Unterschiede sind zwar deutlich markiert, aber die Funktionen fluktuieren. Der »interprète« ist der »Dolmetscher« oder »interpreter«, der Feld-, Wald- und Wiesen-»Übersetzer«. Aber in einem anderen Kontext kann er auch der »Interpret« sein, der ein Gedicht oder einen kryptischen Text »interpretiert«, enträtselt, erläutert und nachgestaltet. Dieselbe Doppelbedeutung gilt für den englischen »interpreter« und den italienischen »interprete«: Einerseits ist er der rettende Engel auf der Bank, im Reisebüro, in der Amtsstube. Aber er ist auch der Exeget und der nachschaffende Darsteller. »Truchement« schließlich ist ein schwieriges Wort, das ganz verschiedene Schattierungen, Ränge und Funktionen der Übersetzung bzw. ihrer Problematik in sich vereinigt. Es kommt vom arabischen »tardjemām« (katalanisch »torismani«), und ursprünglich waren damit die Leute gemeint, die zwischen Spaniern und Mauren vermittelten. Pascal verwendet es im XV. Brief der »Provinciales« mit einem negativen Akzent: Der »truchement« hat etwas vom Zwischenträger oder Kuppler, der nicht unbedingt korrekt und ohne Hintergedanken zu übersetzen braucht. Anderseits bedeutet »truchement« auch eine abstraktere, ja metaphorische Ersetzung: »par le truchement des yeux« bedeutet, daß die Augen, was das Herz schweigend meint, übersetzen. Der »traducteur« schließlich ist wie der »translator« oder »traduttore« eindeutig Amyot, wenn er den Plutarch übersetzt, Christopher Logue, der die »Ilias« bearbeitet, oder Tieck mit seiner Shakespeare-Übertragung.

Daß die beiden Bereiche nicht scharf abgegrenzt sind, ist unvermeidlich. Streng genommen geht selbst der einfachste Akt zwischensprachlichen Verkehrs durch den Dolmetscher die Theorie vom Wesen der Übersetzung an. Prinzipiell rührt man immer an das Geheimnis der Übertragung von Bedeutung, einerlei ob man den letzten Lieferschein oder Dantes »Paradiso« übersetzt. Dennoch ist die Unterscheidung für die konkrete Analyse einleuchtend und nützlich. Die eigentlichen theoretischen und praktischen Probleme der Übersetzung, die allgemeine Fragen der Sprache und des Geistes aufwerfen, kommen natürlich in den »oberen« Regionen semantischen Verstehens am deutlichsten zum Vorschein. Erst die »Literatur« – im weitesten Sinne – fordert und verspricht das meiste. Ich habe mich bemüht, deutlich zu machen, daß das weder eine ästhetische Bevorzugung bedeutet, noch ein Zufall ist. Das Gedicht, die philosophische Rede sind nun einmal Verkörperungen jener hermetischen und schöpferischen Möglichkeiten, die auf dem Grunde der Sprache ruhen. Wann immer die Übersetzung sich einem – im Doppelsinn des Wortes – »bedeutenden« Text verschreibt, schickt sie sich an, diesen Grund aufs neue zu ergründen.

Kurzum: Übersetzung ist wünschenswert und möglich. Ihre Methoden und Kriterien müssen an wichtigen und meist »schwierigen« Texten ermittelt werden. Das ist die Ausgangssituation. Theorien der Übersetzung setzen sie entweder voraus oder gehen ihr mit mehr oder weniger Gespür für logische Fallen geschickt aus dem Wege. Was sind denn nun aber die richtigen Methoden, und nach welchen Idealen soll man streben?

Die gedankliche Analyse sehr komplexer Strukturen zeigt häufig eine Vorliebe für triadische Systeme. Das gilt für die Mythen von goldenen, silbernen und ehernen Zeitaltern, für die Hegelsche Logik, für Comtes Geschichtssysteme und für die Physik der Quarks. Auch die Theorie der Übersetzung teilt ihren Gegenstand – mit Bestimmtheit seit dem 17. Jahrhundert – fast ausnahmslos in drei Klassen ein. Die erste ist die der striktesten Wörtlichkeit, die Wort-für-Wort-Gleichung nach dem zwischensprachlichen Lexikon, nach dem fremdsprachlichen Lehrbuch, nach dem interlinearen Spickzettel. Die zweite und bei weitem größte ist die der gewissenhaften, aber doch selbständigen Reproduktion, bei der sich der Übersetzer zwar eng an das Original hält, es aber zu einem Text umkomponiert, der dem Wesen seiner eigenen Sprache gemäß ist und in dieser für sich stehen kann. Die dritte Klasse schließlich ist die der Imitation, das heißt der Nachschöpfung, Variante bzw. interpretativen Parallele. Sie umfaßt ein großes, undeutliches Gebiet, das von der Übertragung des Originals in eine faßlichere Ausdrucksform bis hin zum völlig freien, ja, gelegentlich nur noch anspielenden oder parodierenden Echo auf ein anderssprachliches Vorbild reicht. Nach der heutigen Auffassung kann man dieser Kategorie noch Pounds Verhältnis zu Properz, ja, selbst das von Joyce zu Homer zurechnen. Auch zwischen diesen drei Typen sind die Trennungslinien begreiflicherweise unscharf. Wörtlichkeit gleitet über in skrupulöse, aber doch eigenständige Reproduktion, und diese wiederum kommt, je unabhängiger sie ist, oft schon der »Imitation« nahe. Dennoch hat sich das Dreierschema, so approximativ es sein mag, in Theorie und Praxis immer wieder als brauchbar bewährt.

Die Begriffe, mit denen Dryden in seiner Exposition arbeitet, waren schon seit langem geläufig. Sie gehörten zur Terminologie der Rhetorik und gehen mindestens bis auf Quintilians Unterscheidung zwischen »Übersetzung« und

»Paraphrase« zurück. Dennoch ist Drydens Untersuchung schon deshalb denkwürdig, weil sie mehr war als die Zurückweisung blinden Wörtlichkeitsstrebens, durch welche er, wie Dr. Johnson in seiner Lebensbeschreibung Drydens ausdrückt, »die Handschellen der wörtlichen Übersetzung zersprengt hat«. Die Ideale und Wege, die er der Erörterung des Problems gewiesen hat, sind noch heute gültig.[10]

Drydens Vorwort zu »Ovid's Epistles, Translated by Several Hands« von 1680 zeigt ihn von seiner stärksten Seite: der Kompromißbereitschaft. In seinem gesamten Denken über literarische Fragen sucht er immer den Mittelweg des gesunden Menschenverstandes: sei es zwischen der aristotelischen Dramaturgie und Shakespeare oder dem jüngsten französischen Vorbild und der heimischen Tradition. Auch für die Übersetzung strebte er den goldenen Mittelweg zwischen dem Wörtlichkeitspurismus zeitgenössischer Theologen und Grammatiker und dem eigenmächtigen Wildwuchs der »Pindarique Odes« von Cowley (1656) an. Sein Feingefühl als Theoretiker und Praktiker der Übersetzung ließ ihn die Überzeugung gewinnen, daß keines der beiden Extreme die rechte Lösung sein könne. Wie der klassische Dichter mußte auch der moderne Übersetzer ein sauberes, urbanes Mittelmaß einhalten.

Die streng lexikalische Übersetzung – Wort für Wort und Zeile für Zeile – nannte er »Metaphrase«. Sein Beispiel für ein solches Feindbild war Ben Jonsons Horaz-Übersetzung: »Art of Poetry« (1640). Ben Jonson und seine Bedeutung als Horazübersetzer waren für Drydens kritische Überlegungen von besonderer Bedeutung. Ben Jonsons Ergebnisse und der gesunde Menschenverstand bewiesen, daß rigorose Buchstabentreue sich selbst ad absurdum führen muß. Niemand kann zugleich wörtlich und gut übersetzen. Das Gleichnis, dessen sich Dryden in diesem Zusammenhang bedient, wirkt immer noch reizvoll: »Es ist recht ähnlich wie ein Seiltanz mit gefesselten Beinen: Der Mann mag sich durch Umsicht davor bewahren, zu fallen. Aber anmutige Bewegungen kann man nicht von ihm erwarten. Und das Beste, was sich dazu sagen läßt, ist, daß es eine Narretei ist. Denn niemals würde sich ein nüchterner Mensch in Gefahr bringen, nur um dafür Beifall einzuheimsen, daß er sich nicht das Genick bricht.«

Das andere Extrem ist die »Imitation«, bei der »der Übersetzer (wenn ihm der Name noch zusteht) sich die Freiheit nimmt, nicht nur Wort und Bedeutung abzuwandeln, sondern sie gänzlich zu verlassen, wenn die Gelegenheit günstig ist«. Warnendes Beispiel dafür ist Cowleys zügellose Verwandlung von Horaz und Pindar. In der Einführung zu seinem Pindar hatte Cowley sein Vorgehen mit der Begründung gerechtfertigt, daß, wer Pindar wörtlich übersetzte, für verrückt gehalten würde, und daß der enorme Unterschied zwischen dem Griechischen und Englischen jeden Versuch einer wortgetreuen und dennoch eleganten Wiedergabe zunichte machen müsse. Deshalb »habe ich genommen, weggelassen und hinzugefügt, was mir beliebte«. Die Pedanten würden zweifellos nörgeln, »aber es kümmert mich mitnichten, daß die Grammatiker es nicht leiden werden, wenn eine so freizügige Weise, ausländische Schriftsteller wiederzugeben, Übersetzung geheißen wird. Denn ich bin gar nicht so versessen auf den Namen Übersetzer, daß ich nicht wünschte, lieber etwas Besseres zu sein, wenngleich dies noch keinen Namen hat«. Cowleys Wunsch wirkt wie eine Vorahnung übersetzerischer Ambitionen unserer Tage. Aber Dryden will davon nichts wissen. Der »Imitator« ist nicht besser und oft schlechter als ein Komponist, der sich das Thema eines anderen aneignet und eigene Variationen dazu komponiert. Das kann zwar von Geistesblitzen nur so sprühen und dem Übersetzer den Ruhm des Virtuosen eintragen. Aber es ist »das größte Unrecht, das dem Andenken und Ansehen eines Toten angetan werden kann«.

Drydens Auffassung von »Imitation«, die Pound und Lowell später, allerdings in positiver Abwandlung, übernehmen werden, ist erstaunlich. Der Ausdruck hatte damals schon eine lange, wechselvolle Geschichte hinter sich.[11] Seine negativen Konnotationen gehen auf die Platonische Theorie der »Mimesis« zurück, die, im Falle der Bildenden Kunst, einen zweifachen Rückzug, von der Wirklichkeit und von der Wahrheit der Ideen, antritt. Positiven Wert gewinnt das Wort bei Aristoteles – der die Universalität und didaktische Bedeutung des mimetischen Triebs betont – und in der lateinischen Poetik. Für die römischen Schriftsteller war der Begriff eine Hilfe, ihr einerseits abhängiges, anderseits durchaus produktives Verhältnis zu den literarischen Ahnherren in Griechenland auszudrücken. Drydens Gebrauch des Begriffs »Imitation« scheint auf Ben Jonson zu weisen, und zwar auf das, was er als dessen Lesart von Horaz vorfand. Jonson äußert sich zu »Imitatio« in »Timbers«, einer kleinen Sammlung kritischer Betrachtungen aus dem Jahre 1641. Er zählt sie zu einer der vier Voraussetzungen, die der wahre Dichter erfüllen muß. »Imitation« ist das Vermögen, »die Substanz oder den Reichtum des Werkes eines anderen Dichters zur eigenen Verwendung umzuwandeln ... nicht, wie Horaz sagte, sklavisch nachzuahmen und Laster statt Tugenden einzuheimsen, sondern wie die Bienen an den besten und erlesensten Blüten zu saugen und aus allem Honig zu machen, alles in würzigen Wohlgeschmack zu verwandeln, unsere Nachahmung süß zu machen«. Für Jonson ist der Weg, den die Literatur – von Horaz zu Virgil und Statius, von Archilochus und Horaz bis zu ihm selbst – genommen hatte, ein großer schöpferischer Stoffwechsel. Erst Dryden, der doch selbst mit so großem Gewinn vom Erbe der selben Ahnenreihe gezehrt hat, gab der Bedeutung von »Imitation« eine Wendung ins Negative.

Weder »Metaphrase« noch »Imitation« ist der rechte Weg für den Übersetzer, sondern vielmehr »Paraphrase« oder »Übersetzung in Bewegungsfreiheit, (der Weg) auf dem er den Autor so im Auge behält, daß er ihn nie verliert, ihn aber nicht so sehr beim Wort als beim Sinn nimmt, den er auch ausschmücken, nicht aber verändern darf«. Das ist, laut

Dryden, die Methode von Edmund Waller und Sidney Go-
dolphin in ihrer Übersetzung des IV. Buchs der »Äneis«
(1658). Überdies ist es Drydens eigene Methode bei seinen
zahlreichen Übersetzungen aus Horaz, Ovid, Juvenal,
Chaucer. In seinen kritischen Schriften (vor allem im Vorwort zu »Sylvae«, 1685) hat er sie ausführlich erläutert.
Durch »Paraphrase läßt sich der Geist eines Autors umgie-
ßen, ohne sich zu verflüchtigen«. Eine gute Übersetzung ist
»eine Art Zeichnung nach dem Leben«. Im Idealfall beansprucht sie nicht die Autorität des Originals, sondern zeigt
uns, wie es ausgesehen hätte, wenn es in unserer Sprache
geschrieben worden wäre. Im Vorwort zu seiner Vergilüber-
setzung von 1697 faßt Dryden seine lebenslängliche Beschäftigung mit Theorie und Praxis der Übersetzung zusammen:

»Ich habe es in alldem für angebracht gehalten, zwischen den
beiden Extremen der Paraphrase und der wörtlichen Übersetzung hindurchzusteuern, mich so dicht ich konnte an
meinen Autor zu halten, ohne all seine Reize zu verlieren,
deren hervorragendste in der Schönheit seiner Wörter liegen.
Und solche Wörter, das muß ich hinzufügen, sind immer
figurativ. Diejenigen unter ihnen, die ihre Eleganz in unserer
Sprache behalten, habe ich mich bemüht, ihr aufzupfropfen.
Aber auf die meisten muß man notwendigerweise verzichten, weil sie in keiner Sprache als der ihren Glanz haben.
Vergil hat manchmal zwei solche Wörter in einer Zeile. Die
Kargheit unseres heroischen Verses ist jedoch nicht dazu
geeignet, mehr als eines aufzunehmen, und selbst das muß
für viele andere sühnen, die keines haben. Derart ist der
Unterschied der Sprachen, oder derart mein Mangel an
Kunstfertigkeit in der Wahl der Wörter. Doch darf ich mir
anmaßen, zu erklären ... daß, nimmt man alles zusammen,
was dieser göttliche Autor geschrieben hat, es immer mein
Bestreben war, Vergil solcherart englisch sprechen zu lassen,
wie er es gesprochen hätte, wäre er in England und im gegenwärtigen Zeitalter geboren worden.«

Dryden hat jetzt den ungelenken, mehrsinnigen Ausdruck
»Imitation« fallen gelassen. Aber sein Entwurf ist derselbe
geblieben. »In England und im gegenwärtigen Zeitalter«:
Das ist die Grenze des übersetzerischen Handwerks und
sein Ideal. Die eine beachten und das andere erreichen kann
nur, wer sich an die aurea mediocritas hält.

Auch Goethe hat das Thema Übersetzung sein Leben lang
beschäftigt. Seine eigenen Übersetzungen der Autobiogra-
phie Cellinis, Calderons, von Diderots »Rameaus Neffe«
gehören zu den einflußreichsten der europäischen Literatur.[12] Er übersetzte aus dem Lateinischen und Griechischen,
dem Spanischen, Italienischen, Englischen, Französischen
und Mittelhochdeutschen, aus dem Persischen und den
südslavischen Sprachen, und Bemerkungen über Philosophie
und Technik der Übersetzung finden sich in seinen Schriften
im Überfluß. Viele Goethesche Gedichte sind selbst Kommentare oder Metaphern zum Thema Übersetzung. In seiner
tiefen Überzeugung von der Kontinuität aller lebendigen
Form, von der harmonischen, obzwar oft verborgenen Ver-
flochtenheit und gegenseitigen Verweisung aller morpholo-
gischen Wirklichkeit, sah er in der Übertragung von Bedeutung und Musik von Sprache zu Sprache ein Zeichen der
Universalität. Seine bekannteste theoretische Äußerung ist
der Abschnitt »Übersetzungen« in den »Noten und Abhandlungen zu besserem Verständnis des West-östlichen Divans«, 1819. Sie ist bis zum Überdruß zitiert worden, scheint
mir jedoch viel schwieriger und idiosynkratischer, als man
gemeinhin annimmt.

Auch für Goethe gibt es wie für Dryden »dreyerlei Arten
von Übersetzung«. Nur teilt er sie nicht nur formal, sondern
zugleich nach historischen Epochen ein. Dabei setzt er voraus, daß »bei jeder Literatur jene drey Epochen sich wiederholen, umkehren, ja, die Behandlungsarten sich gleichzeitig
ausüben lassen«, allerdings mit Rücksicht darauf, um welche
Fremdsprache und Literaturgattung es sich handelt.

Die erste Art »macht uns in unserem eigenen Sinne mit

dem Auslande bekannt, eine schlicht-prosaische ist hiezu die beste«. Sie macht uns gleichsam unmerklich »mit dem fremden Vortrefflichen, mitten in unserer nationellen Häuslichkeit« vertraut, versetzt uns, ohne daß wir uns der fremden Empfindungsströme, die uns umspielen, bewußt sind, in eine »höhere Stimmung«, die uns »wahrhaft erbaut«. Die zweite Epoche ist die, in der der Übersetzer sich »fremden Sinn« aneignet »und mit eigenem Sinn wieder darzustellen bemüht ist«. Er absorbiert das fremde Werk, um ihm ein Konstrukt aus der eigenen Sprache und Kultur zu unterschieben. Fremder Form wird ein einheimisches Gewand aufgezwungen. Der aller lebendigen Gestalt innewohnende Trieb zur Metamorphose und Entelechie führt nun zu einer dritten Kategorie: »Weil man aber weder im Vollkommenen noch Unvollkommenen lange verharren kann, sondern eine Umwandlung nach der andern immerhin erfolgen muß«, kommt es zu einem »dritten Zeitraum, welcher der höchste und letzte zu nennen ist, derjenige nämlich, wo man die Übersetzung dem Original identisch machen möchte, so daß eins nicht anstatt des andern, sondern an der Stelle des andern gelten solle«. Diese dritte Form verlangt vom Übersetzer, daß er »mehr oder weniger die Originalität seiner Nation« aufgibt. So entsteht »ein Drittes, wozu der Geschmack der Menge sich erst heranbilden muß«. Die übersetzerische Durchdringung des fremden Werkes, »die sich mit dem Original zu identifizieren strebt, nähert sich zuletzt der Interlinear-Version« und wir werden »an den Grundtext hinangeführt, ja getrieben, und so ist denn zuletzt der ganze Cirkel geschlossen, in welchem sich die Annäherung des Fremden und Einheimischen, des Bekannten und Unbekannten bewegt«.

Goethes Schema ist trotz, ja, vielleicht gerade wegen seiner Gerafftheit nicht leicht zu verstehen. Oberflächlich betrachtet, nimmt sich die erste Kategorie aus wie schlichte Vermittlung im Sinne fast des rein informativen Auftrags des Dolmetschers. Erstaunlicherweise ist aber Goethes Beispiel dafür Luthers Bibelübersetzung. Hat er wirklich sagen wollen, Luthers unerhört bewußtes, oft geradezu gewalttätiges Textverständnis sei »schlicht-prosaisch«? Daß es dem deutschen Bewußtsein nur unmerklich einen fremden Geist und neues Wissensgut beibringe? Die zweite Methode und Epoche, sagt Goethe, sei »im reinsten Wortverstand die Parodistische«. Die Franzosen, so meint er, waren Meister in der Kunst, »sich fremde Worte mundrecht« zu machen. Als Musterbeispiel nennt er die zahlreichen »Übersetzungen« des Abbé Delille, und zwar offenbar in abwertender Absicht, denn Delilles Imitationen sind wirklich allzu simpel. Aber der Vorgang, den er beschreibt – die Überführung des Originals in die Umgangssprache und den zeitgenössischen Bezugsrahmen des Übersetzers – ist zweifelsohne eine der wichtigsten Methoden, ja, Ideale übersetzerischer Kunst. Sonderbarerweise nennt er neben Delille Wieland, den er doch sonst in seinen Gesprächen und Schriften – etwa in »Zum brüderlichen Andenken Wielands« – immer wieder besonders rühmend erwähnt. Es war ihm nämlich durchaus bewußt, daß der Dichter des »Oberon« mit seinen Imitationen nach Cervantes und Richardson und seinen Cicero-, Horaz- und Shakespeare-Übersetzungen wesentlich Anteil am Reifungsprozeß der deutschen Literatur hatte. Seine Kritik in diesem Fall hat vermutlich nicht nur ästhetische, sondern auch moralische Untertöne. Sicherlich bereichert der »Parodist« seine eigene Kultur und ist als Repräsentant seiner Zeit unschätzbar. Aber er macht sich nur zu eigen, was ihn »anmuthet« und für seine Zeitgenossen »angenehm und genießbar« ist. Er zwingt dem Bewußtsein des Lesers jedoch keine neuen, vielleicht ungebärdigen Erfahrungsquellen auf. Und er wahrt den autonomen Geist des Originals nicht, die Gewalt seiner »Fremdheit«.

Das kann nur die dritte Art des Übersetzens zustande bringen. Goethes Beispiel für sie ist »der nie genug zu schätzende« Johann Heinrich Voss, dessen »Odyssee« (1781) und »Ilias« (1793) er zu Recht zu den rühmlichsten europäischen

Übersetzungen zählt und als entscheidenden Beitrag zur Entstehung der deutschen Klassik wertet. Erst dieser dritte Weg hat den Deutschen Shakespeare, Calderon, Ariost, Tasso nahe gebracht. Sie hat aus diesen »eingedeutschten Fremden« kraftvolle Stützen des erwachenden deutschen Sprach- und Literaturbewußtseins gemacht. Goethe selbst ist im »West-östlichen Divan« dieser dritten »metamorphotischen« Art des Übersetzens gefolgt. Und die Beispiele, die er nennt oder andeutet – Voss, Schlegel, Tieck, ihn selbst – sprechen für sich. Dennoch ist schwer zu erkennen, was genau er meint. Der entscheidende Punkt ist die Unterscheidung von »anstatt« und »an der Stelle von«. Bei der ersten Art, dem »anstatt« – es ist wohl die »parodistische« – wird das Original verdünnt, und die Übersetzung nimmt eine unechte Autorität für sich in Anspruch. Im zweiten Fall, dem »an der Stelle von«, kommt es zu einer Symbiose, einer Verschmelzung, die die Einzigartigkeit und Abgesondertheit des Originals wahrt und zugleich eine neue, reichere Struktur entstehen läßt. Goethe und der persische Sänger Hafis haben ihre jeweiligen Kräfte in einer verwandelnden Begegnung vereint. Dieses Treffen findet »außerhalb« des Persischen und Deutschen statt – oder mindestens »außerhalb« des Deutschen, wie es *vor* Goethes Übersetzung war. Die aus der Vereinigung der beiden Dichter entstandene Kreuzung, genauer: Entität, hat die beiden Sprachen reicher gemacht.

Eine solche Umschreibung von Goethes Bemerkungen ist jedoch unbefriedigend und läßt reichlich Raum für Vermutungen. Einige Stellen des Kommentars gehören zum Wortkargsten, was er geschrieben hat. Bestenfalls kann man sagen, daß auch diese triadische Konzeption und die letztendliche Zirkulation des Prozesses (Benjamins Ausdruck »interlinear« geht offensichtlich auf Goethe zurück) in seinen philosophischen Ideen gründet. Übersetzung ist ein exemplarischer Fall von Metamorphose. Auch an ihr wird jener Prozeß der nach einer harmonischen Integrität von Kugelschale oder geschlossenem Kreis strebenden Entfaltung sichtbar, die Goethe allenthalben, in den Bereichen der Natur und des Geistes feierte. In der vollkommenen Übersetzung wie in der Evolutionsgenetik gibt es das Paradoxon von Verschmelzung und neuer Form ohne Zerstörung der Komponenten. Wie nach ihm Benjamin hat Goethe erkannt, daß das Überleben des Originals vom Wagnis der Übersetzung nicht zu trennen ist. Eine Entität stirbt ab, wenn sie nicht verwandelt wird. Eine der wichtigsten Äußerungen über die Notwendigkeit des Übersetzens, die wir besitzen, ist die letzte Strophe von »Eins und Alles« (1820):

> Es soll sich regen, schaffend handeln,
> Erst sich gestalten, dann verwandeln.
> Nur scheinbar stehts Momente still.
> Das Ewige regt sich fort in allen:
> Denn alles muß in Nichts zerfallen,
> Wenn es im Sein beharren will.

Besondere Beachtung unter den vielen triadischen Systemen verdient das von Roman Jakobsen,[13] das einen viel größeren Radius hat als das von Goethe oder Dryden. Aber hinter der neuen »semiotischen« Universalität wird doch noch etwas von den alten Schemata sichtbar.

Im Anschluß an Peirces Theorie von Zeichen und Bedeutung setzt Jakobson voraus, daß »die Bedeutung jedes sprachlichen Zeichens für uns, sowohl als Sprachwissenschaftler als auch als ganz gewöhnliche Wortbenutzer, seine Übersetzung in ein anderes, alternatives Zeichen« ist, »insbesondere in ein Zeichen, ›in dem es voller entwickelt ist‹« (der Ausdruck stammt von Peirce). Deshalb ist Übersetzung eine unausgesetzte, unumgängliche Bedingung des Bezeichnens. Wieder wird die Übersetzung verbaler Zeichen in drei Klassen eingeteilt: »1. die innersprachliche Übersetzung oder *Umformulierung (rewording)* ist eine Wiedergabe sprachlicher Zeichen mittels anderer Zeichen derselben Sprache« (also ist, wie das Peircesche Modell zeigt, jede Definition, jede Erklärung in diesem Sinne eine Übersetzung), »2. die zwischensprachliche Übersetzung oder *Übersetzung im eigent-*

*lichen Sinne* ist eine Wiedergabe sprachlicher Zeichen durch eine andere Sprache, 3. die intersemiotische Übersetzung oder *Transmutation* ist eine Wiedergabe sprachlicher Zeichen durch Zeichen nicht-sprachlicher Zeichensysteme« (etwa bildliche, gestische, mathematische, musikalische). Die beiden ersten Kategorien sind sich in entscheidenden Zügen ähnlich. Synomie innerhalb einer Sprache bedeutet nur ganz selten vollständige Äquivalenz. Durch »Umformulierung« entsteht unvermeidlich »etwas mehr oder weniger«. Definition durch Umformulierung trifft immer nur annähernd, reflexiv. Unweigerlich enthält der bloße Akt der Paraphrase deshalb ein wertendes Element. »Dementsprechend besteht auch bei der zwischensprachlichen Übersetzung normalerweise keine vollständige Äquivalenz der Code-Einheiten.« Der Unterschied, meint Jakobson, liegt nur darin, daß bei innersprachlicher »Umformulierung« eine Code-Einheit durch eine andere ersetzt wird, während bei der »Übersetzung im engeren Sinne« größere Einheiten ersetzt werden, die er Botschaften (messages) nennt. »Solche Übersetzung ist indirekte, mitgeteilte Sprache; der Übersetzer überbringt eine Information, die er aus einer anderen Quelle erhalten hat, und kodiert sie neu. So beinhaltet die Übersetzung im engeren Sinne zwei äquivalente Botschaften in zwei verschiedenen Codes.« Durch die Verwendung des neutralen Ausdruck »beinhalten« (involve) umgeht Jakobson das entscheidende hermeneutische Dilemma, ob man von *äquivalenten* Botschaften sprechen kann, wenn die Codes *verschieden* sind. Mit der Kategorie der *Transmutation* spezifiziert er dagegen einen Punkt, auf den ich schon anfangs hingewiesen habe. Übersetzung greift, sofern sie Interpretation ist, weit hinaus über das Medium des Wortes. Demnach muß eine Analyse der Übersetzung, der es um ein Modell des Verstehens und des gesamten Äußerungsvermögens geht, auch intersemiotische Formen berücksichtigen wie die Auswertung eines Diagramms, die »Behauptung« oder »Widerlegung« eines Satzes durch Tanz, die Vertonung eines Textes, ja, sogar die Artikulation von Bedeutung und Stimmung durch reine Musik. Ich werde im letzten Kapitel einige Beispiele für solch »inter-mediären« Umschlag bringen.

Jakobson sagt abschließend, daß Lyrik, die unter dem Gesetz der Paronomasie steht – der Beziehung zwischen phonematischen und semantischen Einheiten wie in einem Wortspiel –, »per definitionem« unübersetzbar sei. Die einzige Möglichkeit ist »schöpferische Transposition«: innerhalb derselben Sprache von einer poetischen Form in eine andere, von einer Sprache in eine andere oder zwischen verschiedenen Medien und Ausdruckscodes. Wie immer ist also auch hier die Lyrik die kritische Instanz. Letzten Endes aber ist jede Übersetzung eines sprachlichen Zeichens »schöpferische Transposition«. Der Ausdruck umfaßt die beiden primären Vermögen der Sprache, die ich herauszuarbeiten versucht habe: Erschaffen und Maskieren. »Schöpferisch transponieren« heißt, Aussehen und Relation der Dinge zu verändern.

Im Grunde ist jede Theorie der Übersetzung – sei sie formal, pragmatisch oder chronologisch – nur Abwandlung einer einzigen unausweichlichen Frage: Wie kann oder sollte man Genauigkeit erreichen? Wie sieht die optimale Übereinstimmung zwischen Text A in der Ausgangssprache und Text B in der Zielsprache aus? Seit mehr als zweitausend Jahren ist darüber gestritten worden. Läßt sich der Alternative des heiligen Hieronymus eigentlich noch etwas Wesentliches hinzufügen, der gesagt hat: »verbum e verbo«, Wort für Wort, wo es sich um Mysterien handelt, aber Sinn für Sinn, »sed sensum exprimere de sensu«, überall sonst?

Welche Abhandlung über die Kunst des Übersetzens man sich auch vornimmt: es geht immer um dieselbe Dichotomie – zwischen »Buchstabe« und »Geist«, »Wort« und »Sinn«. Obwohl die Wiedergabe heiliger Texte ein Problem stellt, das für die ganze Theorie der Übersetzung zugleich speziell und zentral ist, hat es tatsächlich nur wenige Anhänger absoluter Wörtlichkeit gegeben. Einer von ihnen war Nicholas von Wyle, der für das Übersetzen aus dem Lateinischen um die Mitte des 15. Jahrhunderts die völlige Übereinstimmung, die Gleichung zwischen einem Wort und einem anderen gefordert hat: »ain yedes wort gegen ain andern wort«. Selbst Fehler müssen, insofern sie ein wichtiger Bestandteil des Originals seien, transkribiert und übersetzt werden.[14] Die Theorie der völligen mimetischen Freiheit anderseits ist wohl nur von wenigen so auf die Spitze getrieben worden wie von Ezra Pound, wenn er die Gedichte in »Personae« als »eine lange Folge von Übersetzungen« bezeichnet, »die nur immer perfektere Masken sind«.[15] [. . .]

Terminologisches und methodisches Neuland für die Theorie der Übersetzung gewinnen Herder, Schleiermacher und Humboldt. Die alte Debatte über Möglichkeit und Unmöglichkeit des Übersetzens wird nun ganz und gar zu einem Problem der Erkenntnistheorie. Zudem sind die philologischen Hilfsmittel der vergleichenden Sprachforschung sehr viel weiter entwickelt als im 17. Jahrhundert. Jetzt geht die führende Rolle an die Deutschen über. Deutsche Gelehrte und Schriftsteller haben immer wieder darauf hingewiesen, welche Bedeutung der Übersetzung als dem »innersten Schicksal« der deutschen Sprache zukommt.[16] Die Entwicklung des modernen Hochdeutsch ist untrennbar von Luthers Bibelübersetzung, von Voss' »Ilias« und »Odyssee« und den Shakespeare-Übersetzungen von Wieland, Wolf Graf Baudissin, August Wilhelm Schlegel und Ludwig und Dorothea Tieck. Die Theorie der Übersetzung verdankt dieser Tatsache eine nie dagewesene Autorität und philosophische Textur.

Aber unterhalb der neuen Terminologie und der psychologischen Verfeinerung bleiben die alten Polaritäten erhalten. Neu ist im Grunde nur, daß der alte Gegensatz zwischen »Buchstabe« und »Geist« in das Bild eines angemessenen Abstandes überführt wird, den der Übersetzer zwischen der Sprache des Originals und seiner eigenen zu wahren hat. Die Frage lautet nun: Soll eine gute Übersetzung die eigene Sprache auf die des Originals abstimmen und es damit absichtlich mit einer Aura der Fremdartigkeit, mit einer nicht gänzlich durchsichtigen Haut umgeben? Oder soll sie die Eigenart der fremden Sprache so weitgehend naturalisieren, daß sie den Ohren des Übersetzers und seiner Leser heimisch klingt? Herder bringt den Unterschied durch ein gelungenes Spiel mit den beiden Bestandteilen des Wortes »übersetzen« zum Ausdruck: *Über*setzung strebt die denkbar innigste Verschmelzung mit dem Original an, während der Akzent bei Über*setzung* auf der Setzung, der Neuschöpfung in der Muttersprache liegt. Dasselbe meint Schleiermacher mit der Unterscheidung zwischen »dolmetschen« und »übersetzen«. Seine Originalität liegt in dem Ausmaß, in dem er – wie Hölderlin – bereit war, die strukturellen, tonalen Elemente eines fremden Textes in Besitz zu nehmen. Er forderte von einer in die Tiefe reichenden Übersetzung die Modulation der eigenen Rede gemäß der lexikalischen und syntaktischen Welt des Originals. Daher das eigentümliche »Griechen-Deutsch« seiner platonischen Dialoge und der Hölderlin-schen Sophokles-Übersetzungen. Nicht in der Theorie, wohl aber in der Praxis, ist die Folge solcher symbiotischen Übersetzungen eine besondere Interlingua der Übersetzer, eine Mittler-, ja, Zwittersprache, wie sie J. J. Hottinger schon 1782 in seinem eigenartigen Traktat »Einiges über die neuen Übersetzerfabriken« gefordert hatte.

Ungeachtet all dessen hat jedoch der alte Dualismus seine Zählebigkeit bis heute bewiesen. Florios, Dolets, Humphreys und Huets Vergleiche gelten immer noch: Das Verhältnis des Übersetzers zu seinem Autor soll wie das des Portraitmalers zum Modell sein. Eine gute Übersetzung ist ein neues Kleid, das uns die Form, die es umhüllt, vertraut macht, ihre wesentlichen expressiven Gesten jedoch nicht behindert. So und nur so, sagt Florio im Vorwort zu seiner Montaigne-Übersetzung, »kann Sinn Form behalten«. Diese Wahrung der inneren Struktur des Originals bei äußerer Verwandlung ist nichts anderes als eine »Metempsychose«

(Seelenwanderung) im Sinne des Pythagoras. Moderner ausgedrückt, wünscht Schopenhauer dasselbe. Im 25. Kapitel der »Parerga und Paralipomena« hält er sich über den »skandalösen ... Mangel des verbi ›stehn‹ im Französischen« auf, wo es »être debout« heißt, und fordert, nachdem er sich des Längeren über die unschätzbare kulturelle Bedeutung des Übersetzens ausgelassen hat, nichts Geringeres als die Übertragung von »Geist«. Auch Wilamowitz verlangt in der Einleitung zu seiner Übertragung des »Hippolytos« von Euripides (1891), daß die »innere Form« im neuen Gewand erhalten bleiben müsse: »Jede rechte Übersetzung ist Travestie. Noch schärfer gesprochen, es bleibt die Seele, aber sie wechselt den Leib: die wahre Übersetzung ist Metempsychose«. Der Buchstabe wandelt sich. Aber der Geist in der neuen Erscheinung bleibt intakt. In einem berühmten Gleichnis hatte einst schon der heilige Hieronymus im Vorwort zum Buch Esther behauptet: »sed quasi captivos sensus in suam linguam victoris jure transposuit«. Mit dem Rechte des Eroberers habe er den Sinn, wie Gefangene, in seine Sprache überführt.

Die Frage ist nur: Wie geht das vor sich? Wie läßt sich das Ideal der Mittlerschaft der Übersetzung erreichen und womöglich zur Methode machen? Wie sieht die Kunstfertigkeit aus, dank derer der Übersetzer das binäre Gleichgewicht herstellt, in dem, um einen Ausspruch Wolfgang Schadewaldts zu benutzen, seine Ausdrucksweise schon unmißverständlich Griechisch, aber noch authentisch Deutsch ist?

Der Vorgang ist, wie wir sehen werden, vielfach demonstriert, aber selten diagnostiziert worden. [...]

Nehmen wir den heiligen Hieronymus, Luther, Dryden, Hölderlin, Novalis, Schleiermacher, Nietzsche, Ezra Pound, Paul Valéry, McKenna, Franz Rosenzweig, Walter Benjamin, Quine – viel größer ist die Zahl derer nicht, die Grundlegendes oder Neues zur Übersetzung gesagt haben.

Im Unterschied von der Fülle pragmatischer Aufzeichnungen ist die Theorie wenig entwickelt. Woran liegt das?

[. . .] Selbst wenn wir uns bescheiden, selbst wenn wir uns an Stelle einer eigentlich theoretischen Behandlung, die der induktiven Verallgemeinerung, Vorhersage und Widerlegbarkeit durch Gegenbeispiele zugänglich wäre, unseres Gegenstandes mit einer deskriptiv-taxonomischen begnügen, erhebt sich eine ernstliche Schwierigkeit. Bei dem uns zur Verfügung stehenden Forschungsmaterial handelt es sich zur überwältigenden Mehrzahl um abgeschlossene Arbeiten. Vor uns haben wir einen Originaltext sowie eine oder mehrere mutmaßliche Übersetzungen. Unsere Analyse und Beurteilung findet von außen her und nachträglich statt. Vom genetischen Prozeß, der in die Praxis des Übersetzers eingegangen ist, von den Grundsätzen oder auch nur empirischen Regeln, Kunstgriffen und Gewohnheiten, die den Übersetzer bewogen haben, diesem statt jenem Äquivalent, einer stilistischen Ebene statt einer anderen, einem Wort »x« statt einem Wort »y« den Vorzug zu geben, wissen wir nichts oder fast nichts. Wir können eine Übersetzung nur ganz selten nachträglich sezieren. Wir haben über die große Masse der Übersetzungen keinerlei Entstehungsberichte, und sei es auch nur, weil der Übersetzer selbst die Vorstadien des Endergebnisses als bloßes Geschreibsel abgetan hat. Es gibt keine Kladde von Urquharts Rabelais, keine Entwürfe zu Amyots Plutarch.[17] Von den zahlreichen Skizzen, vorläufigen Versuchen und Korrekturen, die der endgültigen Fassung der King James Bible vorangegangen sind, ist nur ein kümmerlicher Rest erhalten. Eine der ersten großen Übersetzungen, deren Manuskript überdauert hat, ist Popes Homer.[18] Aber selbst nach dem 18. Jahrhundert ist die Dokumentation nur spärlich. Wieviele verkehrte Ansätze, welche assoziativen Bögen, welches Gekritzel von Hirn und Hand liegen Chestertons mitreißender Version von Du Bellays »Heureux qui comme Ulysse« oder Goethes meisterhafter Wiedergabe von Manzonis »Il Cinque maggio« zugrunde?

Erst in jüngster Zeit werden – und das ist tatsächlich eine Revolution auf unserem Gebiet – Rohmaterial und »Anatomie« von Übersetzungen der kritischen Prüfung zugänglich. Da gibt es beispielsweise Pounds Briefe an W. H. D. Rouse über das Übersetzen von Homer, Robert Fitzgeralds Nachschrift zu seiner »Odyssee« – ein Versuch, Rechenschaft über einige Auswahl- und Verwerfungsgründe zu geben –, Nabokovs ironischen, für den allzu Sorglosen von Fallen wimmelnden, aber höchst instruktiven Bericht darüber, wie er »Eugen Onegin« ins Englische übertragen hat, Pierre Leyris' knappe, aber scharfsinnige Bemerkungen zu seiner Hopkins-Übersetzung, Christopher Middletons »On Translating a Text by Franz Mon« (erschienen in der ersten Nummer von »Delos« 1968), John Frederick Nims' Mitteilungen über Absicht und Methode in seiner Sammlung von »Poems in Translation«, Octavio Paz' Arbeitsnotizen zu seiner spanischen Fassung von Mallarmés »Sonnet en ›ix‹« im 4. Heft von »Delos«. Das Valéry-Larbaud-Archiv in Vichy besitzt eine Fülle von unausgewertetem Material zur Entstehung der bemerkenswerten Übersetzungen von »Moby Dick« und »Ulysses«. Einiges, wenn auch unvollständiges Material aus der Entstehungszeit der französischen Version von »Anna Livia Plurabelle«, die Samuel Beckett mit seinen Studenten – unter ihnen Sartre und Paul Nizan – verfaßt hat, ist uns erhalten geblieben. Seit etwa 1920 – und bewußter und methodischer seit dem Zweiten Weltkrieg – haben manche Übersetzer ihre Skizzen, Rohentwürfe und Frühfassungen aufzuheben begonnen. Es ist zweifelhaft, daß beispielsweise Michel Butor die Arbeitszettel seines noch nicht abgeschlossenen Versuchs einer französischen Entsprechung zu »Finnegans Wake« vernichten wird. Daß Anthony Burgess' Bemühungen, ein Gleiches auf italienisch zu leisten – seine Notizen, Skizzen, unkorrigierten und korrigierten Fahnen –, im Tresor einer amerikanischen Universität überdauern, bleibt zu hoffen. Gerade das Unfertige zieht uns an. Die bisherigen Ansätze zur Dokumentation sind gewiß eine

wichtige Hilfe zu näherer, technisch und psychologisch er-
giebigerer Betrachtung der konkreten Arbeit des Übersetzers. Dennoch bleibt ihre Analyse deskriptiv und auf den
jeweiligen Fall beschränkt. Die zunehmende Zahl und
Durchsichtigkeit individueller Beispiele führt indessen nicht
zu einer größeren formalen Strenge oder verstärkter Kontinuität des ganzen Fragenkomplexes. Letzten Endes bleibt er
»Sache des Geschmacks und Temperamentes eher denn der
Erkenntnis«.[19] Arrowsmith und Shattuck gehen fast sicher
fehl mit ihrem Programm, nach dem die individuelle Bestandsaufnahme zur fortschreitenden Systematisierung, Ge-
neralisierung und theoretischen Stabilisierung führen wird.
So sagt Wittgenstein: »Übersetzen von einer Sprache in die
andere, ist eine mathematische Aufgabe, und das Übersetzen eines lyrischen Gedichts z. B. in eine fremde Sprache
ist ganz analog einem mathematischen *Problem*. Denn man
kann wohl das Problem stellen: ›Wie ist dieser Witz (z. B.)
durch einen Witz in der anderen Sprache zu übersetzen?‹,
d. h. zu ersetzen; und das Problem kann auch gelöst sein;
aber eine Methode, ein System zu seiner Lösung gab es
nicht.«[20] Wesentlich ist dabei Wittgensteins Erkenntnis, daß
es eine »Lösung« geben kann, ohne daß irgendeine systematische Lösungsmethode vorhanden wäre (die ganze An-
mut und Kompliziertheit des Gedankens drückt sich in der
Analogie zur Mathematik aus, zu einer Mathematik, in der
es Lösungen, aber keine systematischen Lösungsmethoden
gibt). Der noch verbleibende Rest dieses Buches soll das so
deutlich wie möglich machen und die Gründe aufzeigen,
warum es sich so verhält.
Sie sind philosophischer Natur, das ist offensichtlich, aber
zugleich eine grundlegende Tatsache.[21] Wir haben gesehen,
wie die ganze Theorie der Übersetzung – sofern es sie, abgesehen von hochstilisierten Rezepten, überhaupt gibt –
eintönig um nicht definierte Gegensätze wie »Buchstabe«
und »Geist« oder »Wort« und »Sinn« kreist. Unbesehen
meint man, diese Gegensätze hätten eine analysierbare Be-

deutung. Darin liegt eine zentrale erkenntnistheoretische Schwäche, ein Taschenspielertrick. Selbst in den Perioden der Geistesgeschichte, als die erkenntnistheoretische Kritik und Selbstkritik besonders scharfsinnig war, als die Beziehung zwischen »Wort« und »Sinn« einer strengen Überprüfung unterzogen wurde, hat man, was die Übersetzung anbelangt, so getan, als sei dies Problem belanglos, bereits gelöst oder einer anderen Jurisdiktion unterworfen. Wie immer es ausgedrückt wird, »non verbum e verbo, sed sensum exprimere de sensu« nimmt etwas als vorverstanden vorweg, das es erst zu demonstrieren gilt. Der Satz behauptet, es gebe eine wörtliche Bedeutung, die sprachlichen Einheiten, gewöhnlich als Einzelwörter im rein lexikalischen Zusammenhang verstanden, anhaftet, die sich vom »wahren Sinn« der Botschaft unterscheidet, und deren unmittelbarer Transfer letzteren verfälschen würde. Je nach Grad der eigenen logischen Kultiviertheit faßt der Übersetzungstheoretiker die »Bedeutung« mehr oder weniger als etwas inhärent Transzendentales auf. Das zugrunde liegende Bild ist plump und wird meistens im Unbestimmten belassen. Die »Bedeutung« residiert »im Inneren der Wörter« der Ausgangssprache, aber für einen in ihr aufgewachsenen Leser ist sie offenbar »weit mehr« als die Summe lexikalischer Bedeutungen. Also muß der Übersetzer den impliziten »Sinn«, die denotative, konnotative, schlußfolgernde, intentionale und assoziative Reichweite der Bedeutungen aktualisieren, die im Original impliziert, aber nicht ausgesprochen oder nur teilweise ausgesprochen sind, weil der Leser oder Hörer, aus dessen Muttersprache das Original stammt, sie unmittelbar versteht. Seine weitgehend unbewußte, weil ererbte und kulturspezifische Beheimatung in seiner Muttersprache, seine längst schon erworbene Vertrautheit mit den angemessenen Kontexten mündlicher und schriftlicher Äußerungen, ermöglichen die Ökonomie, die wesentlich mit Unausgesprochenem operierende Form des alltäglichen mündlichen und schriftlichen Umgangs. Durch den übersetzerischen »Transport« geht inhärente Bedeutung, das, was durch den Kontext an verschiedenen, unter Umständen sogar widersprüchlicher Bedeutungen »in« die Wörter des Originals »hinein« gepreßt wird, mehr oder weniger verloren. In erster Linie ist der Übersetzungsvorgang also ein Erläuterungsmechanismus, er expliziert (oder genauer: macht explizit), so weit er kann, was dem Original semantisch implizit ist, und macht es graphisch sichtbar. Der Übersetzer versucht, an den Tag zu bringen, »was schon da ist«. Eine solche Explikation arbeitet notwendigerweise mit Zusätzen, das heißt, sie kann die jeweilige Einheit des Originals nicht einfach ersetzen, sondern muß sie in einen illustrativen Kontext stellen, in ein Feld aktualisierender und wahrnehmbarer Ver- und Abzweigungen. Deshalb neigen Übersetzungen zur Inflation der Wörter. Original und Übersetzung haben ihre je eigenen Ausmaße, die nicht deckungsgleich sein können. In ihrer natürlichen Form greift die Übersetzung über die Grenzen des Originals hinaus. Quine formuliert das so: »Vom Gesichtspunkt einer Theorie übersetzerischer Bedeutungsübertragung aus gesehen, ist das Bemerkenswerteste an den analytischen Hypothesen, daß sie über alles hinausgehen, was im Verhältnis jedes Sprechers zum Sprachverhalten in seiner Muttersprache impliziert ist.«[22] [. . .]

Angenommen, wir stellten einmal ganz unumwunden die Frage: »Was ist denn Übersetzung überhaupt? Wie begibt sich der menschliche Geist aus einer Sprache in die andere?« Was für eine Art von Antworten wird dann erwartet? Was muß feststehen, damit überhaupt Antworten gegeben werden können und plausibel sind? Bisher haben sich Theorie und Analyse der Übersetzung verhalten, als wüßten sie darüber Bescheid. Oder mindestens so, als ob das Wissen, das erforderlich wäre, um die Frage über die Banalität hinauszuführen, angesichts des raschen Fortschritts der Psychologie, Linguistik und sonstiger autorisierter »Wissenschaften« alsbald verfügbar wäre. Ich glaube dagegen, daß wir nicht gerade mit großer Genauigkeit und Sicherheit wissen, wonach wir fragen, und infolgedessen, wie befriedigende Antworten beschaffen sein müßten. Die Frage selbst und jede denkbare Antwort, einschließlich unserer Vorstellung vom Verhältnis zwischen beiden, zeichnen sich durch ein hohes Maß an Unbestimmtheit aus. Dies zu zeigen, bedeutet, alles zusammenzufassen, was ich bisher gesagt habe.

III

Eine »Theorie« der Übersetzung, eine »Theorie« der semantischen Übertragung hat die Wahl zwischen folgenden beiden Möglichkeiten: Entweder ist sie ein auf diesen einen Zweck zugeschnittenes, hermeneutisch orientiertes Arbeitsmodell für *jeden* Austausch von Bedeutungen für jegliche semantische Kommunikation (einschließlich der Jakobsonschen intersemiotischen Übersetzung oder »Transmutation«). Oder sie ist eine von mehreren Unterabteilungen eines solchen Modells, die speziell auf den zwischensprachlichen Austausch, auf das Senden und Empfangen bedeutungshaltiger Botschaften von Sprache zu Sprache angewendet wird. Wofür ich mich entschieden habe, dürfte nach den bisherigen Kapiteln klar sein. Die »totalisierende« Bestimmung leuchtet schon deshalb mehr ein, weil sie der Tatsache Rechnung trägt, daß alle Verfahren der interpretierenden Rezeption und des artikulierten Ausdrucks inner- oder zwischensprachliches Übersetzen sind. Für die andere Alternative – »zum Übersetzen gehören zwei oder mehr Sprachen« – spricht allerdings, daß sie sich als gewohnt und scheinbar selbstverständlich anbietet. Ich glaube allerdings, daß sie in ihrer Eingeschränktheit gefährlich ist. Aber darum geht es gar nicht. Beide Konzeptionen der »Theorie«, einerlei ob totalisierend oder der Überlieferung entsprechend speziell, sind zur systematischen Anwendung nur dann brauchbar, wenn sie in Beziehung zu einer »Theorie der Sprache« stehen. Auch für diese Beziehung gibt es wiederum zwei Möglichkeiten: entweder die totale Isometrie und Übereinstimmung, das hieße: »Eine Theorie der Übersetzung ist de facto eine Theorie der Sprache«, oder streng formale Abhängigkeit, also: »Die Theorie der Sprache ist das Ganze, eine Theorie der Übersetzung ist ein Teil von ihr.« Vergleicht man diese Sachlage beispielsweise mit der Geometrie, so ist letztere als umfassendes Ganzes völlig homolog mit der Erforschung der Eigenschaften und Relationen aller Größen in allen vorstellbaren Räumen. Das entspräche dem ersten Verhältnis zwischen Theorie der Übersetzung und Theorie der Sprache. Eine ganz bestimmte Geometrie dagegen, beispielsweise die der Projektion, ist ein Teil der Geometrie, von der sie direkt abgeleitet ist. Dem entspräche die zweite Möglichkeit des Zusammenhanges. Aber weder eine »Theorie der Projektions-Geometrie« noch eine »Theorie geometrischer Bedeutung« wäre möglich, wenn am Anfang nicht eine »Theorie der Geometrie« oder der »Geometrien« stehen würde. [. . .]

Schätzungsweise 97 Prozent der Sprache jedes Erwachsenen wird von der linken Hirn-Hemisphäre gesteuert. Der Unterschied bildet sich auf der Oberfläche des »planum temporale« ab (bei 65 von hundert anatomisch untersuchten Fällen war es auf der linken Hirnseite um ein Drittel länger als auf der rechten).[23] Diese offenbar genetisch bedingte Asymmetrie wird drastisch durch die Tatsache unterstrichen, daß bei weitem die meisten Menschen rechtshändig sind. Davon zeugen schon die frühesten erhaltenen Stein-Werkzeuge. Bei Primaten und anderen Tierarten hat man dagegen eine solche zerebrale Unausgewogenheit nicht festgestellt. In seinem Buch »Die biologischen Grundlagen der Sprache« äußert E. H. Lenneberg die Vermutung, daß zwischen dieser Asymmetrie und dem Ursprung der Sprache höchst diffizile biogenetische und topologische Zusammenhänge bestehen. Vielleicht läßt sich dieser Gedanke verallgemeinern.

Die Hominiden sind vermutlich im späten Miozän oder frühen Pliozän von den Bäumen gestiegen. Die Umstellung auf horizontale Bewegung mußte eine außerordentliche Bereicherung und Differenzierung der sozialen Kontakte nach sich ziehen. Das bisherige akustische Signalsystem reichte nicht mehr aus, und die Sprache sollte an seine Stelle treten. (Auch in diesem Zusammenhang ist eine eigenartige Asymmetrie oder »Entgleisung« höchst bezeichnend: Das menschliche Ohr ist am empfänglichsten für Töne mit einer Frequenz von etwa dreitausend Schwingungen pro Sekunde. Die normale Sprechstimme von Männern, Frauen und Kindern liegt jedoch mindestens zwei Oktaven tiefer. Das könnte ein Hinweis darauf sein, daß das tierische Rufsystem und die Sprache mindestens zeitweilig auf benachbarten Frequenzen nebeneinander operiert haben.) Manche Anthropologen sind der Ansicht, daß die »eigentliche Sprache« abrupt und sprunghaft entstanden ist, und zwar gegen Ende der letzten Eiszeit als Begleitphänomen zur Herstellung komplizierterer und vielseitigerer Werkzeuge. Keine der beiden Hypothesen ist beweisbar. Aber vielleicht übersieht man bei beiden die Bedeutung der Asymmetrie. In diesem Zusammenhang sollte man sich auf Pavlovs oft wiederholte These besinnen, daß die Sprech- und Lernprozesse beim Menschen ganz anders verlaufen als bei den Tieren. Der Zuwachs an Komplexität ist so groß, daß man von einem Quantensprung sprechen kann. Wir sagen so fabelhaft viel mehr, als wir zum bloßen Überleben brauchen, und wir meinen unendlich viel mehr, als wir sagen. Die Quelle solchen Überflusses – mit ihrer anatomischen Entsprechung im Cortex – erzeugt immer neue Überschüsse. Das auslösende Element dafür ist die Asymmetrie, so wie sie sich im Bauplan des Gehirns abbildet. Sie setzte die Dissonanz, die Dialektik des menschlichen Bewußtseins in Gang. Anders als die Tiere befinden wir uns mit und in der Welt nicht im Gleichgewicht. Unsere Sprache ist die Folge dieser Ungleichgewichtigkeit und erhält sie zugleich. Interpretation (Übersetzung) verhindert, daß der Überdruck erfinderischer Kraft die Sprache, ihren Träger, überwältigt. Von ihr wird das Spiel der individuellen Intentionen, die Vielfalt des Bedeutens eingeschränkt auf ein mehr oder weniger grobes Mittelmaß funktionsfähiger Übereinstimmungen. In der ganzen Ambiguität des Gegensatzes von links und rechts – physiologisch, ontologisch und gesellschaftlich-politisch – sprechen wir links und handeln rechts. Übersetzung ist es, die vermittelt. Sie stellt sich dem ständigen Trieb zur Zerstreuung entgegen. Aber auch das sind natürlich nur Vermutungen.

Alles, was wir über die Organisation der Sprachfunktionen wissen, stammt im Grunde aus der Pathologie. Die Bedingungen, unter denen es entdeckt wurde, waren immer abnorm: chirurgische Eingriffe, elektrische Reizung exponierter Hirnpartien, Beobachtung mehr oder weniger kontrollierbarer Wirkungen von Drogen auf zerebrale Funktionen. Das Anschauungsmaterial für unsere Vorstellung von der »Lokalisierung von Sprache im Gehirn«, von ihrer »Hervorbringung durch das Gehirn«, stammt fast ausschließlich aus Untersuchungen von Sprachstörungen und von totem Gewebe. Die Belege, die bis zu Paul Brocas berühmten Arbeiten aus den sechziger Jahren des 19. Jahrhunderts zurückreichen, sind zahlreich. Wir wissen eine Menge über spezifische Dominanzen im Gehirn, das heißt, über die einseitige Kontrolle gewisser Sprachfunktionen durch einzelne Gehirnpartien. Eine Verletzung des sogenannten »Brocaschen Systems« (der dritten Windung im linken Stirnhirn) hat eine bestimmte Aphasie zur Folge. Die Artikulation wird verschliffen und unvollständig, Verbindungswörter und Wortendungen fallen weg. Verletzungen des von Wernicke entdeckten »sensorischen Sprachzentrums«, ebenfalls in der linken Hemisphäre, aber tiefer liegend als das Brocasche System, verursachen eine ganz andere Aphasie. Die Sprache kann durchaus flott und grammatisch richtig bleiben, aber es fehlt ihr an Inhalt. Der Patient setzt bedeutungsleere Wörter und Sätze an die Stelle derer, die er normalerweise benutzen würde. Verkehrte Laute schleichen sich in sonst richtige Wörter. Eine hochinteressante Begleiterscheinung der von Wernicke etwa zehn Jahre nach Broca beschriebenen Aphasie ist ihre Ähnlichkeit mit der Bildung von Neologismen und Metaphern. Was bei der verbalen oder phonematischen Paraphasie (unkontrollierte Substitution) der Kranken herauskommt, gleicht oft geradezu einer Eingebung. In gewissem Sinne ist ein großer Dichter oder Komiker ein Mensch, der eine Wernickesche Aphasie herbeiführen und aus ihr auswählen kann. Ein typisches Beispiel ist die »Sinbad the Sailor«-Passage in Joyces »Ulysses«. Der entscheidende Unterschied ist jedoch, daß eine Verletzung des Wernickeschen Systems das Verständnis bei völlig intaktem Empfang nicht-verbaler und musikalischer Klänge durch das Ohr erheblich herabsetzt. Wenn beide Systeme intakt sind, die Verbindung zwischen ihnen jedoch unterbrochen ist, entsteht eine Zuleitungs-Aphasie. Die Sprache bleibt flüssig, ist aber abnormal, bei weitgehendem Auffassungsvermögen. Der Patient ist jedoch nicht in der Lage, etwas, das ihm vorgesprochen wird, zu wiederholen.

Die Erfahrungen, die man an diesen Aphasien und an vielen anderen Aspekten der Neurophysiologie gewonnen hat, ermöglichen ein hypothetisches Modell für die Organisation der Rede. Zwischen dem Brocaschen und dem Wernickeschen System besteht Funktionsteilung, je nachdem, ob Sprache gehört oder gelesen wird. Beim Lesen eines Wortes empfängt der Eck-Gyrus in der hinteren linken Hemisphäre einen Stimulus aus dem Haupt-Sehzentrum des Gehirns. Sobald dieser Reiz den »Transformator« – wenn man so sagen darf – passiert hat, löst er die entsprechende Hörform des Wortes im Wernickeschen System aus. Beim Sprechen eines Wortes verläuft der »Strom« in umgekehrter Richtung, vom Wernickeschen zum Brocaschen System.[24]

Das auch nur zu wissen und genügend Belege dafür zu haben, ist ein gewaltiger Fortschritt, dessen kognitive und therapeutische Konsequenzen unmittelbar einleuchten. Aber es ist keineswegs sicher, daß neurophysiologische Schemata und verbesserte Diagnose und Behandlung pathologischer

Zustände auch zum Verständnis der Erzeugung unserer Sprache führen müssen. Zu wissen, wie sich ein Prozeß abspielt, ein Strömungsdiagramm operativer Sequenzen zu haben, bedeutet noch nicht, daß man auch die dazu gehörigen Energien kennt. Wenn man das Phänomen als solches graphisch projiziert, kann es sein, daß die Projektion nur die Oberfläche zeigt. Nach Art der Lehrbücher zu sagen, daß der dritte Gyrus des Stirnhirns einen akustischen »Input« in einen visuell-verbalen »Output« oder Feedback »transformiert«, bedeutet nur, eine Symbolsprache gegen eine andere auszutauschen. Im Unterschied zu den »animalischen Spiriti« der cartesianischen Neurophysiologie ermöglicht und rationalisiert die neue elektro-chemische Terminologie die ärztliche Behandlung. Das ist gewiß ein Riesenschritt voran. Aber es ist ein empirischer, nicht unbedingt auch ein analytischer Fortschritt. *Was* das ist, worüber wir sprechen, wissen wir nicht, auch wenn unsere Rede nützliche, experimentell verifizierbare Behandlungsmethoden möglich macht.

Wie ist die Dynamik unserer Begriffsbildung beschaffen? Auf welche Weise werden Sinnesreize mit den ihnen gemäßen Verbaleinheiten gekoppelt? In welchem Ausmaß werden visuelle, akustische, taktile, Geschmacks- und Geruchsreize durch die (vorgegebene, selbst-regulatorische) verbale Matrix selbst ausgelöst und erzwungen? Wie werden Wörter oder Informationseinheiten »gespeichert«? Wie spielen sich die elektrochemischen Vorgänge des Sondierens und Erinnerns ab, die die richtige Folge des Empfangens, Klassifizierens, Abrufens und Sendens garantieren? Wird Sprache im Grenzbereich zwischen älteren und jüngeren Partien des Großhirns zu etwas Organisiertem und Geregeltem? Ist sie – in einer Weise, für die es einstweilen nicht einmal Worte gibt – eine adaptive Imitation jener viel früheren und »tieferen« Prozesse des Chiffrierens, Replizierens und Interpunktierens, die der genetischen Strukturierung und Übermittlung organischer Formen entspricht? In welcher Weise sind die Sprachzentren des Großhirns weiterer Evolution unterwor-

fen? (Können wir uns überhaupt ein »Bild« von einer noch
weiter entwickelten Sprache machen?)

Alle diese Probleme werden heutzutage mit großem Aufwand theoretisch und experimentell erforscht. Die Mathematik der vieldimensionalen, interaktiven Räume und Zwi-
schenräume, die Projektion des »Computer-Verhaltens« auf
mögliche Modelle zerebraler Funktionen, die theoretische
und mechanische Untersuchung künstlicher Intelligenz
überschütten uns mit einer Fülle geistreicher und oft verlok-
kender Ideen. Aber ich glaube, ich bin nicht ungerecht,
wenn ich sage, daß all das, was wir bis jetzt an theoretischen
Entwürfen oder mechanischen Nachbildungen haben, nicht
im Entferntesten an die elementarsten Realitäten der Sprache
heranreicht. Dabei handelt es sich nicht nur um eine Kluft
zwischen gänzlich verschiedenen Graden der Komplexität.
Eher scheint es so, als sei der Gedanke einer neurochemischen »Erklärung« von Sprache und Bewußtsein – beides
läßt sich kaum trennen – an sich eine Täuschung. Die Anhäufung physiologischer Daten und therapeutischer Methoden kann auch zu einer ganz anderen, nicht unbedingt relevanten Art von Einsichten führen. Was ich damit meine, ist
gar nichts Geheimnisvolles. Schließlich habe ich wiederholt
betont, daß die Fragen, die wir nach der bzw. an die Sprache
stellen, und die Antworten, die wir über sie – von ihr –
erhalten, grundsätzlich und ausnahmslos sprachlicher und
*nur* sprachlicher Natur sind. Außerhalb der Strukturen der
Sprache, die selbst den Gegenstand unserer Untersuchung
bilden, können wir weder Fragen stellen noch beantworten.
Und bisher spricht nichts dafür, daß die Naturwissenschaften, und seien sie noch so fortgeschritten, uns ein annehmba-
res Verfahren anbieten können, um einen Blickwinkel von
außen zu gewinnen. Aus der Haut unserer Haut wissen wir
keinen Ausweg. Freilich ist auch das nur eine Vermutung.
Fest steht aber auf jeden Fall, daß kein einziges jetzt schon
verfügbares oder in näherer Zukunft zu erwartendes Modell
eine einwandfreie Rechtfertigung dafür liefert, sich auf eine

»Theorie der Erzeugung von Rede oder der Transformation kognitiven Materials in semantische Einheiten« zu berufen.

In der Zoologie weiß man heute, daß die Ruf-Systeme von Gibbon-Affen sich wie menschliche »Lokal-Dialekte« unterscheiden. Die Signale, die Wale und Delphine senden, variieren und sondern sich nach Herden oder »Schulen«. Aber es besteht keine Möglichkeit, festzustellen, ob solche phonetischen Variationen – die natürlich von hohem Nutzen für die Behauptungen im Revier und das gegenseitige Erkennen sind – auch nur annähernd den Anfangsstadien menschlicher Sprach-Differenzierung entsprechen. Die Verschiedenheit und wechselseitige Unverständlichkeit unserer Sprachen ist, so weit nachweisbar, spezifisch menschlich und untrennbar von der Existenz der Sprache, wie wir sie kennen. Über ihre Anfänge, ihre Ätiologie, wissen wir nichts.

Ich habe meine eigene Überzeugung skizziert. Die verschiedenen Sprachen sind, so glaube ich, verschiedene, in sich schöpferische Gegenvorschläge zu den Zwängen, zu den einschränkenden Universalien unserer biologischen und ökologischen Verfassung. Sie sind die Instrumentarien für die Hortung und Weitergabe des Vermächtnisses an Erfahrung und imaginativer Gestaltung in einer gegebenen Gemeinschaft. Wir wissen noch nicht, ob die von der generativen Transformationsgrammatik postulierten »Tiefenstrukturen« tatsächlich substantielle Universalien sind. *Wenn sie es aber sein sollten, kann man die immense Verschiedenheit der Sprachen, die Menschen gesprochen haben und sprechen, als direkten Aufstand gegen die undifferenzierten Zwänge biologischer Universalität interpretieren. Die »Oberflächenstrukturen« in ihrer phantastischen Vielfalt wären dann eher die Fluchtwege aus den »Tiefenstrukturen« als ihre kontingente Vokalisierung.* Die gemeinschaftsinterne Kommunikation jeder Sprache ist von einer Dichte und Binnen-Vertrautheit, daß sie dem Außenseiter nur partiell und widerwillig Einlaß gewährt. Ein großer Anteil der Sprache besteht in Abgrenzung und willentlicher Undurchschaubarkeit. Dieser ihr Zweck ist so uralt, seine Durchführung liegt unseren öffentlich-gesellschaftlichen Einstellungen so ferne, daß wir uns seiner überhaupt nicht bewußt sind. Aber er lebt fort im Schichtengefüge, in der widerspenstigen, eigensinnigen Essenz jeder Sprache und tritt zutage, sobald Sprachen aufeinanderstoßen.

Diese Behauptungen lassen sich nicht mathematisch beweisen. Aber ich bin sicher, daß man der konkreten Tatsache sprachlicher Vielfalt am ehesten mit den Hypothesen der »Alternität« und des meta- oder nichtinformativen Charakters der Sprache beikommt. Den semantischen, historischen und psychologischen Realitäten sind sie besser angepaßt als andere Hypothesen. Wir werden noch sehen, wie sie sich uns geradezu aufdrängen, sobald wir uns konkreten Übersetzungsproblemen zuwenden und mit der Polysemie und Hermetik im Wesen der Äußerung unmittelbar konfrontiert sind. Es ist durchaus möglich, daß wir den Babel-Mythos falsch gelesen haben. Der Turm war nicht ein Wahrzeichen des Endes eines gesegneten Monismus, einer universalsprachlichen Situation. Die verwirrende Sprachenfülle gab es schon damals seit unvordenklichen Zeiten, und von jeher behinderte sie praktisch die Unternehmungen der Menschen. Als die Völker sich anschickten, den Turm zu bauen, stolperten sie geradezu über das große Geheimnis: daß wahres Verstehen nur möglich ist, wenn Schweigen herrscht. Fortan bauten sie stumm – und *damit* forderten sie Gott in die Schranken.

Welchen Ursprungs auch immer die Mehrsprachigkeit sein mag, ihre Folge ist, daß ein gewisser Prozentsatz der Menschheit freiwillig oder unfreiwillig mehr als eine Sprache spricht. Als weitere Folge sind der Informationsaustausch, die gesprochenen oder geschriebenen Mitteilungen, von denen das Fortleben der Gesellschaft und die Geschichte abhängen, weitgehend zwischensprachlich und müssen übersetzt werden. Die polyglotte Verfassung und alle Erfordernisse, die aus ihr folgen, hängen ganz und gar von der

Tatsache ab, daß der menschliche Geist dazu fähig ist, mehrere Sprachen zu lernen und zu bewohnen. Eine besondere organische Ausstattung wird dazu offenbar nicht benötigt. Es handelt sich einfach um eine höchst komplexe und erstaunliche menschliche Eigenschaft. Über ihre historischen Ursprünge wissen wir nichts. Wir können nur vermuten, daß ihre Anfänge mit dem Beginn von Arbeitsteilung und Warenaustausch unter mehreren Gemeinwesen zusammenfallen. Wir wissen auch nicht, ob ihr Grenzen gesetzt sind. Verläßlichen Berichten zufolge gibt es Menschen, die einigermaßen fließend bis zu fünfundzwanzig Sprachen sprechen. Gibt es – über die persönliche Lebensdauer hinaus – eine Grenze für das Lernen neuer Sprachen? Die Beobachtung frühkindlichen Spracherwerbs und der Fortentwicklung bei größeren Kindern ist ein umfangreiches Forschungsgebiet geworden.[25] Obwohl die Rolle der Umweltfaktoren gegenüber den angeborenen in den Chomskyschen Theorien bei weitem unterbewertet wird – sicherlich sind beide beteiligt und ergänzen sich –, hat die Transformationsgrammatik der Erforschung des Spracherwerbs doch kraftvolle Impulse gegeben. Auch über den Werdegang zweisprachiger Personen sind Untersuchungen angestellt worden.[26] Aber die Resultate sind bisher nur Gemeinplätze und Impressionen – derart etwa, daß es bei zunehmendem Alter schwieriger wird, eine zweite oder dritte Sprache zu lernen – oder bloße Statistiken über die Aneignung von Vokalen, Konsonanten und Phonemen in den ersten Lebensjahren.[27] Was es auf der Ebene des zentralen Nervensystems bedeutet, »eine Sprache zu lernen« oder »zwei und mehr Sprachen zu lernen«, sagt uns weder das Chomskysche Modell von Kompetenz und Performanz, noch erfahren wir es aus soziolinguistischen Berichten über mehrsprachige Kinder und Gruppen.

In jüngster Zeit haben biochemische Ansprüche, Lern- und Gedächtnisprozesse zu erklären, Aufsehen erregt. Vom Gehirn her gesehen, bedeutet der Lernprozeß die unmittelbarste Umweltveränderung. Die Forschungen von Holger Hydén, Steven Rose und anderen Neurophysiologen und Biochemikern haben ergeben, daß Lernen, das man als wiederholten Empfang von Informationsreizen definieren kann, von Veränderungen der Protein-Synthese in den betroffenen Zonen des Großhirns begleitet ist. Nachweislich aktiviert eine bestimmte Umweltveränderung jeweils ganz bestimmte Gruppen oder Populationen von Neuronen. Wenn die Veränderung gezielt und dauerhaft ist wie bei der Aufnahme und Internalisierung von »Erfahrungs-Information«, kommt es zu korrespondierenden Veränderungen in den Eigenschaften dieser Neuronen. Es scheint experimentell erwiesen zu sein, daß sich ihre Gruppierungen und Konfigurationen verändern. Diese »Umstrukturierung« könnte die physische Grundlage und Organisation des Gedächtnisses darstellen. Wenn der Reiz nachläßt, nur noch gelegentlich auftaucht oder ganz verschwindet, das heißt, wenn das Gehirn nur noch selten oder gar nicht mehr aufgefordert wird, die jeweilige Informations-Substanz zu registrieren und neu zu gruppieren, lösen sich die Neuronen-Veränderungen wieder auf, und die Neuronen nehmen ihre ursprüngliche, wahrscheinlich undifferenzierte oder zufällige Gruppierung wieder ein. So wie Information Energie ist, ist Vergessen Entropie. Erste Nachweise sind auch dafür erbracht, daß die elektrische Arbeitsleistung des Großhirns unter Reizeinwirkung systematisch mit anschließenden biochemischen Vorgängen, die Rezeption, Lagerung und Abrufbereitschaft von Wissen seitens des Gehirns zu regulieren scheinen, gekoppelt ist.

Für die nächste Zukunft sind möglicherweise spektakuläre neue Einsichten in die Biochemie des Zentralnervensystems zu erwarten. Obwohl es theoretisch und praktisch äußerst schwierig ist, einen einzelnen Reiz-Typ von der Stimulierung als solcher zu isolieren (Umwelteinflüsse sind an jeder Stelle miteinander verknüpft), können Fortschritte in der Mikrobiologie zur Feststellung von Korrelationen zwischen bestimmten Informationsklassen und bestimmten Veränderungen der Protein-Synthese und Neuronengruppierung führen. Die Vorstellung, daß wir durch das, was wir lernen, »geformt« werden, könnte sich also auf der biochemischen Ebene abbilden. Beim gegenwärtigen Stand der Forschung ist es jedoch unmöglich, über annähernde Modelle hinauszukommen. Die Neurochemie des Spracherwerbs, der Einblick in die Veränderungen der Ribonucleinsäuren (RNS), die die »Ablagerung« einer Sprache in den Gedächtniszentren und synoptischen Terminals des Großhirns begleiten dürften, erfordert Modelle von einer Komplexität und Vieldimensionalität, die jenseits unserer heutigen Vorstellungskraft liegen. Information läßt sich als eine Umwelt verstehen. Der Lernprozeß und die geordnete »Speicherung« von Gedächtnisinhalt bilden selbst ein dynamisches, mehrseitig gerichtetes Phänomen. Das Gehirn ist alles andere als ein passives Trommelfell. Der bloße Akt des Internalisierens, so unbewußt oder reflexhaft er auch sein mag, setzt wahrscheinlich ein unerhört verzweigtes Feld assoziativer Erkenntnisse, Verschiebungen und serieller Impulse in Bewegung. Analogieschlüsse bilden sich höchstwahrscheinlich in den Neuronen als Mechanismen ab, die jeden Neueingang klassifizieren und an den gehörigen Ort »befördern«. Man muß sich das Großhirn als einen aktiven Raum vorstellen, in dem Reiz und Reaktion, Kontinuität und Wandel, Erbe und Umwelt vollständig reziprok sind und vollständig einander definieren.

Mit »Umwelt« ist natürlich sehr viel mehr gemeint als die Neurochemie der Reizwirkung auf angeborene biogenetische Strukturen. Lernen und Gedächtnis werden auf jeder Ebene durch gesellschaftliche und geschichtliche Kräfte bedingt. Information ist weder sachlich noch begrifflich wertfrei. Ideologie, Ökonomie, Klassenlage und der jeweilige historische Augenblick tragen das Ihre dazu bei, die Inhalte, die relativen Rangordnungen, die bloße Erkennbarkeit von Wissen als Wissen, von Information oder Erfahrung als erinnerungswürdig zu bewerten. Diese Kategorien sind nicht beständig. Verschiedene Gesellschaften und Epochen setzen das Zentralnervensystem ganz verschiedenen Reizfeldern aus. Im Hinblick auf die Sprache ist das entscheidend. Eine Theorie der Spracherzeugung, die vom Postulat eingeborener Sprachkompetenz und der Performanz als »Idealrelation zwischen Sprecher und Hörer« ausgeht, ist nichts als reine Abstraktion. Die Scheitelzone zwischen der Neurochemie des Spracherwerbs und der Sprachspeicherung auf der einen und dem sozio-historischen Rahmen, in dem ein konkreter Mensch eine natürliche Sprache verwendet, auf der anderen Seite ist keine entlegene, äußere Grenze. Das Großhirn und jene »Welt da draußen«, in der Sprache eine Form von Arbeit, gesellschaftlicher Produktion, von wirtschaftlichem und ideologischem Austausch ist, lassen sich sinnvollerweise nicht voneinander trennen. Beide zusammen bilden die generative Umwelt des Bewußtseins, das Gewebe des Bewußtseins, das selbst Umwelt ist.[28] Aber die Anzahl der Parameter und Varianten ist so groß, und die Interaktionsformen sind allem Anschein nach so komplex, daß wir sie mit unseren derzeitigen oder in absehbarer Zeit zu erwartenden Hilfsmitteln weder systematisch darstellen noch analysieren können.

In der Introspektion benutzen wir bildliche Gleichnisse. Beispielsweise sagt man, man »suche« ein Wort. Sobald dieses Suchen, dieses Durchblättern fehlschlägt oder zu nichts führt, hat man das Gefühl eines Stromausfalls. Die entsprechende Empfindung oder, genauer, die konventionalisierten Bilder, die wir uns von den unterschwelligen Vorgängen machen, hinterlassen die Vorstellung von einer Nervenprobe, wenn wir versuchen, »diese oder jene Verbindung herzustellen«, zurückprallen, wo »der Draht blockiert oder unterbrochen« ist, und »Ausweichkanäle« suchen, bis »der Kontakt wieder hergestellt« ist. Ein Beinahe-Erfolg ist »zum Greifen nahe«. Wort oder Satz, die uns »entfallen« sind, liegen »einen Mikro-Millimeter entfernt«. Hartnäckig bleiben sie »in der Schwebe« zwischen »gesucht« und »gefunden«. Wir stellen das »Objektiv« immer schärfer ein. Unser »Augenmerk« fällt auf ein scheinbar konkretes Hindernis. Die »Muskeln« der Aufmerksamkeit schmerzen. Plötzlich »bricht der Damm«. Das gesuchte Wort »blitzt auf« im Bewußtsein. Wir wissen nichts von der Kinetik, die dabei im Spiel ist, aber das Gefühl, daß das gesuchte Wort »in den richtigen Schlitz gefallen« ist, »seinen richtigen Platz« gefunden hat, ist absolut zwingend, und sei es auch nur wegen der damit verbundenen, »unaussprechlichen« Erleichterung. »Ein Schloß schnappt ein«, wenn das Gesuchte gefunden ist. Der Druck läßt nach. Die »Zirkulation« bewegt sich wieder in den gewohnten Bahnen. Der »Stromkreis« ist wieder geschlossen. Im Kontrast dazu scheinen Widerstände im Wortstrom zu erlahmen, und die Synapsen vervielfachen sich unter der Einwirkung von Stimulantien, bei Gelegenheiten schauspielerischer Selbstdarstellung oder in der seltsam schwerelosen Spannung geistiger Erschöpfung. Alle Glocken läuten. Homonyme, Paronomasien, akustisch-semantische Verwandtschaften, Konfigurationen der Synekdoche, Analogien, Assoziationsketten strömen mit unglaublicher Geschwindigkeit hervor, »verfolgen« einander in oft ungereimter, aber treffender Logik bis an die Oberfläche des Bewußtseins. Das Akrostichon, die Kreuzwort-Kombination stellen sich schneller ein, als die Feder folgen kann. Wir scheinen auf einmal mehr zu wissen als wir vergessen hatten, als ob Gedächtnis-Ablagerungen oder Reserven, die normalerweise nicht verzeichnet sind, weil wir sie uns nur flüchtig eingeprägt oder ohne Markierung irgendwo abgelegt haben, plötzlich unter Strom stünden. Aber noch auf einer anderen Ebene der alltäglichen Erfahrung gibt es so etwas wie »Kurzschlüsse«, »verwirrte« oder »geschmolzene Drähte«: Immer dasselbe Morphem, dieselbe Lautkombination oder Melodie, derselbe geschrumpfte Satz drängt sich hartnäckig unserem »inneren Ohr« auf wie eine Glühbirne, die zwecklos an- und ausgeht. Irgendwo im Gedächtnis ist eine »Sperre«. Vielleicht sind Träume Versuche, assoziative Kontexte, Verbildlichungen zu schaffen, die im Drahtgewirr unbewußter blockierter Rede eine ad hoc-Rationalität herstellen.

Alle diese vor oder unter der Artikulation liegenden Empfindungen der angespannten Suche, der Erleichterung nach dem Finden, des bei bestimmten Anlässen herabgesetzten Widerstandes, der verwirrten oder geschmolzenen Drähte, liegen im Halbschatten, sind peinlich auf die Unterstützung eines kontingenten Metaphernfeldes angewiesen – elektrischer Stromkreis und Batterie, oder, ein bißchen gebildeter, Hologramm und Datenbank – und verweisen auf eine räumliche Matrix, auf Anordnungen in einer Dimensionalität. Die Sprache besitzt oder bewohnt scheinbar Volumen.

Der Mehrsprachige empfindet das in gesteigerter Form. Er »schaltet« von einer Sprache um auf die andere und bewegt sich dabei horizontal oder vertikal. Wenn er von seiner Muttersprache in eine später erworbene überwechselt, kann das Spannungen im Organismus hervorrufen, wie wenn man einen steilen Hügel erklimmt oder sich durch enger werdende Öffnungen zwängen muß. Bei stetigem Gebrauch der Zweitsprache ebnet sich das Gefälle. Das ist eine allgemeine Beobachtung, genauso wie die Binsenwahrheit, daß das Brachliegen, die Vernachlässigung selbst der Muttersprache – für die das allerdings in geringerem Maße gilt – ein Verblassen, ein Schrumpfen des Wortschatzes und der grammatischen Nuancierung nach sich zieht. Bei dauerndem oder gelegentlichem Gebrauch zweier Sprachen nebeneinander können sich Überschneidungseffekte einstellen. Ein Satz, den man in der einen Sprache sucht, wird von einem Satz aus der anderen »verdrängt« oder momentan verdeckt. So flüchtig und alltäglich diese Erfahrungen auch sein mögen, insofern sie sich oft in Gestalt tief eingefleischter Muskel- oder Nervensensationen verkörpern, verweisen auch sie auf eine örtliche bzw. räumliche Fixierung. Jede Sprache, die ein Mehrsprachiger kennt und benutzt, scheint in seinem Cortex einen »Sitz« zu haben. Allerneueste Beobachtungen an zweisprachigen Schizophrenen (»Schizophrenie« ist selbst eine höchst unbefriedigende Allerwelts-Bezeichnung) lassen ähnliche Schlüsse zu. Patienten, die »Stimmen hören« oder Halluzinationen haben, lokalisieren diese Phänomene nur in einer ihrer Sprachen. Fragt man sie in der anderen, »sicheren« Sprache, so verraten ihre Selbstbeobachtungen und Antworten keine pathologischen Einschübe. Man kann daraus folgern, daß bei gewissen Formen der Schizophrenie die funktionellen Hirnschäden sich auf eine bestimmte verbale Ausdruckszone beschränken und andere intakt lassen. Die verschiedenen Zonen enthalten oder verzeichnen also offenbar verschiedene Sprachen.[29]

Sicher ist, daß die Unmittelbarkeit, die Neubelebung der verschiedenen Sprachen in den Sprechakten des Polyglotten entscheidend von der Umwelt abhängt. Verschiedene Stimmungen, wechselnder gesellschaftlicher Umgang, Ortsveränderungen wirken sich stark darauf aus, welcher Sprache man gerade den Vorzug gibt. Wenn ich ein paar Tage in einem Land verbracht habe, dessen Sprache eine meiner »ersten« ist, spüre ich deutlich, daß ich sie und die ihr eigene Logik wieder fließend beherrsche, ja, ich träume auch bald in ihr. Schon nach kurzer Zeit nimmt die Sprache, die ich in einem anderen Land gesprochen habe, eine berührbare Schale von Fremdheit an. Sie hat sich horizontal und im Verhältnis zur Mitte verlagert (es gibt nicht nur Grabestiefe, sondern auch die ganz andere Tiefe der schwerpunktmäßigen natürlichen Greifbarkeit). Diese Einflußnahme der gesellschaftlichen, psychologischen und akustischen Umwelt auf den Sitz der Sprache ist allein schon Grund genug, die extremeren Theorien einer generativ-transformativen Eingeborenheit universaler Sprachstrukturen abzulehnen. Die äußere Welt »greift« alle Augenblicke »ein«, um die Schichten unserer Sprache anzurühren und umzugruppieren.

»Schichten« ist natürlich eine grobe Vereinfachung, die im Grunde gar nichts besagt. Die räumliche An- und Zuordnung, die Isolierung einerseits und die synaptische Korrespondenz zwischen den verschiedenen Sprachen im Gehirn des Mehrsprachigen – besonders des von Anfang an Mehrsprachigen – anderseits müssen von einer topologischen Kompliziertheit sein, die jenseits aller unserer Vorstellungsmöglichkeiten liegt. Ich habe das Gefühl, daß die intersprachlichen Kontakt- und Transfer-Netze in meinem Hirn – wie in dem jedes Mehrsprachigen – mindestens zwei Systeme versorgen. Das eine scheint von den objektiven Analogien (Überkreuz-Echos) und im Gedächtnis manifesten Kontrasten zwischen den phonetischen Einheiten in den verschiedenen Sprachen gespeist zu werden. Das andere zehrt offenbar von einem erstaunlich dicht verknoteten Geflecht aus Assoziationen zwischen Morphemen oder semantischen Einheiten einerseits und meinen jeweiligen Lebensumständen anderseits. Dieses zweite topologische System operiert ohne Rücksicht auf formale Sprachgrenzen. Mit anderen Worten durchschießt mindestens die eine Verräumlichung von phonetischen, grammatischen und semantischen Materialien in meinem Bewußtsein alle Sprachen, die ich spreche, nach ganz persönlichen und zwischensprachlichen Kriterien der Gemeinsamkeit oder Gegensätzlichkeit, Verwandtschaft oder Ausschließlichkeit. Eine der »Sprachen« in mir, vielleicht ist es die reichste, ist also ein eklektisches Kreuzstichmuster, dessen Vorlage allein mir zu eigen ist, obgleich der dazugehörige »Stoff« aus handfestem, öffentlich zuhandenem und regelgerechtem englischem, französischem, deutschem und italienischem Sprachmaterial besteht. »Zwischen« den Sprachen, in einer energetisch geladenen Schattenzone der Modulation und Unbestimmtheit, spüre ich überdies undeutlich Berührungspunkte, Entsprechungen und Abkürzungen, die nicht nur auf Sprachlauten, Bedeutungsmustern und Assoziationen beruhen, welche meinem eigenen Leben zugehören, sondern auf Wort-Gestalten und haptischen Werten. Das Phänomen, um das es sich dabei handelt, ist allgemein gültig, aber kaum untersucht worden. Wörter haben ihre Ränder, Ecken, Dellen, Wölbungen, ihre einprägsame Tektonik. Diese Züge kommen auf einer tieferen, schwerer definierbaren Ebene zur Geltung als der von Klang oder Semantik. In einer mehrsprachigen Matrix können sie sich über die Sprachgrenzen hinweg durchsetzen. Es kann sein, daß beim Lernen jeder neuen Sprache gerade solche Formen nachdrücklicher Kongruenz unsere zuverlässigsten Helfer sind. Wir werden noch sehen, wie bei großen Übersetzungen oft die adäquate Rohform, die ertastete, ebenbildliche Gestalt schon da ist, bevor noch die Suche nach einer Bedeutungsentsprechung begonnen hat. Vielleicht war es das in seine sanfte konvexe Wölbung zurückgenommene Melos von »quamve« (vgl. das deutsche Wort »Qualm«), gefolgt von der buchstäblichen und akustischen Schärfe von »bibistis« und bekräftigt durch »aquam«, ein weniger »flüssiges« Wort als »quamve«, das Pound in »Homage to Sextus Propertius« zu der Schwenkung »What water has mellowed your whistles« bewogen hat. Dichter können Wörter sogar schmecken und riechen.

Aber all das sind nur kindliche Bilder, zusammengebastelt aus Eindrücken, halb verwirklichten Metaphern, Analogien und Schaltelementen wie bei elektronischen Geräten. Sehr wahrscheinlich ist die Aufnahme von Sprache und Sprachen in den menschlichen Geist angewiesen auf geordnete und ordnende Räume, auf temporale und spatiale Distribution in hierarchischer Abfolge. Aber keine Topologie n-dimensionaler Räume, keine mathematische Theorie der Knoten, Ringe, Gitter, geschlossener und offener Krümmungen, keine Matrix-Algebra hat bisher auch nur das vorläufigste Modell der »Sprach-Räume« im Zentralnervensystem stützen können. Diese ermöglichen die autonome Existenz jeder einzelnen Sprache und lassen zugleich den Erwerb anderer Sprachen sowie intensivste gegenseitige Durchdringung zu. Sie erlauben, daß sich Sprachen von der »Oberfläche« oder aus dem »Zentrum« unmittelbarer Geläufigkeit zurückziehen, aber auch dorthin zurückkehren. Die Membranen von Differenzierung und Kontakt, die Dynamik der intersprachlichen Osmose, der Zwang zur Erhaltung des Gleichgewichts zwischen der Glätte des rein lexikalischen, öffentlichen Sprachgebrauchs und der latent wuchernden Chaotik persönlicher Einfälle und Assoziationen, die Geschwindigkeit und Zartheit von Entdeckung und Verwerfung, die noch zum einfachsten Umschreibungs- und Übersetzungsakt gehören – all das ist von einem Grad der Kompliziertheit und entwicklungsgeschichtlich so einzigartig, daß wir gegenwärtig kein angemessenes Bild, geschweige denn eine systematische Analyse dafür anzubieten haben.[30]

Fassen wir zusammen: Wir haben kein funktionierendes Modell für die neurochemischen und historisch-ätiologischen Grundlagen der menschlichen Rede. Wir haben keine anthropologischen und ethnologischen Hinweise auf die Ursachen und die Entstehungsgeschichte ihrer tausendfachen Mannigfaltigkeit. Unsere Modelle für Lern- und Gedächtnisprozesse sind zwar oft geistreich, aber sie befinden sich noch im Stadium vorläufiger Vermutungen. Wir wissen so gut wie nichts über die Organisation und Speicherung mehrerer Sprachen in einem Menschenhirn. Wie kann es bei dieser Sachlage eine – im strengen Sinn des Wortes – »Theorie der Übersetzung« geben?

Entgegen den von der Linguistik seit den späten fünfziger Jahren erhobenen Ansprüchen habe ich in den bisherigen Kapiteln zu zeigen versucht, daß die Sprachwissenschaft bisher noch keine exakte Wissenschaft ist. Zum Abschluß des abstrakten Teils dieses Buches bin ich versucht, noch einen Schritt weiter zu gehen: Wahrscheinlich wird sie auch niemals eine exakte Wissenschaft werden. Sprache ist in wesentlichen Punkten des Gebrauchs und des Verstehens Idiolekt. Jeder Mensch beschreibt, wenn er spricht, einen Teil seiner Welt. Kommunikation hängt von einer mehr oder weniger vollständigen, mehr oder weniger bewußten Übersetzung dieser »Parteilichkeit« ab, von ihrer mehr oder weniger gelungenen Übereinstimmung mit anderen »Parteilichkeiten«. Eine »vollständige Übersetzung«, ein absoluter Einblick also in die grundsätzliche Art, wie ein Mensch Wort und Gegenstand zusammenbringt, würde seitens des Gesprächspartners den unbeschränkten Zugang zu ihm erfordern. Was von ihm verlangt würde, wäre also eine »totale geistige Verwandlung«. Das ist sowohl logisch als tatsächlich eine sinnlose Vorstellung und kann niemals als verwirklicht bewiesen werden. Jede Rede und jede Interpretation von Rede bewegt sich zwischen Wort und Wort, Satz und Satz. Es gibt keinen privilegierten Zugang zu einer zugrunde liegenden Totalität.

Worum geht es aber dann, wenn wir uns jetzt den konkreten, soziologischen und kulturellen Aspekten der Übersetzung zuwenden? Das, was wir betrachten werden, sind mit Wittgensteins Worten »Lösungen«, oft inspirierte Lösungen, die uns helfen, Sprachen und in ihnen die Geschichte menschlichen Empfindens zu verstehen. Was wir nicht sehen werden, ist eine allgemein gültige, axiomatische oder von außen her verifizierbare »Lösungsmethode«. Jeder zwischensprachliche Transfer, meint Quine, steht prinzipiell unter dem Gesetz der Unbestimmtheit. »Es kann kein Zweifel sein, daß rivalisierende Systeme analytischer Hypothesen der Totalität des Sprechverhaltens und zugleich der Totalität der Dispositionen zum Sprechverhalten völlig gerecht werden können und dabei doch miteinander unvereinbare Übersetzungen zahlloser Sätze hervorbringen, die sich unabhängiger Kontrolle entziehen.«[31] Wir haben gesehen, daß die Gründe dafür im Wesen der Sprache und ihrer Mannigfaltigkeit selbst liegen, daß sie untrennbar sind von den privaten und poetischen, von den nicht- und oft anti-informativen Funktionen, das heißt, von den eigentlich schöpferischen Eigenschaften der menschlichen Rede.

Ein Irrtum, eine falsche Lesung, hat die Geschichte unseres Themas eingeleitet. Die romanischen Sprachen führen ihre Ausdrücke für »Übersetzung« auf »traducere« zurück, weil Leonardo Bruni einen Satz in den »Noctes« von Aulus Gallus falsch verstanden hat. Das lateinische Prädikat darin bedeutet richtig »einführen«. Das wäre zwar an sich nicht wichtig, ist aber symbolisch. Oft in der Geschichte der Übersetzung wurde ein Mißverständnis der Lektüre zur Quelle neuen Lebens. Die anzustrebenden Präzisierungen sind von intensiver, aber systemloser Natur. Wie bei Mutationen in der Vervollkommnung der Arten waltet über großen Übersetzungen offenbar die Notwendigkeit des Zufalls. Die Wirklichkeit ist der Logik um ein paar Längen voraus. Womit wir es zu tun haben, ist keine exakte Wissenschaft, sondern eine *exakte Kunst*. Einige Beispiele sollen folgen.

## 5. Der hermeneutische Prozeß

### I

Der hermeneutische Prozeß zwischensprachlichen Übersetzens, das Aufspüren, Aneignen und Übertragen von Bedeutung, durchmißt vier Phasen. Die einleitende ist *Vertrauen,* eine Vorleistung von Glauben an die Bedeutungshaltigkeit des Textes, den der Übersetzer vor sich oder, strenggenommen, »gegen sich« hat. Zwar kann er sich dabei auf früher gemachte Erfahrungen stützen, aber sein Vertrauen darauf, daß der Text »seriös« und »der Mühe wert« sei, ist erkenntnistheoretisch ungedeckt und psychologisch nicht ungefährlich. Dennoch wagt er den Sprung: Er billigt dem Text von vornherein zu, daß »da etwas ist«, das sich verstehen läßt, daß die Transaktion nicht umsonst sein wird. Alles Verstehen und so auch jene demonstrative Behauptung von Verstehen, die das Übersetzen ausmacht, beginnt mit einem normalerweise spontanen, ungeprüften Glauben, dessen Grundlagen allerdings höchst komplex sind. Als praktische Übereinkunft beruht er auf einer Reihe phänomenologischer Annahmen über die Kohärenz der Welt, über das Vorhandensein von Bedeutung in ganz verschiedenen, vielleicht formal entgegengesetzten semantischen Systemen, über die Stichhaltigkeit von Analogie und Parallele. Die fundamentale Großmut des Übersetzers (»Ich gebe ohne weiteres zu, daß da etwas sein muß«), sein hochgemutes Vertrauen auf den »Anderen«, auf seine einstweilen noch nicht erprobte und fixierte Alternität der Aussage, ist ein massiver, philosophisch höchst ernst zu nehmender Hinweis auf den menschlichen Hang, die Welt symbolisch aufzufassen, als ein Gebilde aus Beziehungen, in denen »dieses« für »jenes« stehen kann, ja, muß, wenn es überhaupt Strukturen und Bedeutungen geben soll.
Aber das Vertrauen darf niemals unwiderruflich sein. In

harmloser Form wird es durch Unsinn getrogen, durch die Entdeckung, daß »da nichts ist«, was sich herausfinden und übersetzen ließe. Nonsense-Poesie, »poésie concrète«, Glossolalie sind unübersetzbar, weil sie lexikalisch nicht auswechselbar sind oder absichtlich nichts bezeichnen. Mehr oder weniger ernstlich auf die Probe gestellt wird das vorgefaßte Vertrauen jedoch schon beim ganz alltäglichen Lernen und Übersetzen (beides ist eng miteinander verknüpft) einer Fremdsprache. Das Schulkind vor seinem Lateinbuch, der Anfänger in der Berlitz School behaupten verzweifelt: »das ergibt keinen Sinn«. Man kann dabei fast körperlich das Gefühl haben, ins Leere zu greifen, als hätte man eine glatte, abschüssige Fläche vor sich, die keinerlei Halt bietet. Der soziale Ansporn, der Beweis durch bekannte Präzedenzfälle – »andere haben es doch auch geschafft« – sorgen dafür, daß man nicht aufgibt. Aber die Vertrauensleistung bleibt ontologisch spontan und antizipiert schon, oft über lange, mühselige Zeitabstände hinweg, den Nachweis ihrer Berechtigung. (Es gibt Texte, sagt Walter Benjamin, die erst »nach uns« übersetzt sein werden.) Wenn der Übersetzer sich ans Werk macht, muß er wie ein Spieler auf die Kohärenz, auf die Symbolfülle der Welt setzen. Infolgedessen setzt er sich selbst – allerdings nur in extremen und theoretisch zugespitzten Fällen – zwei dialektisch verbundenen, einander bedingenden metaphysischen Risiken aus: wenn er nämlich entdeckt, daß »etwas« oder »fast alles« »schlechthin alles« bedeuten kann. Wie die mittelalterlichen Exegeten erfährt er einen Wirbel selbsttätig rotierender Metaphern oder analogischer Verkettungen. Oder er entdeckt, daß »da nichts ist«, das sich von seiner formalen Autonomie ablösen ließe, daß jede Bedeutung, die ausdruckswürdig wäre, monadisch ist und sich in keine alternative Form gießen läßt. In der Kabbalistik gibt es Spekulationen, auf die ich noch einmal zu sprechen komme, über einen Tag, an dem die Wörter »die Bürde, etwas bedeuten zu müssen«, abwerfen und nur sie selbst sein werden, leer und kompakt wie Steine.

Dem Vertrauen folgt der *Angriff* auf dem Fuße. Die zweite Phase des Übersetzens ist eine Invasion, ein Beutefeldzug. Auf sie bezieht sich der Heideggersche Gedanke, daß Verstehen die aktive und gewaltsame Aneignung von Da-Sein durch Erkenntnis ist. Da-Sein, das-da, das, was ist, weil es da ist, gelangt zum Sein nur, wenn es erfaßt, das heißt, übersetzt wird.[1] Das Postulat, daß alle Erkenntnis aggressiv ist, daß jede Behauptung ein Einfall in die Welt ist, geht natürlich auf Hegel zurück. Heidegger hat das Verdienst, gezeigt zu haben, daß Verstehen, Erkennen, Interpretieren eine verdichtete, unvermeidliche Art von Überfall sind. Wir wollen sein Beharren darauf, daß Verstehen nicht Sache der Methode, sondern des Seins selbst ist, daß Sein im Verstehen anderen Seins besteht, auf das harmlosere, begrenztere Axiom einschränken, daß jeder Akt des Erfassens die Aneignung einer anderen Entität ist (wir übersetzen *in* eine andere Sprache). Begreifen, Erfassen sind, wie die Etymologie zeigt, nicht nur kognitive Vorgänge, sondern solche der physischen Aneignung. Die zwischensprachliche Übersetzung ist ausdrücklich ein aggressives, »erschöpfendes« Einkreisungsmanöver, nach dessen Gelingen der Übersetzer als siegreicher Eroberer die fremde Bedeutung als Gefangenen nach Hause bringt – ganz wie im Gleichnis des heiligen Hieronymus. Wir »brechen« – oder »knacken« sogar – einen Code: Entzifferung ist Aufspaltung, die Schale zerbricht, die lebendigen Schichten sind entblößt. Jedes Schulkind, aber auch der große Übersetzer, spürt etwas von der Substanzveränderung, welche die Folge einer langwierigen oder schwierigen Übersetzung ist: der Text in der anderen Sprache ist materiell »dünner« geworden, das Licht scheint unbehindert durch das poröse Gewebe. Für ein Weilchen hat sich das Dickicht feindseliger oder verlockender »Andersheit« gelichtet. Ortega y Gasset hat von der Trauer des Übersetzers nach dem Mißlingen gesprochen. Es gibt auch eine Trauer nach dem Gelingen: die »tristitia« des heiligen Augustinus, die auf die verwandten Akte erotischer und geistiger Besitzergreifung folgt.

Der Übersetzer dringt ein, raubt und heimst ein. Das Gleichnis läßt an einen aufgebrochenen, ausgeplünderten Stollen denken, der als häßliche Narbe in der Landschaft zurückbleibt. Aber das ist, wie wir sehen werden, entweder ein falscher Eindruck oder das Anzeichen für eine schlechte Übersetzung. Allerdings gibt es wie für das Vertrauen so auch hier echte Grenzfälle: Texte oder ganze literarische Gattungen, die tatsächlich durch Übersetzung ausgeschöpft oder entleert sind. Viel interessanter sind jedoch jene anderen, die zwar im Original verblassen, aber durch die übersetzerische Transfiguration und Durchdringung über es hinauswuchsen, weil der neue Text ästhetisch von höherem Rang ist (die Sonette der Louise Labé nach der Umdichtung von Rilke). Auf dieses Paradoxon des Verrats durch Verklärung werde ich noch zurückkommen.

Die dritte Phase ist – ganz wörtlich zu nehmen – *Eingemeindung*. Form und Bedeutung des Beuteguts werden ja keinem Vakuum einverleibt. Das heimische semantische Feld des Übersetzers ist reich bevölkert. Die unzähligen Schattierungen der Assimilierung und Lokalisierung des Neuerwerbs reichen von der totalen Domestizierung, dem totalen Aufgehobensein im Kern des neuen Sprachzusammenhanges, wie die Kulturgeschichte sie etwa der Luther-Bibel oder North' Plutarch zuschreibt, bis zu permanenter Fremdheit, der Randexistenz eines kunstvollen Produktes wie dem »Eugen Onegin« in »englischer Sprache« von Nabokov. Bis zu welchem Grade die »Naturalisierung« aber auch reichen mag, allein der Vorgang des Imports kann die ganze einheimische Struktur aus dem Geleise bringen oder verschieben. Aus dem Gedanken Heideggers, daß wir sind, was wir verstehen, folgt, daß unser Sein durch jedes Ereignis verstehender Aneignung modifiziert wird. Keine Sprache, kein überliefertes Symbolsystem oder kulturelles Ensemble importiert ohne das Risiko, transformiert zu werden. Zwei vermutlich verwandte Familien von Metaphern bieten sich hier an: die der sakramentalen Speisung oder Inkarnation und die der Infektion. Bei der Kommunion geht es um einen sittlich-seelischen Wertgewinn für den Empfänger. Obwohl alle Dechiffrierung aggressiv und in gewissem Sinne destruktiv ist, gibt es Unterschiede hinsichtlich des Motivs und Kontextes der Einverleibung. Wo die einheimische Matrix aus den Fugen geraten oder noch nicht ausgereift ist, bereichert das eingeführte Gut weder, noch findet sich ein passender Ort für es. Statt eines Widerhalls entsteht nur geschwätzige Mimikri (der französische Neo-Klassizismus in seiner nordeuropäischen, deutschen und russischen Version). Antike oder fremdsprachliche Zufuhr kann sich wie eine Infektionskrankheit ausbreiten. Nach einer gewissen Zeit reagiert der muttersprachliche Organismus und wird den Fremdkörper unschädlich machen oder abstoßen. Die europäische Romantik war zu einem großen Teil eine Abwehrreaktion auf eine solche Infektion, der Versuch, eine Einfuhrsperre über den Massenandrang fremder – hauptsächlich französischer – Güter aus dem 18. Jahrhundert zu verhängen. Jedes Pidgin ist Zeichen einer Anstrengung, eine Zone für die angestammte Sprache frei zu halten, und beweist zugleich, daß dieser Versuch unter dem Ansturm einer Sprach-Invasion mißlingen muß, die sich politischer und wirtschaftlicher Sanktionen bedient. Die Dialektik der »Einverleibung« macht es möglich, daß man selbst gefressen wird.

Auch der Übersetzer als Person steht unter dem Gesetz dieser Dialektik. Seine Tätigkeit bereichert seine Mittel, ermöglicht ihm die Inkarnation alternativer Energien und Quellen der Empfindung; aber sie kann ihn auch übermannen und lähmen. Es gibt Übersetzer, deren Kraft zu eigenem Schaffen versiegt. Mac Kenna meint, Plotin habe seine eigene Persönlichkeit buchstäblich überschwemmt. Manche Schriftsteller haben, manchmal zu spät, vom Übersetzen abgelassen, weil die eingeatmete Stimme des fremden Textes ihre eigene zu ersticken drohte. Ganze Gesellschaften mit uralten, aber schon brüchigen Erkenntnismitteln in Symbol und Ritual geraten aus dem Gleichgewicht und verlieren den

Glauben an ihre eigene Identität, wenn sie dem gefräßigen Ansturm eines verfrühten oder unverdaulichen Assimilationsvorgangs ausgesetzt werden. Ein unheimliches und vielschichtiges Bild der Gefahren des Übersetzens sind die Cargo-Kulte auf Neu-Guinea, wo die Eingeborenen alles, was die Flugzeuge abladen, mit religiöser Inbrunst verehren.

Darin kommt schon zum Ausdruck, wie unvollständig, wie gefährlich weil unvollständig, der hermeneutische Prozeß ohne die vierte Phase ist, den Kolbenhub gleichsam, der den Zyklus erst komplett macht. Der Kraftaufwand des a priori verschenkten Vertrauens bringt den Übersetzer aus der Balance. Er muß sich an den fremden Text, sein Gegenüber, »anlehnen«, sich auf ihn »stützen« (eine gleichsam physische Erfahrung, die wahrscheinlich jeder Übersetzer kennt). Dann kommt die geistige Umzingelung und anschließend die Invasion. Mit schwerer Beute befrachtet, also wieder aus dem Gleichgewicht gebracht, kommt er schließlich nach Hause, nur um festzustellen, daß er, da er »anderem« etwas genommen und eigenem – mit noch zweifelhaftem Erfolg – hinzugefügt hat, im ganzen System eine Ungleichgewichtigkeit verursacht hat. Der hermeneutische Akt muß Ausgleich schaffen. Wenn er gerät, vermittelt er nun Austausch und eine *neue Parität*.

Die eigentliche Crux des Übersetzers, seines Berufs und seiner Berufsehre, ist, daß er, um ein von ihm gestörtes Gleichgewicht wiederherstellen zu können, Reziprozität behaupten und darstellen muß. Abstrakt läßt sich das nur schwer fassen. Nach der »hingerissenen« – Wurzel und Bedeutung des Wortes verweisen natürlich auf einen gewalttätigen Vorgang – Aneignung durch den Übersetzer bleibt dem Original ein dialektisch-enigmatischer Rest. Zweifelsohne hat es einen Verlust, einen »Bruch« erlitten – daher, wie wir gesehen haben, die Furcht vor Übersetzung, die Tabus auf der Ausfuhr von Offenbarungsinhalten, die die sakralen Schriften, rituellen Namen und Formeln in vielen Kulturen schützen.

Aber der Rest ist auch – und das ganz entschieden – positiv. Das übersetzte Werk hat zugenommen, und zwar auf einer Reihe offen erkennbarer Ebenen. Als methodische Durchdringung und analytisch spezifizierender Prozeß muß die Übersetzung wie alles konzentrierte Verstehen jede Einzelheit ihres Gegenstandes berücksichtigen und ihn als ganzen beleuchten und darstellen. Die Überdeterminierung des interpretatorischen Aktes ist in sich inflationär: er »entdeckt mehr als man mit bloßem Auge erkennen kann«, er findet »die Übereinstimmung von Inhalt und Form inniger und vertrackter, als man bisher bemerkt hat«. Einen Text für übersetzenswert zu halten, bedeutet unmittelbar, ihm eine erhöhte Würde zuzusprechen und ihn in einen Dynamismus der Vergrößerung hineinzuziehen (was man natürlich später überdenken und vielleicht sogar rückgängig machen kann). Übertragung und Umschreibung vergrößern die Statur des Originals. Historisch gesehen, in Begriffen des kulturellen Kontextes und des erreichbaren Publikums, gewinnt es mehr Prestige. Aber dieses Wachstum ist auch noch aus einer wichtigeren, existentiellen Perspektive zu sehen. Die Beziehungen zwischen einem Original und seinen Übersetzungen, Nachahmungen, thematischen Abwandlungen, ja selbst Parodien, sind so vielfältig, daß man sie nicht in ein einheitliches theoretisches Definitionsschema pressen kann. Sie liefern die Kategorien für das ganze Problem des Bedeutens von Bedeutung im Ablauf der Zeit, des Fortbestandes und Weiterwirkens von Sprachfakten, losgelöst von ihrer ursprünglichen Formulierung. Kein Zweifel: Echo bereichert, ist mehr als Schatten und lebloses Abbild. Wie ein Spiegel reflektiert die Übersetzung nicht nur, sie leuchtet auch selbst. Der Originaltext gewinnt durch verschiedene Verhältnisse und Abstände zwischen ihm und seinen Übersetzungen. Die Reziprozität ist dialektisch: Abstand und Nähe verändern das »Format« der Signifikanz. Manche Übersetzungen lassen uns von der Leinwand zurücktreten, andere stellen uns dicht vor sie hin.

Das trifft sogar oder vielleicht gerade auf Übersetzungen zu, die nur teilweise adäquat sind. Die Fehler des Übersetzers (ich werde noch Beispiele geben) fixieren das zähe Leben, die dunklen Stellen des Originals und projizieren sie auf den Bildschirm. Ein Postulat Hegels und Heideggers ist, daß Sein anderes Sein braucht, um sich selbst zu definieren. Für die Sprache trifft das nur eingeschränkt zu, weil sie sich auf der phonetischen und grammatischen Ebene in den Grenzen eigener diakritischer Differenzierung bewegt. Aber pragmatisch stimmt es immer – außer bei den elementarsten Akten von Form und Ausdruck. Dasein in der Geschichte, der Anspruch auf erkennbare Identität (Stil) gründen in den Beziehungen zu anderen artikulierten Gebilden. Übersetzung ist die anschaulichste unter solchen Beziehungen.

Dennoch herrscht Ungleichgewichtigkeit. Der Übersetzer hat dem Original zu viel oder zu wenig entnommen: Er hat ausgestopft, ausgeschmückt, in es »hinein gelesen« oder weggelassen, beschnitten, Unebenheiten geglättet. Die Quelle hat Energie abgegeben, das Becken hat Energie aufgenommen. Dadurch sind beide verändert und mit ihnen die Harmonie des ganzen Systems. Charles Péguy hat die Unvermeidlichkeit der Beschädigung des Originals in seiner Kritik der Sophokles-Übersetzungen von Leconte de Lisle unübertrefflich formuliert: »ce que la réalité nous enseigne impitoyablement et sans aucune exception, c'est que toute opération de cet ordre, toute opération de déplacement, sans aucune exception, entraine impitoyablement et irrévocablement une déperdition, une altération, et que cette déperdition, cette altération est toujours considérable«.[2] Jede gute Übersetzung ist deshalb um Ausgleich bemüht, auch wenn die vermittelnden Schritte über lange Umwege führen. Wo die authentische Übersetzung hinter dem Original zurückbleibt, werden dessen unverwechselbare Vorzüge um so deutlicher (Voss ist oft an ausgesprochenen Höhepunkten seines Homer schwach, aber gerade die luzide Redlichkeit seiner gelegentlichen Mängel unterstreicht die Kraft des

Griechischen). Wo sie das Original übertrifft, legt sie den Schluß nahe, daß ihm elementare Kräfte innewohnen, die es selbst noch nicht zum Erscheinen gebracht hat. Das meint Schleiermacher, wenn er an eine Hermeneutik denkt, »die es besser weiß als der Autor« (Paul Celan als Übersetzer der »Salomé« von Apollinaire). Das nie erreichte Ideal ist das vollkommene Gegenstück, die Wiederholung, eine erneute Beschwörung, die aber keine Tautologie ist. Ein solches vollkommenes »Double« gibt es nicht. Aber am Ideal wird das Bedürfnis nach Ausgleich im hermeneutischen Prozeß erst ganz deutlich.

Nur auf diese Weise können wir, meine ich, dem Schlüsselbegriff der übersetzerischen »Treue« substantielle Bedeutung geben. Treue ist nicht Wörtlichkeit und schon gar keine technische Anweisung dazu, wie man »Geist« überträgt. Die ganze Ausdrucksweise, die in Diskussionen über das Übersetzen bis zum Überdruß vorkommt, ist hoffnungslos vage. Der Übersetzer, der Exeget, der Leser ist seinem Text nur dann treu, gibt ihm verantwortlich Antwort, wenn er um das Gleichgewicht der Kräfte, die Wiederherstellung der intakten Präsenz bemüht ist, die er durch das aneignende Verstehen gestört hat. Treue ist zwar sicherlich ein moralischer, aber unbedingt auch ein ökonomischer Wert. Dank eines haushälterischen Taktes – und Moral ist gesteigerter Takt – kann der Übersetzer-Interpret die Bedingungen für den Austausch von Bedeutungen schaffen. Die Bedeutungsmesser, die Zähler der kulturellen, psychologischen Wohltaten bewegen sich in beiden Richtungen. Im Idealfall kommt dabei Tausch ohne Verlust zustande. So gesehen, ist Übersetzung eine Widerlegung der Entropie; Ordnung wird an beiden Enden des Zyklus gewahrt, an der Quelle und beim Empfänger. Das allgemeine Modell dafür liefert die »Anthropologie structurale« von Lévi-Strauss, nach der gesellschaftliche Strukturen Versuche sind, durch Tausch von Worten, Weibern und Waren ein dynamisches Gleichgewicht herzustellen. Jede Beute muß nachträglich kompensiert werden; Äußerung verlangt Antwort, Endogamie und Exogamie sind Ausgleichsmechanismen. Im semantischen Gütertausch ist wieder einmal die Übersetzung der Umschlagsplatz mit den ausgeglichensten Bilanzen. Der Übersetzer muß Rechenschaft ablegen über die diachronen und synchronen Bedeutungsenergien, ihre Mobilität und Konservierung. Eine Übersetzung ist nicht nur im übertragenen Sinne eine doppelte Buchführung; formal *und* moralisch müssen die Bücher übereinstimmen.

Diese Definition der Übersetzung als Hermeneutik des Vertrauens (»élancement«), des Eindringens, der Eingemeindung und der Restitution wird uns helfen, das sterile triadische Modell zu überwinden, das die Geschichte und Theorie des Themas beherrscht hat. Die zählebige Unterscheidung zwischen Wörtlichkeit, Paraphrase und freier Nachahmung stellt sich als ganz zufällig und beliebig heraus. Sie ist ungenau und entbehrt jeder philosophischen Grundlage. Sie geht an der fundamentalen Tatsache vorbei, daß eine vierfache »hermeneia« – das Wort des Aristoteles für die menschliche Rede, die bedeutet, weil sie deutet – theoretisch und praktisch noch zur schlichtesten Übersetzung gehört. [...]

Das Fehlen des Artikels im Russischen kann bekanntlich Zwei- und Vieldeutigkeiten zur Folge haben, die sich im Englischen gar nicht oder nur durch weitschweifige Umschreibung erreichen lassen. Ähnlich drastische Schwierigkeiten können aber auch im Französischen auftauchen. Ein berühmtes Beispiel ist Genesis I, 3: »Fiat lux. Et facta est lux.« – eine ebenso lapidare wie einprägsame Wortfolge, die phonetisch und grammatisch ein unerhörtes und zugleich selbstverständliches Phänomen bekundet. (Haydn erreicht dieselbe Wirkung mit der Vertonung der Stelle in der »Schöpfung«.) Die italienische Übersetzung: »Sia luce. E fu luce.« – besteht zwar aus fünf statt aus sechs Wörtern und wäre insofern noch lapidarer, wenn nicht das weiche c und die Betonung des Genus in »luce« (das lateinische »lux« war – wenn auch nicht immer, wie die Stelle beweist – männlich) die herrscherliche Hoheit der Vulgata verweiblichen und musikalisieren würden. »Es werde Licht. Und es ward Licht« entspricht genau dem Lateinischen – bis auf ein Detail: Das semantisch unbestimmte »Es« ist unentbehrlich. »Werde Licht« würde Signifikanz und Tenor des Schöpferwortes verfälschen. Das »Es« wahrt das Geheimnis der Erschaffung aus dem Nichts. »Let there be light: and there was light« in der »Authorized Version« und »›Let there be light‹, and there was light« in der »New English Bible« gehen über das Lateinische hinaus: Acht Wörter statt sechs, und die Interpunktion ist »verbindlicher« geworden – wohl in der Absicht, die Unmittelbarkeit des Geschehens auf Geheiß des Wortes zum Ausdruck zu bringen. Aber sowohl der Doppelpunkt als auch das Komma, gefolgt vom klein geschrieben »and«, haben nicht die gleiche Kraft wie der trennende Punkt im Lateinischen. Im Original wirkt sich der kosmische Befehl voll aus, während die Teilung in zwei kurze Sätze den Eindruck wogender Dynamik erzeugt. Genau das ist die beabsichtigte Wirkung: Ein Augenblick der Windstille über der Dünung vollkommener Gewißheit.

Die französische Version besteht aus acht Wörtern und hält in der Interpunktion genau die Mitte zwischen den beiden englischen Varianten: »Que la lumière soit; et la lumière fut«. Aber vieles ist verändert. Das Lateinische, Italienische, Deutsche und Englische befolgen die typische hebräische Wiederholung des Kernwortes »Licht« auf dem Höhepunkt des Satzes (der Sätze). In allen vier Fassungen ist die Wortfolge eine kraftvolle Spiegelung des Geschehens. Das Licht hat seinen erhabenen Ort in Gottes Befehl und seiner Befolgung. Im Französischen dagegen verlagert sich die erschütternde Dramatik des Vollzugs und des Offenbaren in das Verbum: Vom gebieterischen Subjonctif »soit« bis zum Vollendetsein in »fut« ist es Träger der Bewegung (rein akustisch ist die Bewegung allerdings gegenläufig: vom sonoren, vollzogene Harmonie beschwörenden »soit« zum dünnen »fut« mit seinem kurz abgebrochenen Vokal). Aber den

Hauptunterschied bildet der bestimmte Artikel »Let there be light, and the light was« würde die Wirkung deutlich abschwächen. »Es werde das Licht. Und es ward das Licht« ist schon annehmbarer, aber auch schwächer. Zudem klingt es etwas sonderbar, als ob zwischen Plotinschen Emanationen unterschieden werden sollte. Aber es geht, wie gesagt. In der Tat erscheint der Artikel dann auch im 4. Vers der deutschen Bibel: »Und Gott sah, daß das Licht gut war«. Auch das Englische führt den Artikel an dieser Stelle ein: »And God saw the light ...« Aber weder Latein, Italienisch noch Deutsch lassen im göttlichen »fiat« und seiner ersten Erfüllung einen Artikel zu. Der Unterschied von der französischen Version ist profunde. Die Syntax des göttlichen Wortes und seines Vollzugs ist nicht so sehr auf tautologische Majestät als auf Gleichgewicht und Gleichung bedacht. Der bestimmte Artikel dagegen postuliert den Begriff vor der Erscheinung. »Que la lumière soit« hat eine »Intellektualität«[3], die dem schlichten Imperativ »Fiat lux« oder der einfachen Ungezwungenheit von »Let there be light« abgeht. (»Que lumière soit« wäre dagegen höchstens eine boshafte Claudel-Parodie.) Das alles sind nur grobe Annäherungen an eine Theorie der zentralen, komplexen Differenz. »There was light there« unterscheidet sich von »There was a light there« als ungebundene Allgemeinheit und Maß, also etwa Dämmerung und eine Lampe. Das Französische dagegen erfordert eine einzige Form: »Il y avait de la lumière«. Hier werden Erscheinung und Epiphanie durch Kategorie und Begriff vorbereitet, wie es im Englischen nicht erforderlich ist. Das ist keine Frage von ärmeren oder reicheren Mitteln, sondern des unterschiedlichen metaphysischen Nachdrucks. Wort-für-Wort-Übertragung könnte nur sprachspezifisch Wesentliches beschädigen.

Dergleichen gehört zum täglichen Brot im fremdsprachlichen Unterricht, in der kontrastiven Linguistik und für Humoristen, die »Fractured French« oder »La plume de ma tante« produzieren. Wörtlichkeit oder, wie Dryden sagt,

»Metaphrase« ist keineswegs die selbstverständlichste, kümmerlichste Art von Übersetzung, sondern die am wenigsten erreichbare. Die wirkliche Interlinearversion ist das letzte, nie erreichbare Ziel des hermeneutischen Aktes. In der Geschichte und in der Praxis mag sie tatsächlich ein recht gröbliches Verfahren sein. Streng gedacht aber verkörpert sie jene Totalität von Verstehen und Reproduktion, jene äußerste Transparenz zwischen den Sprachen, welche ein Zeichen für die Rückkehr zum paradiesischen Unisono wäre. Das hat Walter Benjamin erkannt, wenn er schrieb, daß »Wörtlichkeit und Freiheit in Gestalt der Interlinearversion sich vereinigen müssen . . . Die Interlinearversion des heiligen Textes ist das Urbild oder Ideal aller Übersetzung«. »Verbum e verbo« wäre jener utopische Zustand, in dem alle menschliche Rede unmittelbar zur Bedeutung wäre (logisch wäre, insofern sie den Logos enthielte und ausdrückte).

In der Praxis ist natürlich etwas ganz anderes gemeint. Das fremdsprachliche Anfängerlehrbuch, die interlineare Schulausgabe von Cicero oder Xenophon ist keine Übersetzung, sondern ein kontingentes Wörterbuch. Über jedem Wort der Ausgangssprache steht ein lexikalisches Äquivalent der Zielsprache. Nach einer strengen Definition ist das nichts anderes als ein vollständiges Glossar, horizontal in abgesonderten Einheiten gesetzt, unter Verzicht auf die normale Syntax und Wortfolge in der Sprache des Benutzers. Gewöhnlich handelt es sich freilich um einen Kompromiß zwischen reiner Lexikalität und ein wenig Umwandlung oder Bearbeitung, damit sich überhaupt ein einigermaßen annehmbarer Satz ergibt:

Être,     ou     ne pas  être,   c'est   la question.
To be,   or     not     to be,  that is  the question.

Das wäre die genaue Interlinearversion. Die französische Schulausgabe fügt »là« hinzu (»c'est là la question«) und verändert damit die englische Reihe, um korrekt zu klingen. In diesem Falle trifft es sich, daß die Wort-für-Wort-Übersetzung etwas von der Gangart des Originals und nahezu den gesamten Sinn übermittelt. Mit der steigenden Zahl verbaler Einheiten und grammatischer Komplikationen sowie dem Auftauchen von Ambiguität und vielfältigen Bedeutungsmöglichkeiten wird, statistisch gesehen, die Kongruenz von Wörtlichkeit und Verständnis immer unwahrscheinlicher. Gleich die nächsten Zeilen des Monologs trotzen jedem Versuch wörtlicher Übersetzung. [...]

Eigentümlich aufschlußreich ist die – beabsichtigte – Fremdheit, die entsteht, wenn ein Schriftsteller, besonders ein Lyriker, sein eigenes Werk in eine andere Sprache übersetzt, oder an der Übersetzung mitarbeitet. Das hermeneutische Modell ist in diesem Fall wesentlich das einer Schenkung, zugleich aber das einer narzißtischen Erprobung oder Vergewisserung. Der Dichter schenkt sein Werk der anderen Sprache und sucht zugleich in der Kopie die Figurationen seiner ursprünglichen Eingebung, nach Möglichkeit sogar eine Steigerung oder Verdeutlichung dieser Figurationen mittels der Reproduktion. Der Spiegel ist wiederum der unbeteiligte Zeuge. So kann man beispielsweise das gesamte erzählerische und philosophische Werk von Broch eine gigantische Metapher der Übersetzung nennen: zwischen Gegenwart und Tod, klassischen Werten und Chaos, verbalem und musikalisch-mathematischem Ausdruck. Sein überaus dichter Essay »Einige Bemerkungen zur Philosophie und Technik des Übersetzens« muß in den späten vierziger oder frühen fünfziger Jahren entstanden sein. Die beiden Grundbegriffe darin sind »Urbild« (auch »Archetyp«) und »Logos«. Jede Sprache, so sagt er, enthält beides, aber während der »Logos« das universale Prinzip des Bedeutens als Herstellung von Beziehungen (Logik) ist, sind »Urbilder« spezifische, an den Kontext einer Sprache gebundene Verkörperungen des universalen Prozesses von Symbolik und Symbolbildung. Sie sind niemals ganz übersetzbar, »das Logische« dagegen liegt allen menschlichen Sprachen zugrunde und macht eine »Metasyntax« aus, die Übersetzung ermöglicht (Brochs »Metasyntax« ist eine Vorwegnahme der »Tiefenstrukturen«

in der generativen Transformationsgrammatik). Demnach operiert jede Übersetzung in einer Mittlerzone zwischen den Universalien der Logik und der endgültigen Autonomie der kontextgebundenen »Urbilder«. Im Grunde beruht die Berechtigung zum Übersetzen also auf der unbeweisbaren Annahme einer Universalität oder ebenbildlichen Harmonie des menschlichen Geistes. Dieses dritte Element, das den Tausch zwischen zwei Sprachen gleichsam legalisiert, nennt Broch das »tertium comparationis«.

Er selbst hat mit seinen Übersetzern viel Glück entwickelt. Edwin und Willa Muir haben sich mit der englischen Version der »Schlafwandler« selbst übertroffen, und Brochs fünfjährige Zusammenarbeit mit Jean Starr Untermeyer an der englischen Umarbeitung von »Der Tod des Vergil« war schlechthin symbiotisch. In mancher Hinsicht ist das Original auf den englischen Text geradezu angewiesen. Deutsche und englische Fassung zusammen ergeben eine Kontrapunktik, die das Werk zugleich erhellt und bekräftigt. Als lyrische Dramatisierung des Themas von den Grenzen der Sprache ist schon die Fabel eine »Übersetzung« ohne Rückversicherung: ein Versuch, die Randbereiche des Unartikulierten zu lokalisieren und zu erproben. Die Übertragung in eine andere Sprache vervielfacht zwar das Risiko, beweist aber auch, daß das Projekt durchführbar ist. Die Broch-Untermeyer-Version kommt der deutschen Sprache sehr nahe: mit ihren endlosen Satzspiralen, den vielen Komposita und emphatischen Substantiven, welche die Simultaneität von physischer und metaphysischer Bedeutung ausdrücken sollen. Aber schon das Deutsch geht von der normalen Architektur der Sprache in Bereiche experimenteller Lockerung und Musikalität über. Englisch und Deutsch begegnen sich in einer »Metasyntax« wie im berühmten ersten Satz – oder besser »Akkord« – jene Wellen, »stahlblau und leicht, bewegt von einem leisen, kaum merklichen Gegenwind«. Kurz vor dem Ende des II. Teils, »Feuer«, beschäftigt sich Vergil in seinen – wohlgeordneten – Fieberträumereien mit dem Geheimnis von Sinn und Symbol. Erst in der Stimme des Todes werden sie untrennbar vereint sein. Die Passage beginnt: »Denn sie, Stimme der Stimmen, außerhalb jeglicher Sprache, gewaltiger als jede, gewaltiger sogar als die Musik . . .« In der englischen Fassung lautet die Stelle:

»For this voice of all voices was beyond any speach whatsoever, more compelling than any, even more compelling than music, than any poem; this was the heart's beat, and must be in its single beat, since only thus was it able to embrace the perceived unity of existence in the instant of the heart's beat, the eye's glance; this, the very voice of the incomprehensible which expresses the incomprehensible, was in itself incomprehensible, unattainable through human speech, unattainable through earthly symbols, the archimage of all voices and all symbols, thanks to a most incredible immediacy, and it was only able to fulfil its inconceivably sublime mission, only empowered to do so, when it passed beyond all things earthly, yet this would become impossible for it, aye, inconceivable, did it not resemble the earthly voice; and even should it cease to have anything in common with the earthly voice, the earthly word, the earthly language, having almost ceased to symbolize them, it could serve to disclose the archimage to whose unearthly immediacy it pointed, only when it reflected it in an earthly immediacy: image strung to image, every chain of images led into the terrestrial, to an earthly immediacy to an earthly happening, yet despite this – in obedience to a supreme human compulsion – must be led further and further, must find a higher expression of earthly immediacy in the beyond, must lift earthly happening over and beyond its this-sidedness to a still higher symbol; and even though the symbolic chain threatened to be severed at the boundary, to fall apart on the border of the celestial, evaporating on the resistance offered by the unattainable, forever discontinued, forever severed, the danger is warded off, warded off again and again.« (Deutsch Suhrkamp Taschenbuch 296, S. 203.)

Es gibt kaum Konzessionen an die natürlichen Atempausen und »Lichtungen« des Englischen (wenngleich an die Stelle von Brochs »mystischem Präsens« ein erzählendes Präteritum getreten ist). »Arch-image«, »threatened to be severed at«, »evaporating on the resistance« und viele andere Details fallen aus der englischen Norm des Sprachgebrauchs und der Grammatik. »Unmittelbar« könnte man bei diesem Stück Prosa an Gertrude Stein denken, wie sie versucht, Kant abzuschreiben oder gar zu parodieren. Aber es soll wohl kaum allein stehen, sondern zwingt uns zu seinem Urbild zurück, dieses wiederum beleuchtend; seine Dunkelheit veranlaßt das Original, sich deutlicher zu erklären. Es stellt Echo-Fragen wie eine kritische Exegese. In dieser Interlinear-Version – zwischen den Zeilen des deutschen Textes, zwischen den semantischen Zeilen von Englisch und Deutsch, zwischen beiden Sprachen und einer unbekannten, aber zweifellos postulierten dritten, welche die Schranken einer ungenauen objektiven Verweisung überschreiten kann – kommen wir dicht an den Traum des Dichters von einem absoluten Idiolekt heran. Hier haben wir ein »tertium comparationis« mit seinem einzigartigen Anlaß, das sich dagegen sperrt, als Beispiel oder Kanon zu dienen. Aus dem doppelsprachlich gewirkten Gewand von »The Death of Virgil« (1945) gibt es kein notwendiges Zurück mehr ins Englische oder einen anderen deutschen Text als den Brochschen. Mit dem letzten Satz des Buches versucht der Dichter, uns zu jenem »Wort« hinzuführen, von dem er sagt: »denn es war jenseits der Sprache«. [. . .]

In der modernen Hermeneutik stehen die Gedichte, Schriften und Übersetzungen Hölderlins an hervorragender Stelle. Teilweise stützt sich Heideggers Ontologie der Sprache auf sie, und Walter Benjamin hat seine Theorie des »Logos« und der Übersetzung weitgehend an Hölderlin gebildet.[4] Die philosophische und philologische Literatur, die zu Hölderlins oft fragmentarischen und privaten Versionen von Homer, Pindar, Sophokles, Euripides, Vergil, Horaz, Ovid und

Lucan entstanden ist, füllt ganze Bibliotheken und ist selbst oft schwer verständlich.[5] Das liegt zum Teil an der enigmatischen Dichte des Materials. Hölderlin gehört zu den anspruchsvollsten Dichtern überhaupt, und die Undurchschaubarkeit erreicht in einigen seiner Übersetzungen ihren höchsten Gipfel. Aber es gibt auch historische und psychologische Gründe: Seit Goethe und Schiller hat man sich in Deutschland schwer mit Hölderlins idiosynkratischem Radikalismus und dem Zusammensturz der Vernunft in seinen Texten getan. Von größter Bedeutung sind zweifelsohne die Übersetzungen griechischer und lateinischer Texte. Als hermeneutisches Eindringen und Aneignen sind sie das Gewaltsamste, willentlich Extremste, das wir kennen. Besonders mit seinen Pindar- und Sophokles-Lesungen zwingt er uns – was nur ein großer Dichter vermag –, die Grenzen sprachlichen Ausdrucks und die Schranken zwischen den Sprachen zu erfahren, die der Verständigung unter Menschen im Wege stehen. Deren Druck verspürte er als unerträglich, und ihre schonungslose »Konkretheit«, der physische Widerstand, den sie bieten, macht diese Übersetzungen so hinreißend verwirrend. Ich kann hier nur auf die paradoxe Wörtlichkeit hinweisen, auf Hölderlins Suche nach einer kulturellen und verbalen Interlinearversion, einer Zone der Mitte zwischen antik und modern, griechisch und deutsch. Wir erleben wiederum, daß Wörtlichkeit keineswegs, wie es in den überlieferten Modellen der Übersetzung heißt, ihr simpler, naiver Modus ist, sondern im Gegenteil der äußerste.

Mit einem Ungestüm, das ihn übers Metaphorische hinaustrug, sah Hölderlin schließlich alles Dichten als Übersetzen, als die nachschreibende Übertragung von verhüllter, verborgener Bedeutung. Schon in seinen frühen, noch verhältnismäßig offenen Gedichten versucht er, die deutsche Sprache durch Rückkehr zu alten, verschütteten Kraftquellen zu erneuern. Er bedient sich – wie Heidegger – der »figura etymologica« (der Neuinterpretation von Wortbedeutungen aufgrund ihrer unterstellten Etymologie). Er versucht, mo-

329

derne Wörter »aufzubrechen«, um ihre Bedeutungswurzeln bloßzulegen. Dabei greift er zurück auf die Sprache Luthers und das Vokabular der Pietisten. Er baut Schwäbisches ein und arbeitet mit vergessenen alt- und mittelhochdeutschen Bedeutungen und Konnotationen. Damit steht er allerdings nicht allein. Etymologismus gehörte zum taktischen Repertoire der Gegen-Aufklärung, des Sprach-Nationalismus und des numinosen Historismus. Herder und Klopstock waren Hölderlin darin vorangegangen und beeinflußten ihn. Er aber drängte weiter. Er schwamm gegen den Strom: nicht nur zu den Quellen der deutschen Sprache, sondern auch zu den primären Energien der menschlichen Rede überhaupt. Er fand sie in der gesonderten Dichte der einzelnen Bezeichnung und stand damit in gewissem Sinne im Gegensatz zur Behauptung des Aristoteles, daß Namen an Zahl begrenzt, Objekte aber unzählig sind. Für Hölderlin offenbart der Name, sofern er nur dringlich genug befragt wird, eine korrespondierende, vorher vielleicht kaum bemerkte stoffliche Präsenz. Je schwieriger, je undurchschaubarer also ein Wort ist, desto geladener mit möglicher Offenbarung: »Das schwere Wort wird zum magischen Träger des Tiefsinns.«[6] Durch Sprach-Verschmelzung, durch die umweglose Überführung verbaler Einheiten von einer Sprache in die andere kann diese Aufladung überdies intensiviert oder erst ans Licht gebracht werden. Bei Hölderlin wird »wahre Sache« aus »res vera«, aus dem gejagten »ἄπολισ« wird »unstädtisch« und in den späten Hymnen aus dem enklitischen »γαρ« das enigmatische »nehmlich«. Die verschiedenen Sprachen waren für ihn erratische Blöcke, losgerissen von der Einheit des Logos. Ihre Bestandteile neu zu verschweißen, und sei es auch unvollkommen, und sei es um den Preis vorübergehender Inkohärenz, bedeutete ihm ein Stück Rückkehr zur verlorenen Einheit von Bedeutung.

Die lyrische Gewalttat, aus Geheimnis Bedeutung wie aus Felsen Wasser zu schlagen, schien augenfälligst bei Pindar verwirklicht. Klopstocks Übersetzung der Horaz-Ode II, 4 und seine 1747 erschienene Nachdichtung des Horazschen: »quem tu Melpomene« (IV, 3):

Wen des Genius Blick, als er gebohren ward,
    Mit einweihendem Lächeln sah,
Wen, als Knaben, ihr einst Smintheus Anakreons
    Fabelhafte Gespielinnen,
Dichtrische Tauben umflogt ...

hatten schon Hölderlins eigene Übersetzungstechniken präfiguriert und bestätigten überdies seine Instanz des absoluten Dichters. Ganz oder teilweise übertrug er sechs Olympische und zehn Pythische Oden. Höchstwahrscheinlich waren diese zweitausend übersetzten Zeilen, die wohl Anfang des Jahres 1800 entstanden sind, ein privates Experiment. Hölderlin strebte – ganz als wollte er Cowleys berühmter Warnung, daß »wenn sich jemand unterfangen sollte, Pindar Wort für Wort zu übersetzen, der Anschein entstünde, ein Wahnsinniger habe den anderen übersetzt« trotzen – nach unbedingter Wörtlichkeit. Er arbeitete mit Verfahren wie dem Hyperbaton, der Trennung von Objekt und Prädikat, der Isolierung des Epithetons vor oder nach dem Substantiv, der Asymmetrie von Prädikaten und Attributen in der Absicht, ein »Griechen-Deutsch« zu schaffen, das zwar eben noch für Deutsche verständlich, aber doch stellvertretend für Pindars »stürmisches Dunkel« ist.[7] Obgleich auch beredte Passagen vorkommen, etwa der Schluß der dritten Pythischen Ode:

Klein im Kleinen, Groß im Großen
Will ich seyn; den umredenden aber immer mit Sinnen
Den Dämon will ich üben nach meinem
Ehrend dem Geschik.
Wenn aber mir Vielheit Gott edle darleiht,
Hofnung hab' ich Ruhm zu
    finden hohen in Zukunft.
Nestor und den Lykischen
Sarpedon, der Menge Sage

Aus Worten rauschenden
Baumeister wie weise
Zusammengefüget, erkennen wir.
Die Tugend aber durch rühmliche Gesänge
Ewig wird.
Mit wenigem aber zu handeln, ist leicht.

wirkt die Übersetzung doch auf weite Strecken (und selbst in diesem Falle) erzwungen und nicht überzeugend. Aber der Versuch erwies sich als fruchtbar. Hölderlins späte Hymnen sind nicht nur in gewissen rhetorischen Zügen »Pindarisch« – in der Eröffnung scheint oft die sechste Nemeische und in der Koda die dritte Pythische Ode durch –, sondern in viel tieferen Schichten einer spirituellen Mimesis. Pindars streng geregelte Metrik, die Hölderlin nur undeutlich verstand, befreite seine eigene Prosodie. Pindar war es, dem er seine Vision von Lyrik als Feier und Abgrenzung, als orakelähnlich verdankte, und von ihm hat er die Technik ungewöhnlich angespannt eilender Rede. Auf paradoxe Weise unbehindert von seinen häufigen Mißverständnissen der Originalsprache, führen diese Experimente vollständigen Eindringens und Angleichens sowohl zu seinen vollkommensten Gedichten als auch zu den Sophokles-Aneignungen. Offenbar hatte er durch die Arbeit am Pindar das (nicht eben bescheidene) Vertrauen gewonnen, es könne ihm gelingen, zum Kern des Bedeutens im klassischen Griechisch vorzustoßen, er könne die Schranken der sprachlichen und psychologischen Ferne überwinden und zu einer »Prälogik« oder universalen Eingebung vordringen. Aus dem Akt des Verstehens und Neusagens wurde eine Archäologie der Intuition. Auf der besessenen Suche nach den universalen Wurzeln des Poetischen und der Sprache grub er tiefer als jeder Altphilologe, Grammatiker oder andere Übersetzer (wie bei den Sprachmystikern des 17. Jahrhunderts und den Pietisten muß man auch hier die Metapher »Wurzeln der Sprache« beim Wort nehmen).

Hölderlins »Umdichtung« von Sophokles (das deutsche

Wort vereinigt in sich die widersprüchlichen Vorstellungen von »dichterischer Umgestaltung«, »Verdichtung, Abdichtung um etwas herum«) sowie die sie begleitenden fragmentarisch-kryptischen Kommentare sind immer wieder sorgfältig abgehandelt worden.[8] Auf die Zeitgenossen haben »Oedipus der Tyrann« und »Antigonae« entweder wie wilde Mißverständnisse oder absurd gewirkt. Der kleine Kreis, der damals überhaupt Notiz davon nahm, sah in beiden schon Symptome jener geistigen Umnachtung, die den Dichter bald darauf in Schweigen versinken ließ. Heutige Kommentatoren beurteilen seine Texte dagegen nicht nur als das Optimum rekonstruktiven Verstehens von Sophokles, sondern auch als Durchstoß ohnegleichen zum Wesen der griechischen Tragödie.[9] In seiner Auffassung vom Wesen göttlicher Präsenz und göttlichen Ereignissen ist Hölderlin demnach Sophokles näher gekommen als sonst irgendein Übersetzer. In diesen drastischen Meinungsverschiedenheiten spiegelt sich der rätselhafte Charakter des Hölderlinschen Unternehmens. Die Texte, wie sie auf uns gekommen sind, scheinen unterschiedliche intentionale Schichten zu verkörpern. Besonders im »Oedipus« verläuft die Übersetzung partienweise gradlinig, fast pedantisch, was vermuten läßt, daß dem Dichter eine offizielle deutsche Version aller Sophokleischen Tragödien vorschwebte. Beide Stücke enthalten elementare Eruptionen hermeneutischer Gewalt, Anstrengungen, dem griechischen Schildkrötenpanzer durch die rohe Kraft der Wort-für-Wort-Übersetzung Bedeutung zu entreißen. Anderseits gibt es, besonders in der »Antigonae«, das Programm einer Steigerung, einer korrigierenden Rekonstruktion, abgeleitet aus einer innersten Lesung des ursprünglichen Dichtergeistes (einer Lesung, die Sophokles selbst nicht möglich war) und aus der Perspektive der inzwischen abgelaufenen Geschichte. Wie er in dem oft zitierten Brief vom 28. September 1803 an Wilmans schreibt, bedeutete Übersetzung für ihn Entäußerung, ein »Herausheben« von impliziten Bedeutungen, aber auch Korrektur: »ihren Kunstfehler,

wo er vorkommt, verbessern«. Solche Verbesserungen sind
möglich, ja, die Pflicht des Übersetzers, weil er das Original
diachron liest: Die Zeit und die Entwicklung des Gefühls
haben seinem Echo Erfüllungsgewalt verliehen. Die Korrektur, die er vornimmt, ist im Original latent vorhanden, aber
erst der Übersetzer kann sie gewahren. Der Gedanke, daß
sich in Hölderlins antizipatorischer Vision ein Anflug von
Wahnsinn verbirgt, ist nicht ganz abwegig. Aber sowohl die
Strategie des interpretatorischen Übermaßes als auch die
Technik sprachlicher Verschiebung gehört zu seinen schön-
sten, heilsten Dichtungen und kritischen Exegesen.
In seiner »re-präsentierenden Mutation« lautet Vers 10 der
»Antigonae« (Schadewaldt sagt treffend »Neusprechen« und
»Nachsprechen«):
    Was ist's, du scheinst ein rotes Wort zu färben?
Liest man das ohne Hintersinn, so scheint es barer Unsinn.
Und als solchen empfanden es die Zeitgenossen. Aufge-
scheucht von Antigones plötzlicher Ahnung kommenden
Unheils, fragt Ismene: τί δ' ἔστι; δηλοῖς γάρ τι καλχαίνους'
ἔπος. »Was ist's? Ganz deutlich plagt dich eine Botschaft,
ein Gewißsein« (Mazon übersetzt: »quelque propos«). Hinter Hölderlins Version steht jedoch eine unverkennbare Absicht, die in hohem Maße zu rechtfertigen ist. Er glaubte,
daß der antike Sinn der Wörter, besonders im Trauerspiel,
eine stoffliche Aura und Folgerichtigkeit hatte, die dem modernen Erkenntnisvermögen mangelt. Ein Orakel, eine Prophezeiung, ein Anathema waren buchstäblich angefüllt mit
Schicksal. Die Sprache stand nicht für die Sache oder be-
schrieb sie: Sie war die Sache. Antigone spricht nicht andeu-
tend-ahnungsvoll von Blut und Gefahr: Sie macht Worte,
die bereits aktiv Aufruhr und Selbstmord sind, blutig und
dunkel. καλχαίνους bedeutet »rot machend«. Geäußert –
rot gefärbt – ist das »epos« der Antigone zur unentrinnbaren
Schicksalsgeste geworden. Hölderlins paradoxes Unterfangen, durch unbedingte Wörtlichkeit das Original nicht nur
zu verstehen, sondern zu verbessern, wird von einer zwin-

genden Anthropologie, einer kontrastiven Linguistik der Rede in der antiken und der modernen Gesellschaft unterbaut und erfordert. Solch eine Taktik ist gewalttätig und oft absurd. Aber ganz moderne Einsichten in die Sprechgewohnheiten primitiver Kulturen und die Kraft des physischen Mandats etwa im Alt-Hebräischen bestätigen Hölderlins Auffassung.[10]

Die Chorlieder sind der Inbegriff aller Dramatik für ihn, weil sie Sprech-Akte verleiblichen, die noch unwillkürlicher, noch ursprünglicher sind als die Partien der dramatis personae. Schiller hat bekanntlich gelacht, als er, zusammen mit Goethe, die Chöre der »Antigonae« hörte. Um seine urbane Selbstsicherheit zu wahren, konnte er nur annehmen, sein einstiger Jünger habe sie in geistesgestörtem Zustand geschrieben. Der Eindruck des mutwillig angerichteten Chaos muß damals skandalös gewirkt haben, und der von dunkler Gewalt sollte das auch heute noch tun:

Vater der Erde, deine Macht,
Von Männern, wer mag die mit Übertreiben erreichen?
Die nimmt der Schlaf, dem alles versinket, nicht
Und die stürmischen, die Monde der Geister
In alterloser Zeit, ein Reicher,
Behältst des Olympos
Marmornen Glanz du,
Und das Nächste und Künftige
Und Vergangne besorgst du.
Doch wohl auch Wahnsinn kostet
Bei Sterblichen im Leben
Solch ein geseztes Denken.

Gerade durch »Übertreiben«, durch eine klare Antwort auf die Gefahr des »Wahnsinns« sucht der Dichter, die Macht und die Bedeutung von »Antigonae« 604-14 in Besitz zu nehmen. Aber man kann seiner Leistung unmöglich gerecht werden, ohne verstanden zu haben, welch strenge, obwohl paradoxe Logik der Transformation sie durchspielt. Schillers spontane Reaktion war nicht abwegig, bloß irrelevant.

Hölderlins Sprachtheorie gründet in der Suche nach dem numinosen, möglicherweise heiligen »Grund des Wortes«. Das einzelne Wort ist es, in dem sich die elementaren Kräfte der unmittelbaren Bezeichnung leibhaftig darbieten. Auf der Ebene des Satzes ist eine hermeneutische Wiedergewinnung der ursprünglichen Intention illusorisch, weil alle Sätze kontextgebunden sind und ihre Analyse uns dem Dilemma eines uferlosen Regressionsprozesses aussetzt. Nur das einzelne Wort kann man einkreisen und aufbrechen, auf daß es seine organische Einzigartigkeit enthülle. Hellingrath war der erste, der gezeigt hat, daß dieser Verbalmonismus oder Monadismus nicht nur Hölderlins Sophokles-Übertragungen, sondern auch die »harte Fügung« seiner späten großen Hymnen beherrscht. Dionysius von Halikarnass hat dieses Stilprinzip im zweiundzwanzigsten Abschnitt von »De compositione verborum« formuliert: »Die Wörter sollen sein wie die Säulen, fest gepflanzt und ein jedes tüchtig an seinem Ort, so daß man es von allen Seiten betrachten kann, und die Teile sollen deutlichen Abstand voneinander wahren« (nach der englischen Übersetzung von W. Rhys Roberts). Die charakteristischen Lücken in der Syntax der »Antigonae« und ihren »Anmerkungen«, die stummen Räume zwischen den Wörtern, fordern uns also auf, das einzelne Wort »rundum« zu betrachten, »hinter es« zu treten. Konjunktionen, die Annahme von Kausalität, die idiomatischen Satzkonstruktionen inhärent sind, schaffen eine trügerische Oberfläche und Fassade von Logik. Das Wesen der Sophokleischen Sprache wohnt wie bei jeder echten Tragödie »in dem faktischen Worte, das mehr Zusammenhang, als ausgesprochen, schiksalsweise vom Anfang bis zum Ende gehet . . .« Wer solchen »Zusammenhang« ausdrücklich macht, ihm Glätte und Linearität aufzwingt, verrät die buchstäblich dämonische Potenz von Bestimmung und Tat, welche im menschlichen Wort eingeschlossen ist.

Gegen Ende seiner Schaffenszeit entwickelte Hölderlin Vorstellungen, die man nur als mystische Dialektik bezeichnen kann. Er sah die Aufgabe des Dichters, ja, jedes Menschen, der versucht, »wesentlich« zu werden, in der heftigen Auseinandersetzung mit einem gegensätzlichen Prinzip. Die antithetischen Ideale, Begriffe, Polaritäten dieser dialektischen Zusammenstöße bezeichnete er entweder mit selbst geprägten Namen oder mit Titeln, denen er eine neue, oft private Bedeutung zuschrieb. In einer Dialektik von Konflikt und Vermittlung mußten Antikes und Modernes, Organisches und »Aorgisches«, Orient und Hesperien, Licht und Finsternis, das Mitteilsame und das Unartikulierte auf einander prallen. Der wichtigste Agon von allen war die Konfrontation zwischen Menschlichem und Göttlichem. Auf dem Scheitelpunkt ihrer Reife erstellt Hölderlins Theorie der Poetik und des Trauerspiels ein grausig privates, aber philosophisch anspruchsvolles Modell der Interaktion zwischen Mensch und Gott. Nur wenn der Mensch die Autonomie des Göttlichen herausfordert, wenn er eindringt in den »Raum der Götter«, kann er seine eigenen transzendenten Möglichkeiten verwirklichen und zugleich die Götter zwingen, ihre zweideutige Nachbarschaft zur Menschenordnung zu beachten und zu erfüllen. Der tragische Held – Hölderlin denkt hauptsächlich an Ödipus und Antigone, aber auch an den Ajax des Sophokles – verstrickt sich vorsätzlich in eine kriegerische Vertrautheit mit den Göttern. Er wird – so Hölderlins berühmtes, aber dunkles Wort – zum »Antitheos«, dessen Herausforderung des Göttlichen, dessen gefährliche Nähe zu den Göttern zugleich Blasphemie, selbstmörderische Hybris und letzte Bekräftigung der dialektischen Reziprozität göttlicher und menschlicher Existenz ist (»wo einer, in Gottes Sinne, wie *gegen* Gott sich verhält«). Antigonaes Beschwörung »Mein Zeus« in Hölderlins viel gerühmter aber strittiger Fassung von Vers 450 ist sowohl Ausdruck der willkürlichen Aneignung, des Einbruchs in den »abwesenden« Bereich göttlicher Gerechtigkeit als auch verzweifelte Behauptung der Bedeutung dieses Bereichs für das Überleben von Gesellschaft und Menschheit.

Der Sinn, den Hölderlin dieser Dialektik des Opfers zuinnerst gab, in welcher Kollision und sogar gegenseitige Zerstörung notwendige Mittel der Definition und Distanzierung sind, läßt sich unmöglich auf befriedigende Weise paraphrasieren. Jedenfalls ist die Konzeption nicht statisch, und deshalb in begrenztem Maße einsichtig und verifizierbar im Gang seiner späten Gedichte, ihrem Fortschreiten – auf einer gewissen Ebene sogar vorsätzlich oder bewußt bemessen – von Sinn zu Irrsinn, Sagen zu Schweigen. Aber Hölderlin fand es, wie die Kommentare zu »Oedipus« und »Antigonae« zeigen, selbst äußerst schwierig, seine Ontologie und Mythologie kosmischer Begegnungen zu formulieren, geschweige denn, zu erklären. An dieser Stelle meine ich, wurden Konzeption und Durchführung des Übersetzens entscheidend.

Hölderlins Genius hat sich deshalb am vollkommensten im Übersetzen verwirklicht, weil ihm Zusammenprall, Vermittlung und dialektische Verschmelzung von Griechisch und Deutsch der unmittelbarste, greifbarste Vollzug der Kollisionen des Seins war. Der Dichter trägt seine Muttersprache in das aufgeladene Kraftfeld einer anderen Sprache. Er dringt ein und versucht, das Gehäuse fremden Bedeutens aufzubrechen. Er vernichtet sein Ich in seinem ebenso herrischen wie bescheidenen Drang, mit einer anderen Präsenz zu verschmelzen. Wenn er das geleistet hat, kann er nicht mehr unbeschädigt nach Hause zurückkehren. Mit jeder Phase dieses hermeneutischen Prozesses begeht er einen Akt, der letztlich der Anmaßung der Antigonae gleichkommt, wenn sie die Schwelle zur Sphäre der Götter kreuzt. Auch der Übersetzer ist ein »Antitheos«, welcher der natürlichen, gottgewollten Trennung der Sprachen Gewalt antut (mit welchem Recht übersetzen wir?), aber gerade durch diese aufrührerische Negation die letzte, nicht minder göttliche Einheit des Logos affirmiert. Durch den implosiven Schock und die innere Feuersglut der echten Übersetzung werden beide Sprachen zerstört, und die Bedeutung tritt, für den

Augenblick, wie Antigonae in eine Gruft ein: »O Grab! o Brautbett! unterirdische Behausung, immerwach!« Aber eine neue Synthese steigt auf, ein Unisono des Attischen aus dem 5. Jahrhundert mit dem Deutschen des frühen 19. Jahrhunderts: eine »fremde« Mundart, die im Grunde keiner der beiden Sprachen angehört. Doch ist sie geladen mit Bedeutungsstrom, der universaler und den Quellen aller menschlichen Rede näher ist als Griechisch oder Deutsch. Für den späten Hölderlin kommt der Dichter also, wenn er übersetzt, seiner eigenen wahren Sprache am nächsten. Jenseits der Vermählung, die aus der echten Übersetzung kommt – einem Jenseits allerdings, das nun konkret ist und zu dem sich der Dichter legitimen Zugang verdient hat – herrsch Schweigen. Völlige Kohärenz ist sprachlos und unausgesprochen.

Wir sind hier an den äußersten Grenzen jeder rationalen Theorie und Praxis des sprachlichen Tauschs angelangt. Rätselhaftere, erhabenere Übersetzungen als die Hölderlins gibt es nicht. Nicht nur der implizierten seelischen Gefahren wegen verdienen sie bleibenden Respekt, sondern auch, weil sie Passagen von einer Intensität des Verstehens und »Neusagens« enthalten, die jeden Kommentares spotten. So beispielsweise der Chor in »Antigonae« 944 ff.

Der Leib auch Danaes mußte,
Statt himmlischen Lichts, in Gedult
Das eiserne Gitter haben.
Im Dunkel lag sie
In der Todtenkammer, in Fesseln;
Obgleich an Geschlecht edel, o Kind!
Sie zählete dem Vater der Zeit
Die Stundenschläge, die goldnen.

Hölderlin muß gewußt haben, daß er hier nacherfand, daß die Danae des Sophokles die »Frucht des goldenen Zeusregens hütet«. Aber auf einer anderen Ebene hat er beides, die Elemente Gold und olympische Heimsuchung, sowie seine eigene Konzeption davon, wie der Mensch in der tragischen

Agonie wahrnimmt (»das Zählen der Zeit in Leiden«), zu einem einzigen geheimnisvollen Bild verschmolzen. Das Ergebnis ist zugleich mehr und weniger als Übersetzung. Hölderlins übersetzerische Kunst, geladen mit stilistischer Genialität und interpretatorischer Kühnheit, geht stets vom Wörtlichen, sogar vom Buchstäblichen aus. In der ersten Fassung von »Patmos« sagt er: »der Vater aber liebt, der über allen waltet, am meisten, daß gepfleget werde der feste Buchstab«. Die erhabenste Vorstellung vom Wesen der Übersetzung, die wir kennen, verpflichtet sich paradoxerweise eben jener Wörtlichkeit, jener »Metaphrase« des Wort-für-Wort, welche die traditionelle Theorie der Übersetzung als unbedarft abtat.

II

Im allgemeinen begeben sich Übersetzungen, sogar die literarischen, nicht in so eigenwillige, hochmütige Regionen. Worauf es dem normalen Übersetzer ankommt, ist, den Inhalt des Originaltextes in seine Muttersprache zu überführen, in ihr einzubürgern und sich dabei soweit wie möglich an die vom Autor des Originals gewählte Ausdrucksweise zu halten. Das kanonische Verfahren wird im allgemeinen in Kurzfassung etwa so beschrieben, wie Dryden, selbst ziemlich traditionell, »Paraphrase« definierte: »den Text so wiederzugeben, wie der fremde Dichter ihn in seiner (des Übersetzers) Sprache geschrieben hätte«. Aber selbst wenn wir zum Zwecke des Extrahierens und Transferierens die Isolierung eines »Inhalts« zulassen, eines potentiell erweiterungsfähigen Bedeutungszusammenhanges also, der sich aus dem einzigartigen Ensemble des ursprünglichen phonetisch-syntaktisch-semantischen Kontextes herauslösen läßt, – wozu wir gezwungen sind, wenn wir in der Diskussion vorankommen wollen –, ist das vorgeschlagene Unterfangen sehr viel merkwürdiger und in sich problematischer, als es den Anschein hat. Was ich als die dritte Phase des hermeneutischen Prozesses beschrieben habe, die Einverleibung fremden »Sinns« in eine neue sprachlich-kulturelle Matrix, stellt sich fast niemals als lineare Punkt-für-Punkt-Übertragung dar. Der Vorgang zitiert, eindringlich und auf unterschiedlichen Ebenen strategischer Fiktion, das Thema der »Alternität« herbei, die diakritische Wendung der Sprachunterschiede nach außen (»mise en relief«), welche verschiedene Möglichkeiten und Versionen des Seins erproben oder häufiger verketten. Der Satz: »Der Text des fremden Dichters wäre so und so beschaffen, hätte er ihn in meiner statt in seiner Sprache geschrieben« ist eine projektive Fabrikation, welche die Autonomie, oder, genauer gesagt, die »Meta-Autonomie« der Übersetzung herausstellt. Mehr noch: Der Substanz und historischen Verfassung der eigenen Sprache, Literatur und ererbten Sensibilität wird auf diese Weise eine alternative Seinsweise, ein »es könnte so gewesen sein«, »es könnte noch so werden« zugeführt. Diese vergrößernde, herausfordernde oder nostalgische Funktion der Übersetzung (deren Annalen eine Fülle aller drei Modi aufweisen) wird verständlich, wenn man sich das Problem der Chronologie vor Augen hält. Streng genommen ist jeder Übersetzungsakt – außer der Simultanübersetzung mit Kopfhörern – ein Brückenschlag aus der Vergangenheit in die Gegenwart. Wie wir schon gleich eingangs gesehen haben, überquert der hermeneutische Import nicht nur eine räumliche, sondern auch eine zeitliche Sprachgrenze. Tatsächlich versucht die Übersetzung, einen Text zu geben, »den der fremde Dichter jetzt oder mehr oder weniger jetzt in seiner (des Übersetzers) Sprache geschrieben hätte«. Die Dehnbarkeit der unterstellten Zeitgenossenschaft, der Spielraum zwischen »mehr« und »weniger« ist, wie wir sehen werden, einer der durchgängigen funktionalen Aspekte des Konstrukts aus Verstehen und Neusagen, das wir Übersetzung nennen.

Allerdings kann man diesen Spielraum auch ablehnen. Beispielsweise sagt ein Übersetzer, es sei absolut unmöglich, die Bedeutung eines fremden Textes adäquat nicht nur über die Sprachgrenze, sondern auch über die Zeit hinweg zu übermitteln. Er besteht deshalb auf uneingeschränkter Horizontalität. Entweder übersetzt er also immer nur zeitgenössische Texte, oder er bemüht sich, den Text in der Zielsprache dem Datum in der Herkunftssprache anzupassen. Zwar schreibt er heutzutage, versucht jedoch, Spenser ins Kastilische des 16. Jahrhunderts, Marivaux ins Russische des 18., Pepys' Memoiren ins Japanische des 17. Jahrhunderts zu übertragen. Übersetzerische Synchronisierungen solcher Art haben den Reiz vollkommener Logik. Sie sind (vielleicht) absurd, aber aus keineswegs trivialen Gründen. Angenommen, ein Übersetzer sei gelehrt genug, Wortschatz und Grammatik einer längst vergangenen Zeit genau zu treffen. Beispielsweise kann er Goethes »Werther« tatsächlich ins Bengalische oder Holländische von 1770 übersetzen. Kein modernes Wort, keine Redewendung unserer Tage unterläuft ihm. Die Frage ist dann nur, ob dieses retrospektive Kunststück seinem eigenen Verständnis des Originaltextes oder seiner Übersetzung gerecht wird. Jeder Kontext ist diachron, und das Feld von Bedeutung, Tonalität und Assoziationsbreite ist ständig in Bewegung. Der Übersetzer mag zwar über die historisch angemessenen Wörter und grammatischen Wendungen verfügen, aber er kennt auch deren spätere Geschichte. Das Spektrum der Konnotationen ist unvermeidlich das seiner eigenen Zeit und Örtlichkeit. Selbst wenn ihm das historisch richtige Äquivalent gelingt, sind die Gegenstände und Tatsachen der Empfindung, von denen die Rede ist, in seine eigene moderne Art, sie wahrzunehmen, eingebettet. Dementsprechend werden sie entweder die Funktion von Antiquitäten annehmen – was sie zur Zeit der Entstehung eben nicht waren –, oder sie werden sich verändert haben. Das Dilemma ist genau das der Erzählung von Borges: Wenn erst einmal Zeit vergangen ist, ist auch das Faksimile illusorisch. Das phonetische Zeichen, das Wort als arbi-

träres mag stabil geblieben sein, aber seine Bedeutungen, das
»signifié«, hat die Zeit gewandelt. [...]

Ganz im Banne der Fiktion von einer verlorenen »Quelle«
der deutschen Sprache war Rudolf Borchardt. Warum hatte
Dante nicht mittelhochdeutsch geschrieben? Oder, noch
dringlicher: Warum hat es in der deutschen Kultur des 13.
Jahrhunderts mit ihren gleichgewichtigen Kontakten zur
germanischen und mediterranen Kultur, zu gallischer Latini-
tät im Westen und Resten des Heidentums im Osten keine
»Comedia divina« (die archaisierende Schreibweise stammt
von Borchardt) gegeben? Diese hypothetische Frage hat den
etwas eigenbrötlerischen poeta doctus mit paneuropäisch-
mystischen Neigungen von 1904 bis 1930 nicht losgelassen.
Er kam zu der Überzeugung, daß die deutsche Sprache und
Sensibilität zwischen 1300 und 1500 die »Comedia« nötig
gehabt hätte, daß die natürliche Affinität der hochmittelal-
terlichen deutschen Rittergesellschaft zum »klassischen«
Christentum der Provence und Toscana durch die mangelnde Dante-Verarbeitung zerstört worden war. Luthers
Deutsch war keineswegs eine souveräne Spracherneuerung,
sondern in vieler Hinsicht sogar ein Fehlschlag. Dieses
»Neuhochdeutsch« war, anders als es das Mittelhochdeutsche gewesen wäre, der Konkretheit und sinnlichen Kraft
der originalen Bibelsprache gegenüber oft hilflos. Nach Luther kamen dann, sagt Borchardt, Opitz und Gottsched und
mit ihnen ein schwächlicher, akademischer »Klassizismus«,
der grundlegenden Tendenzen des deutschen Geistes fremd
war. Borchardt verfocht diese Ansichten in einer Abhandlung über deutsche Dante-Übersetzungen seit der Pionier-
leistung der Brüder Schlegel 1794-99 (»Dante und deutscher
Dante«, 1908) und verfolgte sie weiter in zwei »Epilegomena
zu Dante«, die 1923 und 1930 erschienen. Seine Obsession
von Dante trieb ihn jedoch über die Theorie hinaus. Die
Vergangenheit war nichts Unabänderliches. Wenn der
Mensch eine Zukunft träumen kann, so kann er auch die
Vergangenheit umformen. Gestützt auf Novalis' berühmtes

Wort vom Übersetzer als »Dichter des Dichters« gestand Borchardt der Übersetzung eine einzigartige Macht über die Zeit und die banalen Zufälle des historischen Faktums zu. Kraft schöpferischer »Rückverwandlung« kann der Übersetzer eine andersartige Entwicklung seiner Sprache entwerfen, ja, in Kraft setzen. Wahrer Archaismus, schreibt Borchardt im Februar 1911 an Josef Hofmiller, ist kein antiquarischer Abklatsch, sondern ein tätiges, ja, gewalttätiges Eindringen in das scheinbar statische Gewebe der Vergangenheit. Der »Archaiker« zwingt der Vergangenheit seinen Willen auf und nimmt und gibt der Geschichte nachträglich, was ihm rechtens dünkt. Die Stelle ist erstaunlich:

»der genuine Archaismus greift in die Geschichte nachträglich ein, zwingt sie für die ganze Dauer des Kunstwerks nach seinem Willen um, wirft vom Vergangenen weg was ihm nicht paßt, und surrogiert ihr schöpferisch aus seinem Gegenwartsgefühl was es braucht; wie sein Ausgang nicht die Sehnsucht nach der Vergangenheit, sondern das resolute Bewußtsein ihres unangefochtenen Besitzes ist, so wird sein Ziel nicht ihre Illusion, sondern im Goethischen Sinne des Wortes die Travestie.«

Auf diese Weise »travestierte« Borchardt Dante, machte er »Dante Deutsch«, wie der Titel kurz und bündig sagt. Sein Medium ist eine Fiktion von angehaltener und umgeleiteter Zeit, ein privates »Neuhochdeutsch« aus Elementen des 14. Jahrhunderts bis zur Luther-Zeit. Es enthält überdies alt-, mittelhochdeutsche und niederdeutsche Einschübe, alemannische und alpine Dialektbrocken, Fachausdrücke aus Bergbau und Gesteinskunde (teufe, stollen, zeche, guhr, sintern) sowie Wortformen und grammatische Verfahren, die eigene Prägungen sind.[11] Über den fiktiven Charakter seiner Sprache gibt er sich keinen Täuschungen hin:

»Die Sprache in die ich übertrug, kannte ich weder als solche noch konnte es sie als solche gegeben haben; das Original warf erst ihren Schatten gegen meine innere Wand: sie entstand, wie eine Dichtersprache entsteht, ipso actu des Wer-

kes. Die italienischen Wendungen, genau befolgt, ergaben ein Deutsch, das zwischen 1250 und 1340 im ganzen Oberdeutschland sehr leidlich verstanden worden wäre.«[12]
Was er mit diesem Experiment bezweckte, war, die sprachliche Fiktion zu einem »Es hätte sein können« zu machen, zu einer Alternität mit latenten Folgen für Gegenwart und Zukunft des deutschen Geistes. Nie Dagewesenes könnte noch kommen. »Ungeschehenes immer noch geschehen«.
Zwar waren Hesse, Curtius, Vossler und Hofmannsthal beeindruckt, aber im großen ganzen ist »Dante Deutsch« wenig beachtet worden. Sein Bau ist genauso schwierig und in gewissem Sinne auch so verschwiegen wie die Idee einer »rückverwandelten« Geschichte, die er verkörpert. Das schließt jedoch nicht aus, daß mindestens »Inferno« und »Purgatorio« zwar höchst eigenartig, aber genial übertragen sind. Borchardt hat Dante fast krankhaft intensiv »nachgelebt«; und seine Lesart der »Comedia« als »ein Hochgebirge Epos«, als Durchquerung hochalpiner Schluchten und Kamine kommt überzeugend zum Ausdruck. Beispielsweise in der Erzählung des Odysseus:

»Brüder, die mir durch hundert tausend wüste
   fährden bis her in untergang gefronet:
   dieser also schon winzigen, dieser rüste,
Die unser sinnen annoch ist geschonet,
   wollet nicht weigeren die auferschliessung
   – der sonne nach – der welt da nichts mehr wohnet!
Betrachtet in euch selber eure spriessung!
   ihr kamt nicht her zu leben gleich getier,
   ja zu befolgen mannheit und entschliessung.«
In den gefährten wetzete ich solche gier
   mit diesem kurzen spruch nach fahrt ins weite,
   dass ich sie dann nicht mögen wenden schier.
Und lassend hinter uns des ostens breite,
   schufen uns ruder schwingen toll zu fliegen,
   allstunds zubüssend bei der linken seite.
Als das gestirn des andern poles siegen

sah schon die nacht, und unsern abgesunken,
als thät er tief in meeres grunde liegen.

Einige Nuancen sind unübertrefflich: »untergang« (mit der Nebenbedeutung drohender Vernichtung) für »occidente«, »auferschliessung« mit der auch in »esperenzia« angedeuteten Wendung nach außen und oben, »mannheit« für »virtute« (wodurch der Wortstamm »vir« voll zum Tragen kommt), »toll zu fliegen« (das eine genaue Nachahmung der phonetischen und semantischen Verhältnisse bei Dante ist), »tief in meeres grunde liegen« (das die stumme Drohung von »del marin suole« exakt spiegelt). Dank solcher Präzision übermittelt Borchardt das, worum es Dante an dieser Stelle ging: jenen unheimlichen Schatten drohender Katastrophe hinter dem mitreißenden Appell des Odysseus an die Gefährten. Trotz Borchardts »Schroffheit« (ein Wort, das ihm teuer war) wirken in seiner Version Reim und Bewegungsfluß vielleicht unmittelbarer als in irgendeiner anderen. Gelenkig und rhythmisch bewegt sich der Text wie im Stechschritt. Der 8. Vers könnte auch von Brecht – nach Villon – sein. Er ist genauso »gestanzt«. Und das auf »getier« gereimte Wort »gier« in der 10. Zeile hat, wie unterirdisch auch immer, fühlbar und hörbar dieselbe Reizwirkung wie »acuti« an der gleichen Stelle im Original.

Wichtiger als Einzelheiten ist jedoch die bizarre Logik des Ganzen. Hier soll die Hermeneutik der Aneignung das nationalsprachliche Erbe des Übersetzers nicht nur bereichern, sondern grundlegend wandeln. Die Übersetzung wird zur Metamorphose der kulturellen Vergangenheit. Alle Sprachen und Literaturen werden als ein einziger gemeinsamer Vorrat an Sein betrachtet, aus dem wir beliebig schöpfen können, um die Unterlassungen und Irrtümer der Realität zu widerrufen. Ein englischer Flaubert, ein italienischer Rabelais, ein französischer Edward Lear – das sind gewiß Hirngespinste. Aber Borchardt erinnert uns daran, daß solche Hirngespinste durch Übersetzungen Substanz gewinnen (die Redewendung »ein englischer Flaubert«, wenn damit ein ins

Englische übersetzter Flaubert gemeint ist, bestätigt solche Wandlungsfähigkeit). Anderseits beweist die Kantigkeit des »Dante Deutsch«, daß keine Sprache, keine sprachbewußte persönliche oder gesellschaftliche Identität unberührt bleibt von dem, was sie aus der Fremde einführt.

In der Regel synchronisiert freilich nur der Übersetzer zeitgenössischer Literatur. Was für einen Sinn hat es, Dante ein Deutsch oder ein Französisch in den Mund zu legen, das fast unverständlich für Leser ist, die zunächst einmal eine Übersetzung brauchen? Zwar ist ein so kompromißlos rekonstruktiver Archaismus wie der Borchardts und Littrés eine Seltenheit. Aber die Geschichte der Übersetzung kennt immer wieder Archaismen eines gewissen Ausmaßes und der Vergangenheit verhaftete Stilverschiebungen. Bis zu den neuesten modernistischen Versuchen haben die Übersetzer fremder Klassiker, der »Klassiker« im engeren Sinne, der Heiligen Schrift, der Liturgie, großer Philosophen und Historiker die Alltagssprache der eigenen Zeit möglichst vermieden. Ausdrücklich oder aus Gewohnheit, absichtlich oder fast unbewußt, haben sie auf Wortschatz und Grammatik bereits vergangener Zeiten zurückgegriffen. Die Möglichkeiten, einen Text sprachlich zu »distanzieren«, ihn historisch zu stilisieren, sind praktisch unbegrenzt, und der Vorrat an Ausdrücken und Formeln, die Jahrhunderte oder nur eben eine Generation älter sind als die jeweilige Umgangssprache, ist unerschöpflich. Die Neigung zu Archaismen bringt meistens eine Mischform, eine Art Zwittersprache hervor: Der Übersetzer kombiniert, mehr oder weniger bewußt, vergangene Redewendungen, Stilformen seiner persönlichen Vorbilder und älterer Übersetzer mit altertümlichen Formen, die im zeremoniellen Bereich heute noch verwendet werden. Auf diese Weise gewinnt die Übersetzung Patina. [...]

Die erste Phase des Übersetzens – ich hatte sie »einleitendes
Vertrauen« genannt – ist am wichtigsten und besonders ris-
kant, wenn der Übersetzer Bedeutungen aus einer entlege-
nen Kultur und Sprache vermitteln will. Quine spricht von
»radikaler Übersetzung«, wo es sich um die Sprache eines
von der Kultur, welcher der Übersetzer angehört, bisher
noch unberührten Volkes handelt. Der Sprachforscher nähert sich ihr mit einer Verstehens-Erwartung, die Quine »intuitives Urteil, das sich auf Verhaltens-Details des Eingeborenen gründet«, nennt, »beispielsweise darauf, was und wie
er sondiert, wann und wobei in seinem Gesicht plötzlich
Erkennen aufblitzt u. dgl. mehr«.[13] Aber selbst diese »radi-
kale« Situation hat noch ihre Vorteile. Oft kann der interpretative Akt sich nur auf schriftliche, vielleicht unvollständige
Quellen stützen. Kein Informant ist mehr da, es gibt keinen
gesellschaftlichen oder gestischen Kontext. Der Paläograph,
der Sprachanthropologe entziffert Schweigen. Worauf begründet er seine Annahme, es gebe einen Sinn, der sich mehr
oder weniger richtig mittels seiner Muttersprache ausfindig
machen und in sie überführen läßt? (Die beiden Bestandteile
dieser seiner Überzeugung gehören zwar eng zusammen,
sind aber nicht identisch. Ein Übersetzer, der eine entlegene
Sprache beherrscht, kann durchaus zu dem Schluß kommen:
»Zwar verstehe ich diesen Text, sehe aber keine Möglichkeit,
ihn in meine Muttersprache umzuformulieren.«)
Die Voraussetzung für das »Vertrauen« des Übersetzers
auch in einem solchen Fall ist zugleich pragmatisch und
idealistisch. Erfahrungsgrundlage ist die überkommene und
kaum in Frage gestellte Gewißheit – und *wie* ließe sie sich
widerlegen? –, daß noch nirgends und niemals ein völlig
unentzifferbares und unübersetzbares Sprach-Corpus aufgetaucht ist, daß bisher noch immer alle zwischensprachlichen
Kontakte – literarisch, anthropologisch, ja, selbst archäolo-
gisch – einen zwar manchmal nicht erschöpfenden, zwin-

gend eindeutigen, aber doch mitteilbaren Bedeutungszusammenhang ergeben haben oder jedenfalls aller statistischen Wahrscheinlichkeit nach irgendwann einmal ergeben werden. Die idealistische Prämisse – daß Homologie und Rationalität universal sind – kommt in verschiedenen Spielarten vor: ökumenisch, cartesianisch, anthropologisch. Aber die Folgerung ist immer dieselbe: Letzten Endes sind die Ähnlichkeiten der Menschen viel größer als ihre Verschiedenheiten. Alle Angehörigen der Spezies haben primäre Wahrnehmungs- und Reaktionsfähigkeiten, die sich als sprachliche Äußerungen manifestieren und daher begriffen und übersetzt werden können. Darwin hat die Unterschiede zwischen Selk'nam und Yamana-Indianern in der Tierra del Fuego und zivilisierten Menschen gravierender gefunden »als die zwischen einem Tier in Freier Wildbahn und einem Haustier«. Aber um gar keine Kommunikation zuzulassen, reichen sie nicht aus. Ganz im Gegenteil: Gerade was uns sprachlich und kulturell besonders fern liegt, kann uns gelegentlich überwältigend verwandt vorkommen. Die Denkvorgänge »primitiver« Verbalisierung mögen sich zwar stark von den unsrigen unterscheiden (was übrigens strittig ist), »nichts desto weniger können wir sie leicht als Zeugnisse menschlichen Lebens erkennen; wir können unschwer ihre Gefühls- und Einbildungskraft abschätzen; ja, wir können sogar in etwa ihren streng poetischen Reiz ermessen«.[14] Wordsworth' furchtsamer Reisender, beim Anblick des Mondes, der hinter der Hütte der Geliebten untergeht, von drohendem Verhängnis betroffen, empfindet nicht anders als der beinahe steinzeitliche Jäger von den Andaman-Inseln, der singt:

Aus dem Lande der Yerewas brach der Mond auf,
Er kam näher; es war sehr kalt,
Ich liess mich nieder, oh, nieder,
Ich liess mich nieder, oh, nieder.[15]

Verschiedene Sprachen und Kulturen haben verschiedene Bezugssysteme, und die Überschneidung ist nie vollständig.

Aber wo immer es Menschen gibt – einerlei auf welchem ökonomisch-sozialen Niveau –: Die Kälte des Mondes lesen sie gleich oder doch derart ähnlich, daß sie sich wandeln können, bis sie einander erkennen. Die Prämisse kongruenter Vernunft gewinnt an Gewicht, sobald es um Kontakte zwischen hochentwickelten Kultursprachen geht. Die Gegenständlichkeit der äußeren Welt wird da als Argument benützt, um das Postulat wechselseitiger Verständnisfähigkeit zu erhärten. Mit der ganzen Autorität, die er aus seiner bahnbrechenden Leistung im Dienste kultureller Verständigung schöpft, sagt Joseph Needham: »Ich hoffe, wir haben gezeigt, daß Menschen, die in der Beobachtung und experimentellen Erforschung der Natur und in den Techniken, deren Gaben nutzbar zu machen, geschult sind, auch über die besonders strenge Schranke zwischen ideographischen und alphabetischen Sprachen und den Zeitabstand von ein oder zwei Jahrtausenden hinweg kommunizieren können.«[16] Wir haben gesehen, daß die generative Transformationsgrammatik beide Prämissen universaler Kommunikationsmöglichkeit, die pragmatische und die idealistische, durch ihre axiomatischen tiefen Strukturen und Zwänge demonstrativ zu stützen sucht.

Meine These lautet, daß weder die empirische noch die theoretische Prämisse über jeden Zweifel erhaben ist. Ein nicht unbeträchtlicher Teil des verfügbaren anthropologischen Anschauungsmaterials für gelungene Kommunikation zwischen eingeborenen Gewährsleuten und den linguistischen Beobachtern kann als verdächtig betrachtet werden. Wir werden allmählich argwöhnisch gegenüber dem hermeneutischen Zirkel, der die Entzifferung einer Nachricht aus der Vergangenheit oder aus soziokulturellen Kontexten, die uns radikal fremd sind, untergraben kann. Die Voraussetzung, daß sich Sprachgewohnheiten und die Konvention einer Übereinstimmung von Wort und Ding über »den Zeitabstand von ein oder zwei Jahrtausenden« nicht verändert haben sollen, erregt immer mehr Unbehagen. Wenn der Impuls

zur Bezeichnung häufig und, wenigstens zum Teil, ursprünglich nach innen gerichtet ist, wenn dem forschenden Außenseiter die Bedeutung oft vorenthalten oder nur bruchstückhaft mitgeteilt wird, bleibt der gesamte Fragenkomplex des Status und des Ausmaßes von übermitteltem und übersetztem Sinn offen. Quines berühmtes Modell der Stimulierung und Stimulus-Bedeutung schließt weder logisch noch praktisch die Möglichkeit aus, daß ein Stamm gemeinsam beschließt, den Sprachforscher zu täuschen. Auf diese Weise wehren sich Jugendbünde, Freimaurerlogen und Handwerksgilden gegen Neugier. Quines »Gavagai« muß nicht das vorbeihuschende Kaninchen bezeichnen, es könnte auch spöttisches »double-entendre«, ein Nonsens-Ausdruck sein, den der Eingeborene erfindet, um dem Frager den wahren, vielleicht numinosen Namen des Tieres vorzuenthalten. Quines Schema verlangt ein zusätzliches Axiom des guten Willens, ein anfängliches Vertrauen auf beiden Seiten. Die Tatsache, daß auch guter Wille manchmal nicht *alles* preisgibt, würde das Wörterbuch des Anthropologen darum nicht wertlos machen. Streckenweise wäre es ein Lexikon oder eine Grammatik der Oberfläche und würde unbemerkt auch Zeichen eines Codes der Verheimlichung oder der spielerischen Ironie enhalten. Jeder von uns ist im familiären oder gesellschaftlichen Gespräch in der eigenen Kultur wiederholt auf »blinde Flecken«, auf sprachliches Ödland, gestoßen. Manchmal glauben wir, etwas verstanden zu haben, wo man uns nur mit Redensarten oder Zweideutigkeiten abgespeist hat. Um so wahrscheinlicher ist es, daß der protokollierende Übersetzer entlegener Sprachformen ähnlich getäuscht oder ausgeschlossen wird.[17]
Gibt es also schlüssige Argumente gegen das intuitive Vertrauen auf die Erkennbarkeit und Übertragbarkeit von Bedeutung, das am Anfang jedes Übersetzungsaktes steht? Kann die gegenseitige Fremdheit phonetischer Strukturen und kultureller Kontexte tatsächlich »Unübersetzbarkeit« zur Folge haben? Gibt es eine definitive Antwort auf das

Programm, das Pound sich 1913 in dem Artikel »How I Began« gesetzt hat: »Ich wollte wissen, was wo auch immer für Dichtung gehalten wurde, welcher Teil der Dichtung unzerstörbar sei, welcher Teil durch Übersetzung *nicht verlorengehen kann,* und – kaum weniger wichtig – welche Wirkungen sich nur in *einer* Sprache erzielen lassen und sich schlechterdings nicht übersetzen lassen« (eine zwar begreifliche, aber logisch naive Frage, da, wenn solche Wirkungen schon auf *eine* Sprache beschränkt sind, kein Betrachter von außen ihre Existenz voll bestätigen oder beweisen kann)?

Eine ansehnliche Zahl der berühmtesten und folgenreichsten europäischen und amerikanischen Übersetzungen betreffen Sprachen und Kulturen, die der unsrigen extrem fremd sind: FitzGeralds »Rubáyát«, Goethes Hafis-Lieder, Waleys Auswahl chinesischer, japanischer und mongolischer Gedichte und nicht zuletzt die englische Bibel. Einige der überzeugendsten Übersetzungen in der Geschichte des Metiers stammen von Schriftstellern, die der Ursprungssprache ihrer Texte gar nicht mächtig waren (das muß wohl so sein, zumal wenn es sich um »exotische« Sprachen handelt). North' Plutarch geht nicht auf den griechischen, sondern auf den französischen Text von Amyot zurück; Pound konnte kein Chinesisch, als er die »Cathay«-Gedichte nach Fenollosa übersetzte; Donald Davies englische Fassung des »Pan Tadeusz« von Mickiewicz stützt sich nur auf eine englische Prosa-Version von G. R. Noyes; Auden und Robert Lowell haben Pasternak bzw. Vosneschenski nicht direkt aus dem Russischen, sondern aus zweiter und dritter Hand übersetzt. Und doch ist in vielen dieser Fälle nicht nur der Leser, der selbst keine Kenntnis von der Originalsprache hat, überzeugt, sondern auch der selten vorkommende angelsächsische Kenner des Chinesischen oder Polnischen und in raren Fällen sogar der Autor selbst oder ein anderer Chinese oder Pole, dem die Übersetzung zur Begutachtung vorgelegt wird. Die wesentlichen Mechanismen des Eindringens und des Verkehrs sind offensichtlich hier von ganz besonderer Art; doch verweisen sie auf eine allgemeinere Theorie.

Chinesisch ist bekanntlich besonders schwer in eine westliche Sprache übersetzbar. Es besteht zur Hauptsache aus einsilbigen Einheiten, deren jede einen weiten Spielraum von verschiedenen Bedeutungen hat. In der Grammatik gibt es keine klaren Tempus-Unterscheidungen. Die Schriftzeichen sind logographisch, aber viele enthalten noch bildliche Rudimente oder Anspielungen. Das Verhältnis zwischen einzelnen Sätzen ist eher parataktisch als syntaktisch, und die Interpunktion markiert nicht so sehr logische oder grammatische Unterteilungen als Atempausen. Bei der älteren chinesischen Literatur lassen sich Vers und Prosa kaum unterscheiden: »Während sie sich im Westen als mehr oder weniger eigenständige Formen entwickelt haben, sind sie im Chinesischen verschmolzen und vereinigt; ja, es ist keineswegs falsch, zu sagen, der Genius der chinesischen Prosa sei der Vers.«[18] Keine Grammatik, kein Lexikon hilft dem Übersetzer viel weiter. *Nur* der Kontext – im vollen sprachlich-kulturellen Sinne des Begriffs – sichert die Bedeutung. Aber trotz all dieser »Unmöglichkeiten« reizt die chinesische Literatur westliche Übersetzer. Im Englischen gibt es eine reichhaltige Geschichte von Importversuchen, sie reicht zumindest von Du Haldes »A Description of the Empire of China« (1738-41) bis zur Gegenwart.[19] Merkwürdig bleibt es, daß die bekanntesten englischen Übersetzer kein Chinesisch konnten. Bischof Percy, dessen Übersetzungen 1761 erschienen, hat mit einem älteren englischen und mit portugiesischen Manuskripten gearbeitet. Stuart Merrill, Helen Waddell, Amy Lowell, Wittner Bynner, Kenneth Rexroth haben Rohfassungen in Prosa, ältere Übersetzungen, französische Versionen, interlineare Hilfen der Sinologen zu Rate gezogen. Paradoxer, vielleicht skandalöser Weise bilden die Ergebnisse ein Ensemble von seltener Kohärenz und sind in ein oder zwei Fällen in ihrem Einfühlungsvermögen anderen überlegen, die auf der wirklichen Kenntnis des Originals beruhen. Der eklatanteste Fall dieser Art ist natürlich Pounds »Cathay« (1915).

Diese Sammlung ist wahrscheinlich nicht nur das genialste Werk in Pounds unausgeglichenem Kanon, sondern rechtfertigt auch am besten das ganze Programm der »Imagisten«. »Song of the Bowmen of Shu«, »The Beautiful Toilet«, »The River Merchant's Wife: A Letter«, »Lament of the Frontier Guard«, »Taking Leave of a Friend« sind Meisterstücke. Sie haben unser Sprachgefühl verwandelt und das rhythmische Muster des modernen Verses maßgeblich bestimmt (Waleys Übersetzungen in »freien Rhythmen« gehen direkt auf Pound zurück). Aber zugleich sind sie an vielen Stellen präzise Übertragungen des Chinesischen, Rekonstruktionen von äußerster Akkuratesse und Eleganz. Fenollosa mißversteht die ersten beiden Zeichen in der zweiten Zeile von »Ku Feng (After the Style of Ancient Poems) No. 14« von Li Tai Po; er verzerrt die Bedeutung von Vers 12 und verkennt die Funktion der Kriegstrommeln; er vernebelt den Schluß des Gedichts durch irrige, verwirrende Erläuterungen. Pounds »Lament of the Frontier Guard« respektiert die Wortoberfläche, dringt aber zugleich unter sie, um wiederherzustellen, was Fenollosa mißverstanden oder verdunkelt hatte. Waleys Übersetzung von »The Song of Chang-kan« steht zwar unter dem unmittelbaren Eindruck von »Cathay«, will aber Pounds linguistische Fehler berichtigen. Tatsächlich stellt sich jedoch Pounds »While my hair was still cut straight across my forehead« als genauer und bildlich informativer heraus als Waleys »Soon after I wore my hair covering my forehead«, und Pounds berühmter Verstoß gegen die Regeln »At fourteen I married My Lord you« trifft genau die Nuance der zeremoniösen Unschuld, der besonderen Anrede des Kindes für den Erwachsenen, die den Zauber des Originals ausmacht und von Waley verfehlt wird. Sogar aus sinologischer Sicht steht »The River Merchant's Wife: A Letter« Li Tai Po näher als Waleys »Ch'ang-kan«.[20] Wie war es nur möglich, daß ein Übersetzer ohne Kenntnis des Chinesischen, gestützt nur auf eine nicht fehlerfreie ältere Übersetzung und einen Kommentar zur Textquelle, solche »Lichtdurchlässigkeit« – ein Ausdruck von Eliot – erreichen konnte?

T. S. Eliot und Ford Madox Ford haben richtig erkannt, daß Pounds Suche nach imagistischer Intensität, seine Theorie der Gefühlskonzentration durch Collage und Überkreuzung verschiedener Anspielungsebenen genau mit dem übereinstimmen, was er für die Prinzipien der chinesischen Gedichte und Ideogramme hielt. Hinzu kommt ein unberechenbarer Einschlag, den er »göttlichen Zufall« genannt hat, die Mühelosigkeit, mit der er – was in seiner dichterischen Laufbahn immer entscheidend war – in fremde Vorstellung eintreten, Maske und Haltung anderer Kulturen annehmen konnte. Sein Genie ist vor allem die Fähigkeit zu Mimikri und Selbst-Metamorphose. »Auch wenn ihm nur ein paar knappe Details zur Verfügung stehen, kann er sich dank einer Kraft, die wir vielleicht hellseherisch nennen dürfen, in die Mitte des Bewußtseins des ursprünglichen Autors begeben.«[21] Dieses Sich-Einschleichen in eine Andersheit ist das eigentliche Geheimnis der Kunst des Übersetzers.

Aber der Vorstoß über eine große Ferne hinweg, durch sprachliche Vermittlungsschritte hindurch wie in »Cathay« ist nur eine der Komponenten des größeren Phänomens vertrauender Hermeneutik. Das China der Gedichte von Pound und Waley ist jenes, das wir erwartet haben, an das wir glauben. Es bestätigt, es trifft auf kraftvolle Antizipationen von Bildlichkeit und Tonalität. Die »Chinoiserien« der abendländischen Kunst, Literatur und Möblierung, in philosophisch-politischen Allegorien von Leibniz bis zu Brecht und Kafka sind Produkte von wiederholten, ausgewählten und stilisierten Impressionen. Unser Auge hat sich, einerlei ob willkürlich oder methodisch, fälschlicher oder berechtigter Weise auf bestimmte – vielleicht nur vermeintliche – Konstanten fixiert, die wir für Eigentümlichkeiten chinesischer Landschaft, chinesischen Gebarens und Empfindens halten. Eine Übersetzung nach der anderen erhärtet, was im Grunde eine europäische »Erfindung von China« ist.[22] Pound konnte mit den sparsamsten imitatorischen Mitteln nachahmen und überzeugen, nicht weil er oder seine Leser so viel von China wußten, sondern weil beide Seiten gleichermaßen wenig wissen. Daher die Familienähnlichkeit so vieler europäischer Übersetzungen aus dem Chinesischen, eine Ähnlichkeit, die sicher größer ist als die chinesischer Texte und Schulen untereinander. Judith Gautiers »Le Départ d'un ami« in »Le Livre de Jade« (1867) unterscheidet sich in Einzelheiten der Wortwahl sicherlich von Pounds »Taking leave of a Friend«, aber die Konventionen von Melancholie und Kühle sind analog:

> Par la verte montagne, aux rudes chemins, je vous
>     reconduis
>   jusqu' à l'enceinte du Nord.
> L' eau écumante roule autour des murs, et se perd vers
>     l'orient.
> C' est à cet endroit que nous nous séparons . . .
> . . .
>
> D'un long hénissement, mon cheval cherche à rappeler le
>     vôtre . . .
> Mais c'est un chant d'oiseau qui lui répond! . . .

(Der zusätzliche Schluß ist nicht nur überflüssig – im Chinesischen heißt es nur: »Das Pferd wiehert, wiehert beim Abschied« –, sondern er beeinträchtigt die Stilisierung auch durch ein typisch europäisches Motiv ironischer Dialektik.) Auch Hans Bethge trifft mit seiner Übersetzung von Wang Weis »Der Abschied des Freundes« (in »Die chinesische Flöte«, 1929) diese Stimmung:

> Wohin ich geh? Ich wandre in die Berge,
> Ich suche Ruhe für mein einsam Herz,
> Ich werde nie mehr in die Ferne schweifen,–
> Müd ist mein Fuß, und müd ist meine Seele,–
> Die Erde ist die gleiche überall,
> Und ewig, ewig sind die weißen Wolken . . .

Auch Mahlers Vertonung dieser Zeilen in »Das Lied von der Erde« ist den Tonarten und der Instrumentierung nach eine weitere europäische »Erfindung von China«. Und doch sind alle diese »Übertragungen« verschwisterte Schatten eines einzigen, unerhört vielschichtigen, vielgesichtigen Originals. Umgekehrt gilt das gleiche, wenn chinesische Künstler westliche Landschaften und Städte zeichnen. Auf delikate und eigenartige Weise geraten sie ihnen alle gleichförmig. New York schwebt wie ein vertikales Venedig über gekräuselten Wassern. Allenfalls lassen sich daraus gewisse Kriterien der Auslassung, der Formalisierung und des emblematischen Nachdrucks erschließen, von denen diese Bilder bestimmt werden.

Sämtliche englischen Nacherzählungen von »Tausendundeine Nacht«, selbst die von Edward Powys Mather, die sich ganz an das französische Vorbild von J. C. Mardrus hält, sind in das gleiche Rosenwasser getaucht. Französische, deutsche, italienische und englische Übertragungen der japanischen Haiku sind nah verwandt und haben die gleiche einschläfernde Monotonie. Mit anderen Worten: Je entfernter die sprachlich-kulturelle Quelle, desto leichter kommt es zu einer summarischen Durchdringung und der Weitergabe von stilisierten, kodifizierten Zeichen. Der europäische Übersetzer aus dem Arabischen, dem Urdu oder Ainu, »umgeht« gleichsam die Sprache des Originals mit ihren lokalen Verdichtungen, idiomatischen Varianten und historisch-stilistischen Ausformungen, er »kommt hinter« sie. Er betrachtet seine Quelle, oft durch zwischengeschaltete Umschreibungen, als sei sie eine kaum sprachliche Eigenschaft der Landschaft, der beschriebenen Sitten und der vereinfachten Geschichte. Für Pounds Chinanachahmungen, für Logues Homer war die Unkenntnis der Ursprungssprache paradoxerweise geradezu von Vorteil. Keine semantische Besonderheit, kein spezifischer Kontext steht zwischen dem Dichter-Übersetzer und seiner allgemeinen, in einer Kultur konventionell gewordenen Vorstellung davon, »wie diese

Dinge sind oder sein sollten«. Die Archäologen mögen sagen, was sie wollen: Antike Plastik stellen wir uns nun einmal in marmornem Weiß vor, und der Zahn der Zeit, der ihre einst bunten Farben zernagt hat, bestärkt uns in unserer falschen Vorstellung.

IV

»Lichtdurchlässigkeiten« sind viel schwerer aus geringem Abstand zu erreichen. Die Unschuld der Ferne, die vermittelte Unmittelbarkeit der konventionellen Exotik entfallen, wenn der Text, den der Übersetzer bearbeitet, aus der Sprache einer benachbarten Kultur stammt. Es kann sich dabei um historisch-geographische Nachbarschaft handeln, oder, und das ist am häufigsten, um gemeinsame etymologische Wurzeln und eine ähnlich verlaufene Sprachentwicklung. In dieser Lage – sie ist statistisch fast die Norm – reagiert der Übersetzer auf viel mehr, fühlt sich für viel mehr verantwortlich, als für den bloßen phonetisch-syntaktischen Gegenstand, den er vor sich hat. Sein hermeneutischer Zugang, der Vorstoß des Verstehens in die benachbarte oder verwandte Sprache und ihren kulturellen Kontext wird kompliziert durch das Erbe wechselseitiger Kontakte. Zum Verstehen als solchem gesellt sich ein ganzes Knäuel aus fast instinktivem Vorwissen und fertigen Annahmen. Der europäische Arabist, der Übersetzer der Gesänge sogenannter Naturvölker reist mit sehr viel leichterem Gepäck. Der Übersetzer eines europäischen »fremdsprachlichen« Textes dagegen, der Slavist beispielsweise, der aus einer der slavischen Sprachen übersetzt, muß sich den Weg zum Original durch die konzentrischen Kreise seines eigenen sprach-kulturellen Selbstverständnisses, wohlbegründeter Mutmaßungen und erlernter Kenntnisse hindurch freikämpfen. Kreise, deren jeder auf seine Weise den Text erläutert und erhellt. Diese Vorarbeit erzeugt Kriterien für Vergleiche und Analogieschlüsse, mittels derer sich der Grad der Verständlichkeit und »Übertragbarkeit« abschätzen läßt. Aber sie macht das Werk auch kompakter und undurchsichtiger, »verdichtet« es buchstäblich. Deshalb kann der Übersetzer nur ein mehrdeutiges und dialektisches Verhältnis zu einem Text »aus der Nähe« haben. Seine Einstellung zu ihm wird sowohl durch Wahlverwandtschaft als durch widerstandsfähige Differenz bestimmt.

Die Frage dieser »Differenz« ist ganz entscheidend und bringt uns dem Wesen des Unübersetzbaren näher. Jede Differenzierung ist reziprok und wirkt in beiden Richtungen. Nach Jacques Derrida läßt Differenz sich nur doppelt denken: »qu'*à partir* de la présence qu'il diffère et *en vue* de la présence différée qu'on vise à se réapproprier«.[23] Ein französischer Übersetzer erfährt Englisch als *verschieden von* Französisch. Diese Erfahrung der »Differenz von« ist ein individualpsychologisches Kompositum, das von einer verschwommen somatischen Ebene (Phonetik, sensorisches »Gefühl«, Aroma, Geschwindigkeit, melodisches Akzentsystem der beiden Sprachen) bis hin zum rein spirituellen, höchst abstrakten Bewußtsein der semantischen Kontraste reicht. Aber der Unterschied schlägt auch auf Individuum und Gesellschaft zurück, er definiert rückwärts. Englisch »unterscheidet sich von« Französisch anders als von Deutsch oder Portugiesisch. Der Deutsche oder der Portugiese erlebt den Unterschied im Hinblick auf seine eigene Muttersprache und zugleich – mit vielfältig variablen Einstellungen – auf Sprachen, die er nicht so gut beherrscht wie seine eigene. Jeder »Unterschied von« ist in einem allgemein formalen und historischen Sinne diakritisch, aber zugleich unerschöpflich spezifisch. Die Schranken zwischen den Sprachen sind »lebendig«. Sie sind dynamische Konstanten, die jede Seite im Verhältnis zur anderen, aber nicht weniger zu sich selbst abgrenzen. Dieser höchst komplizierte Sachverhalt steht hinter der Redensart, daß die Beherrschung einer Zweitsprache die der eigenen vertieft und klärt. Differenz zu erfahren, den spezifischen, stofflich-handfesten Widerstand dessen, was verschieden ist, zu spüren, bedeutet, daß man die eigene Identität neu erfährt. Unser Eigenraum ist ortsspezifisch festgelegt durch das, was außerhalb seiner Grenzen liegt. Durch den Druck von außen gewinnt und bewahrt er seine Kohärenz, seine greifbare Gestaltung. »Anderssein«, besonders wenn es sich des Reichtums und der Schlagkraft der Sprache bedient, zwingt das »Gegenwärtigsein« zurückzutreten.

Der Übersetzer arbeitet auf dem exponiertesten Punkt leibhaftiger Differenz. Er steht unter dem Zwang, den – ob weit oder eng – umgrenzten Raum seiner Sprache und Kultur, seiner privaten Reserven an Verständnisfähigkeit und Einfühlungsvermögen zu konkretisieren, ihn sichtbar zu machen. Der französische Übersetzer eines englischen Textes muß jenseits der bewußten Kontrolle eine Art Neudefinition, ja einen Neuerwerb des Französischen nach außen kehren und vorführen. Aus dieser Neubestimmung entsteht ein »Französisch«, das heißt, ein Konstrukt aus Analogie, Metaphrase, Innovation, mehr oder weniger verdeckter Unzulänglichkeit, Mischformen, das nicht dasselbe »Französisch« ist wie das eines französischen Übersetzers beispielsweise aus dem Deutschen. Ein solches »Übersetzerisch« kann eine auf besondere Weise abgebogene, desorientierte (»désaxée«), aber keineswegs belanglose Variante einer Sprache sein. Jede Differenzierung erzeugt die ihr eigene Dynamik innerer Umgruppierung, so wie jedes Grenzgebiet an einer Landesgrenze auf beiden Seiten durch ein gesteigertes Nationalgefühl und zugleich durch die Anreicherung mit charakteristischen Elementen des jeweils anderen Volkes gekennzeichnet ist (daher die Frage nach der inneren Topologie des Mehrsprachigen). Die Differenz des Englischen vom Französischen für den Franzosen, des Französischen vom Englischen für den Engländer – die Termini können sich auf beiden Seiten der Gleichung überkreuzen, insofern sie die beiden Seiten der Münze im diakritischen Kontakt sind – ist in jedem sprachlichen Detail so dicht und vielfältig, daß sie sich jeder formalen Beschreibung verweigert. Die Differenzen, wie sie an beiden Sprachfronten empfunden werden, sind ein Kompositum aus Elementen von Übereinstimmung, Ausschließung, partieller Deckungsgleichheit, Nachahmung, Verweigerung und abgestufter Vermittelbarkeit, das historisch und symbolisch, überkommen und idiosynkratisch, gewollt und unbewußt sein kann. Chinesisch oder Suaheli und Französisch sind, oberflächlich gesehen, »total« verschieden. Aber diese Totalität täuscht und steht auf schwankendem Boden. Zur Hauptsache handelt es sich um eine reglose »Indifferenz« weiter, ausdrucksloser Räume. Ein »geringer Abstand« anderseits – wie zwischen Französisch und Englisch – ist mit den Energien interaktiver Differenzierung geladen. Je spannungsreicher die Nähe, desto stärker der Impuls zu defensiver Selbstdefinition, zur Wahrung der eigensprachlichen Integrität. Wie aber kann der französische Übersetzer *des* und *aus dem* Englischen (Genitiv und Präposition markieren einen schwer faßbaren Unterschied) seine Version des Quellentextes »lichtdurchlässig« machen und dem Impuls zur autonomen Selbstbehauptung widerstehen? Nur mit Hilfe eines metaphorischen »Kalküls«, das gleichzeitig und in allen Richtungen integriert und differenziert. [...]

Jede Übersetzung von Rang muß einen möglichst präzisen Sinn für das mit sich führen, was ihr widersteht, für die mitten im Verstehen unüberschreitbaren Grenzen. So genau wie kaum ein anderer literarischer oder linguistischer Text bezeugt Stefan Georges Gedicht »Das Wort« die konkrete Existenz dieser Schranke (born, landes saum) und die Gefahr, daß Wörter beim Überschreiten zerbrechen:

Wunder von ferne oder traum
Bracht ich an meines landes saum
Und harrte bis die graue norn
Den Namen fand in ihrem born –
Drauf konnt ichs greifen dicht und stark

Nun blüht und glänzt es durch die mark ...
Einst langt ich an nach guter fahrt
Mit einem Kleinod reich und zart
Sie suchte lang und gab mir kund:
»So schläft hier nichts auf tiefem Grund«
Worauf es meiner Hand entrann
Und nie mein land den schatz gewann ...
So lernt ich traurig den verzicht:
Kein ding sei wo das wort gebricht.

Wir dürfen keiner Übersetzung trauen, deren Wörter ganz
»ungebrochen« sind. Auch der Übersetzer kann einem Kind
gleichen, das den eigenen Pulsschlag für das Rauschen ferner
Weltmeere hält, wenn es an einer Muschel horcht.

Doch das »Versehen«, das »Daneben-Greifen«, das Ausweichen auf das Wort nebenan, die Transkription zwischen Bemächtigung und Ersatzhandlung sind unerlässlich. Wir haben gesehen, daß ernstliches Verstehen von der sprachlichen
und kulturellen Erfahrung einer widerstandsfähigen Differenz abhängt. Anderseits erfordern die Überschreitung der
Differenz, der Prozeß, in dem die Wahrscheinlichkeit von
Kommunikationslosigkeit, der nagende Zweifel an der
Durchführbarkeit der Aufgabe, nach innen genommen werden, eine »Wahlverwandtschaft«. Bei naher sprach-kultu-
reller Nachbarschaft empfindet der Übersetzer oft so etwas
wie ein Wiedererkennen. Hermeneutik und Praxis seiner
Entschlüsselung und Umformulierung werden zum Spiegel-
Erlebnis, zum »déjà-vu«. Bevor er noch angekommen war,
ist er schon da gewesen. Er hat seinen Text nicht aufs Geratewohl gewählt, sondern weil er sich ihm verwandt fühlt.
Die Anziehung, die er spürt, mag an der Gattung, am Klang
des Textes liegen oder an biographischen Phantasien, am
begrifflichen Bezugsrahmen. Was immer es sein mag, das
den Übersetzer fesselt, sein Gefühl für den Text ist, als käme
er nach Hause zu ihm, als käme er »heim von daheim« (eine
sentimentale, aber präzise Redensart). Schlechtes Übersetzen ist dagegen die Folge negativen »Versehens«: Irrtümli-

che Wahl oder zufällige, äußere Umstände haben den Übersetzer dazu verleitet, nach einem Original zu greifen, in dem er nicht zu Hause ist. Die Fremdheit liegt nicht in einer Differenzierung, die als Moment in der Dialektik des Grenzübertritts erfahren und bestimmt wird, sondern in einem unklaren, leeren Mangel an Übereinstimmung, der mit der Sprachverschiedenheit gar nichts zu tun zu haben braucht. Schließlich gibt es ja auch in unserer eigenen Kultur und Sprache genügend Werke, zu denen wir keine Beziehung haben, die uns völlig kalt lassen. Positives »Versehen« erzeugt dagegen das Gefühl des Zuhause-Seins in der anderen Sprache, der anderen Bewußtseins-Gemeinschaft – und kommt umgekehrt durch das nämliche Gefühl zustande. Das ist ein ganz entscheidender Punkt. Übersetzung operiert in einem dualen oder dialektischen oder bipolaren Kraftfeld (welchen dieser Termini man bevorzugt, ist nur eine Frage der Metasprache). Widerstandsfähige Differenz – die integrale und historische Undurchlässigkeit, Absonderung von zwei Sprachen, Zivilisationen, semantischen Verbänden – spielt gegen Wahlverwandtschaft, das Schon- und Wiedererkennen des Originals seitens des Übersetzers, sein Gespür für den rechten Zugang in ein Zuhause, das für den Augenblick verschoben ist, das heißt, jenseits der Grenze liegt. Bei geringem Abstand, etwa zwischen zwei europäischen Sprachen, sind beide Pole maximal geladen. Der Schock der Differenz ist so stark wie der der Vertrautheit. Der Übersetzer wird gleichermaßen gewaltsam angezogen und abgestoßen. Lichtdurchlässigkeit ergibt sich aus der unaufgelösten Antinomie der beiden Ströme, aus der Vehemenz der gegenläufigen Stromstöße von Anziehung und Abstoßung, die vom Kern des Originals ausgehen. Mit solchen oder ähnlichen Bildern ist man schon nicht allzu weit entfernt von dem der Mikron-Räume zwischen hochgeladenen Elementar-Teilchen, die durch die Schwerkraft zu einander hingezogen, durch Abstoßung aber separat gehalten werden.

Seltsam aber sind die psychologischen Fallen, die das »positive Versehen«, der Narzißmus des Wiedererkennens, von dem das Gelingen der Arbeit zur Hälfte abhängt, dem Übersetzer stellt. Ist er erst einmal in das Original eingetreten und hat die Sprachgrenze überschritten, sein Zugehörigkeitsgefühl bestätigt gefunden, – warum soll er dann überhaupt noch übersetzen? Offensichtlich ist er jetzt derjenige, der es am wenigsten nötig hat. Nicht nur, daß er jetzt das Original lesen und ihm zuhören kann: auch dessen einzigartig verwurzelte Bedeutung, die organische Autonomie des Sagens und des Gesagten wird er umso klarer gewahren, je zwangloser er sich hineinversenkt hat. Warum dann also Übersetzung, warum der Umweg, welcher der Heimweg ist (die dritte Phase des hermeneutischen Prozesses)? Zum Übersetzen gehört zweifellos auch ein Paradox des Altruismus – ein Wort, auf dem die Akzente von »Andersheit« wie von »Veränderung« liegen. Der Übersetzer unterzieht sich für andere, um den Preis von Zerstreuung und relativer Entwertung einer Aufgabe, die er für sich selbst gar nicht mehr nötig hätte. Aber er hat auch so etwas wie Besitzinstinkt. Erst wenn er das Abbild des Originals mit »nach Hause« gebracht hat, die sprachliche und gesellschaftliche Grenze auch nach rückwärts wieder überschritten hat, fühlt er sich als der unbestrittene Besitzer der Quelle. Ist er erst einmal sicher auf heimischem Boden angelangt, so kann er seine eigene Übersetzung wegwerfen, da ja das Original nun auf ganz besondere Weise sein eigen ist.

Aneignung durch Verstehen und neusagende Metamorphose schlägt um – und zwar psychologisch und moralisch – in Enteignung. Das ist das Dilemma, von dem ich sagte, es sei die Ursache für die vierte, die abschließende Phase in der Hermeneutik des Übersetzens. Der genuine Übersetzer fühlt sich nach Abschluß seiner Arbeit en fausse situation. Er ist dem eigenen Artefakt gegenüber, das nun gänzlich überflüssig ist, zum Fremden geworden, aber auch dem Original gegenüber, das er mit seiner Übersetzung in unterschiedlichem Grade verfälscht, gemindert, ausgebeutet oder durch Verbesserung betrogen hat. Ich werde noch auf das daraus entstehende Bedürfnis nach Ausgleich, nach Wiederherstellung des Paritätsverhältnisses zurückkommen. Dieses zwingende Bedürfnis ist als Obsession in den zugleich von Widerstand und Magnetismus erfüllten Distanzen zwischen Hobbes und Thukydides, Hölderlin und Sophokles, McKenna und Plotin, Celan und Shakespeare, Nabokov und Puschkin sichtbar.

Wahlverwandtschaft kann nationale Gründe haben. Das bestbelegte Beispiel dafür ist die deutsche Identifikation mit Shakespeare. Von der ersten Erwähnung seines Namens an – in einem deutschen Text aus dem Jahre 1682 – bis zur Gegenwart hat sich ein ununterbrochener Prozeß der Einverleibung abgespielt.[24] Shakespeare hat die deutsche Literatur, die Entwicklung des deutschen Theaters, die Gewohnheiten rhetorischer und umgangssprachlicher Anspielung, die Stil und Sensibilität einer Nation prägen, verändert. Die »Shakespearomanie« – so Grabbe 1827 – hat gelegentlich groteske Formen angenommen, beispielsweise, als in den achtziger Jahren des 19. Jahrhunderts allen Ernstes der Anspruch erhoben wurde, Shakespeare sei »flämisch-teutonischer« Abstammung. Enthusiasmus ging oft Hand in Hand mit falschen Lesungen. Das deutsche Publikum des 19. Jahrhunderts und seine Lehrmeister sahen in Shakespeare einen Tragiker mit bürgerlichen Moralvorstellungen, eine phantasiebegabtere Version von Lessing oder Diderot. Goethe kam in seinem aufschlußreich betitelten Essay »Shakespeare und kein Ende« zu dem Schluß, daß Shakespeare in erster Linie ein Dichter zum Lesen sei, während die Stücke auf der Bühne rüpelhaft und schwach wirkten. In seinen Weimarer Inszenierungen – besonders der von »Romeo und Julia«, 1811 – hat er das vermeintlich unausgeglichene Original denn auch drastisch »verschlimmbessert« (ein Ausdruck von August Wilhelm Schlegel). Philosophische Lektüren seiner Texte und dramaturgische Schulen in Deutschland haben einen Platoniker oder einen radikalen Materialisten, einen humanistischen Weltbürger oder einen streitbaren Nationalisten, einen bürgerlichen Moralisten und einen Verfechter allseitiger Sexualität, einen von Geheimnis umwitterten Symbolisten, dessen Rätsel allen bisherigen Lösungsversuchen trotzen, oder einen Naturalisten à la Hauptmann oder Wedekind aus ihrem Idol gemacht.

Gemeinsam ist all diesen widersprüchlichen Vorstellungen allerdings die Überzeugung, die Gundolf 1927 in »Shakespeare und der deutsche Geist« ausgesprochen hat: daß der Elisabethanische Schriftsteller »wie kein anderer das menschgewordene Schöpfertum des Lebens selbst« sei.[25] Diese Formulierung ist eine ausdrückliche Anspielung auf die Menschwerdung Christi, die Herabkunft des obersten lebenspendenden Prinzips in menschlicher Verkleidung. So maßlos Gundolfs Redeweise auch ist, sie vermittelt deutlich die Erfahrung, daß Shakespeare der Lebensader und den schöpferischen Mitteln der deutschen Sprache innewohnt. Friedrich Schlegel hatte in seiner »Geschichte der alten und neuen Literatur« bereits 1812 den selben Standpunkt vertreten und gesagt, daß die deutschen Shakespeare-Übersetzungen die Sprache und die Reichweite des Bewußtseins der Nation verändert hätten. Schon seit Wieland, aber vornehmlich in den Fassungen von August Wilhelm Schlegel, Dorothea Tieck und Wolf Graf Baudissin, die zwischen 1797 und 1823 erschienen, hat die deutsche Sprache in dem Bemühen, Shakespeare zu durchdringen und darzustellen, ihre eigenen damals modernen Möglichkeiten und Grenzen verwirklicht. Dank seines Genies der »Entsagung« – so Gundolf – hatte August Wilhelm Schlegel die deutsche Sprache dazu vermocht, sich Shakespeares »Seelenstoff« buchstäblich einzuverleiben: »so ward die Möglichkeit einer deutschen Shakespeare-Übertragung verwirklicht worin der deutsche Geist und die Seele Shakespeares durch ein gemeinsames Medium sich ausdrückten, worin Shakespeare wirklich deutsche Sprache geworden war«.[26] Übertragung hatte völlige Symbiose gezeitigt. Der englische Text ist laut Gundolf nicht ins

Deutsche übersetzt, er »ist diese Sprache geworden«. Der Übersetzer verwandelt also das Original in dessen wahres Selbst (Mallarmés »Tel qu'en Lui-même l'éternité le change«, das sich natürlich auch auf den Topos Übersetzung stützt). Der Gedanke ist in gewisser Hinsicht absurd und doch philosophisch und linguistisch von größter Bedeutung. »Shakespeare« lag irgendwo in der Zufalls-Hülse der englischen Sprache verborgen. Die Teleologie seiner vollen Bedeutung, der »Bedeutung seiner Bedeutung«, die Verwirklichung seiner vollständigen historisch-geistigen Gegenwart, lag im Deutschen. Der Raum zwischen dem deutschen Übersetzer und dem Shakespeareschen Original fällt gleichsam genau mit der Spiegelfläche zusammen. Wie kann Lichtdurchlässigkeit zustande kommen, wenn Distanz solcherart negiert wird?

Das 87. Sonett ist dicht komponiert: typisches Beispiel für Shakespeares Gewohnheit, aus einem Spezialbereich der Sprache zu schöpfen – hier der des Handels- und Eigentumsrechts – und in der Tiefe eine vertraulichere, konkretere Aussage zu machen – hier den Hinweis auf eine entscheidende Wendung in den Machtverhältnissen zwischen dem Sprecher, der Dame und dem Dichter-Rivalen aus der vorhergehenden Gedichtgruppe. Dieser Weg nach innen von der Fassade einer Fachsprache aus, deren betont konventionelle terminologische und grammatische Sprachregelung die Verletzung und Ironie in der primären Äußerung zügelt, ist für Leser und Übersetzer voller Fallgruben. Das Drama spielt sich in der Syntax ab, im syntaktischen Druck des privaten Bedürfnisses und privaten Hohns, die vom Vokabular zugleich verdeckt und deklariert werden. Die abgedämpfte, hinausgezögerte Schockwirkung wird zum Teil durch ein Rallentando erreicht: In dem Maße, in dem die Sprache des Sonetts eine technische ist, verwehrt sie uns bequeme Einfühlung. Dasselbe gilt für die kraftvolle, engmaschige Anordnung der Wörter, der gegenüber der Übersetzer ebenfalls auf der Hut sein muß:

Farewell thou art too deare for my possessing,
And like enough thou knowst thy estimate,
The Charter of thy worth gives thee releasing:
My bonds in thee are all determinate.
For how do I hold thee but by thy granting,
And for that ritches where is my deserving?
The cause of this faire guift in me is wanting,
And so my pattent back again is swerving.
Thy selfe thou gav'st, thy owne worth then not knowing,
Or mee to whom thou gav'st it, else mistaking,
So thy great guift upon misprision growing,
Comes home againe, on better judgement making.
 Thus have I had thee as a dreame doth flatter,
 In sleepe a King, but waking no such matter.

Daß da einige Mehrdeutigkeiten und Verflechtungen lauern, ist augenscheinlich. »Deare« (teuer) bedeutet sowohl »expensive« (kostspielig) als auch »cherished« (hochgeschätzt, liebenswert). Zusammen mit »possessing« (Besitzen) leitet es die den ganzen Text beherrschende Zweigleisigkeit der ökonomischen und erotischen Bezeichnung ein. »Estimate« wirkt ironisch und weist listig in mehrerlei Richtung: Sowohl die Bedeutungen »assessment« (Einschätzung) als auch »self-esteem« (Eigendünkel) sind zu berücksichtigen. »Charter« (Urkunde), ähnlich verwendet wie in »Othello« (einem Stück, das mit dem 87. Sonett bestimmte Eigenheiten gemein hat), enthält Elemente von »contract« (Vertrag) und »privilege« (Vorrecht, Freibrief). »Bonds« (Fesseln, Bande, aber auch Bürgschaft, Kaution, Schuldschein) schlägt wie so oft in der Sonettfolge die Brücke zwischen getrennten Bereichen der Erfahrung und der Rede: hier dem juristisch-ökonomischen und dem persönlich-erotischen. Manchmal – wenngleich ich nicht sicher bin, ob auch hier – schwingt ein Nebenton von »bounds« (Schranken und ebenfalls Bande), von Beschränkung des Selbst und der Handlungsfreiheit dabei mit. »Determinate« (bestimmt, festgelegt) führt uns zurück zur Paragraphensprache: in diesem Falle des Schenkungs- und Abtretungsrechts. J. Dover Wilson im »New Shakespeare« vermerkt – nach Tucker Brooke –, daß die Zeilen 5-8 »auf dem Rechtsgrundsatz basieren, daß ein Vertrag nicht einklagbar ist, wenn in ihm kein Ausgleichswert bzw. Entgelt vermerkt ist«. Der Gebrauch von »swerving« (plötzlich aus- oder abweichen) ist unerwartet und wirkungsvoll: Man sieht auf einmal ein ganzes Büschel Shakespearescher Metaphorik, die alle etwas mit »bias« (Schräge, schiefe Ebene, Hang, Neigung, Vorurteil), mit einer raschen Bewegung also, die das natürliche Gleichgewicht ändert, zu tun haben. »Mistaking« (verwechseln, sich irren) stellt ein ganz deutliches, aber todernstes Wortspiel dar: »falsch verstanden« oder »irrtümlicherweise akzeptiert«. »Misprision« (Vergehen, Versäumnis, Unterlassung) ist wieder ein Wort der Rechtsprache, hat aber auch drastische, psychologische und körperliche Nebentöne. »Judgement« (Urteil, Gericht, Strafgericht) schließt unaufdringlich das forensische Thema ab. »No such matter« mag vielsagender sein, als es scheint, weil sein Bedeutungsspielraum von »no such substance« (etwa: »nichts Derartiges«) bis zu »a thing of no importance« (etwa: »etwas Bedeutungsloses«) reicht. Abgesehen von so augenfälligen Bedeutungsverknotungen deuten sich jedoch noch andere typisch Shakespearesche Untiefen auf der Sprachoberfläche an. »Guift« (Geschenk, Gabe) hat beide Male einen eigentümlich zweideutigen, metallischen Glanz (unauffällig unterstützt noch durch das wiederholte »thou gav'st«). Hier wie so oft bei Shakespeare – man denke an das ganze Bedeutungsspektrum von »kind« (freundlich, Art usw.) im »König Lear« – fragt man sich, ob nicht ein präzises, obwohl äußerst »natürliches« und ungezwungenes Bewußtsein von etymologischen Zusammenhängen im Spiel ist. Im Altnordischen und Altenglischen bezeichnete »gift« jene Geldsumme, die heute noch im Deutschen »Mitgift« heißt; während »Gift« allein bekanntlich für das englische »poison« steht. In »wanting« vereinigen sich »lack« (Fehlen, Mangel) und »Need« (Bedürfnis). Kurzum, Shakespeares

Sprache speist sich fast an jedem Punkt des Sonetts sowohl aus einer Vielzahl semantischer Felder – antipetrarkistisch, erotisch, monetär, juristisch – als auch aus dem Vorrat ihrer eigenen Geschichte.

Stefan Georges Shakespeare-Bild gibt sich nicht immer leicht zu erkennen.[27] Sicher ist, daß der Elisabethanische Meister für ihn die Inkarnation jener esoterischen Hoheit, jenes wahren Platonismus war, die seinem eigenen Bild von philosophischer Dichtung zugrunde lag. So ist denn auch seine »Umdichtung« der Sonette – 1909 erschienen – ein Fest heftiger Selbstprojektion. George erklärt, seine Fassung sei »unromantisch«. Jetzt und zum ersten Male werde dem Leser die innere Bedeutung des Textes erschlossen. Er werde nun in jene platonische Allegorik eingeweiht werden, die im Original schlummere, durch die Konventionen Elisabethanischer Rede jedoch und durch Versäumnisse früherer Interpreten maskiert sei. Die Übersetzung oder vielmehr Verwirklichung durch Neu-Sagen müsse zeigen, auf welche Weise »im mittelpunkte der sonettenfolge in allen lagen und stufen die leidenschaftliche hingabe des dichters an seinen freund« steht:

Lebwohl! zu teuer ist dein besitz für mich
Und du weisst wohl wie schwer du bist zu kaufen. .
Der freibrief deines werts entbindet dich. .
Mein recht auf dich ist völlig abgelaufen.

Wie hab ich dich · wenn nicht durch dein gewähren?
Verdien ich was von deinen schätzen allen?
Aus mir ist nicht dein schenken zu erklären. .
So ist mein gnadenlehn anheimgefallen.

Du gabst dich damals · deinen wert nicht sehend –
Vielleicht auch dem du gabst · mich · anders nehmend. .
Dein gross geschenk · aus irrtum nur entstehend ·
Kehrt heimwärts bessrem urteil sich bequemend.

So hatt ich dich wie träume die beschleichen –
Im schlaf ein fürst · doch wachend nichts dergleichen.

Die Übersetzung des ersten Quartetts ist auf äußerste Genauigkeit bedacht. »Teuer« ist dem englischen »dear« verwandt und hat dieselbe Doppelbedeutung. Wenn »du weisst
wohl wie schwer du bist zu kaufen« auch keineswegs ganz
wörtlich wiedergegeben ist, vermittelt es doch Shakespeares
düstere Ironie und den entscheidenden Hinweis auf die Ver-
logenheit und Käuflichkeit des Geliebten. »Freibrief« (schon
aus der »romantischen« Übersetzung von Gottlob Regis,
1836, bekannt), ist eine schöne deutsche Entsprechung zu
»charter«, weil darin die beiden Implikationen von »Vertrag« und »Freiheit« enthalten sind. Der erste Beweis der
Blindheit ist »Mein recht auf dich«, womit George Shakespeares konzentrierte Ambiguität von Investition und
Knechtschaft in »my bonds in thee« nahezu leugnet. Er
macht keinen Hehl mehr aus seinem Leitbild des platonischen Lehrmeisters, der »ein Recht auf« den geliebten Jüng-
ling hat. Auch das zweite Quartett ist in jeder Hinsicht
schwierig. Die bittere Direktheit der Frage des Dichters
wird im Original durch die Fachsprache zugleich verschlei-
ert und unterstrichen. Wir sollen zögern, sollen beobachten,
wie die Gewalt der persönlichen Verletzung und Beleidigung
gegen die petrarkistische und forensische Wort-Armatur
ausgespielt wird. George hält sich an die originale Wortfolge, und »gewähren« enthält die vom Text geforderten Andeutungen des Juristischen und des Herablassenden. »Ver-
dienen« hat dagegen ein zu breites Bedeutungsspektrum:
Obwohl es den Aspekt von Knechtschaft in »de-serve« bzw.
»ver-dienen« spiegelt, bedeutet es zugleich »Geld einneh-
men« ein Motiv, das in Shakespeares Konstruktion und Zielrichtung nicht gehört. In der siebenten Zeile weicht George
vom Original ab. »Erklären« führt in seiner Sprache Valeurs
von »Erhellung« mit sich, von Selbstentfaltung des Erwähl-
ten im Prozeß der Liebesinitiation. Die ganze Kraft von

»wanting«, seine emotionale Kohärenz in den und durch die konträren Bedeutungstendenzen, geht verloren. Der Schluß der Strophe ist dagegen gelungen. Zwar läßt sich George das plastische Wort »swerving« entgehen, aber mit dem für ihn typischen Amalgam »gnadenlehn« stützt er das Vertragsthema. Durch das Zusammenspannen von »Gnade« und »Lehen« – Gunst also, die dem damit Belehnten auch wieder entzogen werden kann, – artikuliert diese eigenartige Findung die zweideutige Situation des Sprechers. »Anheimgefallen« ist nicht weniger komplex und treffend: es vermittelt die unheilvolle Bewegung (»dis/grace«) und kündigt schon die ironische Kehre von »comes home again« in Vers 12 an.

Durch seinen hartnäckigen Platonismus verwässert George am Anfang des dritten Quartetts die sinnliche Intensität des Originals, die durch die gedrängte Syntax Shakespeares handgreiflich und zugleich verstörend wirkt. »Sehend« mit seiner neuplatonischen und petrarkistischen Bevorzugung des edelsten und spiritualsten aller menschlichen Sinne verzichtet auf die entscheidende Vereinigung zwischen intellektuellem und sexuellem »knowing« (»erkennen«). Auch »anders nehmend« ist abstrakt: es vermeidet die Assoziation des »Fehlurteils« mit dem »flüchtigen erotischen Besitz«, die in »mistaking« am Werk ist. George ist jetzt in die Falle seiner Shakespeare-Vorstellung – als Platoniker und Hermetiker – und überdies in die des Reimzwangs geraten. »Sich bequemend« mit seinen familiären, aber auch gelinde salbungsvollen Nebentönen ist nicht nur in sich verderblich für den Text, sondern verstößt auch gegen die extreme Subtilität des Shakespeareschen »on better judgement making« mit ihren vielfältigen Lesarten. Obgleich der Geliebte sich zwar über den Wert des Liebenden getäuscht haben mag, bewirkte eben dieser Irrtum selbstisches Wachstum. Wenn »the great guift« den Empfänger beurteilt und ihn »wanting« befunden hat – Shakespeares Konzeption ist hier von äußerster psychologischer Hellsicht –, so ist es auch seinerseits beurteilt worden, und sein Heimfall ist ambivalent. Georges Negierung der derberen, trüberen Elemente in dem Sonett hindert ihn nun daran, die geheimnisvolleren zu erkennen. Seine wachsende Einsicht in diesen Widerspruch dürfte schuld an dem Mißton im abschließenden Couplet sein, das hier einmal mehr Gewicht hat als in vielen von den Sonetten. Monarchen, die sich von Träumen umschmeicheln oder von ihrer wahren Verfassung für eine Weile ablenken lassen, kommen immer wieder an Schlüsselstellen bei Shakespeare vor. Das Motiv des sexuellen Eindringens, während der/die Geliebte schlummert, (»thus have I had thee«) ist zugleich possenhaft und neuplatonisch oder gnostisch. Wenn es im 87. Sonett überhaupt anklingt, so nur ganz blaß. »Beschleichen« jedenfalls ist so völlig fehl am Platze, wie es Iachimo in »Cymbeline« wäre. Als ob ihm unbehaglich bei seiner allegorischen Glossierung geworden sei, rutscht George jetzt ins Physische aus und trivialisiert Shakespeares zurückhaltende Bitterkeit. Der letzte Vers ist schwach. Was anders reimt sich schon auf »beschleichen« als »nichts dergleichen«!

Die »Nachdichtung« der Sonette von Karl Kraus, der im Hinblick auf Hermeneutik und Übersetzung mit dieser Bezeichnung gegen Georges »Umdichtung« polemisiert, ist zwischen Oktober 1932 und Mitte Januar 1933 entstanden. In seinem lakonischen Nachwort erklärt er ohne Umschweife, seine Fassung sei als Kritik der Georgeschen gedacht. George habe es erreicht, »durch eine Vergewaltigung zweier Sprachen, der des Originals und derjenigen, die die Übersetzung erraten läßt, eine Einheit des dichterischen wie des philosophischen Mißlingens zu erzielen«. Demgegenüber erhebt Kraus den »Anspruch, daß eine (...) bisher unerschlossene Partie der Shakespeareschen Schöpfung der deutschen Sprache und der deutschen Dichtung gewonnen ist« (»Sprache« rangiert dezidiert vor »Dichtung«). Im Gegensatz zu George betrachtet Kraus Shakespeare als Handwerker, der unter dem Zwang von Anlässen gestanden und qualitativ unausgeglichen produziert habe. Auch in den Sonetten gebe es »Großartigkeit« und »Schwächen«. Wie er, Kraus selbst, habe Shakespeare nach allem greifen müssen, was sich ihm anbot:

> Leb wohl! Zu hoch stehst du im Preis für mich,
> und weißt, daß du vor allen auserkoren.
> Nach deines Wertes Rechte frei, zerbrich
> den Bund; mein Recht auf dich hab ich verloren.
>
> Wenn nicht geschenkt, wie wärst du meine Habe?
> War durch Verdienst solch Reichtum mir beschert?
> Da ich in nichts bin würdig deiner Gabe,
> gehört sich's, daß sie wieder dir gehört.
>
> Du gabst dich, weil du deinen Wert nicht kanntest,
> vielleicht auch weil den meinen du verkannt;
> drum wieder wird, da deinen Sinn du wandtest,
> was mein durch Irrtum war, dir zugewandt.
>
> So warst du mein durch eines Traumes Macht:
> ich schlief als Fürst, zum Nichts bin ich erwacht.

Kraus beginnt unsicher. Er versteht »estimate« zu vordergründig und übersieht deshalb die Fingerzeige auf Käuflichkeit und Vertragsrecht in Vers drei und vier. Georges »abgelaufen« mit seiner geschäftsmäßigen Nebenbedeutung ist dem typisch romantischen Reim »auserkoren/verloren« bei weitem vorzuziehen. Mit »Bund« andrerseits rettet Kraus den Doppelsinn von »Einigkeit« und »Gebundenheit« im englischen Text. Mit der fünften Zeile erreicht er Schwung und Konzentration. Die Dissonanz zwischen »geschenkt« und »Habe« entspricht dem Widerstreit der Gefühle, der das Sonett bestimmt. »Habe« bringt die Gewalttätigkeit des Besitzes (»possession«) zum Mitklingen. »In nichts« übertreibt zwar die Selbsterniedrigung des Liebenden, bereitet aber schon vor auf sein Zunichtewerden, das der Schluß (»no such matter«) ahnen läßt. Das zweimalige »gehört« in der achten Zeile mit seiner Ambiguität zwischen »Schicklichkeit« und »Besitz« entspricht Shakespeare, auch wenn Kraus sich damit vom Wortlaut des Originals entfernt. Die kaum merkliche Redensartlichkeit und die Wienerische Nuance in »gehört sich's« sind legitim. Im dritten Quartett bestätigt sich der Erfolg seines Zugriffs. Das virtuose Spiel mit »kennen« und »verkennen«, »wenden« und »zuwenden«, gesteigert noch durch die Assonanz der eng miteinander verknüpften vier Reimwörter, beweist, daß der Übersetzer sich völlig dessen bewußt war, was in dem Sonett vor sich geht. Die Geballtheit seines Textes läßt ein Bild rigorosen Vertragsdenkens und formalisierter Gegenseitigkeit entstehen (die scheinbaren Liebesbande entpuppen sich als Kaufvertrag, Irrtum des Herzens wird durch Schadenersatz ausgeglichen). Auch die hinhaltende, zickzackförmige Konstruktion des Shakespeareschen Satzes findet bei Kraus ihren Widerhall. Der geschlängelte Tonfall von »zugewandt«, das schon im Vers vorher präfiguriert ist, gibt unmißverständlich die Vorstellung des Liebenden von der Ambiguität dieser Rückgabe wieder (und überdies gehört eine »Zuwendung« auch ins Schenkungsrecht). Die Behandlung der Koda ist recht frei: Die bezeichnete Note von Schmeichelei fehlt, und »erwacht« ist da, wo es steht, zu positiv. »Zum Nichts« dagegen ist bewundernswert und erinnert an Heideggers wiederholte Behauptung, daß das deutsche »Nichts« Substanz hat, daß es keine leere Nichtheit ist. Ganz zum Schluß gerade gerät Kraus auf einen Irrweg. Durch die erste Person Singular: »ich schlief . . . bin ich erwacht« (eine halb bewußte Erinnerung an Nietzsche?) entsteht ein Eindruck wie der des Erwachens von Christoph Schlau in »Der Widerspenstigen Zähmung«. Die Ironie ist im 87. Sonett jedoch von ganz anderer Art: Der Dichter erkennt die Gleichgültigkeit des Geliebten, deutet aber an, daß Verkennung wahrer Liebe nicht nur sein, sondern auch das Wesen des stolzen Geliebten zunichte gemacht hat. Der grammatische Schwebezustand zwischen den beiden möglichen Bezügen ist ganz entscheidend und von tiefer Dramatik.

Das 87. Sonett ist keines der »Einundzwanzig Sonette« von Shakespeare, die Paul Celan übersetzt und 1967 veröffentlicht hat. Dazu kommt, daß seine philosophische und methodische Einstellung zum Übersetzen zu vielschichtig ist, um sich einer anderen als nur der umfassendsten Behandlung zu erschließen.[28] Auf einer Ebene war Celan bestrebt, Shakespeares Bedeutungen oder, genauer gesagt, die rhetorischen, prosodischen, motivischen »Mittel seines Bedeutens« nachzubilden – und oft ist ihm das völlig überzeugend gelungen. Zwingender und problematischer jedoch ist jene Wahlverwandtschaft, die ihn zu Shakespeare hingezogen hat. Es scheint, als habe er an Shakespeare die eigene Fähigkeit zum Bedeuten gegen den Vorgänger erproben wollen, das eigene gebieterische Bedürfnis nach abgeschlossener dichterischer Äußerung und sein Mißtrauen dagegen. An diesem Punkt ist Celans extrem paradoxe, ungelöste und letztlich selbstzerstörerische Koexistenz mit der deutschen Sprache von Bedeutung. Seine Übersetzungen aus dem Russischen, Französischen, Italienischen und Englischen haben ihm ermöglicht, das Deutsche an einen Ort heilsamer Fremdheit zu verschieben. So konnte er in therapeutischer Leidenschaftslosigkeit an es herangehen als an ein Rohmaterial, das zwar von Schicksals wegen sein war, aber zugleich kontingent und potentiell feindselig. Alle Gedichte Celans sind *ins* Deutsche übersetzt. Im Verlauf dieses Prozesses wird die Empfängersprache unbehaust, zerbrochen und bis an die Grenze der Nicht-Kommunizierbarkeit idiosynkratisch. Sie wird ein »Meta-Deutsch«, gereinigt von allem Schmutz der politischen Geschichte, und nur so wird sie verwendbar für eine zuinnerst jüdische Stimme nach dem Genozid. Deshalb ist es nahezu unmöglich, Celans Shakespeare-Übersetzungen losgelöst von seinem Gesamtwerk zu betrachten. Ich möchte nur ein Beispiel anführen, in dem er, wie es für ihn charakteristisch ist, aus der Rekonstruktion von Shakespeares Bedeutungen ein aktives Bild des Übersetzungsvorgangs selbst und besonders jener Dialektik von Aneignung und Ausgleich macht, die die letzte, schwierigste Strecke auf dem hermeneutischen Wege ist. Das 79. Sonett macht Celan dadurch, daß er die Benennung und die direkte Anrede in Vers 5 wegläßt – »I grant, sweet love, thy lovely argument« –, zu einer Betrachtung über die Dichtung und die Abhängigkeit des Dichters vom Gegenstand oder Anlaß seiner Eingebung. Der Gebrauch von Wiederholungen, wo im Original keine stehen, ist thematisch:

> But now my gracious numbers are decay'd,
> And my sick Muse doth give another place.

> Doch jetzt, da will mein Vers kein Vers mehr sein,
> Die Muse, siech, ist fort-, ist fortgezogen. –

Wiederholung ist das reinste Konzentrat der Übersetzung. Das Nämliche »wiederzuholen« bedeutet, an der Zeitachse entlang zu übersetzen (»Wiederholung« ist danach, wenngleich bald). »Frei«, wie Celan, zu wiederholen, bedeutet, jene Dialektik zwischen eigener Eingebung und Nachgeordnetsein zu exemplifizieren, die den Übersetzer an die Quelle bindet und von ihr scheidet. Die Verse sieben bis vierzehn werden, so gelesen, zu einer Exegese des Tauschs von Bedeutungen, der rätselhaften Äquivalenz von Dichter und Gegenstand, Gedicht und Übersetzung:

> Yet what of thee thy poet doth invent
> He robs thee of, and pays it thee again:

> He lends thee virtue, and he stole that word
> From thy behaviour; beauty doth he give,
> And found it in thy cheek: he can afford
> No praise to thee but what in thee doth live.

Then thank him not for that which he doth say,
Since what he owes thee thou thyself dost pay.

Celan liest das Sonett als »Allegorie der Sprache«. (In diesem
Zusammenhang ist es interessant, daß Gottlob Regis die Anrede »sweet love« mit »Du süsser Gegenstand« übersetzt
hatte. *Nach* Celan liest sich auch seine Übersetzung wie eine
Allegorie der Sprache.) Der Dichter hat seiner Quelle den
Lebensgeist entlockt – »Geist«: ein Wort aus einer gänzlich
anderen Bedeutung als der Shakespeares, aber *nach* ihm und
in der Sprache von Kant und Hegel wohl unvermeidlich:
»Der Dichter nahms, es wiederzuerstatten«. Dieses »erstat-
ten« trägt die ganze Last des »Ausgleichs« durch und mittels
»Neu-Sagen« (wie ein Bericht, der »erstattet« wird). Wo
Shakespeare von »virtue« (Tugend, Kraft) spricht, die dem
»Gehaben« (behaviour) »gestohlen« wurde, wird Celan
energisch ontologisch:

Er leiht dir Tugend. Dieses Wort, er stahls
dir, deinem Sein.

Um die gleiche Wirkung philosophischer Totalität zu erzielen, verschiebt Celan den zwölften Vers, setzt sich hinweg
über die petrarkistische Figur und Symmetrie des Originals
und hypostasiert »but what in thee doth live« zum »Leben«
selbst:

Er leiht dir Tugend. Dieses Wort, er stahls
dir, deinem Sein. Er kann dir Schönheit geben:
sie stammt von dir – er raubte, abermals.
Er rühmt und preist: er tauchte in dein Leben.

Dem poetischen Handel zwischen Bedeutungen, zwischen
Dichtern, welcher die Übersetzung ist, geht immer ein ge-
waltsamer und vollständiger Einbruch vorher. »Er tauchte in
dein Leben«: Wir stürzen uns in das lebendige Wasser, in das
intakte Sein der Quelle und versuchen (vergebens?), das Bild
des Narziß zu zerstören, das uns auf der Oberfläche begegnet und verfolgt bis wer weiß in welche Tiefen.
Celan bringt diese »Bedeutung von Shakespeares Bedeu-

378

tung« und sein eigenes Verhältnis zu dieser Bedeutung gedrängt in das abschließende Couplet ein, dessen Reim eine leidenschaftliche Antwort auf die entscheidende Bezeichnung von »deinem Sein« ist:

So dank ihm nicht für seiner Worte Reihn:
was er dir schuldet, es ist dein und dein.

Die letzte Wiederholung hält einen Vers von geheimnisvoller Vollkommenheit an und öffnet ihn zugleich, gleichsam in eine endlose Spiegelfolge hinein. In entschiedener Negation von Paraphrase drückt sie die Hermeneutik des Ausgleichs aus, den Weg, auf welchem die echte Übersetzung dem Original nach dem Raub – »er stahls, er raubte« – wiederzuerstatten, was sein eigen war, was aber zugleich, weil nur latent, mehr als sein eigen ist (der schlichte Akt der Wiederholung, »dein und dein«, ist unzweifelhaft eine Vermehrung). Sinnfälliger läßt sich Gegenseitigkeit bei geringem Abstand nicht verwirklichen.

Das übersetzerische Erzeugnis ist in allen drei Beispielen: bei George, Kraus und Celan, weniger und mehr als lichtdurchlässig. Der Weg des Übersetzers führt über eine Fülle theoretischer, kultureller und sprachlicher Voraussetzungen. Der Kontext, in dem sich seine Interpretation und Wiedergabe begibt, ist so »überdeterminiert«, daß Sicht – und Vorsicht – der Distance sich vernebeln. Dieser Kontext ist nichts Geringeres als die Gesamtheit deutscher Shakespeare-Übersetzungen (der Übersetzer übersetzt nach und entgegen seinen Vorgängern, fast in dem selben Maße wie er das Original übersetzt). Der Kontext ist auch die Internalisierung – die psychologisch authentisch ist, aber auch willkürlich und falsch vereinnahmend sein mag – von Shakespeares Werken in die Vorstellung eines Deutschsprachigen von seiner Sprache und ihren literarischen Wandlungen. Schließlich gehören in diesen Kontext auch noch die erhoffte Selbst-Ausweitung oder Selbstaufhebung, die den Übersetzer, besonders wenn er ein Dichter von Rang ist, zum Original führen. Die so entstandene Darstellung ist überinformiert und überinformativ. Sie hat, mit Keats Worten, »a palpable Design«, einen griffbereiten Plan für ihren Gegenstand. Sie findet, bevor sie noch gesucht hat.

Wer aus geringem Abstand übersetzt, ist also immer zweifachem Druck ausgesetzt, der im Gegensinne auf ihn einwirkt. Einerseits spürt er, daß er stets zu wenig über seinen Text wissen wird, weil er in gewissem Sinne »weiß, was er alles nicht weiß«. Das heißt, seine Erfahrung der »anderen« Sprache, der »anderen »Kultur« ist so befrachtet, er ist so auf sie eingestimmt, daß er einen deutlichen Eindruck vom gesamten Kontext hat. Er versteht sich auf die aristotelische »regressio ad infinitum«, er erkennt die formal undefinierbare Reichweite der historischen Information, der Sprachentwicklung, des lokalen Ambiente, die auf die Bedeutung des Werkes, das er übersetzt, gewirkt haben kann. Anderseits »weiß er zu viel«, geht er an das Werk mit dem trügerischen Gefühl heran, es durchschauen zu können. Das Instrumentarium vergleichender Kritik, kultureller Vertrautheit, identifikatorischer Versenkung, mit dem er arbeitet, macht sich selbständig, mit oder ohne sein Wissen. Er weiß mehr, er weiß es besser als der Autor. Pound konnte »Cathay« karg und lichtdurchlässig machen, weil er und seine Leser in der westlichen Welt vom Original so gut wie nichts wissen. Der englische Flaubert-Übersetzer, der deutsche Shakespeare-Übersetzer arbeiten im komplexen Raum des Wiedererkennens. Die Organisation seiner eigenen Sensibilität ist mitgeprägt durch das, was er übersetzen will. Daher der paradoxe Ausgleich, den Celan dem 79. Sonett abringt. Für das Übersetzen bei geringem sprachlich-kulturellem Abstand können wir demnach zwei semantische und intentionale Haupt-Impulse unterscheiden. Die Skizzierung des »Widerstrebend-Schwierigen«, das Bestreben, die »Andersheit« des Originals intakt zu lassen und präzise zu übermitteln, spielt gegen die »Wahlverwandtschaft«, den Drang zum Zupacken und Einheimsen. Bei der durchschnittlichen Übersetzung laufen beide Intentionen nebeneinander hat, treten in kein Spannungsverhältnis ein, und Paraphrase muß herhalten, die Bruchstellen zu kitten. Gut ist eine Übersetzung dagegen erst dann, wenn die Dialektik zwischen verwehrtem und erzwungenem Eintritt, zwischen unheilbarer Fremdheit und häuslichem Empfinden, ungelöst bleibt und sich im Endprodukt ausdrückt. Aus der Spannung zwischen Widerstand und Affinität, einer Spannung, die in direktem Verhältnis zur Nähe zweier Sprachen und Geschichtsgemeinschaften steht, wächst die erhellende Fremdheit der großen Übersetzung: erhellend deshalb, weil eben diese Fremdheit uns dazu verhilft, sie als die unsere »wiederzuerkennen«.

Für die Theorie ist deshalb die Übersetzung aus großem Abstand vergleichsweise von geringer Bedeutung. Was Staunen verdient, ist vielmehr die Tatsache, daß innerhalb derselben Sprachfamilie und im Rahmen desselben Kultur-Rasters »Alternität« von Bedeutung und Ausdrucksform herrscht. Der Übersetzer von Rang wird darum die merkwürdige Behauptung von Wallace Stevens sowohl bejahen als auch verneinen, daß »Französisch und Englisch die gleiche Sprache konstituieren«. Wie in der scheinbar so »fremden« Welt der Elementarteilchen sind Anziehung und Abstoßung aus nächster Nähe am stärksten. [. . .]

v

Die letzte Phase des Übersetzungsvorgangs ist jene, die ich »Ausgleich« oder »Wiederherstellung« genannt habe. Die Übersetzung stellt ein neues Gleichgewicht her zwischen sich und dem Original, zwischen Ursprungs- und Empfängersprache: ein Gleichgewicht, das durch die interpretative Attacke, durch die Aneignung seitens des Übersetzers zerstört worden war. Unser Modell der Übersetzung bleibt unvollständig, solange keine Reziprozität da ist, solange dem Original nicht ersetzt wird, was es verloren hat. »Pour comprendre l'autre«, sagt Massignon in seiner berühmten Abhandlung über »die innere Syntax« semitischer Sprachen, »il ne faut pas se l'annexer, mais devenir son hôte«.[29] Diese Dialektik des Vertrauens, der beiderseitigen Steigerung, ist sowohl moralischer als auch sprachlicher Natur. Sie macht aus der Sprache der Übersetzung eine eigene Sprache, die ihre eigene Weise der Verwundbarkeit, der Unbehaustheit, der erhellt-erhellenden Fremdheit hat, weil sie das Transportmittel zwischen der fremden und der eigenen Sprache ist. Der innere Ausgleichsmechanismus, die Opfergebärde, mit welcher der Übersetzer sich dem Original wieder zuwendet, in das er eingedrungen war, das er sich angeeignet und hinter sich zurück gelassen hatte, ist kaum in eine Formel zu fassen. Aber es gibt zahlreiche konkrete Beispiele dafür in der Geschichte.

Die Übersetzung kann das Original dadurch entschädigen, daß sie ihm zu einer Überlebensdauer und geographisch-kulturellen Breitenwirkung verhilft, die es ohne sie nicht gehabt hätte. Daß die griechischen und lateinischen Klassiker auch bei dem heutigen Mangel an humanistischer Bildung nicht gänzlich in Stummheit versunken sind, ist den Übersetzern zu danken. Texte aus einer Sprache mit engem Wirkungsbereich kann die Übersetzung in eine Weltsprache zu kulturellem Allgemeinbesitz machen. Kierkegaard, Ibsen, Strindberg, Kazantzakis haben Weltgeltung erst durch Übersetzungen erhalten. Übersetzung kann ein ganzes Opus gleichsam ausleuchten, ihm eine Helligkeit abringen, die es im Original zu scheuen scheint. Sie kann paradoxerweise die »Statur« eines literarischen Gesamtentwurfs offenbaren, die im heimatlichen Gewand unterschätzt oder übersehen worden war. Amerika hat Faulkner erst eigentlich zur Kenntnis genommen, nachdem er ins Französische übersetzt, von der Literaturkritik in Frankreich gewürdigt worden war. In diesen und anderen Fällen hat Ausgleich stattgefunden, und das Echo hat Nutzen gebracht. Was ich jedoch meine, wenn ich von absoluter »Parität«, von jenem »Tausch ohne Verlust« spreche, mit dem der hermeneutische Kreis sich wieder schließt, ist zugleich allgemeiner und spezieller. »Treue« nämlich – als Darstellung und Ausdruck der Reziprozität – ist letzten Endes Sache der Methode – und das, obwohl sie moralische Wurzeln hat, und obwohl ihr Vollzug die gesamte Erkenntnistheorie und Kulturphilosophie berühren mag. Treue ist die Klammer der Adäquatheit von Text und Text, Adäquatheit im denkbar strengsten Sinne.

Eine schlechte Übersetzung ist eine inadäquate Übersetzung, ein Text, der dem Original nicht gerecht wird, was zahlreiche, deutlich erkennbare Gründe haben kann. Der Übersetzer hat das Original aus Gleichgültigkeit, Hast oder Inkompetenz mißverstanden. Er beherrscht seine eigene Sprache nicht in dem für eine angemessene Wiedergabe erforderlichen Maße. Er hat bei der Wahl des Textes einen schweren psychologischen oder stilistischen Fehler begangen: Sein eigenes Empfinden stimmt mit dem des Autors, den er übersetzt, nicht überein. Schwierige Stellen übergeht oder umschreibt der schlechte Übersetzer. Aus Erhabenheit macht er Aufgeblasenheit. Wo der Autor angreift, glättet er. Neunzig Prozent aller Übersetzungen seit Babel sind ohne Zweifel inadäquat, und so wird es wohl bleiben. Ihre Inadäquatheit fällt unter eine oder mehrere von den Rubriken, die ich aufgezählt habe. Aber sie alle können zusammengefaßt und präzisiert werden: Übersetzung mißrät, wo sie die absolute Parität der beiden Texte nicht wiederherstellt. Der Übersetzer hat weniger erfaßt und/oder sich angeeignet, als vorhanden ist. Er übersetzt durch Schmälerung des Originals. Oder er beschränkt sich beim Umformulieren auf nur einen oder den anderen seiner Aspekte und verzerrt, zerstückelt dadurch den lebendigen Zusammenhang je nach seinem Bedürfnis oder seiner Kurzsichtigkeit. Er kann das Original aber auch »nach oben« verraten, es größer machen, als es ist. In jedem dieser Fälle bleibt die durch die Phasen des Vertrauens, der Entzifferung und Bemächtigung verursachte Ungleichgewichtigkeit unkorrigiert. Die Übersetzung ist gewichtiger als das Original oder umgekehrt. Oder sie läuft einfach neben ihm her, ist ihm mehr oder weniger ähnlich, statt jene Anziehung und Abstoßung, die von ihm ausgehen, zu einem starken Ganzen ineinander zu verzahnen.

Die häufigste Unausgewogenheit ist natürlich die durch Schmälerung. Die Übersetzung »antwortet« dem Original nicht, verhält sich »unverantwortlich«, weil sie ihm weniger erstattet, als in ihm enthalten war, und oft noch weniger, als der Übersetzer tatsächlich verstanden hat. [...]

Verklärung ist die subtilere Art von Verrat. Verschiedene Motive können ihr zugrunde liegen: Aus beruflichen Gründen oder durch eigenes Fehlurteil ist der Übersetzer an einen Text geraten, der für seine eigene dichterische Kraft zu leicht wiegt (Baudelaire als Übersetzer von Thomas Hoods »The Bridge of Sighs«). Oder die Quelle ist sakral, ein kanonisch gewordener Text, der durch spätere Versionen zu übernatürlicher Erhabenheit entfremdet worden ist. Das gilt sicher für viele Stellen der Bibel in der »Authorized Version«. In den Psalmen beispielsweise hat man die formelhafte, wortwörtlich gewirkte Textur des Hebräischen durch barocke Glorie entstellt. In diesem Zusammenhang ist ein Vergleich der King James-Version des Buches Hiob mit der modernen (1965) der Anchor-Bible (von M. H. Pope) interessant. Oder der Autor hat andere Vorstellungen vom Decorum als sein Autor: Shakespeare-Übersetzungen zwischen 1770 und dem späten 19. Jahrhundert sind unter dem Zwang von Verfeinerung und heroischen Attitüden immer weiter verschoben worden. Zudem nimmt der Übersetzer das Original zu oft zum Anlaß, selbst zu brillieren. Sprachlich und prosodisch begabt und zugleich unfähig, eine unabhängige, freie und lebendige Form zu produzieren, steigert, überfüllt oder dramatisiert er den Text, den er übersetzt, und macht ihn fast zu seiner Trophäe (Pound, Lowell, Logue, selbst Pasternak).

Die interessantesten Beispiele übersetzerischer »Transfiguration« sind sowohl aus methodischer als auch aus geistesgeschichtlicher Sicht jene, in denen ein Übersetzer das Original unwillentlich »nach oben betrügt«. Der Text, den er in die

Welt setzt, läßt die Vorlage – was die stilistische Qualität oder die Reichweite des Gefühls betrifft, – hinter sich zurück. Das kommt gewiß ziemlich selten vor, ist aber, wenn es vorkommt, immer zukunftsträchtig. So unwahrscheinlich der Gedanke auch nach angelsächsischen Wertvorstellungen sein mag: Es spricht manches dafür – und ich bin davon überzeugt –, daß die Schlegel-Tieck Übersetzung von Shakespeares Lustspielen deren Narreteien, Unflätigkeiten und Possenreißereien an manchen Stellen perfektioniert hat (»Zwei Herren aus Verona«, »Wie es Euch gefällt«, »Die lustigen Weiber von Windsor«). Christopher Marlowe hat aus Ovids »Amores« II. 10 ein geniales Gedicht gemacht. Santayanas Übersetzung von Théophile Gautiers Gedicht »L'Art« ist bedeutender als das Original. Wie groß der Gewinn aber auch sein mag: Er ist immer das Ergebnis einer »Überkompensation«, ist mehr als Ausgleich, und das Gleichgewicht bleibt gestört. »Ein Übersetzer muß seinem Autor gleichkommen«, sagt Dr. Johnson in Bezug auf Dryden: »ihn auszustechen, ist nicht seine Aufgabe«. Tut er das doch, so vergeht er sich auf subtile Weise am Original – und der Leser wird um das echte Bild betrogen.

Louise Labé war eine Dichterin von naiver Intensität. Sie übernahm die verstaubtesten petrarkistischen Mittel, gab ihnen jedoch einen offen körperlichen Inhalt. Diese Wörtlichkeit aus dem Munde einer Frau gibt ihrer Sprache, ihrer Rhetorik eine fast kindlich wirkende Dringlichkeit:

Baise m'encor, rebaise moy et baise.
Donne m'en un de tes plus sauoureus,
Donne m'en un de tes plus amoureus:
Je t'en rendray quatre plus chaus que braise.

Las, te pleins tu? ça que ce mal i'apaise,
En t'en donnant dix autres doucereus.
Ainsi meslans nos baisers tant heureus
Iouissons nous l'un de l'autre à notre aise . . .

»Baiser« meint im 16. Jahrhundert noch nicht wie heute auch den ganzen Liebesakt. Aber die lebhafte Fleischlichkeit des Gedichtes, die »Hitze« ist unmißverständlich. Es hat etwas von »Backofenwärme« (»plus chaus que braise«, »dix autres doucereus«). Die Imperative klingen, als ob ein Kind nach frischgebackenem Kuchen verlangt. Der Vers zergeht gleichsam auf der Zunge. Rilke übersetzt:

> Küss mich noch einmal, küss mich wieder, küsse
> mich ohne Ende. Diesen will ich schmecken,
> in dem will ich an deiner Glut erschrecken,
> und vier für einen will ich, Überflüsse
>
> will ich dir wiedergeben. Warte, zehn
> noch glühendere, bist du nun zufrieden?
> O dass wir also, kaum mehr unterschieden,
> glückströmend in einander übergehn . . .

Das Reimschema ist zwar freier als das des Originals, aber Rilkes Fassung ist in der Form unübertrefflich. Die Umwandlung von Beschwerde (»te pleins tu? «) zu Befriedigung (»bist du nun zufrieden?«) bleibt im Rahmen des zärtlich-inflationären Austausches zwischen den Liebenden. Aber beinahe unmittelbar steigert und überhöht Rilke das Sonett, zieht stärkere, feierlichere Register. Daß die Unendlichkeit mitzureden hat (»ohne Ende«) ist barock-amüsant, nimmt dem Text aber etwas von seiner Alkovenwärme. »An deiner Glut erschrecken« ist eine gewaltsame Übersteigerung. Der Text hat nichts gefährlich Brennendes. Freilich kann man sich auch an ofenwarmem Gebäck den Mund verbrennen; aber das ist kein »erschreckendes« Erlebnis. Die Stimmung des zweiten Quartetts ist durch die schläfrigen Zischlaute (apaise/doucereus, heureus/aise) sinnlich dicht. Die Erregung ebbt ab, wird gestillt. Rilke stimmt die Situation um etliches höher ein. Wie in Donnes »Extasie« verzichten die Liebenden auf ihre jeweilige Identität und verschmelzen zu platonischer Einheit. Um die anmutige, präzise Magie des Originals ist es geschehen. Wir sind gar nicht mehr »à notre aise« (wie die Liebenden der Labé). Die offenherzige, aber zahme Erotik von »jouissons« ist dahin. Der Höhenflug, die philosophische Inständigkeit der Rilkeschen Zeile, lassen die Möglichkeiten der Dichterin weit hinter sich. Sie bereiten vor auf die beredte Gebärde des Sich-Verströmens – sinnlich und geistig –, mit der Rilke schließt: »Wenn ich, aus mir ausbrechend, mich vergeude« – während das Original im Spielerischen bleibt: »si hors de moy ne fay quelque saillie«. So ist denn Rilkes Übersetzung zwar das gewichtigere Gedicht; aber vielleicht gerade deshalb eine Schmälerung des Originals, das um seinen eigentlichen Reiz gebracht wird.

Jules Supervielle ist eine einprägsame, aber nicht erstrangige literarische Figur. Sein »Chanson« ist wohlgestaltet, aber nicht frei von Banalitäten und – in einer Zeit nach Verlaine – Stereotypen.

> Jésus, tu sais chaque feuille
> Qui verdira la forêt,
> Les racines qui recueillent
> Et dévorent leur secret,
> La terreur de l'éphémère
> A l'approche de la nuit,
> Et le soupir de la Terre
> Dans le silence infini.
> Tu peux suivre les poissons
> Tourmentant les profondeurs,
> Quand ils tournent et retournent
> Et si l' arrête leur cœur …

Celan verdichtet und steigert, wie es wohl nur bei seinem Genie möglich war:

> Jesus, du kennst sie alle:
> das Blatt, das Waldgrün bringt,
> die Wurzel, die ihr Tiefstes
> aufsammelt und vertrinkt …

Dadurch, daß sie im Singular »Blatt« und »Wurzel« nennt,

wird die Anrufung erschütternd unmittelbar. »Ihr Tiefstes« ist, anders als »secret«, doppelt genau als Abstraktion und als Bild; was sich mit der Präzision von »vertrinken« fortsetzt, wo »dévorer« zufällig oder auch nur sonor wirkt. »L'éphémère« ist schweifend unheimlich, die darauf folgenden Verse konventionell. Nicht so bei Celan:

Die Angst des Taggeschöpfes,
wenn es sich nachthin neigt,
das Seufzen dieser Erde
im Raum, der sie umschweigt.

»Taggeschöpfes«, »nachthin«, »umschweigen« sind »Engführungen«, die für Celan eigentümlich und vor ihm nicht da gewesen sind. Über Supervielle weit hinausgreifend, erfüllt die Übersetzung die Intention von Schwere und Verdunkelung (was im Original abgeschwächt ist durch »infini«).

Du kannst den Fisch begleiten,
dich wühlen abgrundwärts
und mit ihm schwimmen, unten,
und länger als sein Herz . . .[30]

Durch die Wortfolge »wühlen abgrundwärts« entsteht eine tonal-grammatische Unruhe, die wieder weit genauer und bedrängender ist als im französischen Text. Die Neu-Formulierung übertrifft sogar Supervielles schönste Zeile: »et si s'arrête leur cœur . . .« Das Deutsche vollzieht das Hinabgleiten Jesu in die Tiefe sprachlich mit und ortet den impliziten Kontrast zwischen göttlicher Ewigkeit und der Kurzlebigkeit organischer Formen geheimnisvoll in Zeit und Handlung. Nach dieser Strophe kann man kaum zu Supervielle zurück. Übersetzungen solchen Ranges sind die grausamsten aller Huldigungen. [. . .]

Wir wissen, daß eine ideale Übersetzung das Original weder vergrößern noch verkleinern dürfte. Dieses Ideal läßt sich jedoch niemals erreichen. Keine kontingente Form kann als vollkommen definiert werden. Das zu sagen, ist eine Platitüde. Das Problem aber ist nicht gänzlich trivial. Ein »vollkommener« Übersetzungsakt müßte totale Synonymität herstellen. Er würde eine so genau erschöpfende Interpretation voraussetzen, daß jede noch so kleine Einheit im Original – phonetisch, grammatisch, semantisch, kontextbezogen – voll zur Geltung käme, und dabei noch so maßgeschneidert, daß nichts an Umschreibung, Erläuterung oder Variante hinzugefügt werden müßte. Wir wissen aber, daß eine so vollkommene Paßform in der Praxis weder im Stadium der Interpretation noch in dem des Wortaustauschs bzw. der Neuformulierung möglich ist. Die Einschränkungen, denen eine totale Hermeneutik unterliegt, gelten zudem nicht nur für die Übersetzung. Wir haben schon zu Anfang unserer Erörterungen gesehen, daß es keine Vollkommenheit oder endgültige Stabilität des Verstehens bei irgendeinem Redeakt gibt, oberhalb des allerschlichtesten (und auch der kann Ambiguität enthalten). Verstehen ist immer stückhaft und immer verbesserungsbedürftig. Die natürliche Sprache ist nicht nur von Polysemie gekennzeichnet und ständig in diachronem Wandel begriffen. Sie ist auch ungenau, muß ungenau sein, um dem menschlichen Ausdruck zu dienen. Und obwohl die »perfekte Übersetzung« oder der »perfekte Austausch der Gesamtheit gemeinter Bedeutung« zwischen zwei Sprechern denkbar wäre, ließe sich beides als Tatbestand auf keinerlei Weise verifizieren. Denn wie könnten wir das wissen? Mit welchen Mitteln außer einer alternativen Formulierung bzw. erläuternden Umschreibung können wir demonstrieren, daß das in Rede stehende Beispiel tatsächlich »perfekt« ist? Gerade durch eine solche Demonstration aber würde die Frage ja erneut aufgeworfen. Mit anderen Worten: Die Perfektion, die erschöpfende Qualität eines interpretativen und/oder übersetzerischen Aktes zu beweisen, bedeutet, eine Alternative oder Zutat anzubieten. In der natürlichen Sprache gibt es keinen geschlossenen Kreislauf, keine in sich konsistenten axiomatischen Setzungen.

Gleichwohl gibt es, auch wenn die »perfekte« Übersetzung nur ein formales Ideal und die »große« Übersetzung sehr selten ist, Fälle, in denen die Grenzen der empirischen Möglichkeiten erreicht sind. Es gibt Texte, in denen sich die anfängliche Hingabe an die emotionalen und intellektuellen Risiken unwägbar widerstrebender »Andersheit« bis zum abgeschlossenen Produkt aufmerksam und lebendig erhält. Es gibt Übersetzungen, die Höchstleistungen kritischer Exegese sind, in denen analytisches Verstehen, historisches Vorstellungsvermögen und sprachliche Könnerschaft sich zu einer kritischen Würdigung des Originals vereinen, die zugleich luzide, verantwortungsbewußte Darbietung ist. Es gibt Übersetzungen, die ein Original nicht nur in seiner ganzen Lebendigkeit vorstellen, sondern dabei auch die Ausdrucksmittel ihrer eigenen Sprache ausweiten und bereichern. Und schließlich gibt es noch jene ganz seltenen Übersetzungen, die ein Gleichgewicht von radikaler Parität zwischen zwei Werken, zwei Sprachen, zwei Gemeinschaften von historischer Erfahrung und gegenwärtiger Empfindung wiederherstellen und vollkommen erreichen. Daß eine Übersetzung allen vier Aspekten auf einmal und vollkommen genügt, ist offensichtlich »a miracle of rare device« (Coleridge), ein Wunder, nicht der Natur, sondern des menschlichen Geistes. [...]

# 6. Topologische Aspekte der Kultur

Am Anfang dieses Buches habe ich versucht, deutlich zu machen, daß Übersetzung im engeren Sinne, Interpretation also von sprachlichen Zeichen einer Sprache durch sprachliche Zeichen einer anderen, nur ein hervorstechender Fall jenes Kommunikations- und Rezeptionsvorgangs ist, den jede menschliche Rede darstellt. Die erkenntnistheoretischen und sprachtheoretischen Probleme, vor die uns die zwischensprachliche Übersetzung stellt, sind eben deshalb von grundsätzlicher Bedeutung, weil sie schon in jeder innersprachlichen Verständigung impliziert sind. Die Problematik dessen, was Jakobson »rewording« nennt: die Interpretation sprachlicher Zeichen mittels anderer sprachlicher Zeichen derselben Sprache, wirft in der Tat Fragen von gleicher Ordnung wie die der Übersetzung im engeren Sinne auf. Deshalb habe ich in diesem Buche erklärt, daß eine »Theorie der Übersetzung« (in dem nicht »exakten«, nicht formalisierten Sinne, in dem ich eine solche zu bestimmen versucht habe) unweigerlich zugleich eine Theorie – oder besser ein zum einen Teil deduktives, zum anderen intuitives, historisch-psychologisches Modell – des Arbeitens der Sprache selbst ist. Ein »Verstehen des Verstehens«, eine Hermeneutik, umfaßt beides. So ist es denn also auch kein Zufall, daß die methodische Erforschung semantischer Prozesse mit Kants Entwurf einer Hermeneutik der Vernunft und Schleiermachers Untersuchung der Sprachstruktur und Übersetzbarkeit der hebräischen, aramäischen und griechischen Schriftquellen begonnen hat. Den Status des Bedeutens zu erforschen heißt, nach Wesen und Grenzen des Übersetzens zu fragen.

Die theoretischen und praktischen Probleme der Übersetzung und die sich daraus ergebenden philosophischen sind jedoch nicht auf das gesprochene und geschriebene Wort beschränkt. Die moderne Disziplin der Semiologie – wenn sie denn eine Disziplin ist – befaßt sich mit jedem erdenklichen Medium und System von Zeichen. Sprache – so die Semiologen – ist nur einer von einer Vielzahl graphischer, akustischer, olfaktorischer, taktiler und symbolischer Kommunikationsmechanismen. Tatsächlich ist sie – so meinen Semiologen und »Zoosemiotiker« (letztere untersuchen die tierische Kommunikation) – in mancher Hinsicht nur eine restriktive Spezialisierung, ein evolutionärer Sprung, der dem Menschen die Herrschaft über die Natur ermöglicht, ihn aber damit von einem viel reicheren Spektrum somatisch-semiotischer Wahrnehmungsmöglichkeiten abgesondert hat. In solcher Perspektive ist, wie wir gesehen haben, die Fähigkeit zum Übersetzen eine Konstante organischen Überlebens. Der Fortbestand der Art und das Leben des Individuums hängen vom unmittelbaren und/oder richtigen Lesen und Deuten eines ganzen Gespinsts aus vitalen Informationen ab. Es gibt einen Wortschatz, eine Grammatik, ja, vielleicht eine Semantik der Farben, Töne, Gerüche, taktilen Empfindungen, Gebärden und Gesten, so mannigfaltig wie die der Sprache, und sie dürften sich der Entzifferung und Übersetzung ähnlich zäh widersetzen, wie wir es bei der Sprache kennen gelernt haben. Trotz ihrer Polysemie kann die Sprache nicht einmal einen Bruchteil jener sensorischen Daten identifizieren, geschweige denn umschreiben, die der Mensch, abgestumpft in anderen Sinnen und sprachverhaftet, wie er geworden ist, dennoch registriert. Da liegt das Problem jenes Vorgangs, den Jakobson »Transmutation« nennt, die Interpretation sprachlicher Zeichen mittels Zeichen aus nichtsprachlichen Zeichensystemen (der gebogene Pfeil auf dem Verkehrsschild, das »mantel blau« am Schluß von Miltons »Lycidas«, das Reinheit und erneuerte Hoffnung bedeutet).

Aber wir brauchen die Sprache gar nicht gleich oder ganz zu verlassen. Zwischen Übersetzung im engeren Sinne und »Transmutation« liegt ein weiter Bereich »partieller Transformationen«. Die sprachlichen Zeichen einer ursprünglichen Botschaft oder Aussage werden durch eines aus einer Vielzahl von Mitteln oder durch eine Kombination solcher Mittel modifiziert. Dazu gehören Umschreibung, Illustration, Bearbeitung, Imitation, thematische Variation, Parodie, Zitat in bestätigendem oder abwertendem Kontext, Fehlzuschreibung (irrtümlich oder absichtlich), Plagiat, Collage und vieles mehr. Diese Zone partieller Transformation, Ableitung, alternativer Neuformulierung bestimmt einen weiten Bereich unserer Sensibilität und Bildung. Sie ist ganz einfach die Matrix der Kultur. In diesem abschließenden Kapitel will ich den Begriff der »Alternität« und das Modell der Übersetzung aus dem bisherigen Gedankengang auf die umfassendere Frage nach überlieferter Bedeutung und Kultur anwenden. In welchem Maße ist Kultur die Übersetzung und Umformulierung von früherer Bedeutung? Der intermediäre und allgegenwärtige Bereich der »Transformationen« und wiederholenden Metamorphosen erfordert nicht unbedingt, daß sprachliche Zeichen in nicht-sprachliche Zeichensysteme »transmutiert« werden. Sie können vielmehr in die verschiedensten Verbindungen mit solchen Systemen treten. Das Paradebeispiel dafür ist die Verbindung von Sprache und Musik oder Sprache in der Musik.

Der Komponist, der einen Text vertont, durchmißt die gleiche Folge intuitiver und technischer Phasen wie der Übersetzer im engeren Sinne. Auf sein anfängliches Vertrauen auf den Bedeutungsgehalt des sprachlichen Zeichensystems folgen interpretative Aneignung, Überführung in die musikalische Matrix und schließlich die Schaffung eines neuen Ganzen, das die sprachliche Quelle weder entwertet noch überragt. Die Probe seiner kritischen Intelligenz und psychologischen Reaktionsfähigkeit, der sich der Komponist unterwirft, wenn er ein Gedicht auswählt und vertont, stimmt in jeder Hinsicht überein mit der Situation des Übersetzers. Beide Male fragen wir: »Hat er den Gedankengang, die emotionale Tönung, die formalen Besonderheiten, das historische Ambiente, die möglichen Ambiguitäten des Originals erkannt und verstanden? Hat er das Medium gefunden, in dem er alle diese Elemente darstellen und erhellen kann?« Die Mittel, die dem Komponisten zur Verfügung stehen: Tonart, Tonlage, Tempo, Rhythmus, Instrumentation, Modus – entsprechen dem stilistischen Spielraum, den der Übersetzer hat. Die Spannungen, denen beide ausgesetzt sind, sind grundsätzlich analog. Die alte Streitfrage, ob der Übersetzer in erster Linie Wörtlichkeit oder Neugestaltung anstreben solle, hat eine exakte Entsprechung in der Kontroverse – vor allem des 19. Jahrhunderts – über den Vorrang von Wort oder Musik in Lied und Oper.

Oft ist, wie wir gesehen haben, ein Originaltext von vielen zeitgenössischen und späteren Übersetzern übertragen worden; eine solche Sequenz alternativer Fassungen ist ein Akt reziproker kumulativer Kritik und Korrektur. Auf musikalischem Gebiet ist die Lage exakt vergleichbar. Wenn Zelter, Schubert, Schumann und Hugo Wolf dasselbe Goethe-Gedicht, Debussy, Fauré und Reynaldo Hahn dieselben Verse von Verlaine vertont haben, und wenn es sowohl von Berlioz als auch von Duparc eine Musik zu Gautiers »Au cimetière« gibt, so zeigen sich die gleichen kontrastiven Aspekte, stellen sich die gleichen Fragen nach der gegenseitigen Kenntnisnahme und Kritik wie bei mehrfacher Übersetzung. Hat der Komponist das Gedicht richtig gelesen? Welche Silben, Wörter, Sätze oder prosodischen Einheiten hat er instrumental oder vokal hervorgehoben? Folgt diese Auswahl – oder ihr Gegenteil, die Abschwächung einer Einheit – der Intention des Dichters? (Tat Schubert recht daran, bei der Vertonung von Schmidt von Lübecks »Der Wanderer« die ganze Bedeutung des Liedes in dem Wort »nicht« in der letzten Zeile zu konzentrieren, indem er es als ergreifende Appoggiatur über einem sonderbaren Sext-Akkord stellte?) Inwiefern sind Schumanns, Liszts und Rubinsteins Vertonungen von Heines »Du bist wie eine Blume« nicht nur nacheinander entstandene, sondern auch divergierende Kommentare zu einem Text, der sich naiver gibt als er ist? Sind nicht Wolfs Mörike-Lieder eine ausdrückliche und völlig eigenständige literaturkritische Wiedergutmachung an diesem Dichter, lange noch bevor die Literaturkritik seine Besonderheit anerkannt hatte? Was für eine Sorte Platonismus verrät Erik Saties Vertonung einiger Passagen aus dem »Symposion« und dem »Phaidon«? (Die Analogie zu gewissen Versüßlichungen von Jowett ist schlagend.) Die Antworten auf solche Fragen sind denen, die bei der Analyse literarischer Übersetzungen auftreten, eng verwandt.

So gibt es Fälle, in denen Komponisten ihre Texte einfach falsch gelesen haben. Schubert überhört beispielsweise in all seinen sechs Heine-Liedern die versteckte, aber ätzende Ironie. Auch der Musiker bastelt oft an Wörtern herum, verändert, läßt weg oder »verbessert«, um ein Gedicht seiner eigenen Auslegung oder Formvorstellung anzupassen (auch der Übersetzer fügt oft zu eigenem Vorteil Wörter hinzu und läßt andere fallen). Mozart hat dem berühmten Gedicht von Goethe einfach eine ganze Zeile angehängt, nur um das Wort »Veilchen« um eine volle Oktave zu heben. Schubert hat bei Goethes »Über allen Gipfeln ist Ruh« das »e« in »Vögelein« weggelassen. Schumann hat in opus 90 Lenaus Text verändert, Wörter ausgewechselt, übergangen und dafür eigene eingesetzt. Hugo Wolf dagegen, der wortempfänglichste Liederkomponist, hat Gedichte fast nie verändert.[1] Auch in der musikalischen Übersetzung gibt es wie in der literarischen das Problem der Verklärung. »Die schöne Müllerin« und »Die Winterreise« gehen bei Schubert weit über die schwachen Gedichte von Wilhelm Müller hinaus, die in den Liedzyklen zu eindrücklichen Aussagen über Kummer und Zweifel des Menschenlebens werden. Die Gefühls- und Leidenskraft in Schumanns »Frauenliebe und Leben« (opus 42) ist in den sentimentalen Gedichten Chamissos keineswegs vorbereitet. Und endlich: Ist es ein Sakrileg, wenn man, in Analogie zu Aspekten der »Verklärung« in der englischen Bibel, bestimmte Stellen aus der Matthäuspassion (so die Erzählung des Evangelisten von Golgatha und die letzten

Worte des Gekreuzigten) über die Worte des »Buchs der Bücher« stellt? »Verklärt« und damit in gewissem Sinne verraten, hat auch Berlioz die Erzählung des Mercutio von »Frau Mab« aus »Romeo und Julia«.

Goethe, der die im gesprochenen und geschriebenen Wort verborgenen musikalischen Kräfte genial und suggestiv handhaben konnte und zudem tiefe philosophische Einblikke in die Probleme organischer und künstlerischer Transformation hatte, ist seinen musikalischen Übersetzern mit gemischten Gefühlen begegnet. Dabei rissen sie sich um seine Texte.[2] Die Situation, in der Gretchen die Ballade »Es war ein König in Thule« singt (Faust I, 2759-82) ist höchst zwielichtig. Mephisto hat ihr das Schmuckkästchen in den Schrein gestellt. Er und Faust wandeln derweil im Garten. Gretchen wird es schwül und dumpfig zumute in ihrer Kammer. Das Lied, das sie vor sich her singt, ist geladen mit Ironie und Drohung und entspricht damit ihrer Lage, freilich jenseits ihres eigenen Bewußtseins. Goethes Vierzeiler haben einen widerspruchsvollen Zauber: Die kurzen, kargen Strophen fallen in beengtem Ebenmaß, aber der Raum, den sie ausleuchten, hat eine spukhaft schweifende Weite:

> Es war ein König in Thule
> Gar treu bis an das Grab,
> Dem sterbend seine Buhle
> Einen goldnen Becher gab.
>
> Es ging ihm nichts darüber,
> Er leert' ihn jeden Schmaus;
> Die Augen gingen ihm über,
> So oft er trank daraus.
>
> Und als er kam zu sterben,
> Zählt er seine Städt im Reich,
> Gönnt' alles seinem Erben,
> Den Becher nicht zugleich . . .

Von den unzähligen Übersetzungsversuchen reicht nur der von Nerval an das Original heran, nimmt ihm allerdings durch das veränderte Reimschema mehr, als er ihm »ersetzen« kann:

Autrefois un roi de Thulé,
Qui jusqu'au tombeau fut fidèle,
Reçut à la mort de sa belle,
Une coupe d'or ciselé.

Comme elle ne le quittait guère,
Dans les festins les plus joyeux,
Toujours une larme légère,
A sa vue humectait ses yeux.

Ce prince, à la fin de sa vie,
Lègue tout, sa ville, son or,
Excepté la coupe chérie,
Qu'à la main il conserve encor . . .

Das Original ist von Zelter, Schubert, Schumann und Liszt, die Übersetzung von Gounod und Berlioz vertont worden. Jedes dieser Lieder ist eine interpretative Neu-Formulierung, die das sprachliche Zeichensystem mittels eines nichtsprachlichen Systems – und dessen eigenständiger, höchst formalisierter Syntax – kritisch beleuchtet und gelegentlich entstellt. Durch Vertonung eines Gedichts entsteht also ein Gebilde, in dem Original und »Übersetzung« (manchmal sogar eine zweimalige) in aktiver Simultaneität gemeinsam existieren.[3]
Zelters Vertonung in a-Moll mit einfachen Begleitakkorden ist streng strophisch und ordnet sich völlig dem Gedicht unter, so wie es Goethe für angemessen hielt. Schumann war weit ehrgeiziger. Seine Vertonung entstand 1849 und erschien in Band I der »Romanzen und Balladen« (op. 67). Aus Gretchens betrübter Einstimmigkeit ist ein Gesang mit

einer Solopartie für Männer- oder Frauenstimme und fünf-
stimmigem gemischtem Chor geworden. Die Behandlung
des Textes ist geradlinig und bringt die Strophen in einfa-
chem Rhythmus ohne Wiederholungen, wenngleich mit
einigen unaufdringlichen Modulationen. Die Harmonik ist
eher »vertikal« (akkordisch) als »horizontal« (polyphon).
Schumanns Vertonung liegt in der Reichweite eines Gesang-
vereins und unterstreicht das Volksliedhafte der Ballade. Für
ihre Hintergründigkeit und die prekäre Lage, in der Gretchen sie singt, hatte er offenbar weniger Sinn. Liszt, dessen
Fassung schon 1843 entstanden, 1856 aber noch einmal
überarbeitet worden ist, sah tiefer. Seine Lesung gründet in
der Ambiguität der Erzählung, in den Spannungen zwischen
Sinnlichkeit und Tod, Treue und Vergeudung, die Goethes
Behandlung organisieren und Gretchens unbewußten Zustand dramatisch darstellen. Die Struktur des für Mezzoso-
pran gesetzten und durchkomponierten Liedes ist komplex
und darauf angelegt, den Handlungsablauf der Ballade musikalisch vorzuführen. Liszt wiederholt einzelne Verse; er
beginnt mit einem Vorspiel für Klavier und läßt auch dem
vierten und fünften Vers Klavier-Intermezzi folgen; die letzte Strophe ist in zwei Teile aufgespalten, und es gibt eine
dramatische Reprise des Schlußverses. Die Vorstellung ist
ausgesprochen romantisch und bildhaft. Die Heldin wird am
Spinnrad sitzend imaginiert – die Vorwegnahme einer späteren Szene. So beginnt das Klavier mit dem täuschend nach-
geahmten Surren eines Spinnrads, und die musikalische
Phrase suggeriert dessen ungleiche Bewegung (schnell –
langsam – schnell). Sie ist gleichsam das Motto des Ganzen –
ein Verfahren, das bezeichnend für Liszt ist. Bis auf ein paar
Vierviertel-Takte steht alles im Dreiviertel-Takt. Die Grund-
tonart ist f-Moll, bis auf eine Modulation zum entsprechenden As-Dur im dritten und vierten Vers der dritten Strophe.
Mit Goethes Prosodie geht Liszt recht unbekümmert um; er
verändert das Metrum je nach der musikalischen Gestalt und
betont einzelne Wörter bildhaft und dramatisch: »Sinken«

beispielsweise wird durch fallende chromatische Oktaven illustriert. Die vokale und instrumentale Übersetzung erläutert Stimmung und Geschehen der Erzählung und intensiviert sie rhetorisch.

Die beiden Vertonungen von Berlioz und eine von Gounod liegen eher auf der romantisch-dramatischen Linie von Liszt als auf der von Zelter und Schumann. Die Übersetzung erfolgt nun in zwei Phasen: vom Deutschen ins Französische und vom Französischen in die Musik. Jede der drei Vertonungen ist zudem Teil eines größeren Zusammenhangs: einer musikalischen Gesamtkonzeption von Faust I. Dadurch wird Gretchen wieder zur dramatis persona, und die Vertonung stützt sich zugleich auf die Ballade und auf die Motivverschränkungen des szenischen Gesamtkomplexes.

Berlioz hat das Gedicht 1829 für »Huit Scènes de Faust« und 1846 für die »Damnation de Faust« vertont. Die frühere Fassung ist strophisch, die spätere durchkomponiert. Die Notation der ersten ist modal in G, die der zweiten, mit reicherer Orchestrierung, modal in F. Die der »Damnation« ist jedoch nicht durchgängig modal; Berlioz wollte durch die Modalnotation der Ballade (die er »une chanson gothique« nannte) nur den Eindruck des altertümlich Fernen erwekken. Zu Recht verschwunden ist das Spinnrad. In den »Huit Scènes« singt Marguerite – wie bei Goethe –, während sie sich auszieht. In der »Damnation« flicht sie sich beim Singen die Zöpfe. Berlioz ist in die Probleme, die der französische Text stellt, von der ersten zur zweiten Fassung tiefer eingedrungen. Beide Fassungen haben Sechsachtel-Takt. 1829 setzt die Singstimme ziemlich naiv auf dem starken Taktteil ein: »Autrefois un roi / de Thulé...« In der »Damnation« kommt sie erst beim schwachen zweiten nach einer anfänglichen Pause: »Au-tre-fois / un roi de Thu-/lé, qui jusqu'au / tombeau...« »Autrefois« als Auftakt vertieft den Eindruck, daß das Lied von weither, aus archaischer Ferne herüberklingt. Beide Kompositionen haben ein obligates Viola-Solo. Das ist natürlich die unverkennbare Handschrift von Berlioz, stammt aber aus der Oper des 18. Jahrhunderts und fügt der sonst ganz romantischen Färbung noch einen Hinweis auf klassischen Belcanto hinzu. Die zweite Fassung endet weit dramatischer als die erste. Marguerite singt die Ballade ein zweites Mal – mit Pausen zwischen den Phrasen. Ganz andere Themen suchen ihr Gemüt heim. Sie schließt mit einem tiefen Seufzer und der Silbe »Ah«. Dann folgen ein stummer Takt und ein F-Pizzicato in Celli und Bässen. Diese Coda hatte schon die Fassung von 1829. Neu ist jedoch die Wiederholung und damit der Eindruck der Geistesabwesenheit. Das wirft die Frage nach der zugrundeliegenden Interpretation auf. Bei Goethe wirkt das Gedicht einerseits wie zufällig: irgend eine alte Ballade aus einer Sammlung von Volkssagen und Kinderversen. Anderseits ist sie ironisch mit der dramatischen Situation und Gretchens verstörter Gefühlslage verschmolzen. Die Wirkung beruht auf dem Widerspiel von dramatischer Ironie und scheinbarer Beiläufigkeit. Berlioz psychologisiert und vereinfacht drastisch:

> Dans l'exécution de cette Ballade, la chanteuse ne doit pas chercher à varier l' expression de son chant suivant les différentes nuances de la poésie; elle doit tâcher, au contraire, de le rendre le plus uniforme possible: il est évident que rien au monde n'occupe moins Marguerite dans ce moment que les malheurs du Roi de Thulé; c'est une vieille histoire qu'elle a apprise dans son enfance, et qu'elle fredonne avec distraction.

Das Motiv der Zerstreutheit (»distraction«), das diese Regieanweisung für die »Huit Scènes« in den Vordergrund rückt, wird in der »Damnation« noch stärker hervorgehoben. Es läßt sich zwar dramaturgisch verteidigen und ist musikalisch effektvoll, verflacht aber doch die Vielschichtigkeit des Originals.

In Gounods »Faust« (1859) ist das Balladenmotiv ziemlich nebensächlich. Ein rhythmisches Klopfen im Orchester täuscht das Spinnrad vor. Das Lied selbst steht in a-Moll, und soll ganz naiv, fast wie ein Kinderlied klingen. Marguerite schenkt seinem Inhalt keinerlei Beachtung. Ihr Rezitativ weilt bei dem stattlichen Kavalier, den sie auf dem Markt gesehen hat. Erinnerungen daraus unterbrechen wiederholt ihren Gesang; nach jeder Interjektion wiederholt sie den ersten Vers, um sich an den Text zu erinnern und auf ihn einzustellen. Aber das will ihr nicht gelingen. Die Molltöne, das Surren des Spinnrads im Orchester untermalen ihre Zerstreutheit. Die Idee stammt von Berlioz, aber Gounods einfache Melodie und das Verfahren von Unterbrechung und Reprise geben ihr ein besonderes Pathos. Goethes Gedicht wird dabei allerdings zum bloßen Singsang degradiert.

Soweit ich beurteilen kann, ist keine dieser sechs Transformationen wirklich befriedigend. Liszt kommt dem Ideal der Parität am nächsten. Gewiß hat er sich Freiheiten erlaubt, hat überdramatisiert, aber doch auch die Zucht und Verhaltenheit des Goetheschen Vorbilds beachtet. Zelters Vertonung ist kaum mehr als ein musikalischer Untertitel. Berlioz und Gounod haben den Vorwurf für ihre zwar inspirierten, aber doch recht eigenmächtigen Zwecke benutzt. Schumanns Gesangfassung wirkt merkwürdig belanglos – wie eine an den Rand gekritzelte Skizze. »Goethe est un piège pour les musiciens; et la musique est un piège pour Goethe«, sagt André Suarez.[4] Das Problem ist jedoch viel allgemeiner. Die kontrastiven Klangcharaktere, die verschiedenen idiomatischen Gewohnheiten, die unterschiedlichen assoziativen Kontexte, die Widerstand und Anziehung zwischen zwei Sprachen erzeugen, werden bei der Verschränkung von Sprache und Musik in ihrer Wirkung vertieft und gesteigert. Sowohl das verbale als auch das musikalische Zeichensystem sind Codes. Beide haben eine Grammatik, eine Syntax und bilden eine Fülle von individuellen und nationalen Stilen aus. Beide haben ihre Geschichte. Die musikalische Analyse ist eine »Metasprache« wie die formale Logik. Aber obwohl die Übereinstimmungen schlagend sind und in mancher Hinsicht bis zur Homologie gehen, werden sie doch leicht zur bloßen Metapher. Gewiß ist Musik eine Sprache. Sobald man das aber sagt, gerät der Begriff »Sprache« eigenartig ins Schwanken. Wir können ihn dann entweder technisch-semiotisch verstehen (beide Male handelt es sich um »sequentielle, regelgeleitete Zeichensysteme, die gewissen Zwängen folgen«), oder in einem sehr umfassenden, nicht eigentlich definierbaren Sinn (beide »können menschliche Gefühle zum Ausdruck bringen und Gemütszustände artikulieren«). Wenn wir von der »Sprache« der Musik sprechen, denken wir wohl zugleich und mit wechselnden Anteilen an die speziellere und die generelle Bedeutung. Es ist deshalb nicht verwunderlich, daß uns die adäquate kritische Terminologie fehlt, mittels derer wir die Phänomenologie der Interaktion zwischen den Sprachen von Wort und Musik analysieren oder auch nur richtig beschreiben könnten.

Dennoch gibt es deren Wirkung, und sie ist anschaulich. In Gesualdos »Moro, lasso, al mio duolo . . .«, in Eichendorff-Schumanns »Waldgespräch«, in Mörike-Wolfs »Feuerreiter« klären und bereichern Wort und Musik sich gegenseitig im Rahmen einer Struktur, deren Zentrum weder im verbalen noch im musikalischen Zeichensystem liegt. Auch bei der großen Vertonung wird – wie bei der großen Übersetzung – etwas dem Original hinzugefügt. Was hinzugefügt wird, ist jedoch »schon dagewesen«. Auf dem Papier ist eine solche Behauptung preziös und paradox, nicht jedoch in der Durchführung. Wenn man Duparcs Vertonung von »Invitation au voyage« zuhört, spürt man exakt, auf welche Weise die Worte von Baudelaire durch die Musik mehr als sie selbst und dadurch ganz sie selbst werden. Eine Metamorphose in eine neue integrierende und vermittelnde Gattung geht vor sich, für die uns die definierende Bezeichnung fehlt. Die Vermittlungsfunktion ist eine entscheidende und zugleich restriktive Bedingung. Die Dynamik von Identitätserhaltung und zeitweiliger Verschmelzung – »lexis« und »melos«, um mit Northrop Frye zu sprechen, bleiben sie selbst, während sie sich zu einer neuen Form zusammentun – ist komplex bis zur Zerbrechlichkeit. So gelingt die Koexistenz auf der Ebene echter Parität und Interaktion nur für kurze Zeit. Das Madrigal, das Kunstlied, die Arie dürften die Grenzen markieren, in denen die Synthese sich durchhalten läßt. Vollendung aber ist, wie wir gesehen haben, auch in diesen Formen selten. Nur allzuoft behält Nerval recht, der sagt, nur der Dichter selbst sei berufen, sein Lied zu vertonen – oder gar Victor Hugo mit seiner Weisung: »Défense de déposer de la musique au long de cette poésie.«[5] Dieselben Motive gibt es für eine Ablehnung der Übersetzung im eigentlichen Sinne. Wo jedoch die Transmutation gelingt, verschmelzen die beiden wichtigsten Grammatiken menschlichen Empfindens zu einer einzigen.

II

Wenn ein Text vertont wird, behalten seine Wörter ihre Identität, allerdings in einem anderen Aggregatzustand. Wenn es sich um die Vertonung eines übersetzten Textes handelt, so entspricht die Verwandlung, die mit dem Original vor sich geht, der einer Übersetzung im engeren Sinne. Aber auch wenn wir den Rahmen direkter Übersetzung und Übertragung verlassen, stoßen wir auf zahllose Möglichkeiten und Schattierungen des Wandels. Sie reichen, wie schon gesagt, vom unmittelbaren Echo bis zum entferntesten, oft unbewußten Anklang, zur eingebetteten Verweisung oder flüchtigen Anspielung. Sie reichen von einer Interlinear-Übersetzung der homerischen Epen bis zu Joyces homerischen Umrissen. Nebelhaft und mächtig zugleich weiten sie sich aus zu konzentrischen Räumen des Wiedererkennens, die unendlich viel weiter sein können als etwa die manifeste Abhängigkeit des »Ulysses« von der »Odyssee«. Diese Räume enthalten zum Beispiel den realen und symbolischen Status von Seefahrt, ungewisser Heimkehr, ehelicher Treue, von Überleben durch List und Verkleidung, vom wetterwendischen Glück. Transformationen können zwischen sprachlichen und metasprachlichen oder nichtsprachlichen Codes stattfinden.[6] Der homerische Text kann im originalen Wortlaut oder in Übersetzungen vertont werden. Er kann Titel eines Gemäldes oder einer Skulptur sein, in denen diese oder jene Episode dargestellt ist. Aber der Maler, Bildhauer oder Choreograph braucht seine Quelle nicht zu zitieren. Er kann sie mehr oder weniger treu bebildern, reflektieren oder aufführen. Er kann sie in grenzloser Mannigfaltigkeit der Perspektiven bearbeiten – von der »photographischen« Mimesis bis zur Parodie, satirischen Verzerrung oder leisen, verrätselten Anspielung. Uns obliegt es, die jeweilige Funktion des Bezugs auszumachen und zu rekonstruieren. (Wie lange mag es wohl dauern, bis ein wachsamer Leser ohne Hilfestellung das wiederholte, bis ins einzelne gehende Echo auf Dickens' »David Copperfield« in Dostojewskis »Dämonen« entdeckt, oder die Verwandtschaft der Fabel von »König Lear« mit »Aschenbrödel«, besonders wenn das Märchen pantomimisch oder als Ballett dargestellt wird?)

Diese mannigfachen Umwandlungen und Umordnungen des Verhältnisses zwischen einem primären Wortereignis und seinem späteren Wiedererscheinen in anderen verbalen oder nicht-verbalen Formen lassen sich am besten mit dem Begriff »topologisch« zusammenfassen. Damit meine ich etwas sehr Einfaches. Topologie ist jener Zweig der Mathematik, der von den Verhältnissen zwischen Punkten und den Grundeigenschaften einer Figur handelt, welche sich nicht verändern, wenn die Figur gekrümmt wird (etwa, wenn die Unterlage, auf die wir ein Dreieck gezeichnet haben, kegel- oder kugelförmig verbogen wird). Die Erforschung dieser Invarianten und der geometrischen und algebraischen Verhältnisse, die eine Transformation überdauern, ist für die moderne Mathematik entscheidend geworden. Sie hat in einer Menge scheinbar verschiedener Funktionen und räumlicher Konfigurationen verdeckte, ihnen zugrundeliegende Einheiten und Ensembles zutage gefördert. Ganz ähnlich liegen auch den mannigfachen Ausdrucksformen unserer Kultur Invarianten und Konstanten zugrunde. Deshalb erscheint es mir möglich und sinnvoll, das Gesamtgefüge der Kultur als »topologisch« angeordnet zu bezeichnen. Die Konstanten können spezifisch verbal sein, aber auch thematisch oder formal. Ihre Wiederkehr und ihre Metamorphosen sind von Literaturwissenschaftlern wie Auerbach, Curtius, Leo Spitzer, Mario Praz, R. R. Bolgar untersucht worden. Die Geschichte des »Topos«, des Archetyps, des Motivs, der Gattung gehört heute zum selbstverständlichen Fundus von Vergleichender Literaturwissenschaft und Stilistik. Die Ikonologie sowohl verbaler Inhalte als auch der Reprisen bestimmter Themata, Motive, Landschaften, allegorischer Verfahren in der Bildenden Kunst ist einer der Hauptforschungszweige der modernen Kunstgeschichte. Die Werke von Panofsky, Saxl, Edgar Wind, E. H. Gombrich und vielen anderen haben uns darüber belehrt, wieviel von dem, was einem Maler vorschwebt, frühere Malerei ist. Wir wissen jetzt, wie tief Konventionen und traditionelle Codes der Identifikation in unsere Reflexe eingreifen, die wir vielleicht für spontan hielten. Ich sage deshalb nichts Neues, und einige der Beispiele, die ich bringen werde, sind geläufig.

Worauf es mir ankommt, ist jedoch, daß man sie als Etappen eines topologischen Prozesses erkennt. Die Verhältnisse zwischen »Invarianz und Transformation« sind mehr oder weniger dieselben wie bei der Übersetzung. Auf diese Weise treten Begriffe der generativen Transformationsgrammatik wie »zugrunde liegende Struktur«, »rekursive Eigenschaften«, »Zwänge«, »Ersetzungsregeln« und »Freiheit« in einen viel größeren Bedeutungszusammenhang, in dem sich der Konflikt zwischen ihnen und den Realitäten der natürlichen Sprache und kulturellen Entwicklung ausgleicht. »Topologisch« gesehen, ist eine Kultur eine Sequenz der Übersetzungen und Transformationen von Konstanten (Übersetzung tendiert immer zur »Transformation«). Wenn wir erst eingesehen haben, daß dem so ist, gewinnen wir ein besseres Verständnis für das sprachlich-semantische Movens der Kultur und auch für jene Kraft, welche die Sprachen und ihre »topologischen Felder« von einander unterschieden hält. [. . .]

Jedem Klassizismus liegt das Postulat der Zeitlosigkeit zugrunde. Vorausgesetzt wird die Konstanz allgemein menschlicher Wesenszüge und entsprechender künstlerischer Ausdrucksformen in Bildender Kunst und Sprache. Übersetzung, Nachahmung, Neu-Gestaltung bzw. -Formulierung, Zitat aus und nach den kanonischen Schriften sind daher synchron. Racine resümiert diese Ästhetik und Psychologie der Invarianz in einer Bemerkung im Vorwort zu »Iphigénie«. Aus der Wirkung auf das Theaterpublikum, die er mit seinen Übernahmen von Homer und Euripides erreicht hat, leitet er mit Befriedigung ab, daß »gesunder Menschenverstand und Vernunft sich in allen Jahrhunderten gleich bleiben. Der Geschmack von Paris hat sich als übereinstimmend mit dem von Athen erwiesen«. Bei solch einem normativen Verbund rationaler und emotionaler Werte über zwei Jahrtausende hinweg kann der Schriftsteller, der Architekt, der Figuren- und Historienmaler imitativ original sein. Seine Übersetzungen vergangener Vorbilder sind neu und treu zugleich. Sie sind im wörtlichen Sinne – dessen Widersprüchlichkeit, dessen Paradoxie uns entgeht, wenn wir nicht genau hinschauen – Re-Konstruktionen. Der klassizistische Künstler geht davon aus, daß seinem Publikum sowohl das von ihm transponierte Original als auch eine direkte, womöglich wörtliche Übersetzung oder Reproduktion dieses Originals ohne weiteres präsent sind. Das Zuhandensein des Originals bestimmt die Ausmaße thematischer Abwandlungsmöglichkeiten für seine eigene Produktion. Die formale Variante, die von einer impliziten Konstante erzeugt und gegen sie ausgespielt wird, ist ein wesentlicher Modus der abendländischen Kunst und Literatur. Ihr verdanken wir das lebendige Kräftespiel zwischen dem »Klassischen« und dem »Klassizistischen«, zwischen dem antiken Original und seiner »Reprise«, die ihrerseits »klassisch« werden kann, wenn sie das Format dazu hat und die griechische oder lateinische Quelle nicht mehr auf den ersten Blick erkennbar ist. Der »Hippolytos« des Euripides ist 428 v. Chr. zum ersten Mal aufgeführt worden. In Vers 1173 bis 1255 berichtet der Bote von der verhängnisvollen Begegnung des Hippolytos mit dem »ungeheuren, wilden Stier«, der aus der »aufgewühlten, kochenden, donnernden Brandung« hervorstob. Von Poseidon geschickt und ein Emblem auch für die Heldentaten des Theseus auf Kreta, welche der eigentliche Ausgangspunkt der Tragödie sind, bringt das Ungeheuer des Hippolytos geliebte Rosse zum Rasen (sein Name verrät seine Leidenschaft):

Und dann war alles Wirrwarr. Räderachsen
Und Mörder-Bolzen flogen in die Luft,
Und der unglückliche, der Lenker, in die Zügel
Verstrickt ward in unlösbarer Verknotung,
Geschleift, sein teures Haupt geschmettert
An Felsen und der Leib gequetscht. Er schrie
Schrecklich und laut, die Stimme gellte
Uns in die Ohren:
Steht! So steht doch, Rösser. Ihr, genährt in meinen
    Ställen!
Tötet mich nicht! Des Vaters Fluch! Sein Fluch!
Will mich denn niemand retten? Ich bin schuldlos. Helft
    mir!
Viele der unsren hatten den Willen. Doch wir blieben
Zurück im Rennen. Ledig der Zügel geworden
Fiel er. Es war noch Leben in ihm.
Die Rosse aber und jenes Ungeheuer bösen Omens
Schwanden dahin, ich weiß nicht wo, in öden Klippen.

Die genaue Entstehungszeit der »Elektra« des Sophokles ist nicht bekannt. Auch dort gibt es einen Bericht vom grausamen Tod eines jungen Helden, der beim Wagenrennen zwischen Achsen, verschlungene Zügel und mörderische Hufe geraten ist. Der langatmige Bericht des Paidagogos (679-764) ist atypisch für die sonstige Gestrafftheit der Tragödie. Man könnte ihn sich als psychologischen Kunstgriff erklären. Was erzählt wird, ist nämlich pure Erfindung, denn Orest lebt und ist nahe. Aber Elektras (scheinbar ohne Hilfe dastehender) rachsüchtiger Haß soll die weiteren Episoden des Dramas beherrschen. Durch die anschaulichen Details in der vorgeblichen Weheklage hat der Paidagogos Orest in gewissem Sinne ausgeschaltet. Er wird uns nie wieder ganz gegenwärtig und glaubwürdig. Ob Euripides wie so oft auch im »Hippolytos« auf Sophokles zurückgreift oder selbst der Vorgänger ist, läßt sich nicht sagen. Seine Schilderung der Szene jedenfalls ist bis auf den heutigen Tag Vorbild der Nachgestaltung oder Illustration geblieben (in einem Film hat man erst unlängst den Pferdewagen einfach durch ein modernes Rennauto ersetzt). Daß dieser Botenbericht zum kanonischen Text geworden ist, liegt an den vielfältigen Kunstmitteln des Euripides: Die Komposition der Gefühlslagen wölbt sich von der Stille des Anfangs über das grausige Geschehen hinweg zur – nun verzweifelten – Stille der Coda. Auch die einzelnen Bilder machen eine gegliederte Sequenz aus: Die Jünglinge am Strand, das Gebet des Hippolytos, das Aufbrausen der Bestie, die mörderische Jagd, das Dahinschwinden von Stier und Rossen, und die ratlose Menschenwelt, die zurückbleibt. Hinzu kommen onomatopoetische Effekte wie das unheimliche Donnern der Stelle:

ἔνθεν τις ἠχὼ χθονιος ὡς βροντὴ Διὸς,
βαρὺν βρόμον μεθῆκε, φρικώδη κλύειν

Da war Gepolter unten in der Erde,
Ein dumpfes Grollen, Donner wie von Zeus
Und schaurig anzuhören. (1201-2)

Der spätere Dramatiker, Moralist, Allegorienmaler, Redner konnte auf diesen euripideischen Kanon als auf eine Fundgrube beispielhaft grausamer übernatürlicher Geschehnisse zurückgreifen, denen Pathos und Ironie des Anlasses Mäßigung geboten.

Senecas Tragödien, nach Ansicht der Latinisten in den fünfziger Jahren n. Chr. entstanden, sind Modulationen nach Euripides, deren Verarbeitung schon höchst selbstbewußt und literarisch ist. Als extrem deklamatorische Lesedramen sind sie am rhetorischen Genie des Euripides, des Meisterarchitekten der Rede, orientiert. Einer bei diesem schon latenten Technik folgend, hat Seneca die Handlung völlig ins Innere verlegt. Seine Stücke sind eine Kette von Rezitationen. Die beständig grausigen oder grotesken Ereignisse werden durch die Allgegenwart des statischen Vortrags in Distanz gerückt. Das Verhältnis (Topologie) der Handelnden zueinander ist anders geworden: Phädra bereut, entleibt sich und sinkt auf den Leichnam des Hippolytos. Aber das ist nur eine kleine Variation des festgelegten Themas. Die Rezitation des Boten reicht von Vers 1000 bis 1113 und ist damit 31 Zeilen länger als im Griechischen. Eine solche Dehnung ist typisch für verbale Nachgestaltungen. Der Bericht wird überdies einmal unterbrochen: Theseus fragt nach dem Aussehen des Ungeheuers und lenkt so die Aufmerksamkeit auf die ironische Angemessenheit des Stiers (»caerulea taurus colla sublimus gerens«).

In allen wesentlichen Punkten ist der Text jedoch die partielle Umformung eines griechischen Vorbildes, dessen Stabilität die Voraussetzung für Form und Logik der Eigenerfindungen bildet. Nur bei einer Wort-für-Wort-Analyse ließen sich Häufigkeit und technischer Rang von Senecas Mitteln der innovativen Abhängigkeit aufzeigen. Wo Euripides von einer »unirdischen« Gezeiten-Woge spricht und die Einzelheiten der Landschaft aufzählt, die nun von Gischt umwölkt sind, verallgemeinert Seneca hyperbolisch: »Non tantus . . . nec tamen«. »Niemals« war je solch ein Aufruhr, »niemals« noch hat das Jonische Meer solche Brecher gesehen. Bei Euripides wird das Ungeheuer vom Kamm einer unheimli-

409

chen Woge an den Strand geworfen. Seneca braucht eine
Theatermaschine wie später das Barocktheater:

> inhorruit concussus undarum globus,
> solvitque sese, et litore invexit malum
> maius timore.

> (Flüssig bebt der Erdball in schrecklichem Tosen,
> Birst und speit an den Strand ein Ungeheuer,
> so grausig wie nie eins.)

Euripides beschreibt den Meeresstier nicht. Das dramatische
Tempo und das dichterische Vertrauen auf die Macht des
Indirekten gestatten ihm den bloßen Hinweis auf einen »Anblick, abscheulicher als unser Aug' ertragen kann«. Seneca
weidet sich am Grausigen:

> longum rubenti spargitur fuco latus.
> tum pone tergus ultima in monstrum coit
> facies, et urgens bellua immensam trahit
> squamosa partem.

> (Gewaltig die Flanken, gesprenkelt mit rötlichem Geifer,
> Am äußersten Ende des Rumpfes nachschlingert dem
>     Monster
> Schuppig der Schwanz in gekrausten Windungen.)

Dahinter steckt nicht nur eine private Vorliebe. Wo Handlung, Gewichtsverteilung und Rangordnung der Gefühle
vorgegeben sind, bleibt nur noch Detail zu erfinden. Das ist
ein ganz entscheidender Punkt. Euripides bannt den Sturz
des Jünglings aus dem Wagen in ein einziges Wort: πίπτει.
Metrum und Stellung am Anfang der Zeile geben ihm die
genügende Dramatik. Seneca wird weitschweifig und kompliziert die Szene noch, indem er kontrapunktisch den Mythos
einer anderen verhängnisvollen Wagenfahrt hinzufügt:

talis per auras, non suum agnoscens onus,
solique falso creditum indignans diem,
Phaethonta currus devio excussit polo.

(Also geschah es, daß die Sonnenrosse,
Das Fehlen des vertrauten Lenkers spürend,
Erzürnt, weil ungeübte Hand des Tages Wagen führte,
Phaeton niederschmetterten aus Himmels Höhen.)

»Talis«: also geschah es ... Das ist ein typischer Auftakt zu
schweifender Nacherzählung, zur Übertragung mittels Zitat, Anspielung, Gleichnis. Die Sage von Phaeton, der aus
dem flammenden Sonnenwagen stürzt, ist hier ein innovati-
ver Rückverweis inmitten eines Textes, der selbst eine einzige Rückverweisung ist. Vielleicht ist die Einfügung eine subtile Erinnerung an Phaedras Abstammung vom Sonnengott.
Jedenfalls gehört sie zu jenem Echo-Bestand, jenen formelhaften Bauelementen, mit denen der Rekonstrukteur arbeitet.
Obwohl von Anfang an ungebührlicher Länge wegen kriti-
siert, ist »le récit de Théramène« in Racines »Phèdre« nur 73
Zeilen lang. Nach der ersten Entgegnung von Thesée, schon
geladen mit schrecklicher Ahnung, erzählt Théramène (der
Paidagogos des Hippolyte) weiter von der Ankunft der Aricie auf der Schreckensszene. Racine ist also noch sparsamer
als Euripides und ganz gewiß als Seneca. Er hat signifikante
Veränderungen vorgenommen. Hippolyte hat teil an der
schuldhaften Verkettung der handelnden Personen, wenngleich seine Schuld, Aricie zu lieben, sorgfältig als geringer
und sogar veredelnd dargestellt wird. Racine hat den »récit«
keinem Boten, sondern dem Théramène in den Mund gelegt,
dem Vater und Sohn gleich nahe stehen. Das gibt seiner Rede
zusätzliches Gewicht und psychologische Bedeutung. Außerdem scheint es, als habe Poseidon selbst bei dem fürch-
terlichen Überfall auf die Rosse die Hand im Spiel gehabt,
obgleich Racine mit der taktischen Unbestimmtheit des Ra-

tionalisten, die seinen Umgang mit dem Übernatürlichen in der Tragödie überhaupt kennzeichnet, die Frage offen läßt:

On dit qu' on a vu même, en ce désordre affreux,
Un dieu qui d'aiguillons pressait leur flanc poudreux.

Die stilistische Kraft, das formvollendete Ungestüm, die psychologische Spannung der Erzählung sind oft genug ausführlich gewürdigt worden.[7] Aber die Einsicht in die Meisterschaft Racines sollte nicht ausschließen, daß man auch dem Verhältnis des »récit« zu seinen Quellen gerecht wird. Dieses Verhältnis ist ganz einfach ursächlich: Die Berichte vom Tod des Hippolytos bei Euripides und Seneca sind die »raison d'être« für den von Racine. Er kann sich äußerste Sparsamkeit leisten, kann verdeckte Gefühlstiefen ans Licht holen, einfach weil er später kommt. Er ist von Euripides und Seneca abhängig, nicht nur, was den Verlauf der Handlung angeht, sondern fast in jeder Geste.

Racine kombiniert. Von Euripides nimmt er den zugleich ländlichen und feierlichen Reiz bei der Abfahrt des Hippolyte. Die Schilderung der gewaltigen Woge und des Stiers sind Neuformulierungen nach Seneca. Gerade dessen manieriertere Wendungen verlocken ihn zur direkten Übertragung: »Undarum globus« wird zu

Cependant, sur le dos de la plaine liquide
S'élève à gros bouillons une montagne humide, –

einem Concetto, das zeitgenössische Kritiker nicht zu Unrecht für etwas ausgefallen hielten. Die fahle Färbung der Bestie und ihr gewundenes Hinterteil sind fast genau nach dem Lateinischen geschildert:

Tout son corps est couvert d'écailles jaunissantes;
Indomptable taureau, dragon impétueux,
Sacroupe se recourbe en replis tortueux ...

Offenbar hatte Racine das Knirschen, die seltsame Mischung aus Schleimigkeit und Rauheit in »squamosa« deutlich vor Ohr und Auge. Euripides vermeidet es, Hippolytos' zerfetztes Fleisch zu schildern. Racines

De son généreux sang la trace nous conduit:

Les rochers en son teints; les ronces dégouttantes
Portent de ses cheveux le dépouilles sanglantes
sein kühnes Spiel mit den wörtlichen und assoziativen Werten von »dégouttantes« entspricht Vers 1093-96 bei Seneca.
Proportional ist Senecas Einfluß auf den »récit« größer als
der des Euripides.

»Einfluß« ist in diesem Zusammenhang allerdings ein leerer
Begriff. Wir haben es mit einer bewußten Ästhetik und Praxis der Transformation zu tun. Einzelne fast wörtlich übersetzte Stellen sind keineswegs Fremdkörper in Racines Ideal
und Technik. (»Des coursiers attentifs le crin hérissé« weicht
kaum von der griechischen Formulierung ab.) Anderseits
gibt es thematische Variationen. Bei Euripides entschwanden
die aufgebrachten Rosse. Bei Seneca geraten sie nur außer
Sicht. Bei Racine kommen sie zum Stehen:
        non loin de ces tombeaux antiques
    Où des rois ses aïeux sont les froides reliques.
Der Einfall ist genial und psychologisch wie szenisch bezeichnend für das, worum es Racine geht. Théramène mahnt
Theseus verstohlen an die tragische, unsinnige Vernichtung
des Königshauses. »Tombeaux antiques« und »froids reli-
ques« sind Wörter wie Marmor, Pole völliger Stille in wohl-
bedachtem Kontrast zum heißen Strudel der vorhergegangenen Handlung. Die Wirkung gleicht einer Landschaft von
Poussin »bei abziehendem Gewitter«. Aber dies Motiv ist
beinahe das Äußerste an Innovation, das Racine sich gestattet.

Natürlich strebt Racine gar nicht nach Innovation. Er nimmt
die zeitlose Gültigkeit des Euripideischen Textes als gegeben: seine Kraft, dem Vorwurf erzählerische Logik und rationale Statur zu sichern. Auf Seneca bezieht er sich ganz
unbekümmert, als auf einen Handwerks-Bruder – von etwas
zweifelhaftem Geschmack vielleicht –, mit dem er sich in die
Aufgabe künstlerischer Verewigung des Stoffes teilt. Was
»Phèdre« von ihrer griechischen und lateinischen Schwester
unterscheidet, sind Racines psychologisches Interesse, die

nur noch bedingt überzeugte, metaphorische Einstellung eines jansenistischen Christen zum heidnischen Mythos, die veränderten Kriterien für theatralische Wirkung. Das Genie Racines ist ganz sein eigen, ein Genie jedoch, das sich bewußt in den Grenzen der Überlieferung und in Idealkonkurrenz mit ihr verwirklicht. In seinem Vorwort beruft sich Racine noch für die kleinste eigene Zutat auf antike Autoritäten: »Je rapporte ces autorités, parce que je me suis très scrupuleusement attaché à suivre la fable.« Diese Skrupel sind weder pedantisch noch eine konventionelle Geste. In ihnen kommt vielmehr die fundamentale Überzeugung vom regelgebundenen »Übersetzungs«-Charakter zivilisierter Kunst und Literatur zum Ausdruck. Schöpferisch zu sein, bedeutet für Racine hauptsächlich, nach-schöpferisch zu sein; Freiheit erhält ihre Bedeutung aus Zwängen.

Nehmen wir einmal an, wir könnten die drei Passagen tatsächlich lexikalisch, grammatisch, semantisch und im Verhältnis zum Kontext erschöpfend analysieren. Stellen wir uns vor, die Erzählungen bei Euripides, Seneca und Racine nebeneinander zu setzen und alle ihre formalen und semantischen Elemente aufeinander zu beziehen, nach Kategorien wie Ableitung, Analogie, allgemeine Ähnlichkeit, Variation oder Kontrast. Ich habe deutlich zu machen versucht, daß eine solche vollständige Analyse nicht möglich, daß die Idee erschöpfender diagnostischer Formalisierung von Sprache eine Fiktion ist. Nehmen wir dennoch an, sie wäre machbar. Dann hätten wir, meine ich, ein Instrument in der Hand, mit dem wir fundamentale Probleme von Sprache, Kultur, Verstehen und Einbildungskraft prüfen und erhellen könnten. Allein an Hand dieser drei Reden wären wir in der Lage, etwas Konkretes über Affinitäten und Differenzen zwischen Latein und Griechisch zu sagen und über die Art und Weise, wie diese Affinitäten und Differenzen von einem großen Schriftsteller Frankreichs im 17. Jahrhundert gesehen und im Verhältnis zu seiner eigenen Sprache erlebt worden sind (das Netz der Variablen ist schon hier zu fein gesponnen, als daß wir es sicher handhaben, geschweige denn formalisieren könnten). Wir kämen zu substantiellen Hypothesen über das Ausmaß, in dem die nachschöpferischen Tugenden und Mängel einer späteren Version auf die Quelle zurückwirken. Inwieweit wird unsere heutige Lektüre des Euripides dadurch erhellt oder verdunkelt, daß wir Seneca und vor allem Racine kennen?

Wir kämen wenigstens bis zu gewissem Grade einer brauchbaren Abstufung jener Reihenfolge von Zielen und Methoden näher, die von der wörtlichen Übersetzung über Umschreibung, Nachahmung, Bearbeitung bis zur thematischen Variante führt. Ich habe darzulegen versucht, daß diese Sequenz die Hauptachse einer auf schriftliche Überlieferung gestützten Kultur ist, daß Kultur sich in Spiralen durch Übersetzungen ihrer eigenen kanonisierten Vergangenheit fortsetzt. Eine einzige Bedeutungskurve führt von »Phèdre« (1677) zurück zu »Hippolytos« (428 v. Chr.). Racines Vertrauen, die Verfeinerung seiner künstlerischen Mittel beruhen darauf, daß er diesen Zeitabstand als ebenso wirklich wie unwirklich empfunden hat. Die Wirklichkeit war der Garant der Würde, der essentiellen Wahrheit seines Materials. Die Unwirklichkeit erlaubte ihm, Seite an Seite mit dem griechischen Werk zu schaffen. (Er hat von Sophokles und Euripides als seinem Publikum und seinen Richtern gesprochen.) So bin ich denn wieder angelangt bei einer Wurzelbedeutung von »Übersetzung«, von translatio: die laterale Bewegung, ein Fortschreiten von Punkt zu Punkt auf ebenem Plane. [. . .]

Der Sammelbezeichnung »partielle Transformation« möchte ich noch eine weitere spezielle zuordnen. Wir wissen, das Gebiet reicht von der wörtlichen Übersetzung bis zu Parodie, bloßer Anspielung, ja, unbewußtem Echo. In »The Extasie« stellt Donne die These auf, in der spirituellen und fleischlichen Vereinigung authentischer Liebe trete eine Vermischung, ein osmotischer Zusammenfluß zweier Seelen ein:

When love with one another so
    Interinanimates two soules
The abler soule which thence doth flow
    Defects of loneliness controules.

(Wenn gegenseitige Liebe zwei Seelen wechselweise so
entseelt, hält die tauglichere Seele, die von nun an fließt,
die Mängel der Einsamkeit in Schranken.)

Ein anderes anerkanntes Manuskript bringt eine einfachere
Variante des Schlüsselwortes »interinanimates«, nämlich:
»interanimates« (gegenseitig belebt, beseelt). Darauf stütze ich
mich, wenn ich den Begriff »Interanimation« für eine Variante der partiellen Transformation einführe, für den Vorgang der aufmerksamsten Durchdringung, einer dialektischen Verschmelzung, in der Identität verwandelt überlebt,
aber auch gestärkt und durch Reziprozität neu bestimmt
wird. Der Vernichtung des Selbst im Bewußtsein des anderen entspricht die Erkenntnis des Selbst in einer spiegelnden
Bewegung. Das grundsätzliche Ergebnis ist eine Verviel-
fachung der Mittel zur Seinsbehauptung. »Interanimiert«,
gewinnen zwei Präsenzen, zwei formale Strukturen, zwei
Ensembles von Äußerungen ein Ausmaß, eine Bedeutungs-
energie, die weit über alles hinausgeht, was beide getrennt
oder nacheinander erreichen könnten. Was sich abspielt, ist –
ganz wörtlich verstanden – eine Erhebung zu erhöhter
Macht.
Wenn wir diese Attribute betrachten, wird unmittelbar deutlich, daß der neu eingeführte Begriff »Interanimation« eine
Wiederholung jener Kennzeichen von Übersetzung selbst
ist, die wir im Lauf unserer Untersuchung gewonnen haben:
Intensives Eindringen, Stiftung gemeinsamer Identität durch
Verschmelzung, Steigerung der Existenz eines Werkes durch
Konfrontation mit und Neudarstellung in Alternativversio-
nen: das sind die Strukturmerkmale der Übersetzung im en-
geren Sinne. Sogar dann, wenn Werke, die einander nach

Sprache, Formkonvention und kulturellem Kontext sehr fern sind, verschränkt werden, zeigt sich, daß die »Interanimation« eine weitere abgeleitete Form, eine weitere analoge Metamorphose der Übersetzung ist. Dies mag bisher nicht immer deutlich erkennbar gewesen sein, weil der Wirkungsbereich dieser Kategorie in unserer Kultur so allgegenwärtig und unmittelbar ist.

Und noch etwas muß im Voraus gesagt werden. Donnes Wendung »Defects of loneliness« ist eine vorzügliche Charakterisierung jenes Gefühls- und Geisteszustandes, der die Anstrengung der persönlichen Erfindung ausmacht. Der Dichter vor dem leeren Blatt, der Maler vor der weißen Leinwand, der Bildhauer vor dem unbehauenen Stein, der Denker in der gefühlten, aber noch unerklärten Nähe zum Ungedachten – sie alle sind fast schon Klischee-Beispiele der Einsamkeit. Der schöpferische Akt, das Erschaffen von Bedeutung und Form, hat noch für den Agnostiker einen Anflug von menschlicher Hybris. Und der Schaffende selbst empfindet sich als Nachahmer, aber auch als Rivalen eines größeren Schöpfungsvorgangs. Er ist allein mit seinem Bedürfnis, und dies Bedürfnis ist, das bezeugen die Dichter und Künstler, gewiß kein Trost (Conrads »The Secret Sharer« – »der heimliche Teilhaber« – ist eine vollendete Allegorie für den Künstler, der einer herandrängenden Einsamkeit ausgesetzt ist). »Interanimation«, sagt Donne, weist die Mängel der Einsamkeit in ihre Schranken. Die »tauglichere« Seele hält Einzug in das Werk. Der Neubeginn wird von schon Dagewesenem gespeist, von kanonischen Vorbildern, welche die drohende Leere des ganz Neuen mildern. »Seelenübertragung« (Interanimation) hat die abendländische Literatur, bildende Kunst und Philosophie wesentlich bestimmt, hat ihnen eine Logik von Form und Ort zugewiesen.

Die Geschichte des abendländischen Dramas liest sich oft wie ein endloses Echo auf den schicksalhaft formlosen Umgang (wörtlich: eine Unfähigkeit, separate Formen zu finden) zwischen Göttern und Menschen in einer Handvoll griechischer Haushalte. Der Wirrwarr in der Sippe des Atreus war schon ein festgelegtes Thema der Epik und Lyrik, als Aischylos, Sophokles und Euripides ihn dramatisch gestalteten. Ihr Echo ist seither nie verhallt. Senecas »Thyestes« und »Agamemnon« haben für das Versdrama der Renaissance in Italien, Frankreich und England Pate gestanden. Der Weg dieser Interanimation führt direkt bis zu Alfieri. Auch das moderne Drama hat vom Atridenstoff nicht abgelassen: Zu den erfolgreichsten Varianten gehören die von Hofmannsthal, Claudel, O'Neill, T. S. Eliot, Gerhart Hauptmann und Sartre. Fügt man die musikalischen und choreographischen Bearbeitungen hinzu – man denke an Martha Grahams geniale Klytämnestra – so verdoppelt und verdreifacht sich die Liste. Auch Abzweigungen vom Hauptthema gibt es die Fülle. Das Iphigenie-Kapitel ist immer wieder dramatisiert worden, von Euripides bis zu Racine und Goethe. Wir wissen, daß Aischylos schon vor Sophokles' »Ödipus« die Katastrophe der Laios-Sippe aufs Theater gebracht hatte und daß Euripides' »Phönikierinnen« nur eine von mehreren Fassungen seines Thebanischen Zyklus ist (der natürlich bis zu den »Bakchen« reicht). An Seneca schließen sich Corneille und Alfieri. Yeats hat »Ödipus auf Kolonos« neu geschrieben. Cocteaus Jokaste, die sich an der Wiege ihres Kindes Hautcreme aufs Gesicht reibt, ist ein zwar parodistisches, aber ernsthaftes Glied in einer ununterbrochenen Kette. Sophokles, Euripides, Racine, Alfieri, Hölderlin, Cocteau, Anouilh und Brecht haben den Antigone-Stoff und den mörderischen Bruderzwist zwischen Eteokles und Polyneikes dramatisiert. Wie wir schon sahen, hat sich an den Interanimationen der Antigone-Problematik eine der lebhaftesten philosophischen Debatten der modernen Geistesgeschichte entzündet: in den Schriften Hölderlins, Hegels und Kierkegaards. Als Giraudoux sein Stück »Amphitryon 38« nannte, hat er die Zahl seiner Vorgänger unterschätzt. Gestützt auf Varianten der Geschichte bei Homer, Hesiod und Pindar haben Aischylos, Sophokles und Euripides Dramen über das zwielichtige Glück des thebanischen Generals und seines göttlichen Doppelgängers geschrieben. Plautus griff den Stoff auf und hat offenbar die Bezeichnung »Tragikomödie« eingeführt, um seine Interpretation zu kennzeichnen. Zu den Nachahmungen im Gefolge von Plautus gehören ein spanischer »Amphitryon« von Perez de Oliva, ein portugiesischer von Camões, ein italienischer von Ludovico Dolce. Molière, Dryden und Kleist haben das Thema aufgenommen und abgewandelt, Giraudoux und Georg Kaiser gaben ihm modernen Ausdruck, indem sie die doppelbödige Symbolik und die sonderbare Stofflichkeit, die es den Träumen verleiht, unterstrichen.[8] Euripides war es, der jeder »Medea«, von Seneca, Corneille, Anouilh, Robinson Jeffers und vielen anderen Schriftstellern, Komponisten und Choreographen die »tauglichere Seele« eingehaucht hat. Die Herkules-Gestaltung des Sophokles und des Euripides hat Seneca inspiriert, der wie immer die Brücke zur europäischen Folgeliteratur bildet, in diesem Falle zu Wieland, Wedekind, Ezra Pound, Dürrenmatt. Die Interanimation zwischen Euripides, Seneca und Racine im Falle des »Hippolytos« haben wir näher untersucht. Schiller hat dann »Phèdre« übersetzt, und das 20. Jahrhundert hat den Mythos mehrfach transponiert, auch in Form von Romanen und Filmen. Prometheus als Bringer des Feuers, als revolutionärer Intellekt und als Märtyrer ist eine immer wiederkehrende »persona« der abendländischen Tragödie, Kunst und Musik von Aischylos zu Milton, Goethe, Beethoven, Shelley, Gide und Robert Lowell. Es gibt wahrscheinlich keine vollständige Liste der Faustversionen: vom mittelalterlichen Puppenspiel und Marlowe bis zu Goethe, Thomas Mann und Valérys »Mon Faust«. Schätzungen reichen in die Hunderte. Das verwandte Don Juan-Thema haben Tirso de Molina, Molière, Da Ponte, Grabbe, Puschkin, Horváth, Shaw, Frisch und Anouilh dramatisiert, um nur die berühmtesten Beispiele zu nennen. Seine Verbreitung in Lyrik,

Spottgedicht und Roman verhundertfacht die Anzahl.[9] Durch Shakespeares »King Lear« geistern in »verweigerter Präsenz« ein früheres Leir-Drama sowie Varianten der Handlung von Sidneys »Arcadia«, aus Holinsheds Chroniken und Spensers »Faerie Queene« (»verweigert«, weil Shakespeare an Schlüsselstellen energisch vom kanonischen Vorwurf abgewichen ist). Später finden sich dann Interanimationen mit »King Lear« in Pinters »Homecoming«. Aber der Mechanismus der Interanimation beschränkt sich nicht etwa auf mythische oder archetypische Stoffe. Das Leben und Sterben der Jeanne d'Arc beispielsweise ist etwa achtzig Mal in Lyrik, Roman und Drama dargestellt worden. Shakespeare, Schiller, Shaw, Brecht, Maxwell Anderson und Anouilh sind nur die berühmtesten Bearbeiter des Stoffes. Eine Bestandsaufnahme immer wiederkehrender Topoi läßt sich ad infinitum fortsetzen.

Die Stammbaum-Struktur, die »übersetzerische«, »translaterale« Kontinuität der abendländischen Epik, Lyrik und Dramatik, ist längst ein Gemeinplatz der Literaturwissenschaft. Wenn – laut Whitehead – die nachantike Philosophie nur eine Fußnote zu Plato ist, so sind auch unsere Versdramen, Epen, Oden, Elegien und Pastoralen nur Fußnoten zu Homer, Pindar und den griechischen Tragikern. Die »Interanimation« dank einer gemeinsamen Quelle und der magnetischen Anziehungskraft eines idealen Kanons hat interessanterweise auch den Roman nicht ausgelassen. Wir übersehen das leicht, weil die Kunst der erzählenden Prosa Gebilde in die Welt setzt, die Henry James »lose, sackartige Ungeheuer« genannt hat. Anders als im Gedicht oder Drama sind die Kohärenzprinzipien im Roman so diffus und vielseitig, daß es uns oft schwerfällt, sie zu klassifizieren oder geordnet ins Auge zu fassen. Viel mehr als jede andere Gattung legt er extreme Kontingenz nahe, ad hoc-Reaktionen auf jedes erzählte Geschehnis, auf die Zufälligkeiten psychologischer, gesellschaftlicher, räumlicher Umstände, in deren Rahmen seine Fabel gespannt ist. Er ist eine Kunstform, die nahezu alles zuläßt. Der Anspruch des Romanschriftstellers, »es mit dem wirklichen Leben zu tun zu haben«, und zwar umfassender, empirischer, freier von jeglicher Stilisierung als jeder Lyriker und der Dramatiker, wird im allgemeinen anerkannt. Unleugbar gibt es jedoch Ausnahmen, die eine deutliche Sprache sprechen. Isabel Archers desolate Ehe in Henry James' »Portrait of a Lady« beispielsweise geht sowohl in dankbarem als auch in kritischem Nachvollzug zurück auf die exemplarischen Ehekatastrophen in George Eliots »Middlemarch«. Und auch darüber kann kein Zweifel bestehen, daß »Anna Karenina« Tolstojs genaue Kenntnis und partielle Verneinung von Darstellung und moralischer Beurteilung des Ehebruchs in »Madame Bovary« verkörpert, wenngleich die Affinität der beiden Bücher im einzelnen sich schon wegen ihrer ganz verschiedenen Vorzüge schwer definieren läßt. Solche Fälle sind häufiger, als es den Anschein hat. In der Geschichte des modernen Romans kreisen ganze Schwärme von Verwandten und Bekannten, von interaktiven Gruppierungen, um die gemeinsame Mitte einer »tauglicheren« oder exemplarischen Präsenz. [. . .] Substitution, Permutation, Interanimation sind hoffnungslos abstrakte, vage Termini in einer Sequenz von Verhältnissen oder möglichen Verhältnissen der Metamorphose. Der Fremdenführer in der Krypta von Chartres erzählt den Besuchern, daß das Gebäude da oben sechs ältere Kathedralen umfaßt, buchstäblich ein Produkt aus ihnen ist, und eine jede ist in die nächste »imbriquée«. Wir lassen die rohe Idiosynkrasie von Soutines Gemälde »Der Rochen« auf uns einwirken und entdecken, daß es nach Raumanordnung und Farbkontrasten bis in Einzelheiten Chardins Stilleben gleichen Namens entspricht. Der Concetto in Nervals »Filles du Feu« kommt uns in den Sinn, alle Bücher wiederholten einander insgeheim und reichten in einer unendlichen Kette von Seelenwanderungen wie in Platons »Ion« zurück bis zu einem Initialmysterium göttlicher Berufung. Die »Ersetzungsregeln« variieren stark von Epoche zu Epoche, von Gattung zu Gattung. Tennyson imitiert oder übersetzt anders als Pope. Picassos Variationen über Velasquez folgen einer anderen Ästhetik als die von Manet nach Goya. Entscheidend ist bei alledem, daß jede solche Metamorphose die Tiefenstruktur eines Übersetzungsvorgangs hat. Dieser Vorgang und das Kontinuum der reziproken Entzifferungen und Transformationen, das er in Gang hält, bestimmen den Vererbungscode in unserer Kultur.

Man mag diesen Tatbestand preisen wie Leishman, der »von der Kontinuität der westeuropäischen Kultur und Zivilisation« spricht, »von den unendlichen Möglichkeiten individueller Differenz im Rahmen jener umfassenden Identität und völliger Freiheit, die in eben diesem Rahmen möglich ist«.[10] Oder man kann sich von dieser »Übersetzungs«-Situation bis an den Rand des Wahnsinns getrieben fühlen wie die Schriftsteller des Dada oder D. H. Lawrence, der im Essay über »The Good Man« sagt: »Das ist unsere wahre Versklavung. Das ist die Agonie unserer menschlichen Existenz, daß wir nur nach konventionellen Gefühlsmodellen erleben. Denn wenn diese Gefühlsmodelle unangemessen werden, wenn sie das Brodeln der gärenden Seele nicht mehr auffangen, erleben wir ein Martyrium.« Die Tatsache als solche bleibt jedoch bestehen, einerlei, ob wir sie als Belebung oder Beengung empfinden. Nichts Gesagtes ist neu, nichts Gemeintes kommt aus dem Nirgendwo.

»Selbst der größte Künstler – und er mehr als andere – braucht ein Idiom für seine Arbeit. Nur die Überlieferung, die er vorfindet, versorgt ihn mit dem Rohmaterial an Bildern, das er braucht, wenn er ein Ereignis oder einen ›Ausschnitt der Natur‹ darstellen will. Er kann diese Bilder zwar neu gestalten, seiner Absicht anpassen, auf seine Bedürfnisse zuschneiden und bis zur Unkenntlichkeit verwandeln, aber er kann, was er vor Augen hat, ohne einen vorhandenen Vorrat überkommener Bilder ebensowenig darstellen wie der Maler ohne die vorhandenen Farben auf seiner Palette malen kann.«[11]

Abendländische Kunst ist fast immer Kunst über frühere Kunst, Literatur über Literatur. Das Wort »über« verweist auf die entscheidende ontologische Abhängigkeit, auf die Tatsache, daß ein älteres Werk oder Konglomerat von Werken die »raison d'être« für jedes neu zu schaffende Werk ist. Wir haben gesehen, daß der Abhängigkeitsgrad von der unmittelbaren Wiederholung bis zu beiläufigen Anspielungen, daß die Verwandlung bis zur Unkenntlichkeit reichen kann. Aber die Abhängigkeit ist da, und ihre Struktur ist die der Übersetzung.

III

Wir sind in so hohem Maße die Produkte von Gefühlsmodellen, die abendländische Kultur hat unsere Wahrnehmungen derartig durchstilisiert, daß wir unsere »Traditionalität« als natürlich empfinden. Insbesondere sind wir geneigt, die historischen Ursachen, die Wurzeln der Determinierung unbefragt zu lassen, von denen die »rekursiven« Strukturen unserer Sensibilität und unserer Ausdruckscodes herkommen. Das Problem des Ursprungs ist ungemein schwierig, allein schon, weil der gewaltige Druck der Vergangenheit, der in unsere Semantik, in unsere logischen Konventionen eingebaut ist, unsere Fragen in eine Kreisform zwingt. Die Themen, die in unserer Philosophie, Kunst und Literatur immer wieder variiert werden, die Gesten, mit denen wir fundamentale Werte und Bedeutungen zum Ausdruck bringen, sind, aus der Nähe betrachtet, von recht begrenzter Anzahl. Der ursprüngliche »Satz« hat eine unermeßliche Reihe lokaler Varianten und Figurationen erzeugt (unsere »Topologien«), während er selbst offenbar nur eine kleine Zahl von Einheiten enthielt. Wie hat man sich diese »Einheiten« vorzustellen? Der Begriff »Archetyp« ist verlockend. Robert Graves Versicherung in seinem Gedicht »To Juan at the Winter Solistice« (Wintersonnenwende), daß »es nur eine

und nur diese eine Geschichte gibt, die sich dir als erzählens-
wert erweisen wird«, gibt zu denken. Große Kunst, große
Poesie trifft uns als ein »déjà vu«, als ein Lichtstrahl, der uns
unvergeßliche Orte wiedererkennen läßt, die unserem
menschlichen, historischen Gedächtnis angeboren-vertraut
sind. Einst sind wir dort gewesen; es gibt auch einen genetischen Code für Bewußtseinsübertragung. Bis heute kennen
wir jedoch noch keinen biologischen Mechanismus, der die
Zähigkeit, die Reduplikation von Archetypen, zumal auf der
Ebene bestimmter Bilder, Episoden und Szenen, erklärlich
machte. Aber es gibt einen noch sehr viel einfacheren Einwand. Da alle Menschen die gleiche neurophysiologische
Konstitution haben, müßten archetypische Bilder und Zeichensysteme nachweislich universal sein. Jene Stilisierungen
und Kontinuitäten von Codes, die wir nachweisen können,
sind indessen kulturspezifisch. Unsere abendländischen Gefühlsmodelle, wie sie in thematischer Entfaltung auf uns gekommen sind, sind »unser«, wobei das Possessivpronomen
den griechisch-römischen und hebräischen Umkreis ab-
grenzt.
Das legt einen anderen Ursprung der Konstanz nahe. Es
könnte sein, daß es vor den mediterranen Errungenschaften
kein Ausweichen gegeben hat. Sechzig Jahre nach »König
Lear« hat Milton in seiner Vorbemerkung zum »Samson
Agonistes« von der griechischen Tragödie als dem »noch
immer unerreichten Vorbild« gesprochen. Für die Renaissance, für Winckelmann schien die Frage ein für allemal entschieden. Da fundamentale intellektuelle Einsichten und
psychologische Haltungen an Zahl begrenzt sind, hatten die
Griechen für beides die Mittel bildnerischen und sprachlichen Ausdrucks gefunden, welche unübertrefflich waren
und alle Möglichkeiten erschöpft hatten. Was später kam,
war Variation, Anpassung an Ort und Zeit sowie Kritik (wobei Kritik am Kanon *die* moderne ontologisch zweitrangige
Haltung wäre). Sogar Marx hat aus intuitiver Einsicht und
entgegen seiner eigenen Geschichtstheorie erklärt, daß die

Kunst und Dichtung der Griechen niemals übertroffen werden könne, weil sie dem Zusammentreffen der per definitionem unwiederholbaren »Kindheit« der europäischen Menschheit mit dem höchsten Niveau handwerklichen Könnens zu verdanken sei. Nietzsche hat die Geschichte seit dem Untergang der griechischen Polis für einen einzigen Abstieg gehalten. Jede Wiedergeburt war nur Stückwerk, sehnsüchtig-ohnmächtiges Zurückblick auf die verlorene Beherrschung geistigen und künstlerischen Ausdrucks. Wie die Religionsgeschichte des Abendlandes aus Variationen und Ergänzungen des jüdisch-hellenistischen Kanons besteht, so haben Metaphysik, Bildende Kunst, Humanwissenschaft, Wissenschaftstheorie mehr oder weniger planmäßig die platonischen, aristotelischen, homerischen oder sophokleischen Vorbilder reproduziert. Zwar ist die bestimmende Konstanz der Überlieferung durch die Neuheit von Entdeckungen und Erfindungen in Naturwissenschaft und Technik verdunkelt worden. Aber in Philosophie, Kunst und Literatur, in denen inhaltliche »Neuheit« bestenfalls ein problematischer Begriff ist, herrscht weiterhin der Impuls zur Wiederholung, zur Gestaltung auf dem Weg über den Rückbezug. Ein Zeugnis aus unverhoffter Quelle trifft diesen Tatbestand erschöpfend. Zivilisation, so wie wir sie kennen und anstreben, ist Transkription, sagt Thoreau in »Walden« (III, 6): »Diejenigen, die nicht gelernt haben, die Werke der antiken Klassiker in der Sprache zu lesen, in der sie geschrieben wurden, müssen ein ganz unvollständiges Wissen von der Geschichte des Menschengeschlechtes haben; denn es ist bemerkenswert, daß noch in keiner modernen Sprache eine Nachschrift nach ihnen geschaffen worden ist, es sei denn, man betrachtet unsere ganze Zivilisation als eine solche Nachschrift. Weder ist je ein englischer Homer, noch Aischylos, noch Vergil gedruckt worden, Werke, so kunstvoll, so wohlgefügt und beinahe so schön wie der Morgen; denn spätere Schriftsteller, was man auch von ihrem Genie sagen mag, sind selten, wenn je, den Alten an Kunstfertigkeit,

Schönheit und Vollendung und an lebenslänglichen, heldenhaften Anstrengungen gleichgekommen.«

Diese Ansicht mag den Tatsachen entsprechen oder nicht. Sie mag nur auf bestimmte, starke Bewegungen in gelehrten und konservativen Kreisen zutreffen. Sie mag das Moment der echten Entdeckung oder Wiederentdeckung im Rahmen des kulturellen Erbes zu gering bewerten. Aber schließlich ist doch das Gefühl für die alles überdauernde Autorität der griechisch-römischen und hebräischen Vorfahren zwei Jahrtausende lang eine der Haupttriebkräfte – wenn nicht *die* Haupttriebkraft – der abendländischen Sensibilität gewesen und geblieben. Dieses Gefühl ist die Grundlage für Vorstellungen von Maß und Form. Der neue Einfall, die neue Äußerung müssen vor dem Hintergrund des Überkommenen bestehen können. Wir gehen immer vom – ausdrücklichen oder unausdrücklichen – Zitieren der klassischen Formel aus. Noch die moderne Formulierung, in die D. H. Lawrence seine bilderstürmerische Trauer kleidet: »das Brodeln der gärenden Seele«, ist nur ein Widerspiegeln von orphischem oder platonischem Gleichnis.

Das bedeutet jedoch nicht etwa Immobilität. Wir haben, ganz im Gegenteil, den unaufhörlichen Wandel als die diachrone Wirklichkeit der Sprache kennengelernt. Wir wissen von starken Mutationen in den Mustern des Empfindens, Erkennens und Wahrnehmens. Ein solcher Fall ist die Verschmelzung von individuellem Temperament und Landschaft, wie sie Rousseau zum ersten Mal dramatisiert hat. Nichtsdestoweniger ist Sprache ihrem Wesen nach konservativ. Die Vergangenheit ist in Wortschatz und Grammatik eingebettet. Ein Vergleich mit anderen Ausdrucksmedien macht das besonders deutlich. Die Entdeckung der Perspektive in der Renaissance hat die Malerei und damit unser optisches und haptisches Verhältnis zum materiellen Kontext verändert. Das Aufkommen des Generalbasses und damit der Harmonielehre hat Struktur und Konventionen der Musik grundlegend verändert. Demgegenüber ist die Sprache, vornehmlich natürlich die geschriebene, verhältnismäßig stabil geblieben (eine Folge ist, wie wir gesehen haben, die Konstanz der wichtigsten literarischen Modi seit der Hochantike). Das Modell der generativen Transformationsgrammatik ist auch in dieser Hinsicht ergänzungsbedürftig. Chomskys Betonung des innovativen Charakters der Sprache, der Fähigkeit des Menschen, in seiner Muttersprache eine unbegrenzte Anzahl bisher noch nicht gesprochener und gehörter Sätze korrekt zu formulieren und zu interpretieren, war ein schwerer Schlag gegen den naiven Behaviorismus. Die Unzulänglichkeit des Pavlovschen Stimulus/Response-Modells war damit besiegelt, und die Folgen für Pädagogik und Sprachtherapie sind beachtlich. Für den ganzen Bereich der Semantik ist das Axiom der innovativen Unbegrenztheit jedoch nichtssagend. Ein Vergleich mit dem Schachspiel mag das verdeutlichen. Es gibt schätzungsweise etwa $10^{43}$ Brettpositionen, die im Rahmen der anerkannten Regeln mit etwa $10^{125}$ Zügen erreicht werden könnten. Bis auf den heutigen Tag sind auf der Welt jedoch schätzungsweise nicht ganz $10^{15}$ Partien gespielt worden. Praktisch sind also die Möglichkeiten, bisher noch nicht dagewesene Züge zu machen bzw. zu verstehen, für beide Partner einer jeden Partie unbegrenzt. Trotz dieses immensen Potentials sind jedoch wesentliche Neuerungen, die dem Spiel weitere Dimensionen eröffnen würden, ganz selten und werden es bleiben. Proportional zur Gesamtheit erprobter und bekannter Züge werden sie sich immer in engen Grenzen halten. Genauso exzeptionell ist es auch, wirklich etwas Neues zu sagen, also eine linguistische Innovation – um eine Unterscheidung, die H. P. Grice macht, zu übernehmen – nicht nur des *Sagens,* sondern des *Bedeutens.* Kultur und Syntax, die kulturelle Matrix, deren Feld von der Syntax abgesteckt wird, halten uns fest. Das ist der natürliche Grund dafür, daß es keine brauchbare Privatsprache geben kann. Jedes rein individuelle Bezugssystem wäre Selbsttäuschung. Die Wörter, die wir sagen, tragen eine viel geballtere Wissens- und Gefühlslast, als uns bewußt wird; sie multiplizieren ein Echo. Bedeutung ist eine Funktion der sozio-historischen Vergangenheit und der gemeinsamen Reaktion. Was ich damit sagen will, hat Sir Thomas Browne im 17. Jahrhundert besonders eindrucksvoll formuliert: Die Sprache eines Gemeinwesens ist »eine hieroglyphische, schattenhafte Weltkunde«.

Wird es bei diesem für die abendländische Kultur bezeichnenden »dynamischen Traditionalismus« bleiben? Manches spricht dafür, daß uns diese Frage verschärft bewußt geworden ist. Wir wissen heute, daß die modernistische Bewegung, die Kunst, Musik und Literatur in der ersten Jahrhunderthälfte beherrschte, an wichtigen Punkten eine Strategie des Bewahrens, eine Treuhänderschaft, gewesen ist. Strawinsky ist zu sich selbst über etliche Phasen der Rekapitulation gekommen. Er hat aus Machaut, Gesualdo, Monteverdi geschöpft, Tschaikowsky und Gounod, Beethovens Klaviersonaten, Haydns Symphonien, Pergolesis und Glinkas Opern nachgeahmt und die Sprache Debussys und Weberns seinem eigenen musikalischen Idiom einverleibt. Der Hörer sollte immer die Quelle erkennen, die transformatorische Absicht, die auffällige Aspekte des Originals intakt ließ. Der Werdegang Picassos ist durch Rückblicke gekennzeichnet. Seine erklärten Variationen über klassisch-pastorale Motive, die Zitate und Skizzen nach Rembrandt, Goya, Velasquez, Manet sind Produkte der ständigen Revision, des »Wiedersehens« im Lichte technischen und kulturellen Wandels. Allein an Hand seiner Graphik, Malerei und Plastik könnten wir einen umfangreichen Ausschnitt der Entwicklung von der minoischen Kunst bis zu Cézanne rekonstruieren. Die große Literatur des 20. Jahrhunderts ist von der »Reprise« besessen, und gerade dieses Element ist bestimmend für die Werke, die zunächst so revolutionär erschienen. T. S. Eliots »The Waste Land«, James Joyces »Ulysses«, Ezra Pounds »Cantos« sind komponiert als »Aufhebung«, als »eingeholte« kulturelle Vergangenheit, die von Auflösung bedroht schien. In »History« hat Robert Lowell diese Methode mit der langen

Folge von Imitationen, Übertragungen, maskierten Zitaten und erklärter Historienmalerei ins achte Jahrzehnt mit hinüber genommen. Die vermeintlichen Bilderstürmer haben sich entpuppt als mehr oder weniger besorgte Kustoden, die im Museum der Zivilisation herumlaufen, um eben noch vor Schluß der Besichtigungzeit Ordnung und Freistatt für seine Schätze zu finden. Ein repräsentatives Verfahren der Moderne ist die Collage. Das Neue, selbst das skandalöseste, steht im Rahmen und vor dem Hintergrund der Überlieferung. Strawinsky, Picasso, Braque, T. S. Eliot, Pound – die »Schöpfer des Neuen« – waren Neo-Klassizisten und oft dem kanonischen Erbe nicht minder ergeben als ihre Vorfahren im 17. und 18. Jahrhundert.

Und noch ein Symptom spricht für unser gesteigertes Bewußtsein von Traditionalität, von den symbolischen und expressiven Zwängen, die in unserer Kultur verschlüsselt sind: Das moderne Interesse an Riten und Mythen hat die Anthropologie verwandelt. Wir lernen heute mit neu erwachtem Sinn für die Analogien, auf die »Stasis« zu achten, auf die mythenverhaftete Struktur primitiver Gesellschaften. Wäre Lévi-Strauss sich nicht der Zwänge, des Konservativismus unserer eigenen Sprachgewohnheiten und Verhaltensweisen bewußt gewesen, so hätte er nie die wechselseitige Determiniertheit, die normative Reziprozität von Sprache und Mythos, Mythos und gesellschaftlicher Praxis in indianischen Zivilisationen erforschen können. Nachdem wir lange geglaubt hatten, das Privileg der abendländischen Kultur sei ihre Dynamik, und Ikonoklasmus und Futurismus als Triebkräfte unserer Wissenschaft und Technik seien einzigartig, gewahren wir jetzt eine leichte Gegenströmung, eine neue Einsicht in unsere Begrenzungen durch alte Bindungen geistiger Gewohnheiten. Auch wir sind Geschöpfe der immer neuen Wiederkehr von Mythen und Träumen.

Weist dieses reflexive Verhältnis zu unserer kulturellen Vergangenheit, diese neue Erkenntnis, daß so viel »Übersetzung« unseren Bezugsrahmen ausmacht, auf eine wirkliche

Krise hin? Spüren die Menschen mit den hochempfindlichen Antennen, die mit dem »absoluten Gehör für die Zukunft« – so die russische Dichterin Zwetajewa – das nahende Ende des bisherigen sprachlich-kulturellen Kontinuums? Und wenn es so wäre: Welche Beweise begründen ihren Schrekken, ihre Flucht ins »Musée Imaginaire«? Ich bin dieser Frage an anderer Stelle nachgegangen.[12] Sicher ist, daß die wuchernde Un- und Halbbildung, die von den Massenmedien und den auf Leistungswettbewerb in der Massengesellschaft eingestellten Lehrplänen der heutigen Schulen vermittelt wird, für die Konzeption eines kulturellen Kanons eine Herausforderung bedeutet. Die Disziplin der Verpflichtung zum Nachweis, zum korrekten Zitieren, des gemeinsamen symbolischen und syntaktischen Codes, die bezeichnend für die gebildete Welt war, wird immer mehr zum Vorrecht oder zur Bürde einer kleinen Elite. Mehr oder weniger war das zwar stets der Fall, aber die heutige Elite ist weder wirtschaftlich noch politisch stark genug, ihre Ideale in der Gesamtgesellschaft durchzusetzen (selbst wenn sie den Wunsch danach verspüren würde). Gepflegte Aussprache, grammatische Differenziertheit, Belesenheit sind unter Druck geraten. Wir lesen immer weniger große, geschweige denn klassische Literatur, wir lernen kaum noch etwas auswendig. Bei all den Hindernissen, die Massengesellschaft und Technokratie der kulturellen Kontinuität in den Weg legen, ist es jedoch schwer zu sagen, wie tief dieses Phänomen eigentlich geht. Der äußere Terraingewinn der Barbarei, die unsere Schulen zu verflachen, die politische Rede zu verrohen, das menschliche Wort zu entwerten droht, ist so augenfällig, daß wir tiefere, stillere Strömungen leicht übersehen könnten. Vielleicht ist die kulturelle Tradition viel fester in unserer Syntax verankert, als wir ahnen, vielleicht werden wir weiterhin aus der Vergangenheit unseres persönlichen und gesellschaftlichen Seins übersetzen, ob wir wollen oder nicht. [. . .]

# Nachwort

In diesem Buch sind Poetik, Literaturkritik und Kulturgeschichte auf Aspekte der natürlichen Sprache angewandt worden. Der leitende Gesichtspunkt war immer der Akt des Übersetzens. Noch in den einfachsten Formen innersprachlicher Kommunikation ist Übersetzen enthalten. Offen zutage tritt es in der Koexistenz und den gegenseitigen Kontakten der Tausende von Sprachen, die auf der Erde gesprochen werden. Der Bereich der Sprache als solcher erstreckt sich vom Grundsätzlichen, das heißt, von der Äußerung und Deutung von Bedeutung mittels verbaler Zeichen, bis hin zum je Besonderen in der Vielfalt und Verschiedenheit der menschlichen Sprachen. Ich habe ausgeführt, daß diese beiden Enden des Spektrums – die elementaren Sprechakte und das Paradoxon von Babel – eng miteinander verknüpft sind, daß eine schlüssige Sprachtheorie keines von beiden außer acht lassen darf.

Für die Einschätzung der Ergebnisse aus formalistischen und metamathematischen Analysen der Sprache sind nur Linguistik und formale Logik zuständig. Die anspruchsvollsten, wenngleich gewiß nicht die einzigen derartigen Analysen sind heute die der generativen Transformationsgrammatik. Ich habe in diesem Buch gebührend darauf hingewiesen, wie faszinierend die modernen linguistischen Methoden sind, und in welchem Maße sie dazu beigetragen haben, die Sprachforschung dem Zentrum der modernen Philosophie, Psychologie und Logik näher zu rücken. Ich habe aber auch nicht verhehlen können, daß ein Modell wie das Chomskysche seinen Gegenstand schematisiert und die gesellschaftlichen, kulturellen und historischen Determinanten der menschlichen Rede bis zur Verzerrung übergeht.[1] Die formale Linguistik hat jene enge Zusammenarbeit mit der Poetik aufgekündigt, die so belebend auf die Werke Roman Jakobsons, des Moskauer und Prager Kreises und I. A. Richards' gewirkt hat. Dadurch ist ihre Vorstellung von den Beziehungen zwischen Sprache und Geist, Sprache und gesellschaftlichen Prozessen, Wort und Kultur abstrakt, oft oberflächlich geworden.

Am schlimmsten hat sich dieser Reduktionismus auf das Problem der Sprachmannigfaltigkeit und des Wesens von Universalien ausgewirkt. Als ich anfing, dieses Buch zu schreiben, war die Frage nach Babel und die Geschichte dieser Frage im theologischen, philosophischen und anthropologischen Denken unter »wissenschaftlichen« Sprachforschern noch nicht hoffähig. Heute, nur vier Jahre später, erklärt einer der führenden vergleichenden Linguisten, daß »die Entdeckung mutmaßlicher Universalien in der Sprachstruktur die Sprachverschiedenheiten nicht etwa gleichgültig macht. Ja, je mehr Gewicht man auf Universalien legt, die gemeinsam mit dem sich machtvoll selbsttätig entfaltenden Sprachvermögen jedes Individuums in Erscheinung treten, desto geheimnisvoller werden die bestehenden Sprachen. Warum gibt es mehr als eine, zwei oder drei? Wenn das innere Sprachvermögen so stark ist, wieviel stärker müssen dann soziale, historische, adaptive Kräfte sein, um die spezifizierte Fülle tatsächlich vorhandener Sprachen entstehen zu lassen? Denn Chinookan ist nicht Sahaptin, nicht Klamath, nicht Takelma, nicht Coos, nicht Siuslaw, nicht Tsimshian, nicht Wintu, nicht Maidu, nicht Yokuts, nicht Costanoan ... Die vielen Unterschiede verschwinden nicht, und die Ähnlichkeiten sind alles andere als Chomskysche Universalien ... Sprache beginnt größten Teils erst da, wo abstrakte Universalien aufhören.«[2]

Dieser letzte Punkt ist entscheidend, und auch ich habe ihn in dieser Untersuchung immer wieder betont. Ob Ansätze zu einer umfassenden Anatomie der Sprache mit dem Instrumentarium der formalen Logik mehr als eine – auf der Ebene des Ideals freilich erhellende – Denkübung sind, ist eine müßige Frage.[3] In diesem Buch habe ich zu zeigen versucht, daß auch andere Ansätze ergiebig sein können.

Besonderes Gewicht habe ich auf die Hypothese gelegt, daß die Fülle gegenseitig unverständlicher Sprachen auf einem fundamentalen, sprach-immanenten Impuls beruht. Ich glaube, daß die Kommunikation von Informationen, von augenfälligen, verifizierbaren »Fakten« nur einen, vielleicht sekundären Teilbereich menschlichen Sprechens ausmacht. Vielmehr ist die Fähigkeit zur Fiktion, zur Kontrafaktizität, zur unentscheidbaren Zukünftigkeit sowohl für den Ursprung als auch für das Wesen der Rede kennzeichnend. Im ontologischen Sinne ist es diese Fähigkeit, die die menschliche Sprache von den vielen tierischen Signalsystemen unterscheidet. Die einzigartige, nur dem Menschen vorbehaltene Ambiguität des Bewußtseins ist von ihr bestimmt, das Verhältnis dieses Bewußtseins zur »Wirklichkeit« durch sie schöpferisch geworden. Das, was ich »Alternitäten des Seins« genannt habe, konstruieren wir durch die Sprache, die sich sowohl nach außen als auch nach innen, an unser eigenes Selbst, wendet und die empirische Unabwendbarkeit der Welt bestreitet. In dem Maße, in dem jeder Mensch einen Idiolekt gebraucht, ist das Babelproblem ganz einfach das der Individuation. Aber die verschiedenen Sprachen sorgen dafür, daß sich der Mechanismus der »Alternität« dynamisch und übertragbar darstellt. Sie verwirklichen das für unsere Identität vitale Bedürfnis nach Privatheit und territorialer Abgrenzung. Jede Sprache bietet mehr oder weniger ihre eigene Lesart des Lebens an. Wenn man sich zwischen den Sprachen bewegt, übersetzt, und sei es auch unter Einschränkung der Totalität, erlebt und verwirklicht man den fast verwirrenden Hang des menschlichen Geistes zur Freiheit. Wären wir in eine einzige »Sprachhaut« eingesperrt oder in nur wenige Sprachen, so könnten wir wohl daran ersticken, wie unausweichlich wir als Organismen dem Tod unterworfen sind.

Es gibt keinen größeren Virtuosen solcher Beklemmung als Beckett, keinen Meister der Sprache, der ihrer befreienden Kraft stärker mißtraut. In »Endgame« (Endspiel) sagt Ham:

»I once knew a madman who thought that the end of the world had come. He was a painter – and engraver. I had a great fondness for him. I used to go and see him, in the asylum. I'd take him by the hand and drag him to the window. Look! All that rising corn! And there! Look! The sails of the herring fleet! All that loveliness! He'd snatch away his hand and go back into his corner. Appalled. All he had seen was ashes. He alone had been spared. Forgotten. It appears the case is … was not so … so unusual.«

Beckett übersetzt selbst ins Französische oder wandert vielleicht während des Schreibens von einer Sprache zur anderen:

»J'ai connu un fou qui croyait que la fin du monde était arrivé. Il faisait de la peinture. Je l'aimais bien. J'allais le voir, à l'asile. Je le prenais par la main et le traînais devant la fenêtre. Mais regarde! Là! Tout ce blé qui lève! Et là! Regarde! Les voiles des sardiniers! Toute cette beauté! Il m'arrachait sa main et retournait dans son coin. Epouvanté. Il n'avait vu que des cendres. Lui seul avait été épargné. Oublié. Il paraît que le cas n'est … n'était pas si … si rare.«

Die Übertragung ist ohne Makel (sieht man davon ab, daß, je nachdem welcher Text einen zeitlichen Vorsprung hatte, der geheimnisvolle »engraver« [Stecher] zugefügt oder weggelassen worden ist). Aber im Rhythmus, im Tonfall, im Assoziationsraum sind die Unterschiede beträchtlich. Das Englische sinkt langsam und bricht in langen, ersterbenden O-Lauten zusammen. Das Französische steigt in Spiralen zu einer nervösen Climax an. Liest man beide Passagen nebeneinander, so stellt sich ein eigenartiger Effekt ein. Das Gefühl verriegelter Ausgesetztheit bleibt erhalten, aber der Abstand zwischen beiden ist groß genug, daß er, befreiend und verantwortungslos zugleich, einen Ausweg zu weisen scheint. »That rising corn« und »ce blé qui lève« (in der deutschen Übersetzung von E. Tophoven heißt es »die aufgehende Saat«) sprechen hinreichend verschiedene Welten aus, daß der Geist Raum und Staunen daraus gewinnen kann.

Die Kabbala, in der die Frage nach Babel und dem Wesen der Sprache so eindringlich und ausdauernd geprüft wird, kennt einen Tag der Erlösung, an dem Übersetzen nicht mehr nötig sein wird. Alle menschlichen Sprachen werden dann wieder eingegangen sein in die lichtdurchlässige Unmittelbarkeit jener verlorenen Ursprache, die Gott mit Adam gesprochen hat. Wir haben gesehen, wie diese Vision weiterlebt in Theorien über Monogenese und grammatische Universalien. Aber die Kabbala weiß von einer noch viel esoterischeren Möglichkeit. Sie bewahrt die Erinnerung an eine sicherlich von ketzerischen Träumern angestellte Vermutung, daß dereinst ein Tag kommen wird, an dem Übersetzen nicht nur überflüssig, sondern unvorstellbar ist. An diesem Tag erheben sich die Wörter gegen den Menschen. Sie befreien sich aus der Sklaverei der Bedeutung. Sie »werden nur sie selbst sein, und wie leblose Steine in unserem Mund«. In jedem dieser beiden Fälle werden Männer und Frauen für immer von der Last wie vom Glanz der babylonischen Ruinen befreit sein. In welchem aber, das ist die Frage, herrscht tieferes Schweigen?

# Anmerkungen

## 1. Kapitel

1 Lexiko-Statistik und »Glottochronologie« bieten folgende Formel zur Berechnung der Zeit –t– an, die verstrichen ist, seit sich verwandte Sprachen von einem gemeinsamen Stamm abgespalten haben

$$t = \frac{\log c}{2 \log r},$$

wobei c für die Prozentzahl der Kognaten steht und r für die Prozentzahl der nach einem Jahrtausend der Trennung noch verbliebenen Kognaten (t ist in Jahrtausenden tabellarisiert). Diese Annahme, die in engem Zusammenhang mit dem Werk des verstorbenen M. Swadesh steht, ist umstritten. Siehe R. B. Lees, The Basis of Glottochronology (Language XXIX, 1953) und M. Lionel Bender, Linguistic Indeterminacy. Why you cannot reconstruct »Proto-Human« (Language Sciences 26, 1973).

2 Eine klassische Untersuchung geheimer Sprachformen ist: Michel Leiris, La Langue secrète des Dogons de Sanga (Sudan-Französisch), Paris 1948. In diesem Fall hat sich die okkulte Sondersprache sowohl aus mythischen Initiationsriten als auch aus der Unterscheidung zwischen Männern und Frauen ergeben. Siehe auch M. Delafosse: Langage secret et langage conventionnel dans l'Afrique noire (L'Anthropologie XXXII, 1922). Noch immer von Interesse ist auch trotz des offenkundigen Alters A. Van Genneps »Essay d'une théorie des langues spéciales« (Revue des études ethnographiques et sociologiques. I. 1908).

3 Zur sozialen Schichtung und zur sozial-strategischen Verwendung von Sprache s. folgende Literatur: Felix M. und Marie M. Keesing, Elite Communication in Samoa (Stanford University Press 1956); J. J. Gumperz und Charles A. Ferguson (Hrsg.), Linguistic Diversity in South Asia (University of Indiana Press 1960); Clifford Geertz, The Religion of Java (Illinois 1960); Basil Bernstein, Social Class, Linguistic Codes and Grammatical Elements (Language and Speech V, 1962); William Labov, Paul Cohen und Clarence Robbins, A Preliminary Study of English Used by Negro and Puertorican Speakers in New York City (New York 1965); Robbins Burling, Man's Many Voices: Language in its Cultural Context (New York 1970); Peter Trudgill, The Social Differentiation of English in Norwich (Cambridge University Press 1974).

4 Siehe Mary R. Haas, Men's and Women's Speech in Koasati (Language, XX, 1944).

5 H. Hoijer (Hrsg.), Language in Culture (University of Chicago Press 1954), S. 267.

6 I. A. Richards, Towards a Theory of Translating. In: Arthur F. Wright (Hrsg.), Studies in Chinese Thought (University of Chicago Press 1953), S. 250.

## 2. Kapitel

1 A. Meillet und M. Cohen, Les Langues du monde (Paris 1952).
2 Das Meisterwerk zu diesem Thema und eine der brillantesten geistes-
geschichtlichen Untersuchungen ist: Arno Borst, Der Turmbau zu Babel. Geschichte der Meinungen über Ursprung und Vielfalt der Sprachen und Völker (Stuttgart 1957-63).
3 Trotz Arno Borsts erschöpfenden Forschungen bleibt die Herkunft dieser Zahl dunkel. Die Komponente 6 mal 12 läßt eine astronomische
oder jahreszeitliche Verbindung vermuten.
4 Hier zehre ich weitgehend von Gershom Scholems Darstellung: Die
jüdische Mystik in ihren Hauptströmungen. (Frankfurt a. M. 1967.)
5 S. Alexandre Koyré, La Philosophie de Jacob Boehme (2. Auflage Paris
1971), S. 456-62.
6 Walter Benjamin, Die Aufgabe des Übersetzers, in: Charles Baudelaire,
Tableaux Parisiens, Deutsche Übertragung und mit einem Vorwort über
die Aufgabe des Übersetzers von Walter Benjamin (Heidelberg 1923).
7 Borges, Das geheime Wunder (The Mirror of Enigmas), in: Labyrinthe
(München 1959) handelt von den Zusammenhängen zwischen Gnosis
und dem »speculum in aenigmate«.
8 Vgl. Pierre Menard, Autor des Don Quijote. Übersetzt von Karl August
Horst, Eva Hessel und Wolfgang Luchting. In: Sämtliche Erzählungen
(München 1970), S. 161 ff.
9 Siehe Stuart Hampshire, Vico and the Contemporary Philosophy of
Language: In: G. Tagliacozzo (Hrsg.), Giambattista Vico, An Interna-
tional Symposion (Baltimore 1969).
10 Herausgegeben von H. Steinthal (Berlin 1883).
11 Siehe R. L. Brown, Wilhelm von Humboldt's Conception of Linguistic
Relativity (Den Haag 1967), und: Robert L. Miller, The Linguistic Relativity Principle and Humboldtian Ethno-linguistics (Den Haag 1968).
12 In: D. Mandelbaum (Hrsg.), Selected Writings in Language, Culture and
Personality by Edward Sapir (Berkeley und Los Angeles 1949).
13 John B. Carroll (Hrsg.), Language, Thought, and Reality. Selected
Writings of Benjamin Lee Whorf (Cambridge, Mass. 1956), S. 252.
Deutsche Ausgabe: Sprache, Denken, Wirklichkeit. Beiträge zur Metalinguistik und Sprachphilosophie. Hrsg. u. übers. von Peter Krausser
(Reinbek bei Hamburg 1963), S. 52 f.
14 Ibid., S. 60. (Dt. a. a. O., S. 105).
15 N. Chomsky, Aspekte der Syntax-Theorie. suhrkamp taschenbuch wissenschaft (Frankfurt 1973), S. 44 ff.
16 Charles A. Ferguson, Assumptions about Nasals: A Sample Study in
Phonological Universals. In: J. H. Greenberg (Hrsg.), Universals of
Language (Cambridge, Mass. 1963), S. 56.
17 Joseph H. Greenberg. Some Universals of Grammar with Particular
Reference to the Order of Meaningful Elements. In: op. cit., S. 73-113.
18 Diese und die folgenden Zitate sind N. Chomskys Besprechung von
B. F. Skinners »Verbal Behavior« entnommen. Zuerst erschienen in

Language, 35 (1959). Der Artikel ist aufgenommen in: John P. De Cecco (Hrsg.), The Psychology of Language, Thought and Instruction (New York und London 1967).

19 N. Chomsky, op. cit., S. 53.

20 op. cit., S. 223 ff.

21 E. Bach und R. T. Harms (Hrsg.), Universals in Linguistic Theory (New York 1968), S. 121.

22 Aspects of the Theory of Syntax. S. 121 f. In: Problems of Knowledge and Freedom (New York 1971) ist Chomsky vorsichtiger: »Es ist sinnvoll, die Hypothese aufzustellen, daß solche Prinzipien Sprach-Universalien sind. Sehr wahrscheinlich wird diese Hypothese modifiziert werden müssen im Einklang mit der fortschreitenden Feldarbeit auf dem Gebiet der Vielfalt der Sprachen.«

23 Siehe C. Travigliavini. Di alcune denominazioni della pupilla. In: Annali dell' Istituto Universitario di Napoli (1949).

24 Stephen Ullmann, Semantic Universals. In: J. H. Greenberg (Hrsg.), Universals of Language, S. 221.

25 N. Chomsky, op. cit., S. 46.

26 Robert A. Hall jr., An Essay on Language (Philadelphia 1968) 53 f. Eine wohlabgewogene Behandlung der letzten Endes ineinandergreifenden Forderungen und Verdienste Whorfs und der Universalisten ist: Helmuth Gipper, Der Beitrag der inhaltlich orientierten Sprachwissenschaft zur Kritik der historischen Vernunft. In: Hans-Georg Gadamer (Hrsg.), Das Problem der Sprache. (München 1967) S. 420 ff. Siehe auch im selben Symposion Wilhelm Luther, Sprachphilosophie und geistige Grundlagenbildung, S. 528-531. Johannes Lohmann, Philosophie und Sprachwissenschaft (Berlin 1965) enthält eine interessante, aber einseitige These über eine Einteilung der Weltsprachen in sechs strukturale Typen, deren jeder mit bestimmten Formen der Welterfahrung gekoppelt ist und einer gewissen phonetischen und alphabetischen Charakteristik entspricht. Eine sorgfältige Übersicht über das, was wir heute nachweisen können, und weitere bibliographische Hinweise siehe in: Helmuth Gipper, Bausteine zur Sprachinhaltforschung (Düsseldorf 1963), S. 215 ff. Siehe auch die wichtige Debatte über die sprachliche Determiniertheit griechischer philosophischer Begriffe zwischen E. Benveniste, in: Problèmes de linguistique générale (Paris 1966), S. 63 ff. und: P. Auberique, Aristote et le langage, note annexe sur les catégories d'Artistote. A propos d'un article de M. Benveniste (Annales de la faculté des lettres d'Aix 43, 1965). Diese Debatte und ihre Folgerungen sind wiederum von Jacques Derrida in: Marges de la philosophie (Paris 1972), S. 214-46 besprochen worden.

27 N. Chomsky, op. cit., S. 46 und Anm. 17, S. 251.

28 Robert A. Hall jr., An Essay, S. 53.

29 Ibid., S. 77.

30 Ibid., S. 72.

31 Diesen Standpunkt vertritt I. A. Richards in gebotener Knappheit in: Why Generative Grammar Does not Help (English Language Teaching

22, i und ii, 1967-1968). Eine ausführlichere Version dieser Kritik siehe im
IV. Kapitel von Richards: So much nearer: Essays Towards a World
English (New York 1970).
32 New York Review of Books (8. Februar 1973), S. 34.

### 3. Kapitel

*Bemerkung der Übersetzerin:* Aufgrund eines Gesprächs mit George Steiner am 12. Februar 1977 wurden die Anmerkungen von diesem Kapitel an stark gekürzt.

1 M. Merleau-Ponty, La Prose du Monde (Paris 1969), S. 26.
2 Ibid., S. 10.
3 Persönliche Mitteilung vom 18. November 1969.
4 Arthur Koestler und J. R. Smythies (Hrsg.), Beyond Reductionism,
New Perspectives in the Life Sciences (New York 1970), S. 302.
5 Diese Frage wurde ausführlich erörtert bei dem Symposion des Internationalen Kongresses der Übersetzer, 1965. Siehe die Veröffentlichungen
dazu in: R. Italiaander (Hrsg.), Übersetzen (Frankfurt 1965).
6 Die Frage der Mehrsprachigkeit spielt in der Fachliteratur seit den frühen sechziger Jahren eine immer wichtigere Rolle. Ein Standardwerk ist noch immer: V. Vildomeč, Multilingualism (Leiden 1963). Siehe auch die eingehende Bibliographie darin. Siehe weiter: Dell Hymes (Hrsg.), Pidginization and Creolization of Languages (Cambridge University Press 1971); J. J. Gumperz und D. Hymes (Hrsg.), The Ethnography of Communication (Wisconsin 1964). Letztere Veröffentlichung bringt wichtiges Belegmaterial über mehrsprachige Gesellschaften. Leonard Forster, The Poet's Tongues: Multilingualism in Literature (Cambridge University Press 1970) führt in ein weithin unbeackertes Feld ein.
Trotz der reichen Spezialliteratur ist jedoch wenig über die psychologische Situation des Mehrsprachigen geschrieben worden. Einen vorläufigen Einblick in diesen schwierigen Fragenkomplex siehe in: W. E. Lambert, Psychological Studies of the Interdependencies of the Bilingual's two Languages. In: J. Puhvel (Hrsg.), Substance and Structure of Language (University of California Press 1969).
7 Gershom Scholem, Zur Kabbala und ihrer Symbolik, suhrkamp taschenbuch wissenschaft 13, S. 233.
8 Siehe J. Bronowski und Ursula Bellugi, Language, Name and Concept. In: T. C. Bever und W. Weksel (Hrsg.), The Structure and Psychology of Language II (New York 1969), sowie den wichtigen Beitrag von Philip Lieberman, Edmund S. Crelin und Dennis H. Klatt, Phonetic Ability and Related Anatomy of the Newborn and Adult Human, Neanderthal Man and the Chimpanzee (American Anthropologist LXXIV, 1972).
9 Siehe Roman Jakobson, Warum Mama und Papa? In: W. Raible (Hrsg.), Aufsätze zur Linguistik und Poetik (München 1975). Eine ausführliche Darstellung der phonologischen Determinanten in: Roman Jakobson,

Kindersprache, Aphasie und allgemeine Lautgesetze. edition suhrkamp
330 (Frankfurt am Main 1969).

10 Siehe die bahnbrechende Arbeit über »Semantics and Grammars of
Time« in: Gustave Guillaume, Temps et verbe (Paris 1929). Ferner:
Harald Weinrich, Tempus: Besprochene und erzählte Welt (Stuttgart
1964). Die vollständigste Behandlung des Fragenkomplexes ›Zeit in der
Sprache‹ findet sich bei: André Jacon, Temps et langage (Paris 1967).
Das Buch enthält eine ausführliche Bibliographie.

11 Dazu: Paul Ricœur, De l'interprétation (Paris 1966). Meiner Meinung
nach finden sich darin die klassischen Äußerungen über »fictions« in
Behauptungen über die Vergangenheit und deren Bedeutung in der Psy-
choanalyse. Über die dazugehörigen logischen Fragen siehe G. E. M.
Anscombe, The Reality of Past. In: M. Black (Hrsg.), Philosophical
Analysis (Cornell University Press 1950). Und: Paul Weiss, The Past;
Its Nature and Reality (Review of Metaphysics V. 1952).

12 J. H. Hextrer, The Loom of Language and the Fabric of Imperatives:
The Case of »Il Principe and Utopia« (American Historical Review
LXIX. 1964), S. 946.

13 J. L. Austin, How to Do Things with Words (Oxford 1962), S. 104.

14 Ibid., S. 148.

15 Quentin Skinner, Meaning and Understanding in the History of Ideas
(History and Theory VII, 1969), S. 47.

16 Ibid., S. 37.

17 Ibid., S. 49.

18 Das ist das zentrale Problem der Hermeneutik. In »Wahrheit und Methode« (Tübingen 1960) erörtert H.-G. Gadamer den problematischen
Charakter jeder historischen Dokumentation auf einem Niveau, das
philosophisch um einiges höher liegt als das von Skinner. Seine Schluß-
folgerung ist lapidar: »Der Begriff des ursprünglichen Lesers steckt
voller undurchschauten Idealisierungen« (S. 373). Merkwürdigerweise
übergeht Gadamer die Tatsache, daß Heidegger – von dem die heutige
Hermeneutik fraglos ausgeht – sich bei seinen Definitionen der angeblich »wahren, authentischen« Bedeutung von Schlüsselwörtern der frühen griechischen Philosophie Fehler und willkürliche Nachschöpfungen hat zuschulden kommen lassen. Siehe besonders Heideggers »Einführung in die Metaphysik« von 1935 und 1953. Eine ausgezeichnete
Einführung in die Literatur bei: Richard E. Palmer, Hermeneutics
(Evanston, Illinois 1969).

19 Marc Bloch, Apologie pour l'histoire, ou métier d'historien (Paris 1961),
S. 14.

20 Mary R. Haas, The Prehistory of Languages (Den Haag 1969), S. 34.

21 Eine gute Auswahl von Aufsätzen und eine Bibliographie findet sich bei
J. T. Fraser (Hrsg.), The Voices of Time (New York 1966) und: Richard
M. Gale (Hrsg.), The Philosophy of Time (London 1968).

22 Siehe dazu: Ernst Vollrath, Der Bezug von Logos und Zeit bei Aristoteles. In: Das Problem der Sprache. Hrsg. H.-G. Gadamer (München
1967).

23 Eine interessante Analyse des Augustinischen Standpunkts im Lichte
der modernen Philosophie siehe bei: R. Suter, Augustine on Time with
some Criticism from Wittgenstein (Revue internationale de Philosophie
XVI, 1962).

24 Zu Thomas von Aquin und Ockham siehe Etienne Gilson, La Philosophie au Moyen Age (3. Auflage, Paris 1947). Gilsons Darstellung ist
für das Verständnis der mittelalterlichen Philosophie unerläßlich.

25 Ich verdanke die Bekanntschaft mit dieser Schrift – wie mit noch einigen
anderen in diesem Abschnitt angeführten Texten – Professor Donald
McKinnon von der Universität Cambridge.

26 Siehe dazu: Martin Buber, Der Glaube der Propheten. hebr. 1942.
deutsch Zürich 1950, S. 149, 216 und 239. Ich beziehe mich in diesem
Abschnitt auch auf: Ernst Sellin, Der alttestamentliche Prophetismus
(Leipzig 1912), C. A. Skinner, Prophecy and Religion (London 1922)
und Shalom Spiegel, The Last Trial (New York 1969).

27 F. M. Cornford, Principium Sapientiae: A Study of the Origins of
Greek Philosophical Thought (Cambridge 1952), S. 73.

28 Cornford, op. cit., S. 133-137.

29 E. R. Dodds, The Greeks and the Irrational (University of California
Press 1951), drittes Kapitel.

30 C. H. Dodd, The Coming of Christ (Cambridge 1951), S. 8.

31 Ibid. Siehe auch: Ernst von Dobschütz, Zeit und Raum im Denken des
Urchristentums (Journal of Biblical Literature XLI, 1922) und zwei
wichtige Aufsätze von Henri-Charles Puech: La Gnose et le Temps
(Eranos Jahrbuch XX, 1951) und: Temps, histoire et mythe dans le
christianisme des premiers siècles (Proceedings of the VIIth Congress
for the History of Religion, Amsterdam 1951). Eine höchst anregende,
aber sehr komprimierte Analyse frühchristlicher Doktrinen von Zeit
und Zukunft siehe bei: Mircea Eliade, Le Mythe de l'éternel retour:
archétypes et répétition (Paris 1949).

32 Ich verdanke die Kenntnis dieser erstaunlichen Tatsache einer persönlichen Mitteilung von Professor James Billington, Princeton University.

33 Siehe dazu besonders: Alexandre Koyré, La Révolution Astronomique
(Paris 1968).

34 Jacques Monod, Le hasard et la nécessité: essai sur la philosophie natu-
relle de la biologie moderne (Paris 1970), besonders S. 144-51.

35 Fritz Mauthner, Beiträge zu einer Kritik der Sprache (Leipzig 1923),
Bd. I, S. 56.

36 Die Ursachen für diesen Bruch liegen nicht im Rahmen des hier Behan-
delten. Ich habe mich mit einigen politischen und sprachlichen Aspekten des Problems dieser Krise in der abendländischen Kultur in
»Language and Silence« (1967) und »Extraterritorial« (1971) auseinan-
derzusetzen versucht.

37 Siehe G. Ryle, Systematically Misleading Expressions (Proceedings of
the Aristotelian Society XXXII, 1932).

38 Siehe die scharfsinnige Analyse des Mallarméschen »Sonnet en ix« von
Octavio Paz in: Delos IV. 1970.

39 Siehe Harald Weinrich, Kontraktionen, und Hans-Georg Gadamer, Wer bin ich und wer bist Du? in: Dietlind Meinecke (Hrsg.), Über Paul Celan (Frankfurt 1970).

40 Die jüngsten anthropologischen und linguistischen Hypothesen setzen das Auftauchen einer »spezifisch menschlichen Sprache« auf die Zeit vor etwa 100 000 Jahren an. Der Durchbruch müßte mit der letzten Eiszeit und der Anfertigung neuer Arten verfeinerter Stein- und Knochengeräte zusammengefallen sein. Siehe Claire Russell und W. M. S. Russell, Language and Animal Signals, in: N. Minnis (Hrsg.), Linguistics at Large (London 1971), S. 184-187. Unsere frühesten literarischen Erzeugnisse sind sehr späte Formen.

41 In diesem Abschnitt beziehe ich mich weitgehend auf das bedeutende Werk von Alfred Liede, Dichtung als Spiel: Studien zur Unsinnspoesie an den Grenzen der Sprache (Berlin 1963). Siehe auch: Emile Cammaerts, The Poetry of Nonsense (London 1925) und: Elizabeth Sewell, The Field of Nonsense (London 1952).

42 Elizabeth Sewell, op. cit., S. 53-54.

43 Siehe Eric Partridge, The Nonsense Words of Edward Lear and Lewis Carroll. In: Here, There and Everywhere: Essays upon Language (London 1950).

44 Elizabeth Sewell, op. cit., S. 121.

45 Zu den theologischen und gesellschaftlichen Problemen, die sich beispielsweise im 17. Jahrhundert aus der direkten Schulung in geistlicher oder »angelischer« Beredsamkeit ergaben, siehe L. Kolakowski, Chrétiens sans église (Paris 1969).

46 Zu Stefan Georges Auffassung von einer Synthese aus romanischen Sprachen und »klassischem Deutsch« zur Erneuerung der Lebenskraft europäischer Dichtung siehe: H. Arbogast, Die Erneuerung der deutschen Dichtersprache in den Frühwerken Stefan Georges. Eine stilgeschichtliche Untersuchung (Tübingen 1961) und: Gert Michels, Die Dante-Übertragungen Stefan Georges (München 1967).

47 Ernst Morwitz und Friedrich Gundolf erzählen davon in ihren Erinnerungen an George.

48 Darüber gibt es eine so reichhaltige Literatur, daß hier eine »Bibliographie der Bibliographien« erforderlich wäre. Siehe insbesondere: Willy Verkauf (Hrsg.), Dada. Monographie einer Bewegung. (Teufen/Schweiz 1957); Hans Richter, Dada – Kunst und Antikunst. Der Beitrag Dadas zur Kunst des 20. Jahrhunderts (Köln 1964); Reinhard Döhl, Das literarische Werk Hans Arps. 1903-1930 (Stuttgart 1967); Hugo Ball, Briefe 1911-1927 (Köln 1957). Unerläßlich zum Verständnis der Bewegung sind Hugo Balls autobiographischer Roman: Flametti oder vom Dandysmus der Armen. (Berlin 1918) und Otto Flakes Schlüsselroman: Nein und Ja. Roman des Jahres 1917 (Berlin 1923).

49 Hans Arp, Unsern täglichen Traum. Erinnerungen, Dichtungen und Betrachtungen aus den Jahren 1914-1954 (Zürich 1955), S. 51.

50 Eines der aufschlußreichsten Grenzgebiete zwischen »normaler« und »privater« Sprachpraxis ist die Schizophrenie. Ludwig Binswanger und

andere Psychiater haben darauf hingewiesen, daß der Unterschied zwischen schizophrenen und gewissen dadaistischen, surrealistischen und »lettristischen« Sprachübungen lediglich im historischen und stilistischen Kontext liegt. Die Erfindungen des Kranken sind etiologisch zusammenhanglos, und er kann sie nicht geschichtsbewußt kommentieren. Siehe auch: B. Grassi, Un contributio allo studio della Poesia schizofrenica (Rassegno neuropsichiatrica XV, 1961) und: David V. Forrest, Poiesis and the Language of Schizophrenia (Psychiatry XXVIII, 1965).

51 Das Buch von L. Couturat und L. Leau, Histoire de la langue universelle (Paris 1903) mit seiner Untersuchung von 56 Kunstsprachen ist noch heute wegweisend. Siehe auch den wichtigen, wenngleich selektiven Aufsatz von Jonathan Cohen, On the Project of an Universal Character (Mind LXIII, 1954).

52 Die beste Darstellung der sprachforscherischen Ideen von Comenius ist: H. Geissler, Comenius und die Sprache (Heidelberg 1959). Ich bin auch Prof. H. Aarsleff (Princeton University) für persönliche Gespräche zu diesem Thema dankbar.

53 Siehe Hans Werner Arndt, Die Entwicklungsstufen von Leibniz' Begriff einer Lingua Universalis. In: H.-G. Gadamer (Hrsg.), Das Problem der Sprache (Heidelberg 1966).

54 J. Cohen, op. cit., S. 61.

55 Eine ausgewogene Betrachtung moderner Kunstsprachen findet sich im VI. Kapitel von J. R. Firth, The Tongues of Men (London 1937).

56 Zu den logischen und linguistischen Aspekten moderner Computersprachen gibt es eine Fülle von Literatur. Mehrere wichtige Aufsätze finden sich in: T. B. Steel (Hrsg.), Formal Languages and Description Languages for Computer Programming (Amsterdam 1961) und in: M. Minsky (Hrsg.), Semantic Information Processing (M. I. T. Press 1968). Eine allgemein gehaltene Einführung in das Gebiet der modernen linguistischen Logik siehe in: L. Linsky (Hrsg.), Semantics and the Philosophy of Language (University of Illinois Press 1952).

57 Ein bahnbrechendes Werk bleibt: Otto Lipmann und Paul Blaut, Die Lüge in psychologischer, philosophischer, sprach- und literaturwissenschaftlicher und entwicklungsgeschichtlicher Betrachtung (Leipzig 1927). Siehe auch: Harald Weinrich, Linguistik der Lüge (Heidelberg 1966). Wichtig ist auch: Samuel Kroesch, Germanic Words for Deceiving (Göttingen–Baltimore 1923) und W. Luther, Wahrheit und Lüge im ältesten Griechentum (Leipzig 1935). Ein wichtiger, vergessener Ansatz ist: Hjalmar Frisk, Wahrheit und Lüge in den indogermanischen Sprachen (Göteborg 1937). Siehe ferner: J. D. Schleyer, Der Wortschatz von List und Betrug im Altfranzösischen und Altprovenzalischen (Bonn 1961).

58 Siehe Philip H. Lieberman und Edmund S. Crelin, On the Speech of Neanderthal Man (Linguistic Inquiry II. 2, 1971).

59 Siehe Philip H. Lieberman, Primate Vocalizations and Human Linguistic Ability (Journal of the Acoustical Society of America. XLIV, 1968);

Allen R. and Beatrice T. Gardner, Teaching Sign Language to a Chimpanzee (Science CLXV, 1969). Eine Zusammenfassung der Ergebnisse aus den empirischen Forschungen über die Evolution der Sprache aus dem Gebrauch von Werkzeugen siehe in: Gordon W. Hewes, An Explicit Formulation of the Relationship Between Tool-Using, Tool-Making, and the Emergence of Language (Visible Language VII, 1973).

60 I. A. Richards, So Much Nearer (New York 1968), S. 95.

61 Zitiert im »New Yorker«, 8. Mai 1971, S. 79-80.

62 Octavio Paz, Jacques Roubaud, Edoardo Sanguineti, Charles Tomlinson: Renga (Paris 1971), S. 20.

## 4. Kapitel

1 Siehe die ausgewählte Bibliographie.

2 R. A. Knox, On English Translation (Oxford 1957), S. 4.

3 Werner Winter, Impossibilities of Translation. In: William Arrowsmith und Roger Shattuck (Hrsg.), The Craft and Context of Translation (Anchor Books, New York 1964), S. 97.

4 E. B. Ashton, Translating Philosophy (Delos VI, 1971), S. 16-17.

5 Das Problem der Übersetzbarkeit philosophischer Texte hat I. A. Richards immer wieder beschäftigt. Siehe besonders: Mencius on the Mind. Unschätzbare Gedanken zu speziellen Problemen finden sich in: Journal and Letters of Stephen MacKenna, Hrsg. E. R. Dodds (London 1936). Siehe auch Johannes Lohmann, Philosophie und Sprachwissenschaft (Berlin 1965) und: H.-G. Gadamer, Hegels Dialektik (Tübingen 1971). Eine Kritik des ganzen hermeneutischen Ansatzes siehe in: Karl-Otto Apel, Claus von Bormann et al., Hermeneutik und Ideologiekritik (Frankfurt a. M. 1971). Obgleich nicht direkt philosophisch intendiert, ist Peter Szondis Aufsatz: Über philologische Erkenntnis (Die Neue Rundschau LXXXIII, 1962) eine hervorragende Einführung in das Problem einer »Wissenschaft des Verstehens«.

6 Diese These trägt Croce vor in: Estetica (Bari 1926).

7 Siehe Dupront, Pierre-Daniel Huet et l'exégèse au XVIIe siècle (Paris 1930).

8 Siehe K. Freeman, Ancilla to the Pre-Socratic Philosophers (Harvard University Press 1957).

9 G. Gentile, Il diritto e il torto delle traduzioni (Rivista di Cultura I, 1920), S. 10.

10 Eine ausführliche Behandlung siehe bei: W. Frost, Dryden and the Art of Translation (Yale University Press 1955).

11 Siehe Arno Reiff, Interpretatio, imitatio, aemulatio (Bonn 1959). Ben Jonsons Verhältnis zur klassischen Ästhetik wird erörtert in: Hugo Reinsch, Ben Jonsons Poetik und seine Beziehung zu Horaz (Erlangen, Leipzig 1899).

12 Goethes Übersetzungen und sein Verhältnis zu anderen Sprachen ist gründlich erforscht. Siehe Nummer 10081-10110 in Abschnitt 13, Fasci-

culum 8 der Goethe-Bibliographie, Hrsg. Hans Pyritz et al. (Heidelberg 1963), S. 781-783. Fritz Strich geht in »Goethe und die Weltliteratur« (Bern 1946) besonders darauf ein. Aber meines Wissens haben wir bis heute noch keine erschöpfende Arbeit über Goethes Übersetzungen und ihren Einfluß auf seine eigenen Schriften und seine Philosophie der Form.

13 Roman Jakobson, Linguistische Aspekte der Übersetzung. In: Form und Sinn: Sprachwissenschaftliche Betrachtungen. Hrsg. E. Coseriu (München 1974), S. 154-161.

14 Ich verdanke den Hinweis auf Nicholas von Wyle Rolf Klöpfers Buch: Die Theorie der literarischen Übersetzung. Romanisch-deutscher Sprachbereich (München 1967). Klöpfer bezieht sich seinerseits auf eine Dissertation von Bruno Strauss über: Der Übersetzer, Nicholas von Wyle (Berlin 1911).

15 Ezra Pound, Gaudier-Brzeska: A Memoir (London 1916), S. 98.

16 Gründlich behandelt ist dieses Thema in: Die Kunst der Übersetzung (München 1963). Es handelt sich dabei um die Ergebnisse eines Colloquiums über das Übersetzen, das von der Bayerischen Akademie veranstaltet wurde.

17 René Sturel, Jacques Amyot (Paris 1908), S. 357-424 u. S. 440-594.

18 Popes Homer-Manuskripte liegen im Britischen Museum (Brit. Mus., Add. Ms. 4807). Einige kurze Auszüge sind in Appendix C, Vol. X der Twickenham Edition (London and Yale University Press 1967) in Reproduktion erschienen.

19 E. S. Bates, Intertraffic, Studies in Translation (London 1943), S. 121.

20 Ludwig Wittgenstein, Schriften V. Das blaue Buch, Eine philosophische Betrachtung, Zettel (Frankfurt 1970) Zettel 698, S. 426.

21 Früher hätte man »theologisch« gesagt. Die Umstellung auf »philosophisch« geschah wohl aus Gründen terminologischer »Respektabilität«. Die Ablehnung dieses Wandels der Konvention und die Weigerung, eine entsprechende Unterscheidung zu machen, gibt Rosenzweigs und Benjamins Arbeiten über das Übersetzen ihre besondere Tiefe und Relevanz.

22 Willard v. O. Quine, Word and Object (M. I. T. Press 1960), S. 70.

23 Siehe Norman Geschwind und Walter Levitsky, Human Brain: Left-Right Asymmetries in Temporal Speech Regions (Science CLXI, 1968) und: Norman Geschwind, Language and Brain (Scientific American CCXXVI, 1972).

24 Siehe O. L. Zangwill, Cerebral Dominance and Its Relation to Psychological Function (London 1960); T. Alajouanine, L'aphasie et la langue pathologique (Paris 1968); A. R. Luria, Traumatic Aphasia: Its Syndroms, Psychology and Treatment (Den Haag 1970). Zu der interessanten Idee, daß die beschränkten Möglichkeiten für das Sprechen in der rechten Hirnhälfte Sprache auf einer äußerst primitiven Stufe repräsentieren könnten, siehe den Bericht über die Arbeiten von M. S. Gazzaniga in: New Scientist LIII, 1972, S. 365. Über die Entdeckungen ist zuerst in: Neuropsychologia IX, 1972 berichtet worden.

25 Eine aufschlußreiche Übersicht gibt M. M. Lewis, Language, Thought and Personality in Infancy and Childhood (London 1963). Siehe auch D. O. Hebb, W. Lambert, E. R. Tucker: Language, Thought and Experience (The Modern Language Journal LV, 1971).

26 Die ausführlichste Studie ist die von W. Leopold, Speech Development of a Bilingual Child: A Linguist's Record (Northwestern University Press 1939-47).

27 Siehe Roman Jakobson, Les lois phoniques du langage enfantin et leur place dans la phonologie générale. In: N. S. Trubetzkoy, Principes de phonologie (Paris 1949). Helen Couteras und Sol Saporta, Phonological Development in the Speech of a Bilingual Child. In: Language Behavior. Compiled by J. Akin, A. Goldberg, G. Myers, J. Stewart (Den Haag 1970).

28 Die marxistische Kritik an Chomsky hat sich natürlich an diesem Punkt besonders festgebissen. Seine Thesen werden als nicht weniger »naiver Mentalismus« als die Theorien von Skinner verstanden. Eine Zusammenfassung mit vollständiger Bibliographie siehe bei F. Rossi-Landi, Ideologies of Linguistic Relativity (Den Haag 1973).

29 Die Experimente hat R. E. Hemphill vom Groote Schuur Hospital in Kapstadt durchgeführt. »The Times« (London) berichtet darüber auf S. 3 der Ausgabe vom 10. Januar 1972.

30 Der geistreichste Versuch einer solchen Analyse stammt von René Thom, Stabilité structurelle et morphogénèse (Reading, Mass. 1972), S. 124-125 und S. 309-316.

31 W. v. O. Quine, op. cit. S. 72. Obgleich Wittgenstein eine völlig andere philosophische Sprache spricht, sind seine Gedanken zur Übersetzung in den »Philosophischen Untersuchungen« (23, 206, 243, 528) Quines Auffassung von der Unbestimmtheit eng verwandt. Quines These von der Gleichwertigkeit unbestimmt zahlreicher Übersetzungen bestimmter Sätze hat viel Widerspruch erregt. Die bisher gedankenvollste Kritik ist die von John M. Dolan: A Note on Quine's Theory of Radical Translation (Mechanical Translation and Computer Linguistics X, 1967). Das Buch von Michael Dummett, Frege: Philosophy of Language (London 1973), mit der darin enthaltenen Kritik an Quine (S. 612-13) erschien zu spät, als daß ich hier näher hätte darauf eingehen können. Aufmerksam machen möchte ich nur auf Dummetts wichtige Bemerkung (S. 617), daß es in Quines Modell der Vielzahl verschiedener möglicher Übersetzung nichts gibt, das uns daran hindern könnte, die »scheinbare Unvereinbarkeit der Mehrdeutigkeit« anzulasten. Das ist genau der Punkt, um den es mir geht. Was jedoch Dummett und Quines andere professionelle Kritiker als systematischen Fehler tadeln, scheint mir, auch wenn es so ist, auf seinen Realismus und psychologischen Scharfsinn zurückzuführen zu sein.

## 5. Kapitel

1 Siehe Paul Ricœur, Existence et herméneutique. In: Le Conflit des in-
terprétations (Paris 1969).

2 Charles Péguy, Les Suppliants parallèles. In: Œuvres en prose 1898 bis
1908 (Paris 1959) I, S. 890.

3 Mario Wandruzska sagt: »Drückt sich darin eine besondere Sehweise
aus, eine besondere geistige Auffassung der Dinge, die gewissermaßen
den Begriff des Lichts schon vor dem ersten Schöpfungstag voraussetzt,
eine besondere französische Intellektualität, die von Anfang an jede
Erscheinung schon auf ihren Begriff zurückbezieht?« In: Sprachen:
Vergleichbar und Unvergleichbar (München 1969), S. 187.

4 Heideggers »Erläuterungen zu Hölderlins Dichtung« erschienen gesammelt 1951. Beda Alleman in: Hölderlin und Heidegger (Zürich und
Freiburg 1954) untersucht das Verhältnis zwischen dem Ontologen und
dem Dichter, neigt aber dazu, Hölderlin in der Sprache Heideggers zu
rekonstruieren. Walter Benjamins »Zwei Gedichte von Friedrich Hölderlin« ist schon 1914-15 entstanden, aber erst 1955 im Druck erschienen. Benjamins Aufsatz »Die Aufgabe des Übersetzers« erreicht seinen
visionären Höhepunkt in der Betrachtung der Hölderlinschen Pindar-
und Sophokles-Übersetzungen.

5 Bahnbrechend war das Buch von Norbert von Hellingrath: Pindarüber-
tragungen von Hölderlin (Jena 1911). Ihm folgte die Dissertation von
Günther Zuntz: Über Hölderlins Pindar-Übersetzung (Marburg 1928).
Zwei weitere Werke sind grundlegend: Lothar Kempter, Hölderlin und
die Mythologie (Zürich und Leipzig 1929) und Friedrich Beissner, Hölderlins Übersetzungen aus dem Griechischen (Stuttgart 1933). In: Hölderlin. Essai de biographie intérieure (Paris 1936) hat Pierre Bertaux die
Übersetzungen in genialer Weise in den Gesamtzusammenhang des
Hölderlinschen Werkes integriert. Seither ist eine ganze Flut von Ein-
zelstudien erschienen. Ich beziehe mich auf die folgenden: Meta Cor-
sen, Die Tragödie als Begegnung zwischen Gott und Mensch, Hölderlins Sophoklesdeutung (Hölderlin-Jahrbuch, 1948-49); Hans Frey,
Dichtung, Denken und Sprache bei Hölderlin (Dissertation. Zürich
1951); Wolfgang Schadewaldt, Hölderlins Übersetzung des Sophokles
(Hellas und Hesperien. Zürich und Stuttgart 1960); Karl Reinhardt,
Hölderlin und Sophokles. In: J. C. B. Mohr (Hrsg.), Hölderlin, Beiträge zu seinem Verständnis in unserm Jahrhundert (Tübingen 1961); M.
B. Benn, Hölderlin und Pindar (Den Haag 1962); Jean Beaufrets ausge-
zeichnetes Vorwort zu: Hölderlin, Remarques sur Œdipe/Remarques
sur Antigone (Paris 1965); Rolf Zuberbühler, Hölderlins Erneuerung
der Sprache aus ihren etymologischen Ursprüngen (Berlin 1969). Die
Übersetzungen stehen im V. Band der Großen Stuttgarter Ausgabe.
Textkritisch ist noch manches zu leisten. Wenig berücksichtigt sind im
übrigen Hölderlins Übersetzungen aus dem Lateinischen.

6 Rolf Zuberbühler, op. cit., S. 22.

7 M. B. Benn, op. cit., S. 143-44.

8 Besonders W. Schadewaldt, op. cit., S. 766-824. Trotz aller dieser intensiven Forschungen bleibt immer noch vieles unklar. Hölderlins Kenntnis des Griechischen ist weiter problematisch, und problematisch ist das wahrscheinlich ganz entscheidende Verhältnis seiner Auffassung von Sophokles zu der Hegels. Die Rolle, die »Ödipus« und vor allem »Antigone« für die Geschichte des deutschen Idealismus und die Werke Hegels, Kierkegaards und Schopenhauers gespielt haben, bedarf noch gründlicher Untersuchung. Dabei könnte sich herausstellen, daß Hölderlins Auffassung gar nicht so exzentrisch war, wie man annimmt. Auch Hegel hatte eine Sophokles-Übersetzung geplant, und Kierkegaards »Rekonstruktion« von »Antigone« in »Entweder/Oder« ist sonderbarer als alles, was in dieser Hinsicht von Hölderlin bekannt ist.

9 Das gilt nicht nur für Heidegger und Benjamin, sondern auch für Klassizisten wie Reinhardt und Schadewaldt.

10 Siehe Isaac Rabinowitz, ›Word‹ and Literature in Ancient Israel. (New Literary History IV, 1972).

11 Siehe das maßgebliche Buch über Borchardts Sprache von Hans-Georg Drewitz: Dante Deutsch. Studien zu Rudolf Borchardts Übertragung der ›Divina Comedia‹ (Göppingen 1971), S. 167-222.

12 Rudolf Borchardt, Gesammelte Werke (Stuttgart 1959) II, S. 522.

13 W. v. O. Quine, Word and Object, S. 30.

14 C. M. Bowra, Primitive Song (London 1963), S. 26.

15 Bowra zitiert den Text nach: C. B. Kloss, In the Andamans and Nicobars (London 1903), S. 189.

16 Joseph Needham, The Translation of Old Chinese Scientific and Technical Texts. In: Aspects of Translation, S. 87.

17 Eine ähnliche Auffassung hat wohl Wittgenstein vertreten. Siehe Allan Janik und Stephen Toulmin, Wittgenstein's Vienna (New York 1973), S. 228.

18 Achilles Fang, Some Reflections on the Difficulty of Translation. In: On Translation, S. 120 f.

19 Der Neuling – und das ist auf diesem Gebiet fast jeder – findet unschätzbare Hinweise in: Arthur Waley, Notes on Chinese Prosody (Journal of the Royal Asiatic Society, April 1918); I. A. Richards, Mencius on the Mind, Experiments in Multiple Definition (London 1932); Arthur Waley, Introduction to Chinese Painting (London 1933); Arthur Waley, The Way and its Power: A Study of the Tao Tê Ching and its Place in Chinese Thought (London 1934); Robert Payne, The White Pony, An Anthology of Chinese Poetry from the Earliest Times to the Present Day, Newly Translated (New York 1947); Roy Teele, Through a Glass Darkly: A Study of English Translations of Chinese Poetry (Ann Arbor 1949); James J. Y. Liu, The Art of Chinese Poetry (Chicago 1962).

20 Diese Beispiele stammen sämtlich aus: Wai-lim Yip, Ezra Pounds ›Cathay‹ (Princeton University Press 1969). Siehe auch: Earl Miner, Pound, Haiku, and the Image (Hudson Review IX, 1956); Achilles Fang, Fenollosa and Pound (Harvard Journal of Asian Studies XX, 1957); Hugh Kenner, Ezra Pound and Chinese (Agenda IV, 1965).

21 Wai-lim Yip, op. cit., S. 88.

22 Der Ausspruch stammt von Hugh Kenner. Siehe seinen Aufsatz, The Invention of China (Spectrum IX, 1967).

23 Jacques Derrida, Marges de la Philosophie, S. 9.

24 Nur ein sorgfältiges Studium des »Jahrbuchs der Deutschen Shakespeare-Gesellschaft« – ein Index zu den ersten 99 Bänden ist 1964 erschienen – gibt einen angemessenen Eindruck von der in Frage kommenden Literatur. Nützlich bleiben: Albert Cohn, Shakespeare in Germany in the Sixteenth and Seventeenth Centuries (London und Berlin 1865) und Rudolf Genée, Geschichte der Shakespeareschen Dramen in Deutschland (Leipzig 1871). Roy Pascal, Shakespeare in Germany (Cambridge University Press, 1937) ist eine gute Einführung in die Hauptströmungen der Zeit von 1740-1815. Joseph Gregor, Shakespeare, Der Aufbau eines Zeitalters (Wien 1935) ist wegen der unbekümmerten Annahme interessant, daß die deutsch-österreichische Shakespeare-Interpretation, was Text, Dramaturgie und psychologisches Verständnis angeht, maßgeblich sei.

25 Friedrich Gundolf, Shakespeare und der Deutsche Geist (Berlin 1927), S. VI.

26 Ibid., S. 351.

27 S. O. Marx, Stefan George in seiner Übertragung englischer Dichtung (Amsterdam 1967).

28 Siehe den aufschlußreichen, aber allzu kompliziert gewobenen Aufsatz von Peter Szondi, Poetry of Constancy – Poetik der Beständigkeit: Celans Übertragung von Shakespeares Sonett 105. In: Celan-Studien (Frankfurt 1972).

29 Zitiert bei Henri Meschonnic, Pour la poétique II, S. 411.

30 Jules Supervielle, Gedichte. Deutsch von Paul Celan (Frankfurt 1968). Eine vollständige Ausgabe der Übersetzungen von Celan aus dem Französischen (einschließlich Simenon), Englischen, Russischen und Italienischen ist dringend erwünscht. Erst wenn sie vorliegt, besteht die Möglichkeit, die Verflechtung von »originaler Dichtung« mit »Neu-Formulierung« in seinem Werk zu untersuchen.

### 6. Kapitel

1 Ich verdanke diese drei Beispiele dem Buch von Jack M. Stein, Poem and Music in the German Lied from Gluck to Hugo Wolf (Harvard University Press 1971), einer der wenigen gründlichen Untersuchungen über das Zusammenwirken von Dichtung und Musik. Die interessantesten Einblicke bekommt man aus Gedanken moderner Komponisten über ihre eigene Auffassung der Beziehung zwischen Wort und Musik. Siehe Wilfrid Mellers, Stravinskys Oedipus as 20th-Century Hero (The Musical Quarterly XLVIII, 1962); Claudio Spies, Some Notes on Stravinskys Requiem Settings (Perspectives of New Music V, 1967); Wolfgang Martin Stroh, Schoenberg's Use of the Text – The Text as a Musical

Control in the 14th ›Georgelied‹, op. 15. (Perspectives of New Music VI, 1968).

2 Die monographische Literatur ist reich. Die drei Bände der Korrespondenz zwischen Goethe und Zelter bleiben die Hauptquelle. Siehe auch die beiden Ausgaben von Max Friedländer, Gedichte von Goethe in Kompositionen seiner Zeitgenossen (Schriften der Goethe-Gesellschaft XI, 1896) und: Gedichte von Goethe in Kompositionen (Schriften der Goethe-Gesellschaft XXXI, 1916).

3 Für die folgende Analyse verdanke ich Patrick J. Smith persönliche Hinweise. Sein Buch: The Tenth Muse. A Historical Study of the Opera Libretto (New York 1970) ist bahnbrechend auf diesem Gebiet.

4 André Suarèz, Goethe et la musique (La Revue musicale CXXV, 1932).

5 Zitiert bei René Berthelot, Défense de la poésie chantée (La Revue musicale CLXXXVI, 1938), S. 90.

6 Jean Cassous Folge von 33 Sonetten, die er im Gefängnis geschrieben hat, ist zusammen mit ebensoviel Lithographien von Jean Piaubert veröffentlicht worden. Sechs der Sonette hat Darius Milhaud vertont, so daß wir eine zweifache Transposition und eine dreifache Reziprozität zwischen einem verbalen, einem graphischen und einem musikalischen Zeichensystem vor uns haben. Ich verdanke dieses Beispiel dem wichtigen Aufsatz von Walter Mönch, Von Sonettstrukturen und deren Übertragungen. In: Karl Richard Bausch und Hans Martin Gauger (Hrsg.), Interlinguistica. Sprachvergleich und Übersetzung (Tübingen 1972).

7 Zu den bekanntesten Arbeiten darüber gehört Leo Spitzers Aufsatz über »The Récit de Théramène« (Linguistics and Literary History. Princeton University Press 1948). Trotz wichtiger Einsichten in Racines Methode ist der Aufsatz im Grunde enttäuschend. Er ist nicht immer genau. (Das Stück war ursprünglich nicht »Phèdre« betitelt.) Das Hauptargument ist zudem bezweifelbar. Spitzer sieht nämlich den Schlüssel zum »récit« in »dem magischen Wort ›baroque‹«. Das kommt daher, daß er den Senecaschen Text und die Rolle, die er für Racines Umformulierung gespielt hat, nicht berücksichtigt. Fast sämtliche Züge, die er als »barock« bezeichnet, finden sich schon im Lateinischen.

8 Peter Szondis Essay »Fünfmal Amphitryon« in: Lektüren und Lektionen (Frankfurt 1973) zeigt ein besonders subtiles Verständnis für die Interanimation aufeinanderfolgender Fassungen.

9 Siehe die erschöpfende Behandlung der Überlieferung von Gendarme de Bévotte in: La Légende de Don Juan (Paris 1911). Um die Übersicht auf den neuesten Stand zu bringen, wäre ein dritter Band nötig.

10 J. B. Leishman, Translating Horace, S. 105.

11 E. H. Gombrich, Meditations on a Hobby Horse and other Essays on the Theory of Art (London 1963), S. 126. (Deutsche Ausgabe: Frankfurt a. M. 1978.)

12 Siehe das vierte Kapitel von: In Bluebeard's Castle: Some Notes Towards the Re-definition of Culture (London 1971) und: Do Books Matter? Hrsg. B. Baumfield (London 1973).

# Nachwort

1 In neuesten Aufsätzen hat Chomsky selbst seine Standard-Theorie modifiziert. Er gibt nun zu, daß semantische Interpretationsregeln sowohl für Oberflächenstrukturen als auch für Tiefenstrukturen gelten müssen. Er ist auch bereit, morphologische Schlüsselphänomene vom grammatischen Modell, dessen Bedeutung übertrieben gewesen sein könnte, in das lexikalische zu verlagern. Weiterentwickelt, könnten diese beiden Modifikationen die generative Transformationsgrammatik der Soziolinguistik und kontrastiven Ansätzen näherrücken.

2 Dell Hymes, Speech and Language. On the Origins and Foundations of Inequality Among Speakers (Daedalus, issued as the Proceedings of the American Academy of Arts and Sciences CII, 1973), S. 63.

3 Als neuesten Versuch, die formale Logik auf Unbestimmtheit, Kontextabhängigkeit, Metapher und Polysemie in der natürlichen Sprache anzuwenden, siehe M. J. Cresswell, Logics and Languages (London 1973). Nichts in dieser scharfsinnigen Arbeit scheint jedoch Wittgensteins Warnung vor der Ableitung systematischer Logik aus der Umgangssprache oder Tarskys Theorem zu entkräften, daß »es für genügend reiche Sprachen kein generelles Wahrheitskriterium geben kann« –, »genügend reich« sind *alle* natürlichen Sprachen.